U0744390

21世纪普通高等教育规划教材

新编教育学教程

A NEW COURSE IN PEDAGOGY

主　编◎马焕灵　陈万金

副主编◎赵　月　林李楠

暨南大学出版社
JINAN UNIVERSITY PRESS

中国·广州

图书在版编目（CIP）数据

新编教育学教程/马焕灵，陈万金主编；赵月，林李楠副主编．—广州：暨南大学出版社，2011.7（2020.9 重印）
（21 世纪普通高等教育规划教材）
ISBN 978－7－81135－825－4

Ⅰ．①新… Ⅱ．①马…②陈…③赵…④林… Ⅲ．①教育学—教材 Ⅳ．①G40

中国版本图书馆 CIP 数据核字（2011）第 072112 号

新编教育学教程
XINBIAN JIAOYUXUE JIAOCHENG
主　编：马焕灵　陈万金　副主编：赵　月　林李楠

出 版 人： 张晋升
责任编辑： 苏彩桃　王　娜
责任校对： 黄　颖　郑晓玲
责任印制： 汤慧君　周一丹

出版发行： 暨南大学出版社（510630）
电　　话： 总编室（8620）85221601
营销部（8620）85225284　85228291　85228292　85226712
传　　真：（8620）85221583（办公室）　85223774（营销部）
网　　址： http：//www. jnupress. com
排　　版： 暨南大学出版社照排中心
印　　刷： 湛江日报社印刷厂
开　　本： 787mm × 1092mm　1/16
印　　张： 17. 25
字　　数： 400 千
版　　次： 2011 年 7 月第 1 版
印　　次： 2020 年 9 月第 2 次
印　　数： 3001—4500 册
定　　价： 42. 00 元

前言

教育学在中国作为一门学科，仅有100年的历史，与其他学科相比，它仍是一门年轻的学科。教育学最初是从国外引进的，人们形象地称它为“舶来品”。教育学在中国的发展“命运”并不太好，既缺乏先天的发育，后天又营养不良，其间有过快速发展，也有过曲折反复。100年来，教育学的中国化问题就像“病魔”一般始终纠缠着中国教育学者，至今无法摆脱，以致一些理论工作者发出“教育学的迷惘与迷惘的教育学”的感叹，更有甚者断然作出“教育学终结”的结论，教育实践者则称教育之学是无用的教育学和脱离实际的教育学。21世纪中国的教育学如何发展，如何建立自己的教育学体系，是教育理论工作者无法回避的重大现实问题。

于是，近年来很多承担师资培养任务的高校，尤其是师范院校的广大教师和社会学者们，都在积极尝试着培养模式的改革和创新，教师教育课程体系的构建及教材的建设理所当然是改革的重要内容。本书的编写就是在这样的背景下开展的。

尽管近年来教育教学改革不断深入，但是这些改革往往是局部的、形式的，表现为教学组织形式的改变和教学手段的革新，抑或是教材编写体例的变化。就教育学课程教学本身来讲，课程目标过于关注理论知识的理解、获得，忽略学习者技术和能力的培养；课程内容陈旧、重叠；课程实施过于强调教师的讲授，忽略学生自己的探究、体验和感悟，没有改变大学所教的知识与中小学教育教学实践严重脱离的现象，致使应届毕业生无法迅速地实现由师范生到教师角色的转变。承担教师教育任务的高等学校，特别是高等师范院校必须转变现有的培养理念，探索既切合我国教师教育实际，又满足基础教育改革对师资的需求，进而有效地推动高等师范院校改革和发展的新型的教师教育模式。

此书是作者长期从事教育基础理论教学、研究的成果，凝结了作者大半生的思考。它是在总结公共教育教学改革的基础上，以学校教育教学活动为线索编写而成的，不仅可以作为高等师范院校公共教育学的教材，也可以作为各级各类教育学院、教师进修学校为中小学教师提供继续教育使用的教材。

本书在内容和形式上都有所创新，具有如下突出的特点：

一是既注重普及基本教育理论，又强调了现代教育理论的新发展和突破，特别引进了国外的先进教育理论。

二是体例别致。每章开篇先列出本章知识结构图和学习目标，给读者介绍主要的内容框架和学习思路，使读者学习起来更加轻松、愉快和有效。

三是根据教育学课程特点和学生的认知水平，加大课堂和课外实践的力度。每章都提供了喜闻乐见的小贴士和经典案例分析，以灵活、活泼的方式引导学生进行深入思考和巩固所学理论知识，从而培养学生发现问题、分析问题和解决问题的能力。

参加本书编写工作的有马焕灵、陈万金、赵月、林李楠、马忠磊、原霞、高蓓、杨小溪、董虓、马小云、周景浦、孟庆荣、王莉华、王玲、司勇、任宏声。本书由马焕灵、孟庆荣策划、设计，由孟庆荣审稿。

在本书编写过程中，我们大量引用和借鉴了许多专家学者的研究成果，有的注明了具体的出处，但有的没有清楚地注明。在此，谨向这些专家学者表示衷心的感谢。

当然，本书或许还存在诸多不足之处，在此，我们恳请各位同行和读者提出宝贵的意见，以便改进我们的教材编写和教学工作。

作 者

2011 年 4 月

目录 CONTENTS

第一章 教育与教育学

知识结构图

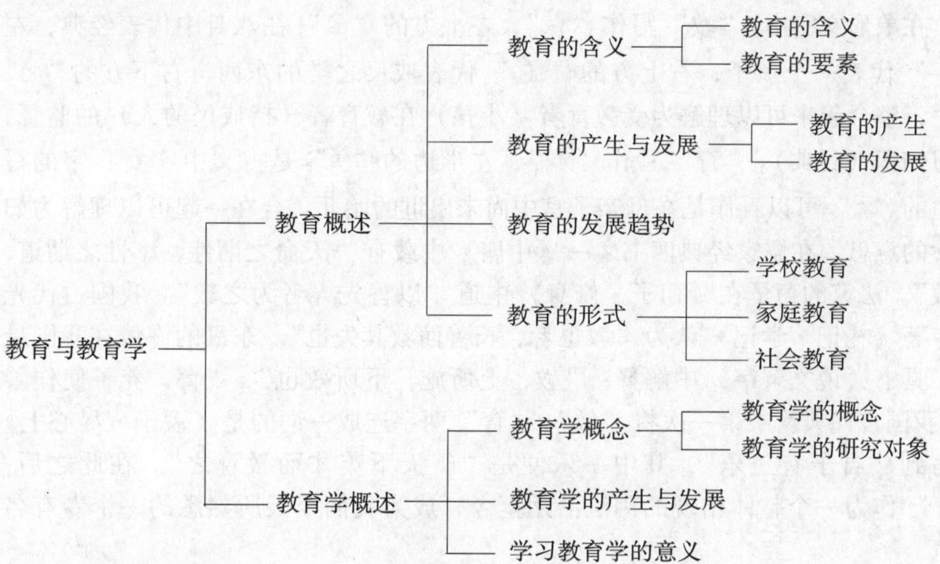

学习目标

1. 掌握教育的含义与要素、教育学的概念和研究对象。
2. 理解教育和教育学的产生与发展过程。
3. 了解教育的形式和发展趋势及学习教育学的意义。

第一节 教育概述

一、教育的含义

（一）教育的含义

教育的含义这一问题是教育理论中最基本、最简单同时也是最复杂的问题。之所以这么说是因为：首先，德国哲学家康德说过："一切知识都需要一个概念。"概念是反映事物本质属性的，是在抽象概括的基础上形成的对事物的基本认知理论，是认识客观事物的基本单位。教育的含义这个问题是我们讨论教育理论中其他一切问题的起点。其次，说其为最简单的问题是因为，当没有被人真正问到教育是什么的时候，我们每个人都以为非常了解这个问题，认为马上就可以脱口而出。而事实恰恰相反，当真正要你说出教育的含义时，你却开不了口了。其实不仅我们如此，就连很有成就的教育家、哲学家们也很难全面、准确、科学地说出一个让世人都接受的教育的含义来，所以这个问题也是教育理论中最复杂的问题。即便如此，我们还是可以列出一些从古代到现代广为人知的对教育含义的解释，以便帮助大家理解教育的含义。

教育活动虽然古已有之，但其实"教"、"育"在春秋战国之前是各具其意的两个单独的字。在象形文字中，"教"写作"[illegible]"，左上方的"爻"在八卦中代表经典，左下方的"子"代表一个孩子，右上方的"卜"代表戒尺之类的东西，右下方的"又"表示一只手，整合起来可以理解为受教育者（小孩）在教育者（持戒尺的人）的监督、指导下学习知识（经典）。"育"写作"[illegible]"，左半边的"女"是古文中"女"字的写法，右半边的"[illegible]"可以看作是在母亲子宫中尚未出世的胎儿，合在一起可以理解为妇女生育子女的意思。在儒家经典四书之一《中庸》中载有"天命之谓性，率性之谓道，修道之谓教"。法家的荀子在《荀子·修身》中道"以善先人者为之教"。我国古代光辉的教育专著《礼记·学记》认为"教也者，长善而救其失也"。东汉的许慎在我国最早的汉字工具书《说文解字》中解释："教，上所施，下所效也"，"育，养子使作善也"。而在我国古代典籍中第一次将"教"、"育"两字连成一词的是《孟子·尽心上》篇，此篇写到"君子有三乐"，其中一乐便是"得天下英才而教育之"。在此之后，"教"、"育"作为一个整体出现的用法沿用至今，成为我们今天所熟悉的一个专有名词——教育。

我国有关教育的三本权威词典中也都有对教育的定义。在《中国教育词典》中，"教育之定义有广、狭两种：从广义而言，凡足以影响人类身心之种种活动，俱可称为教育；就狭义而言，则唯用一定方法以实现一定之改善目的者，始可称为教育"。在《教育大辞书》中，"广而言之，凡足感化身心之影响，俱得云教育。只称其结果，不计其方法"；"狭而言之，则唯具有目的，出以一定方案者，始云教育"。《中国大百科全书·教育》中，"从广义上说，凡是增进人们的知识和技能、影响人们思想品德的活动，都是教育"，"狭义的教育，主要指学校教育，其含义是教育者根据一定社会（或阶级）的要求，有目的、有计划、有组织地对受教育者的身心施加影响，把他们培养成为一定社会（阶级）所需要的人的活动"，"教育这个词有时还作为思想品德教育的同义语使用"。

那么外国的教育家们又是怎样理解教育的呢？德国教育家福禄培尔认为"教育就是引导人增长自觉，达到纯洁无瑕"。美国实用主义教育家杜威对教育的经典诠释是"教育即生活"、"教育即改造"、"教育即生长"。法国教育社会学创始人涂尔干认为"教育是年长的几代人对社会生活方面尚未成熟的几代人所施加的影响"。苏联教育家、列宁的夫人克鲁普斯卡娅说："教育就是有计划地感化新一代，以便培养出一定类型的人。"美国圣母大学前校长赫斯博指出，完整的教育应同时包括"学习做事"和"学习做人"，"学习做事"就要接受科学教育，"学习做人"则要接受人文教育。联合国教科文组织教育统计局在1976年编写的《国际教育标准分类》中，确定了适于国际教育标准分类的"教育"范围，也就是给教育下了一个操作性的定义，即："本标准分类所指的'教育'不是广义的一切教育活动，而是认为教育是有组织地持续不断地传授知识的工作。"

综合以上定义，我国教育理论工作者现今普遍认同将教育分为广义的教育和狭义的教育。广义的教育是指能够影响身心发展的活动。狭义的教育是指应社会或阶级要求，根据受教育者身心发展规律，有目的、有计划、有组织地对其施加影响，把他们培养成为特定社会需要的人的活动。这里需要指出的是，狭义的教育即学校教育，是教育学的主要研究对象。

（二）教育的要素

在理解了教育的含义之后，我们不难发现，在教育活动中始终存在着"两个人"，一个是"老师"，即教育者，另一个是"学生"，即受教育者，而且这两个人不是毫无关系、互不来往的，他们之间存在着一个联系的纽带，即教育中介。有了这些之后，教育活动才得以顺利地进行，且以上三者缺其一，教育活动则无法进行。因此我们称教育者、受教育者、教育中介为教育的三要素。

1. 教育者

教育有广义与狭义之分，作为教育基本要素之一的教育者当然也有广义与狭义之分。广义的教育者是指对受教育者的知识、技能和思想品德等方面施加影响的人。狭义的教育者则指学校中的教师。教育者在教育活动中经常处于主体支配地位，主要表现在教育者为受教育者的身心发展提供方向以及确定教育中介两个方面。

2. 受教育者

受教育者也有广义与狭义之分。广义的受教育者指在教育活动中接受教育的人。狭义的受教育者特指学校中的学生。受教育者从表面上看似乎在教育活动中处于被动地位，实际上现代的教育越来越趋向于朝以受教育者为主体的方向发展。比如现在很多学校都施行学生自主制订学习计划，根据计划选择学习目标、确定学习内容、选择学习地点，甚至可以网上教学。而在这其中，教育者只是起到指导与辅助学生完成计划达到目标的作用。

3. 教育中介

教育中介是实施教育活动所依赖的一切事物的总和，是联系教育者与受教育者的纽带。它主要包括教育目的、教育内容、教育方法与手段、教育组织形式和教育环境。

教育目标：预期要达到的一种程度与状态。

教育内容：依据教育目标选择的，教育活动中受教育者需要了解、掌握的知识和技能等。

教育方法与手段：在教育活动中为达到教育目的所使用的技术或办法。

教育组织形式：在教育过程中，教育者与受教育者相互作用所形成的一种组织模式，包括非正规化教育和正规化教育。正规化教育中又分为个别教学、班级授课、小组教学等组织形式。

教育环境：教育活动发生的一切外部条件，主要包括时间和地点。

综上所述，教育者、受教育者和教育中介构成了教育活动的三个基本要素，而在教育活动中它们相互作用、相互联系又相互影响，形成了一个有机联系的整体。

二、教育的产生与发展

（一）教育的产生

教育的产生问题也是教育学研究领域持续争论的一个问题，至今仍然没有形成一致的看法，历史上有很多种说法，其中主要有以下三种：

1. 教育的生物起源论

19 世纪后期法国社会学家、哲学家利托尔诺和 20 世纪英国教育家沛西・能分别在《各人种的教育演化》和《教育原理》中提出了教育的生物起源学说。他们通过对动物的观察发现，动物都有维持自己种族发展的本能，出于这种本能，年长的动物会将一些生存的技能传授给下一代。例如，母狮在幼狮刚出生后一段时间内会陪在幼狮身边保护它们，教会它们生存的法则，这就是所谓的教育了。据此，他们断言，早在人类出现以前教育活动就已经存在了。他们的主要观点是：教育的起源是一个生物学的过程，教育起源于生物的本能和冲动，动物和人一样，生来就有一种由遗传而得到的潜在的教育。对此观点，许多专家作出了有针对性的批判，认为教育的生物起源说将动物的最原始的本能与人类有目的、有意识的教育活动混为一谈，而且也否定了人类教育活动的一个本质特性即社会性，生物起源论观点其实是想要掩盖资产阶级教育的阶级性。

2. 教育的心理起源论

美国教育家孟禄批判了利托尔诺把人的心理等同于动物的心理的生物起源论，同时根据人的心理发展现象及规律提出了教育的心理起源论。他认为教育起源于儿童对成人无意识的模仿。他说："原始社会以最简单的形式展现它的教育……用来帮助或强制个体服从普遍要求的复杂手段，绝大部分是无意识地对个体施加影响的……使用的方法从头至尾都是简单的、无意识的模仿。"针对这一理论的批判性观点是：心理起源论把教育看作是简单的无意识的行为，也就是否认了教育的目的性、计划性、控制性，同时也违背了教育的本质特性——社会性。

3. 教育的劳动起源论

恩格斯在《劳动在从猿到人转变过程中的作用》中写道，"劳动是整个人类生活的第一个基本条件"，"劳动创造了人本身"。既然劳动创造了人类，劳动当然也创造了社会，创造了教育。因为劳动为教育提供了条件，也因为劳动才有了对教育的需要。

首先看看劳动为教育提供了哪些条件。通过劳动，人类从动物的四肢行走发展为直立行走再到四肢的分工，无疑，四肢分工为教育提供了非常便利的条件。通过劳动的发展，语言这一人类特有的沟通工具产生了，语言又为教育的产生提供了便利快捷的条件。最后伴随着劳动的进一步发展，人类的思维活动也随之发展起来。思维也是教育产生所必不可少的条件，因为教育的内容如劳动技能和知识等要怎样传授，先讲什么、后讲什么；劳动工具要怎样制作、改进才能更快更省力，这些内容都是要通过思维进行思考的。所以说劳动为教育提供了四肢分工、语言和思维这三个有利的条件。

其次我们再来看一下劳动对教育的需要。随着劳动的发展，人们的经验越来越丰富，水平越来越高，这种在劳动实践中积累下来的宝贵的知识、经验、技能需要一代代地传递下去，使人类种族能够持续地生存和发展。那么这种传递要靠什么实现呢？当然是教育。此外，各原始部落、种族在生存和发展中所形成的习俗和传统也要传递下去，这也需要教育。

以此为基础，马克思主义认为，教育起源于人类特有的生产劳动。教育的劳动起源论在很长一段时间内几乎是不容置疑的真理，但从20世纪80年代开始，随着人们思想的解放，有些研究者对教育起源于劳动的观点和理论依据明确提出了三点质疑：一是劳动虽然为教育的产生提供了必要的条件，也产生了对教育的需要，但这只能认为劳动是教育产生的外因而绝不是根本性的内因；二是劳动起源论主要是以恩格斯的《劳动在从猿到人转变过程中的作用》等著作中的“劳动创造了人本身”这句话为立论依据逻辑推导出来的，这样不免有断章取义，把马克思主义理论简单化、教条化、模式化的嫌疑；三是劳动起源论从逻辑上混淆了劳动和教育这两个不同的概念和范畴，从而将教育看作是包含在劳动概念范畴之中。

（二）教育的发展

教育作为人类社会特有的现象，是随着人类社会的产生而产生的，其发展也是伴随着人类社会的发展而逐渐发展。迄今为止，人类经历了五种不同性质和形态的社会，相应的，教育的发展也经历了五种不同的性质和形态。

1. 原始社会的教育

原始社会是人类产生后的第一种社会形态，持续了将近100万年之久。人们主要从事以简单石器为工具的原始劳动，所以当时的社会生产力很低，仅够维持自己的基本生活需要，没有剩余的劳动产品，也没有明确的社会分工。生产出来的劳动产品归氏族公社公有，不存在阶级与剥削。所以当时的教育也不存在阶级性，任何人在任何时候、任何地点都可以接受教育，或者可以说当时的教育就发生在生产劳动和社会生活的过程当中。由于当时语言和文字都没有产生，所以教育的形式非常简单，仅靠口耳相传，而教育的内容也仅是当时如捕鱼、狩猎、采集、制造工具、饲养牲畜、种植庄稼等生产经验及礼仪、风俗、习惯和宗教等生活经验。受当时的劳动分工形式影响，教育也带有一定的性别差异。但是到了氏族公社的末期，由于社会生产力的发展和社会条件的变化，出现了剩余产品和初步的社会分工。相应的，教育也发生了重要的变化，出现了专门的教育场所和教育人员，学校处于萌芽状态。

2. 奴隶社会的教育

奴隶社会是人类历史上第一个阶级社会，奴隶主与奴隶是两个根本对立的阶级。奴隶社会生产关系的基础是私有制，奴隶主无偿占有生产资料和奴隶，教育也被奴隶主阶级所垄断，只有奴隶主子弟才有受教育权，所以奴隶社会的教育具有鲜明的阶级性。奴隶社会的生产力和社会发展水平都比原始社会有较大发展，出现了大量的剩余产品，且脑力劳动和体力劳动的分工出现了，这样，一部分人能够脱离生产劳动而专门从事教育工作和学习生活，而且人们积累了一定数量的知识技能和经验成果，对客观世界的认识水平也提高了，再有文字、书籍等载体的出现，伴随着这些条件，学校教育也就应运而生了。学校的产生可以说在教育的发展中有着划时代的重要意义，它是社会发展进步的标志，同时也为社会更好更快地发展创造了条件。由于当时教育的阶级性，学校教育完全被奴隶主阶级所垄断。奴隶社会的教育目的就是把奴隶主子弟培养成为新一代的奴隶主，这种教育目的决定着当时的教育内容是与生产劳动无关的。中国奴隶社会时期学校主要开设的课程是"六艺"，即礼、乐、射、御、书、数，其内容包括五礼、六乐、五射、五御、六书、九数，这满足了当时奴隶主阶级统治奴隶的需要。

在欧洲的奴隶社会中，同是奴隶制的国家，形成了斯巴达和雅典两种教育模式。斯巴达是一个农业国家，奴隶主人数约为 9 000 户，统治着 25 万以上的奴隶和平民。奴隶主对奴隶残酷的压迫和剥削，使得奴隶暴动和反抗经常发生；奴隶主为了维护他们的统治地位，经常以武力镇压这些反抗，所以斯巴达的学校教育的特点就是重视体育课程和军事训练。而雅典属于经济与文化水平较高且商业比较发达的国家。学校产生于公元前 8 世纪，奴隶主对其子女的教育除了体育与军事以外，还有政治、金融、读、写、算等方面的教育，以培养具有多种才能和文化修养的政治家和商人。

3. 封建社会的教育

封建社会的教育除了具有鲜明的阶级性外还具有严格的等级性。这种等级性集中体现在中央官学的招生对象上，这类官学不仅普通庶民无法进入，就连统治阶级的子弟入学也要由其父亲、兄弟的官位而定。这种制度在唐代最盛，当时由中央直接设立的学校为"二馆六学"。二馆即东宫的崇文馆和门下省的弘文馆，只招收皇室及宰相大臣的子孙。六学中，国子学只收三品以上文武官员的子孙；太学只收五品以上文武官员的子孙；四门学只收七品以上文武官员的子孙；律学、书学和算学收八品以下以及通晓律学、书学和算学的地主的子孙。在西欧，封建教育不仅具有阶级性和等级性，还具有很强的宗教性。大主教学校设在主教所在地，教育条件优良；而教区学校则设在村落，教学条件很差。与阶级性相对应的是教育的专制性，自汉武帝实行"独尊儒术"的文教政策后，儒家思想成为历代封建王朝的统治思想，"养士"、"愚民"成为封建教育的宗旨，"四书"（即《大学》、《中庸》、《论语》、《孟子》）和"五经"（即《诗经》、《尚书》、《礼记》、《易经》、《春秋》）成为学校教育的主要内容。在西方，有"七艺"和"骑士七技"两种教育。"七艺"即文法、修辞、辩证法、算术、几何、天文、音乐，是宗教系统地主贵族所受的教育，旨在培养封建地主和教士，是西欧中世纪早期教育的主要学科。"骑士七技"包括骑马、游泳、投枪、击剑、打猎、弈棋和吟诗，其教育目的旨在把封建主的子弟培养成为骁勇善战的骑士。

封建统治阶级为了借助教育的力量维护自己的统治也创办了一些劳动者的子女可以入学的低水平学校，如欧洲的教区学校和我国的私塾，教育的对象因此扩大了。另外，由于封建社会政治、经济、文化的发展以及资本主义的初步发展，学校教育的规模也在逐渐扩大。我国封建社会的高等教育中不仅有官学还有私学，最具特色的私学是宋代以后盛行起来的书院；西欧也逐渐出现了教会学校和骑士学校以外的一些商业学校和行业学校。到了中世纪，欧洲出现了几所比较著名的大学，其中包括意大利的萨勒诺大学、波龙那大学，法国的巴黎大学，英国的牛津大学和剑桥大学等。

4. 资本主义社会的教育

随着机器的产生与发展以及科学技术的日益进步，生产力得到了飞速发展，资本主义制度逐渐确立。在任何阶级社会，教育都是统治阶级进行统治的工具，资本主义当然也不例外，所以资产阶级为了维护自己的统治而创立了双轨制教育。在资本主义国家，经济条件优越的资产阶级子女通常是由小学、中学升入高等学校，成为管理生产、经营商业、从事政治活动和科学研究的专门人才；而无产阶级的子女由于受到高额学费的限制只能进入初等小学、高等小学而后升入初等或中等的职业学校，在资产阶级思想的熏陶下成为温顺的公民和底层的劳动者。随着资本主义的发展，资产阶级统治者越来越意识到科学知识对发展生产的重要性，他们为了维护自己的利益、获得更多的垄断利润而增加教育的投资，延长义务教育的年限，不断努力改革和完善教育体系与制度，丰富教育内容，提高教育质量；还把教育同生产劳动结合起来，使教育与社会生产的关系越来越密切。

5. 社会主义社会的教育

伴随着社会主义革命的胜利，无产阶级通过暴力革命夺取了政权，使生产资料由私有制变为公有制，彻底消灭了剥削阶级和制度，也彻底改变了以往教育的阶级性，使劳动人民成为教育的真正主人，所以社会主义社会的教育具有无比的优越性。主要表现在：社会主义社会的教育是为全体人民服务的，其教育目标是统一的，都是使受教育者得到全面发展，成为社会主义的建设者和接班人；而且教育内容都是对学生进行德育、智育、体育、美育和劳动技术教育，排除一切宗教对学校教育的影响，宣传无神论，提倡唯物主义；并将教育与生产劳动紧密结合起来，正如马克思所言，教育与生产劳动相结合，“不仅是提高社会生产的一种方法，而且是造就全面发展的人的唯一方法”。

三、教育的发展趋势

随着科技的飞跃发展，世界正面临空前变革，以往国家聚积财富依赖丰富的天然资源和庞大的资金，而未来国家优势的来源将是知识和技术。作为传授知识和技术的学校，面对接踵而来的量子革命、计算机革命、网络革命和生化革命，无可避免地要面临极大冲击。管理大师杜拉克（Peter Drucker）在1996年曾预言：“30年后，现今的大型大学都将成为历史遗迹，大学将很难存活。”他更明白地指出“学校不再是年轻人认识世界的唯一窗口”。科技的快速进步和知识的加倍累积，打破了学校对教育的垄断，改变了学校在教育上的地位。当学校失去对教育的垄断，学生从图文电视、因特网、电影、录像带等许多渠道可接触外在世界时，要让学校具有吸引力，这对一向扮演教育系统核心角色的教师来说是极大的挑战。国际知名的未来学家唐·塔斯冠（Don Tapscott）在《N世代》（*Growing Up Digital – The Rising of Net Generation*）一书中，曾列举未来教育的八大趋势，论及从传统迈向因特网时代教学形态的改变，这里简要引述如下：

（1）传统的学习方式是通过教师授课及教科书获取信息及技巧，未来的学习将从上述的“线型”学习迈向“超媒体”学习，学生可通过探究、体验、师长、教科书以及其他多媒体渠道构建自己的知识，并且可以通过因特网置身于超越时空的学习环境中。

(2) 传统的教学方式是教师传授学生信息技能，并提供其练习、记忆的机会而后查验其能力。革新后的教学则是积极安排学生自主学习的机会，并要求其具有创造性思维、组织整合能力及独立解决问题和进行科学探究的能力。教师仅扮演学习的示范者、指导者、教练以及资源提供者的角色，赋予学生更多的自由去学习知识，以应对多元化、快速变迁的社会。

(3) 传统的学校教育忽视学生个别差异，采取以教师为主的统一教学形态。革新后的教学则以学习者为主，根据学生智能、兴趣、背景、程度等的不同因材施教。

(4) 传统的教学只注重学生对知识的记忆，即所谓“填鸭式”的传统教育。这种方式使学生不能应付未来人类知识的增长速度。据了解，知识每 10 年会增加一倍、计算机运算能力每 18 个月增加一倍、因特网每年扩充一倍，因此，随着知识的转换率的加速，今日所学可能明日就已落伍。所以教师要进一步指导学生如何自学，从被动地接受知识到主动探索知识。

(5) 科技的发展有利于个别资料的取得，学习将不再只限于学校，所谓的“自我导向学习”将得到推广，每个人都会变成活到老、学到老的终身学习者。

(6) 传统单一标准的教学方式缺乏弹性，未能顾及学习者的需求，革新后的“适性学习”将会弥补传统教学方式的缺失，尊重学习者的兴趣，选择学习者需要的且适合他们的课程。

(7) 将学习的责任赋予学生本人，学生选择适合自己的方式寻找资料，获取知识，因而乐在其中，从传统被动的痛苦学习转变成主动的快乐学习。

(8) 未来的教学形态中，课程将不再采用分科的形式而是注重学科的整合，培养学生对各学科的整合能力。学习过程注重师生互动，并鼓励学生发问及深入探究，教师的角色不再是知识的传授者而成为知识的催化剂和协助者。

四、教育的形式

教育发展至今，已由最初简单的观察模仿、口耳相传发展成为多层次、多类别、纵横交错的庞杂体系，但从其存在形式上看，不外乎学校教育、家庭教育和社会教育三种基本形态。这三种形态构成了教育的总体，从不同的时间、渠道，以不同的形式对人和社会的发展起着不同的作用。

1. 学校教育

学校教育是人类社会发展到一定阶段的产物，是教育发展过程中的里程碑。由于学校是专门的教育机构，所以学校教育在人的发展过程中占据重要的地位。狭义的教育即学校教育，是教育者根据社会或阶级的需要，根据受教育者身心发展规律，有目的、有计划、有组织地对其施加影响，把他们培养成为符合特定社会需要的人的活动。依照这个定义和平时的经验，我们可以总结出学校教育的一些特点：首先，学校教育有着十分明确的目的，就是将受教育者培养成为一定社会所需要的人才。其次，它有着严密的组织和纪律性，承担教育任务的人都是受过专门训练的教师队伍，学生稳定，有严密的教育活动计划和较为完善的学校教育制度。最后，作为专门的教育场所的学校，不仅为受教育者提供优越的学习环境，也为其提供了齐全的教育教学设备、图书资料和活动场地。学校教育在促进社会生产力的发展，维护和巩固一定的社会政治经济制度，为社会发展培养所需要的人才以及满足人的自身发展的需要等方面所起的作用是其他教育形式无法比拟的。

2. 家庭教育

家庭是以婚姻和血缘关系为纽带组成的社会细胞，是构成社会的基本单位。家庭有众多职能，而教育就是其中一个。所谓家庭教育，是指受教育者的家庭成员在家庭生活中对其进行的教育，包括家庭里的环境因素对儿童所产生的影响，也包括父母雇请教育者在家庭内对子女进行的教育。家庭教育，在儿童入学前主要是使儿童的身心得到健全的发展，为接受正规的学校教育打好基础；在儿童入学后，主要是配合学校教育使其品德、智力和健康得到正常发展。家庭教育的教育内容非常广泛，无论是科学技术还是做人的道理或者生活常识都包含其中。家庭教育的方法非常灵活，除了用到学校教育中的一些常用方法外，还可以用到学校教育中不能使用的体罚等方法。并且其持续时间也是最长的，从未出生的胎儿到子孙满堂的老人都有接受家庭教育的可能。现代社会越来越重视家庭教育在人的成长与发展过程当中的作用。在家庭中，亲人尤其是父母的一言一行都可能影响到孩子的健康成长，父母的价值观、人生观会在不知不觉中灌输到孩子的头脑中，父母使用的教育方式与方法可能决定孩子一生的发展，所以双亲在家庭教育中的作用也越来越受到世界的重视。例如，近些年我国出现了家长学校，美国成立了“全美双亲协会”，英国有“全国双亲教育联盟”，法国有“全国家庭教育学中心”等。

3. 社会教育

广义的社会教育指一切社会生活影响于个人身心发展的教育，包含了学校教育和家庭教育；狭义的社会教育则指学校教育以外的文化教育设施对青少年儿童和成人进行的各种教育活动以及学校和家庭外的社会文化机构和有关社会团体对社会成员，特别是对青少年所进行的教育。由于上文已对学校教育和家庭教育作了论述，因此我们在这里讨论的社会教育是狭义的社会教育。社会教育是一种开放性的教育，其教育的对象非常广泛，无论什么年龄、什么种族、什么性别的人都可以接受社会教育。由于社会教育的对象都有各自的背景，相应的，社会教育的内容也要根据他们的需要和条件而具有极大的多样性，可包括思想政治教育、科技知识教育、军事教育、卫生教育、生活教育以及文化教育等。另外，随着社会和个人的不断发展，一方面，学校教育中所学的部分知识已经落后，跟不上时代的发展了；另一方面，许多新知识又不断出现，生活和工作所必需的大量的知识和技能需要重新学习，这些在学校学习不到的知识都需要在社会实践中予以补充和扩展。所以社会教育又具有补充性。另外，社会教育的教育方式方法非常灵活而且场景开放，打破了学校教育的封闭性。随着科学技术的不断发展，社会劳动生产率的不断提高，就业结构的进一步变化，以及人们闲暇时间的增多，社会教育必将获得更大的发展。

案例

小辰是个聪明的孩子，头脑灵活，思维活跃而且模样长得非常讨人喜欢，虽然刚上一年级，但他的接受能力和学习能力特别强，学习成绩始终在班里名列前茅，甚至在年级中也是数一数二的。照常理，这么聪明又活泼的孩子老师应该非常喜欢，同学也很愿意与他做朋友。事实却恰恰相反，老师见他直摇头，同学只要见到他就立马躲得远远的，就像老鼠见到猫似的。原来，小辰有个坏毛病，喜欢欺负同学，经常会打班中的同学，因此同学们都非常害怕他。另外，小辰有多动症的毛病，无论是上课还是其他活动，他始终没有办法让自己安静下来，使得老师经常因为他没办法正常上课，教学进度没法完成，他的特殊行为也影响到班里其他同学的听课、学习，这点也让老师非常苦恼。

据了解，小辰的父亲是长途客运司机，长期在外工作，家中只剩母亲和他两人。母亲负责料理他的生活以及对他的学习进行辅导和督促。由于父亲很少在家，因此小辰跟父亲的沟通和交流很少，他根本不了解父亲是怎样一个人。小辰的父亲文化程度较低，平时只要小辰犯错误或自己有什么不顺心的事就会用粗暴的方式教育孩子，把孩子打一顿来解决问题。父母亲常常因为教育孩子的问题而产生矛盾，可以说小辰生活在一个不够安定、和睦的家庭环境中。

分析

在本节中我们已经学过，教育的形式有三种：学校教育、家庭教育和社会教育。其中学校教育是各种教育的主体，在整个教育大系统中起主导作用。我国学校教育的目标是培养德、智、体、美、劳全面发展的，具有独立个性的社会主义现代化的建设者和接班人。学校教育在运行的过程中有时会偏离其宗旨，这是因为社会本身就不是一个十分健全的有机体，社会对学校起着制约的作用，但现在社会所需要的人才主要还是由学校提供的，学校在发展过程中通过一系列的改革不断完善自身功能。学校正是通过有计划、有组织地系统培养来达到育人目的的。

同理，家庭教育在一个人的发展中特别是品德和习惯的养成上有很大的教育作用，在独生子女数量日益庞大的中国社会，家庭教育扮演着越来越重要的角色，而家庭教育能否保证教育目的的实现，还值得思考。家庭内不正确的教育手段必然促使孩子对情感的“餍足”与麻木不仁，也抑制了其对周围人产生爱，容易滋长狂妄自大、唯我独尊的心理，加剧对孩子心灵的伤害。小辰家庭教育的恶性循环，加重了孩子仇视学校、老师、同学的心理。家庭因孩子的问题失去了往日的欢乐，从溺爱到打骂，对一个心智还不成熟、分辨能力不强的孩子来说，心理的不适应是显而易见的，那么孩子问题的产生也就不足为奇了，于是孩子也只能通过不恰当的方法宣泄内心的不满。儿童及青少年学习不良和反社会行为、违法犯罪行为与家庭教育氛围、父母教育方式及心理环境等密切相关，任何一个学生的心理偏差甚至最终的行为偏差都可能从家庭的教养方式和家庭人际关系中找到某些直接或间接的根源。如果这一问题得不到重视和解决，不仅会对学生的学业产生负面影响，严重的还会制约学生人格的健康发展。因此，每一个教育工作者都应该把指导家长进行家庭教育作为一种责任，以此让学校教育、家庭教育、社会教育有机整合，共同塑造具有完美人格的一代新人。

复习与思考题

1. 什么是教育，它的要素有哪些？
2. 简述有关教育产生的三种理论。
3. 简述教育发展的五个阶段。
4. 唐·塔斯冠提出的教育发展的八大趋势是什么？
5. 教育的形式都有哪些，各自的含义与特点是什么？

第二节　教育学概述

一、教育学概念

（一）教育学的概念

概念是反映事物本质属性的思维形态。形成概念的基本方式有属加种差的方法，也有特征描述的方法。属加种差的方法是通过揭示被定义概念邻近的属和种差来给概念下定义的方法，用公式可表示为：概念＝种差＋邻近的属；特征描述的方法是指对概念进行描述而进行定义的方法，主要用于无法用属加种差定义的单个概念。在《教育的语言》一书中，著名的分析教育哲学家谢福勒（L. Scheffler）指出，对概念的定义有三种方式：一种是“规定性定义”，即下定义者根据自己的理解，用自己的语言对概念或术语所下的定义；第二种是“描述性定义”，即适当地描述被界说的对象或术语；最后一种是“纲领性定义”，这类概念不是揭示概念内涵的实际情况，而是说明概念应该具有什么样的内涵，即事物应该是什么。根据对以上概念界定方式的分析，我们可以将教育学定义为：教育学是通过对教育现象的提炼和分析，以教育问题为研究对象，揭示教育规律，指导教育实践的一门社会学科。这一概念的内涵和外延都是相当具体和明确的，其中内涵说明了教育学的研究对象是“教育问题”，教育学的研究任务是对“教育现象的分析、教育问题的研究、教育规律的揭示”，目的是“指导教育实践”；外延则说明教育学是社会科学学科体系中的一门学科。

对教育学概念的正确理解还应从以下五个方面进行把握：

（1）教育学的主要研究对象是教育问题。这里没有使用教育现象这个概念，是因为现象在没有成为人们的研究问题之前是普遍存在的，只有人们认识到研究此现象的必要性，并将其变成研究问题时，才能成为研究对象。例如，教师体罚学生的现象古已有之，且有“人不打不成才，木不琢不成器”的古训，体罚学生被视为是自然合理的，并没有人对此提出异议。但伴随着人本主义思潮的兴起以及人权观念的普及，“尊重人、理解人、关爱人”成为人们普遍的价值观，体罚学生这一历史现象随即成为人们关注的焦点，进入了学者们的研究视野。此类事例不胜枚举，这就说明现象只有成为人们研究的问题时才成为研究的对象，现象只是现象，要使其成为研究的对象还有一定的距离。

（2）教育学是以教育问题为研究对象，从而揭示教育规律。在这里并未使用人们的思维定式对概念的定义方式（即教育学的研究对象是“教育现象及规律”的定义）类推，是因为规律是客观存在的，人们只有通过对教育问题的研究，才能揭示教育规律，以便指导教育实践，为构建教育学体系打下坚实的基础。

（3）教育学是一门社会学科，具有综合性、理论性和实用性的特点。研究教育问题需要运用哲学、政治学、经济学、社会学、心理学、生理学、卫生学等多方面的知识才能揭示规律，论证原理，说明方法，指导实践。

（4）这一定义方法属于逻辑学中“种差＋邻近的属”的定义概念的方式。这一定义的“种差”部分，可以从教育学的研究对象、任务和目标等几个关键方面来限定教育学这一概念的内涵；“邻近的属”部分，我们选择了教育学邻近的属概念“社会学科”。显然这一定义符合逻辑学的实质性定义的基本规则，避免了出现一些逻辑错误，比如同语反复、循环定义等。

（5）为了准确把握“教育学”的内涵，我们还要正确理解和辨析容易与之混淆的七个概念：一是教育哲学，这是穷根究底的一门学科，它从认识论、人性论的角度探究教育活动的终极意义，说明教育“应该是什么”。二是教育科学，教育科学是一个学科群，而教育学只是这一群体中的一门基础学科，是构成教育科学的如教育哲学、教育法学、教育社会学等诸多要素之一。三是教育学说，教育学是一门学科，是人类社会发展到一定阶段的产物，它必须具有一定的体系或结构；而教育学说只是人们对教育活动或现象的认识、看法、主张或建议等，不一定具有系统性。四是教育学科，它以教育学为基础专门研究教育中某一特定领域中相关问题，如教育法学是以教育学和法学为理论基础来研究教育法律问题的。五是学科教育学，它从微观上研究某一具体学科的具体教学规律、教学原理、教学过程、教学艺术、教学方式等。六是元教育学，它解释教育学自身，其任务是对现有的教育理论和研究现状进行分析、论证，是教育学自身的反思，主要研究教育学理论形态和教育学研究现状。应该明确的是，元教育学作为教育学之学，旨在促进教育学的发展，澄清教育学的认识论基础，但决不能取代教育学自身的建设。① 七是教育术，美国教育家桑代克认为，“教育学是从事发现一个人对于世界上的人、物情况的最适宜的适应。教育术则从事改变人类本性，使其发生所需求的适应，而这种改变与外界的改变不同……凡人类的知识、技能、感情、道德，以及各种习惯上的改变，均应由教育术负责促成之”。②

---

① 郑金洲．“元教育学”考辨．华东师范大学学报（教科版），1995（3）
② ［美］桑代克·盖茨．教育之基本原理．宋桂煌译．北京：商务印书馆，1934．5

（二）教育学的研究对象

每一门学科都有自己特殊的研究对象，都有其研究的特殊内容。一门学科的研究对象就是要对某一客观事物或现象的某一方面作出科学的说明，揭示其特殊的矛盾运动规律。毛泽东同志在其著作《矛盾论》中说过："每一种社会形势和思想形势，都有它的特殊矛盾和特殊的本质。科学研究的区分，就是根据科学对象所具有的特殊的矛盾性。因此，对于某一现象的领域所特有的某一种矛盾的研究，就构成某一门科学的对象。"然而人们在教育学研究对象这一问题上分歧是很大的，至今仍无定论，主要有以下四种观点：一是认为教育学的研究对象是教育问题；二是认为教育学的研究对象是教育现象；三是认为教育学的研究对象是教育规律；当然还不乏将上述三种观点进行组合的说法。上述四种说法散见于各种不同版本的教育学书籍中，且都对其作了较为详细、充分的说明。根据上述对教育学概念的界定，显然我们比较赞同第一种观点。因为，第一，将教育现象看成是教育学的研究对象是不确切的。在人们的日常社会实践活动中，教育现象是广泛存在的，是教育实践的产物，人们可以感知它、认识它。但不是所有的教育现象都可以构成教育学的研究对象，只有当其中的一些教育现象成为教育问题时才成为教育学的研究对象。第二，把教育规律作为教育学的研究对象也是不周延的。因为教育学的目的在于揭示教育规律，教育规律本身不能构成教育学的研究对象。如果说教育学的研究对象是教育规律，这说明教育规律已经呈现在教育学研究者的面前了，既然已经知道规律为何物了，那还有研究的必要吗？直接拿来就可以用于指导教育实践了。所以，只有当教育现象成为教育问题时才需要教育学去研究它。这就是说，只有首先研究教育问题，然后才能发现和揭示出教育规律。通过对以上教育学研究对象已有研究的分析，我们认为教育学是以教育问题为研究对象，从而揭示教育规律，指导教育实践的。

二、教育学的产生与发展

教育作为一种社会现象，源远流长，随着人类社会的产生而产生，随着人类社会的发展而发展，与人类社会同在。教育学同样经历了从无到有、从简单到复杂的发展历程。一般认为，教育学的发展大致经历了以下三个阶段：

（一）教育学的萌芽时期

教育学的萌芽时期是在教育成为人类独立的社会活动之后，随着教育实践的不断发展和教育经验的日益增多，一些哲学家、思想家开始对教育实践经验进行总结和概括，对教育问题进行研究，并在他们的政治、哲学等思想中有了对教育问题的论述和说明。在这段漫长的岁月里，教育学虽然没有形成独立的学科，但这些思想家和教育家以自己的哲学观点为基础，结合他们的政治观和伦理观等来探讨教育方面的问题，总结概括教育经验，积累了丰富的教育遗产。当然，这些思想都带有一定历史的和阶级的局限性，而且大多数还属于经验的性质，并散见于各类著作之中，尚未形成独立的学科体系。

这一时期所取得的教育认识成果和教育专著情况如下：

（1）我国先秦时期的《礼记·学记》是世界上最早的教育专著，是我国古代教育思想的精华。它系统地总结了我国先秦时期的教育经验，比较全面地论述了教育与政治的关系，教师的地位、作用和师生关系，教育内容及其开设顺序，并总结了教育成败的经验和教训，提出了一些教学原则和方法，对教育规律的认识达到了较高的水平。它还高度重视教育的地位和作用（“化民成俗，其必由学”）；建立了一套完整的教育制度（“时教必有正业，退息必有居学”）；提出了教学相长的师生关系（“道尊师严”）；重视启发性教学（“君子之教，喻也”；“道而弗牵，强而弗抑，开而弗达”）。

（2）记述孔子教育思想和观点的《论语》。《论语》是孔子的弟子或再传弟子对孔子与其弟子问答的记录，对孔子教育思想有很具体的记载。如“不愤不启，不悱不发”的启发教学，“学而不思则罔，思而不学则殆”的学思结合，“学而时习之”的学习结合，“君子耻其言而过其行”的学行结合，“其身正，不令而行，其身不正，虽令不从”的以身作则以及因材施教等。这些教育思想对后世的教育产生了很大影响。

（3）古希腊的苏格拉底明确地提出了“美德是否可教”这样一个具有永久思想魅力的教育问题，并第一次试图通过理性的思考来解决这个问题。而且他针对雅典人对如何培养有教养的市民所发的议论，第一个明确提出了“什么是教育”的问题。

（4）柏拉图在《理想国》中总结了当时的雅典和斯巴达的教育经验，提出了一个比较系统的教育制度，规定了不同阶级的人的不同教育内容。

（5）古希腊百科全书式的哲学家亚里士多德是最早提出教育要适应儿童的年龄阶段，进行德、智、体多方面和谐发展教育的思想家。

（6）昆体良（M. F. Quintilianus，约公元35—96年）是古罗马帝国初期的雄辩家和教育家，公元70年，他创办和主持拉丁语雄辩术学校，直到公元90年退休。退休后，通过总结自己长期教育实践的经验，同时也结合了古希腊和罗马雄辩家的教育经验，撰写了《雄辩术原理》。该书被认为是西方最早的教育学专著，也被称为世界上第一本研究教学法的书。书中比较系统地论述了雄辩家的素质和品行及有关儿童教育的问题。

除此之外，还有《大学》、《孟子》、《中庸》、朱熹的《四书集注》、韩愈的《师说》、尼德兰人文主义教育家伊拉斯谟的《论正确的教学》、英国空想社会主义学者莫尔的《乌托邦》、法国文学家拉伯雷的《巨人传》、意大利哲学家康帕内拉的《太阳城》等相关论著。

无论是中国还是外国，古代的思想家、教育家们的教育思想多是对现象的描述和自我经验的概括总结，缺少独立的科学命题和理论范畴。这些历史事实都说明，当时的教育学还没有从哲学、政治等其他学科中分化出来，形成自己独立的学科体系，因而在科学分类中也就没有它的位置。

（二）教育学的独立和发展时期

随着生产力的发展，科学的进步，教育对象的扩大，以及资产阶级思想和资本主义生产方式的产生和发展，资产阶级教育家在总结前人经验和自己教育经验的基础上，逐步建立了教育学理论体系，使教育学终于从哲学中分离出来，成为一门独立的学科，形成了比较完整的理论体系。教育学独立理论体系的建立是人们试图对教育这一对象的各方面属性及其总体作出的反应，标志着教育学这门学科的正式诞生。

这一时期主要的代表人物和代表作情况如下：

（1）著名的英国学者培根为独立形态教育学的出现作出了重要贡献。作为“近代实验科学的鼻祖”，他提出的实验归纳法为教育学的发展奠定了方法论基础。1632 年，培根在《论科学的价值和发展》一文的学科分类中，首次把“教育学”作为一门独立的学科与其他学科并列地提了出来。

（2）捷克民主主义教育家和宗教改革家夸美纽斯首次提出让一切男女儿童都接受教育的普及教育的思想，并在自然适应性原则的基础上对人的本质和教育的本质作了新的探索，根据年龄分期确立了学校教育制度和教学内容，较详细地论述了班级授课制，确立了教学的基本原则，还对教师的职业作了很高的评价等。这些主张虽然有的不尽科学（如自然适应性原则，把人混同于动物），但在反对封建教育、建立比较完整的教育理论体系方面奠定了重要基础。他于 1632 年出版的《大教学论》是适应资本主义发展的近代第一本教育学著作，它也标志着独立形态的教育学的诞生。在其中，他提出了“泛智教育”思想和系统的学科教育思想，不仅指出了教育应该怎么办，而且努力为教育措施寻找理论依据。但由于夸美纽斯的宗教立场和目的，人们很难把它看成一本真正的科学著作。

（3）英国哲学家洛克于 1693 年出版了《教育漫话》，肯定了教育在人的发展过程中的巨大作用，构建了完整的绅士教育理论体系。

（4）法国思想家卢梭提出了“自然教育”的思想。自然教育有两层意思：一是儿童的教育要远离城市，到偏远宁静的乡村进行；二是教育要从儿童的自然本性出发。根据儿童身心发展的特点，卢梭还把教育划分为婴儿时期的教育（0～2 岁）、儿童时期的教育（2～12 岁）、少年时期的教育（12～15 岁）和青年时期的教育（15～20 岁）四个阶段。这是近代教育论述中最完备的关于教育年龄阶段的划分，而且是建立在对儿童心理发展观察基础上的。卢梭的自然教育思想对后来由裴斯泰洛齐、赫尔巴特等人兴起的“教育心理学化”运动产生了直接的影响，对康德、杜威等哲学家的教育学说也产生了深远的影响。他在 1762 年出版的《爱弥儿》一书中深刻地表达了资产阶级教育思想，是反封建的理性革命声音在教育领域的表达。

（5）德国著名哲学家康德在哥尼斯堡大学期间，了解到该大学规定每位教授轮流讲授教育学，这可能是世界上最早的教育学课程。康德先后于 1776—1777 学年和 1786—1787学年讲授教育学。1803 年《康德论教育》一书出版，他认为，教育是一门很难的艺术，其实践必须和“真知灼见”结合起来，他还明确主张进行“教育实验”，认为教育的根本任务在于充分发展人的自然禀赋。

（6）德国著名的心理学家和教育学家赫尔巴特，在世界教育学史上被认为是“现代教育学之父”或“科学教育学的奠基人”。他的《普通教育学》被公认为第一本现代教育学著作。赫尔巴特强调必须有“一种教育者自身所需要的科学”，有“科学与思考力”。他首先强调的是教育学要有“自身的概念”。他非常明确地指出，“普通教育学必须把论述基本概念放在一切论述之前”，只有这样才能获得科学的统一性。赫尔巴特不仅论述了科学教育学的独特性，还非常明确地提出了科学教育学的学科基础，即心理学和哲学，还创办了一个教育科学研究所和实验学校。他试图在伦理学的基础上建立教育的目的论，在心理学的基础上建立教育的方法论，强调要按受教育者心理活动的规律去规定教学的过程和阶段，选择教学的手段和方法。他还提出教学的教育性原则和教学方法的阶段论，创建了比较完善的课程体系，提出了著名的课堂教学的四个形式阶段（明了、联想、系统、方法），这四个阶段是传统课堂教学的基本模式。同时他特别重视道德教育，认为道德教育是教育的最高目的，而且倡导学校教育的严格管理。

（7）瑞士的著名教育家裴斯泰洛齐的《林哈德和葛笃德》（1781—1787 年），明确提出“使人类教育心理学化”的口号，对推动教育活动的科学化及教育学的诞生都起到了重要的作用。

（8）美国著名哲学家、教育家杜威在其《民主主义教育》（1916 年）一书中提出了现代教育的主张，包括五个方面的思想：①教育即生活。教育要更多地面向儿童的生活，更多地面向当下社会的生活实际，反对脱离实际的抽象，反对脱离实际的说教。②认为学生的发展即生长。教育就是儿童的经验改造与重构，主张“在做中学”。③强调活动教学。与传统教育强调课堂教学相比，杜威更强调给予学生自由，鼓励学生自主活动。④在教育的过程当中，杜威注重学生的探索学习。主张通过问题、情景的设置，进行探索学习。⑤杜威主张教育过程无目的，反对社会强加给儿童的教育目的。杜威的教育思想体现的是实用主义的哲学观，也体现了他与赫尔巴特的不同，即赫尔巴特是传统教育的代表，杜威是现代教育的代表；赫尔巴特是教师中心论者，杜威是儿童中心论者；赫尔巴特强调教师的权威，杜威强调儿童的兴趣。

通过以上的描述，可以总结出教育学创立的三个条件和五个标志。

创立的条件主要是：首先，教育学的创立来源于教育实践发展的客观需要；其次，教育学的创立与近代以来科学发展的总趋势和一般科学方法论的奠定有着密切的关系；再次，教育学的独立与一些著名学者和教育家们的努力是分不开的，凝聚着好几代教育家的心血，最终使教育认识从教育术的阶段上升为教育学的阶段，从前科学转变为科学。

创立的标志主要有：①就对象方面而言，教育问题构成一个专门的研究领域；②就概念和范畴方面而言，形成了专门反映教育本质和规律的教育概念与范畴，以及概念与范畴的体系；③就方法论方面而言，有了科学的研究方法；④就结果方面而言，产生了一些重要的教育学家，出现了一些专门的、系统的教育学著作；⑤就组织机构而言，出现了专门的教育研究机构。

（三）教育学的繁荣时期

20 世纪初，世界进入了一个新的发展阶段，以苏联为代表的社会主义教育思想以崭新的面貌、丰富的内容展现在人们面前。同时，资本主义社会也发展到了一个新的高度，以美国为代表的西方资本主义社会出现了各种各样的教育思想，形成了教育理论发展的繁荣时期。

这一时期主要的教育学派别及其代表人物和著作情况如下：

1. 实验教育学

实验教育学是 19 世纪末 20 世纪初在欧美一些国家兴起的。它提倡用自然科学的实验法去研究儿童发展及其与教育的关系问题。实验教育学所强调的定量研究成为 20 世纪教育学研究的一个基本范式，极大地推动了教育科学的发展。然而，正所谓物极必反，当实验教育学者把科学的定量方法夸大为教育科学研究的唯一方法时，它就走上了教育学研究中“唯科学主义”的迷途，受到了来自文化教育学的批判。实验教育学的代表著作有梅伊曼于1907年出版的《实验教育学入门讲义》、1914年出版的《实验教育学纲要》以及拉伊于1908年出版的《实验教育学》。

2. 文化教育学

文化教育学又称精神科学的教育学，是19世纪末出现在德国的一种教育学说，深刻地影响着德国乃至世界的教育学发展，在教育本质、教育目的、师生关系以及教育学性质等方面都给人许多启发。它反对科学主义的实验教育学和理性主义的赫尔巴特式教育学。代表著作有狄尔泰的《关于普遍妥当的教育学的可能》、斯普朗格的《教育与文化》和《教育学的展望》以及利特的《职业陶冶与一般陶冶》。

3. 实用主义教育学

实用主义教育学是19世纪末20世纪初在美国兴起的一种教育思潮，是在批判以赫尔巴特为代表的传统教育学的基础上提出来的，是典型的“美国版”的教育学，对20世纪整个世界的教育理论研究和教育实践发展产生了极大的影响。其基本观点是：①教育即生活，教育的过程与生活的过程是合一的，而不是为将来的某种生活做准备；②教育的目的是使学生个体经验不断增长；③学校是一个雏形的社会，学生在其中要学习现实社会中必需的基本态度、技能和知识；④课程组织应该以学生的经验为中心，而不是以学科知识体系为中心；⑤师生关系中应以学生为中心，而不是以教师为中心，教师只是学生成长的帮助者，而非领导者；⑥教学过程应让学生独立发现、表现和体验，尊重学生发展的差异性。代表性著作有杜威的《我的教育信条》、《民主主义与教育》和《经验与教育》以及克伯屈的《设计教学法》。

4. 制度教育学

制度教育学是20世纪60年代诞生于法国的一种教育学说，它促进了教育社会学的发展。代表性著作主要有瓦斯凯和乌里的《走向制度教育学》和《从合作班级到制度教育学》以及洛布罗的《制度教育学》。

5. 马克思主义教育学

马克思主义教育学包括两部分内容：一是马克思、恩格斯及其他马克思主义的经典作家对教育问题的论述，也就是他们的教育思想；二是教育学家们根据马克思主义的基本原理对现代教育一系列问题的研究结果。马克思、恩格斯的历史唯物主义以及建立于历史唯物主义之上的教育观念，对苏联和中国教育学的发展起到了巨大的作用，成为后者的理论和方法论基础，从而形成了马克思主义的教育学。

在马克思主义产生之前，资产阶级的思想家、教育家们论述教育主要是从抽象的人的本性出发。马克思、恩格斯第一次从社会、教育与人三者之间历史的、现实的总体联系来考察教育和人的发展问题，为教育学的发展奠定了科学的方法论基础。

马克思主义教育学的基本观点是：第一，教育是一种社会历史现象，在阶级社会中具有鲜明的阶级性，不存在脱离社会影响的教育；第二，教育起源于社会性生产劳动，劳动方式和性质的变化必然引起教育形式和内容的改变；第三，现代教育的根本目的是促使学生个体的全面发展；第四，现代教育与现代大生产劳动的结合不仅是发展社会生产力的重要方法，也是培养全面发展的人的唯一途径；第五，在教育与社会的政治、经济、文化的关系上，教育一方面受它们的制约，另一方面又具有相对独立性，并反作用于它们，对于促进现代社会政治、经济与文化的发展具有巨大的作用；第六，马克思主义的唯物辩证法和历史唯物主义是教育科学研究方法论基础。

6. 批判教育学

批判教育学是20世纪70年代之后兴起的一种教育思潮，也是当前在西方教育理论界占主导地位的教育思想。其理论根据主要是马克思主义、弗洛伊德主义、法兰克福学派和哈贝马斯等，但主要是深受马克思主义和以霍克海默、阿多诺、马尔库塞为代表的法兰克福学派批判理论的影响，是批判理论在教育领域的具体应用和发展。代表性著作有鲍尔斯与金蒂斯的《资本主义美国的学校教育》、布厄迪尔的《教育、社会和文化的再生产》、阿普尔的《教育中的文化与经济再生产》和吉鲁的《教育中的理论与抵制》。

“二战”后，科学技术迅猛发展，世界进入新的技术革命时代。为了适应经济与科技发展的要求，教育改革的浪潮也不断兴起，有力推动着教育科学的发展。同时，心理科学与其他相关科学的巨大进步也为教育科学的发展提供了动力。在新的历史阶段，教育科学研究日益深入，布鲁纳、赞科夫、瓦·根舍因等人提出的教学理论，充实了教育学的内容，提高了教育的科学化水平。

（1）布鲁纳，美国心理学家、教育家。他于1960年出版的《教育过程》提出了“结构教学论”，强调“无论我们选教何种学科，务必使学生理解该学科的基本结构”；倡导发现法，培养学生的科学探索精神、科学兴趣和创造能力。这些主张在各国的教学改革中普遍受到重视。

（2）赞科夫，苏联心理学家、教育家。自1957年起进行了长期的教学改革实验。其代表作是《发展教学论》，该书的理论核心是“以最好的教学效果来达到学生最理想的发展水平”；强调学生的一般发展与特殊发展相结合，提出了五条新的教学原则，推动了苏联20世纪60年代的教学改革。

（3）瓦·根舍因，德国教育家。“二战”后，联邦德国在“跟上世界科学技术发展步伐”的口号下，进行了百科全书式的教学。在1951年召开的图宾根会议上，瓦·根舍因等人倡导“范例教学”理论，要求改革教学内容，加强教材的基础性，通过对范例的接触，培养学生独立思考、独立判断的能力。

（4）保罗·朗格朗（P. Lengrad），联合国教科文组织成人教育局局长。1970年，他出版了《终身教育论》，提出了终身教育的思想。其主要观点是要求把教育扩展到人的一生，将社会各部分变成教育场所。正如保罗·朗格朗所说：“我们所说的终身教育是一种很具体的思想、实验和成就，换言之，是完全意义上的教育，它包括了教育的各个方面，各项内容，从一个人出生的那一刻起一直到生命终结时为止的不间断的发展，包括了教育各发展阶段之间的有机联系。”朗格朗认为，几百年来社会把人的前半期作为教育期，后半期作为工作期是不科学的，教育应当是贯穿于人的一生的。

（5）瓦·阿·苏霍姆林斯基，苏联杰出的教育理论家与实践家，其教育思想核心内容是全面发展的教育理论。他提出苏联学校的主要任务是培养“全面和谐发展的人，社会进步的积极参与者”。他认为“全面”与“和谐”是儿童个性发展不可缺少的两个方面。全面教育应使“智育、体育、德育、劳动教育和审美教育深入地相互渗透和互相交织，使这几个方面的教育呈现为一个统一的完整的过程”。和谐教育，“就是如何把人的活动的两种职能配合起来，使两者达到平衡：一种职能就是认识和理解客观世界，另一种就是人的自我表现”。他认为，教育工作的许多弊端就在于人的活动的两种职能不和谐，把人的表现局限在知识的评分上，完全用分数评价人。

（6）布卢姆（B. S. Bloom），美国当代著名教育家、心理学家。布卢姆认为完整的教育目标分类学应当包括三个主要部分：一是认知领域，包括有关知识的回忆或再认，以及理智能力和技能的形成等目标；二是情感领域，包括描述兴趣、态度和价值等方面的变化，以及鉴赏能力、更新价值观念和培养情感方面的目标；三是动作技能领域，强调肌肉或运动技能及对材料和客体的某种操作或需要神经肌肉协调的活动等。对于怎样编制教育目标的问题，布卢姆认为同事间合作制定目标是最好的途径，这不仅可以最大限度地减少每个教师所花的时间和精力，而且能够集思广益，在有效的讨论中达成共识。

综上所述，教育学发展过程中存在着“源”与“流”的关系问题。教育学发展的“源”在教育实践。教育实践不仅是教育理论的源泉，而且是检验教育理论正确与否的标准。但当某一教育理论形成以后，就成为影响以后教育思想发展的“流”，成为现成的思想体系，反过来指导教育实践的发展。任何教育实践总是要在一定的教育理论的指导下进行；经过实践，最后对原有的教育理论作补充、修改或者突破，甚至否定原有的教育理论，而提出新的思想体系。教育学就是在这样的实践和理论的相互作用下，不断反复地呈螺旋式上升和发展。也可以说，教育学是在教育实践和教育理论的这种互动过程中不断向前发展的。

三、学习教育学的意义

（一）有助于进行教育研究，完善教育理论

大量实践证明，教育科学研究是同平时的教学实践紧密联系起来的。随着社会的发展，人的认识和观念在不断地发展，在教育活动中会出现许多新的、用以往的理论解决不了的问题。通过学习教育学可以学习进行教育研究的方法和技术，从而在教学实践中进行教育研究，解决出现的新的教育问题。伴随着问题的解决，教育理论也在不断地完善，进而提高了教育工作者的科研水平，增强了创造性，大大提高了教育教学的质量。

（二）树立正确的教育观，掌握教育规律，指导教育实践

教育观是人们对教育的总的根本的看法，是教育思想、教育观念的体系化。只有树立正确的教育观才能使教育朝正确的方向发展。人们的教育观不是天生存在的，也不是一成不变的，而是从对教育规律的认识中得来的。任何事物的发展都有其自身的规律，并不为人们的主观意志所转移，教育也是如此。教育工作者只有按照教育规律办事，才能搞好教育，从而形成正确的教育观。历史经验证明，教育规律早在人们认识它之前，就已经存在并起作用了。遵循它，教育事业就发展，就前进，就成功；违背它，教育事业就受挫，就倒退，就失败。我国的教育学以马列主义为理论基础，以发展、变化、唯

物、辩证、动态的观点为指导，去分析、认识与把握教育现象及其本质属性。因此，学习教育学可以使我们逐步树立正确、科学的教育观，提高我们投身教育实践的自觉性、积极性与预见性，也能使我们在各种错综复杂的教育实践中坚持正确的方向，掌握解决问题的思维方式和工作方法。

（三）加深对教师职业的认识与对教育事业的热爱

由于某些原因，社会上对教育工作产生许多误解和偏见，通过学习教育学可以让人们知道教育在人的发展过程中和社会主义建设中的重要作用，从而了解教师职业的特殊性、重要性；了解作为教师所要具备的文化素养与道德情操；了解教师职业的艰辛，从而激发教育工作者的事业心与责任感，增强其对教育事业的兴趣与热爱。

案例

严永明，男，1983 年出生于湖南，曾被认为是一个天才儿童，2 岁时就掌握了 1 000 多个汉字。母亲李腊梅看到儿子的过人才智，便千方百计地挖掘孩子的潜力，在母亲的指导下，严永明的生活中，除了学习，还是学习，没有伙伴，也没有玩具。

1991 年，8 岁的严永明跳级到了县属重点中学，也跳过了他的童年。“学生就得读教材，就得围绕教学计划——高考提纲这根指挥棒来转。”母亲总是这样教育他。为了儿子的学习，母亲将他生活上的事全包了，甚至吃饭也喂。儿子稍有不服，母亲便以“武力”制服，父亲想要干预但也无济于事。

1999 年，13 岁的严永明便以高分考进大学，进入湖南湘潭大学物理学系学习。学校考虑到严永明年纪小，就把母亲接去陪读，并破例给母子俩安排了一套一室一厅的住房。在大学里，小永明仿佛“稀有动物”。他极不合群，很少与人打招呼，与人交往的方式仅仅是一句话——你好，一个动作——握手，礼仪常识也知之甚少，甚至没有这方面的概念。到老师家里玩，也不管别人是否已经休息，就“砰砰”地敲门，门一开，一句话也不说就朝老师的电脑房奔去。去拜访一位素不相识的老师，见到别人在看报纸，他二话不说，从人家手里拿过报纸，就自顾自地看起来。大一时的一天，在系办公室玩时，他突发奇想，一个电话拨到 119，称学校发生火灾。几分钟后，消防车呼啸而至。

大学里，在教授们的关照下，严永明学习范围有所扩展。他迷上电脑，很快学会了编程，会破解别人的电脑密码。但也很快犯错误，一次，他将一个同学存在电脑里加密的情书破解了并公布出来，同学上来要揍他时，他正读得哈哈大笑……

大三时，学校决定将严永明从保护区搬到集体宿舍，和同学朝夕相处，但他母亲并不放心，开始站在教室外面看儿子上课。

2000 年，17 岁的严永明考取中科院高能物理研究所硕博连读。这一次，研究所拒绝其母亲的陪读。独自在北京的严永明生活自理能力奇差。据说，天冷了也不知道自己去加衣服，有时下雪天也穿着单衣、拖鞋到处跑。

2003 年，严永明从中科院肄业回家。关于肄业的理由，李腊梅告诉记者是因为严永明犯了个错误，被学校处分并取消硕博连读资格；严永明自己则说，那次处分并没有影响到他的学业，肄业回家是因为没有写出研究生毕业论文。回到家的严永明，开始逃避自己的母亲，母亲进房间给他抹席子、点蚊香，他就几步冲了出来；母亲出来，他又马上回房间把门锁上。严永明从北京回来这一年，这对母子间的隔阂越来越大，一天难得说上一句话。

（选自《中国教育报》2004年7月18日第2版）

分析

这个案例告诉我们，孩子的教育必须融入社会。在21世纪，真正的人才不是只会读书的所谓的“天才”，完全偏才的人是很难取得最终成功的。很多“神童”在成年后不约而同地认为，超常的智慧往往带来沉重的负担，因为大多数家长和老师对他们进行的天才式教育往往使他们严重脱离了现实社会。

还记得本节提到的在教育学的独立和发展时期，法国思想家卢梭提出的“自然教育”的思想吗？他认为：“大自然就希望儿童在成人以前就要像儿童的样子。”儿童过分的早熟并不是一件好事，仅在某一方面的早熟就更可悲。人生是一个过程，从婴儿到幼儿到儿童到少年到青年到中年到老年，最后又回到生命的原点。人生需要一步一步地走向成熟，享受每一阶段的滋味，这样的人生才有意义。过分早熟的儿童，实际上是透支了人生，剥夺了人生应享的权利，这注定是人生的悲剧。教育不要揠苗助长，教育需要等待，人类需要慢慢长大的儿童，这是教育中的真理。

复习与思考题

1. 教育学的概念及其研究对象是什么？
2. 试述教育学产生与发展的三个历史时期及各时期主要代表人物的思想与著作。
3. 简述学习教育学的意义。

第二章

教育与社会发展

知识结构图

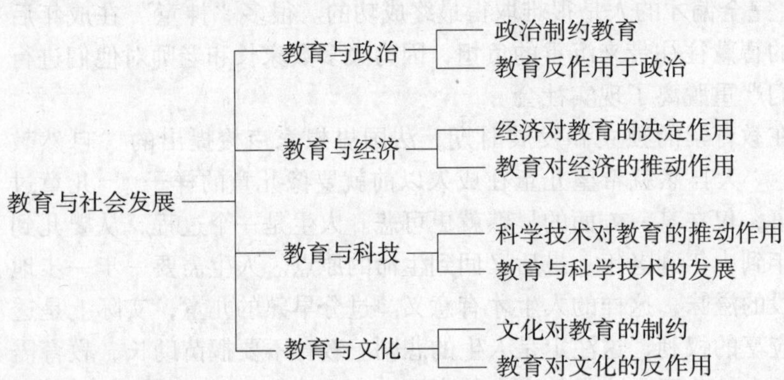

学习目标

1. 掌握教育观念的含义与教育能力的概念。
2. 理解教育与政治、经济、科技、文化之间的关系。
3. 了解教育与社会发展的重要意义。

教育活动是人类社会的主要活动之一，是人类社会延续的重要手段。教育作为人类的一种特有的社会现象与社会活动，它的发展是社会发展的一个重要方面或重要标志，同时又促进社会的变革与进步。社会发展虽然制约着教育发展，但教育发展对社会发展具有强烈的反作用。在促进社会发展的诸多要素中，教育的作用随着历史的推进而愈益突出，并与其他的社会子系统发生密切的联系，相互作用，共同促进社会的发展。

第一节　教育与政治

政治是经济的集中表现，政治制度实质上是社会阶层经济利益的反映。在我国，自从教育国有化，成为国家的一项重要事务之后，教育便直接受政治的制约，形成了教育的“政治”属性。在现代社会中，公民主动参与政治事务和政治决策的要求更高了，因而社会对公民政治素质的要求也更高了。

教育为政治服务是具有必然性的，并不以人的意志为转移。根据教育的特点，教育与政治之间的关系是相互影响、相互制约的。

一、政治制约教育

（一）政治制约着教育的领导权

社会化是由自然人到社会人的转变过程，是保证政治稳定，社会和谐，人类精神文明发展的一个重要环节。在现代社会中，通过政治社会化形成一种稳定的社会政治意向，其目的是提高大众的政治参与意识，稳定政治基础。一个社会的和谐稳定，除了需要良好的经济环境，严谨的法律环境之外，稳定的政治环境也是十分重要的。因此，社会群体的政治社会化现状直接或间接、显性或隐性地影响着下一代人。教育教学内容中，如科学社会、国家制度等许多方面都蕴涵着一些政治意图和政治意识。教师是政治社会化中的个体，因此，也具有许多不同的政治立场或倾向，但是在教育学生过程中，应该避免这种立场或倾向影响学生。如此种种，都是教育促使人的政治社会化的重要途径和方式。

（二）政治制约着受教育的权利和机会

一个国家设立什么样的教育制度，什么样的人进什么样的学校、接受什么样的教育，不同教育系列有什么不同的标准，这些都与国家的政治有密切的关系。在奴隶社会，奴隶被完全剥夺了接受学校教育的权利；在封建社会，劳动者及其子女也极少有受学校教育的权利和机会，即使在社会上层人士内部，受教育的权利和机会也是极不平等的。在现代社会中，一方面，社会经济的发展需要普遍提高民众的科学文化知识水平；另一方面，民众的民主意识也日益加强，教育民主和教育平等成为社会的普遍要求。

（三）政治制约着教育的性质

不同的政治制度要求培养具有不同政治立场和思想意识的人。至于培养具有怎样的政治方向和思想意识的人，取决于当时社会的经济情况，并由政治制度所规定。我国社会主义社会的政治性质，决定了教育必须与生产劳动相结合，培养继续建设中国特色社会主义，为中国社会经济、政治等各个方面作出贡献的现代化人才。

（四）政治制约着思想道德教育的内容

教育要培养具有什么样政治方向、社会价值和思想品德的人，以及为实现某种教育目的所要传授的政治理念、意识形态和伦理道德方面的教育内容，都直接受到国家政治制度的制约。在思想道德教育方面，政治的作用更为直接和明显，它规定了受教育者应具备什么样的思想品德，为实现教育目的应进行什么样的政治、道德方面的教育。把自己的意识形态渗透到教育内容和教育过程中，甚至通过在世界范围内进行传播使自己的意识形态成为主流的意识形态，从而实现社会教化的作用。

二、教育反作用于政治

（一）通过教育使政治更加社会化

政治社会化是人的社会化的一个重要方面，是社会政治的稳定和变革、人在社会生活中的生存和发展所不可缺少的。在现代社会，人的政治社会化是不可避免的，一个人不被这种政治社会化，往往就要被另一种政治社会化。通过政治社会化，可以形成一定的社会主流性政治意向，提高人们的政治参与意识，巩固社会的政治基础。任何一个社会，若不能使多数人认同某种政治制度、政治原则和组织态度，那么这个社会就多少有些危险了。因此，社会成员的政治社会化状况直接关系到一定的社会行为习惯及活动。教育以直接或间接的、显性或隐性的方式向年青一代传播一定的社会政治制度、政治主张的知识和规范，如政治课程、公民课程、社会课程和思想品德课程等；教育内容中的有些部分，特别是社会科学方面的内容，教育的制度、目的和方法等同样具有一定的政治意图和政治意识。作为教师，也不可避免地具有某种政治立场或政治倾向，并且不可避免地要在教育过程中以这样或那样的方式影响学生。如此种种，都是教育促使人的政治社会化的重要途径和方式。

教育通过促使人的政治社会化，不仅可以使年青一代普遍养成一定社会所需要的政治意识和政治态度，还可以培养出各种专业的政治人才或为这种人才的成长打下必要的基础。在现代社会，没受过高等教育的政治家越来越少，学校已成为培养政治人才的主要场所。

（二）通过教育使政治更加民主化

教育与政治的关系经历了一个漫长的发展过程。长期以来，教育一直由政治所决定，成为政治传播和延续的工具，进入现代社会之后，教育的其他功能得以凸显，同时，教育对政治的反作用也得以增强。这一演变过程就是政治民主化的演进与发展过程。

教育民主化应该包括两个方面：一方面是把政治的民主扩张到教育领域，使受教育成为公民的权利和义务；另一方面是深化教育的内涵，即把专制的、不民主的、不充分民主的教育改造成为民主的教育。教育平等是教育民主化的关键，它是衡量一个社会民主程度的基本标准之一。其含义有四个方面：①人受教育的最终目标是个体自由和谐地发展，因此必须尊重每一个个体的基本人权和自由发展的机会。②教育权利平等。每个公民都有平等的受教育权利。③教育机会均等。每个人有均等的入学机会，在受教育过程中得到均等的对待，有均等的学业成功机会等。④差别性对待原则。由于受教育者客观地存在着个别差异，教育平等还包括给予每一个个体不同的教育待遇，以促进其达到相对于自身的最大发展。

（三）通过教育形成政治上的舆论和思潮

政治舆论和政治思潮是政治的稳定与发展必不可少的思想力量，一向为政治家所关注，绝不可掉以轻心。学校是知识分子和年轻人集中的地方，尤其是高等学校中的高级知识分子和大学生、研究生，他们知识丰富、思想活跃、眼光敏锐、批判意识强，具有超越现实的内在冲动，理性与情感兼备；此外，他们一般都比较忧国忧民，有敢为天下先的勇气和冒险精神，具有强烈的爱国主义精神和政治责任感，而且，他们往往也多少具有一些浪漫主义和唯美主义的倾向。因此学校是研究、探讨和传播各种政治思想，形成各种政治思潮比较集中的地方，并且往往是新思想、新思潮的策源地和“集散地”，也是社会政治最为敏感的地方之一，高校师生的政治思想状态往往成为一个国家政治形势的“晴雨表”，政治运动经常是从这里发端的。

（四）通过教育使政治得以发展和延续

受政治制约的教育，通过传播一定的政治观点、意识形态，力图使受教育者在思想意识和行为习惯上符合一定社会的政治规范，从而实现个人的政治社会化。这是社会政治稳定的重要基础，也是既有政治制度得以延续的重要保证。

在学校中，可以通过教育者和受教育者的言论、行动，课堂上的教材等来宣传思想，造成舆论，从而影响社会上的群众，为政治服务。学校是知识分子和青少年集中的地方，他们呈现出有知识、有见解、思想敏锐、勇于发表意见等特点，因此，政治敏锐性较高。在教育的过程中，随着知识的传播和信息的广泛交流，在他们中可能会滋生新的政治观念，有时会逐渐演化为政治行为，推进社会政治的民主化进程，从而使政治制度得到发展。

（五）通过教育选拔和培养各种政治人才

无论什么时代，无论哪个国家，掌握政权的阶级都需要通过教育来造就公民，使受教育者具备政府所希望的政治观、世界观和人生观。在社会主义教育政策中，扫除文盲、发展教育事业、改变劳动者文化落后的面貌处于重要的地位，这不仅是发展经济的需要，也是社会主义政治真正实现民主化的需要。这一切都与人民具有的普通文化水平和政治意识相关。历史已经表明，文化、教育的落后，往往是政治上的偏激、盲从、专制主义产生和盛行的原因之一，而教育的兴旺发达，是政治上实行民主、进步的基础性保证。

实现社会主义的政治民主，在人与人之间建立起真正平等、友爱、合作的新型关系，必须加强学校的思想政治工作，使人在学习期间受到有关的训练，以养成新一代公民所应具备的良好素质。学校培养出的人的政治面貌、精神面貌如何，对整个社会的政治面貌和精神文明的建设至关重要。在实现普及义务教育后，学校对全体公民素质的影响则更加不容忽视，这关系到社会主义制度的巩固与发展，是教育反作用于政治的十分根本的方面。

案例

“我以我的荣誉保证，我没有说谎、欺骗和偷窃。”这普普通通的一句话凝聚了所有弗吉尼亚大学学生最庄严的承诺。

弗吉尼亚大学（University of Viginia），位于美国东南部弗吉尼亚州环境优美的夏洛茨威尔市，是美国著名的明星级大学，已经有三百多次获得历史，为美国培养了大量政界人才。弗吉尼亚大学以其旖旎的校园风景多次获得美国大学中“最美丽的大学”的称号。我在弗吉尼亚大学的一年里，印象最为深刻的并不是她清丽迷人的自然风光，而是她自然、纯朴、诚实的人文环境，对弗吉尼亚大学的荣誉体系感触尤深。

荣誉体系是弗吉尼亚大学最为重要的一个项目。每个学生在跨入弗吉尼亚大学校门的那一瞬间，就已经成为了荣誉体系的一个不可缺少的组成部分。每个刚进校门的新生必须在杰弗逊的铜像前宣誓不得背叛荣誉体系。杰弗逊是美国《独立宣言》的起草人，也是美国历史上赫赫有名的总统。正是他为弗吉尼亚大学建立了荣誉体系。

荣誉体系的执行者全由学生组成，每个学院选出两名代表成为学生法官，一旦发现弗吉尼亚大学的学生有违反荣誉体系的行为（即说谎、欺骗和偷窃），将立即报告学校，请求将该生开除。荣誉法庭铁面无私，毫无情面可讲，一旦案情确凿，无论该生背景、家境、以往成就、对学校贡献大小如何，必须在规定的时间之内离开弗吉尼亚大学。

正如杰弗逊本人所说："对于一些有意践踏他人对其的信任的人丝毫不留情面的惩罚，正是为了保证所有弗吉尼亚的大学生生活在一个充满信任的社区。"荣誉体系建立的最终目的是为了培养学生诚实的生活态度，使人们生活在一种被信任的氛围里，在弗吉尼亚大学生活久了，更是深深地体会到这种人们恪守信用、诚实的风气所带来的前所未有的愉悦和自尊。

平时的每份作业、论文或每次考试，在首页上部，都毫无例外有一段誓言，英文原文如下：On my honor as a student, I have neither given nor received any help for this assignment /test. 翻译成中文就是："我以我学生的荣誉起誓，我没有为了这份作业 / 这场考试给予或接受任何的帮助。"每个学生都需要将这段文字手写一遍，然后郑重地签名。

记得有一次，我有一个很好的朋友在教授发作业的时候找不到自己的作业，有些不知所措，因为那是一次占了总成绩近一半的作业。当他向教授询问时，教授面无表情地说，我没有批改你的作业，因为你没有以你的荣誉保证这份作业的真实性。他猛然醒悟，自己将誓言写在了作业的尾端了。他连忙把一沓厚厚的作业翻到最底处，果然见到白纸黑字的誓言工工整整，教授这才答应批改作业。杀一儆百，从此每个人皆牢记将誓言写在作业的最前端，以免重蹈覆辙。

每个学生，在这种严厉制度下，无不恭行慎言，谨小慎微，生怕触犯了荣誉体系的"虎威"。弗吉尼亚大学（其实是美国的大学）很推崇团队精神，因此教授经常布置小组学习的任务，学生们以小组形式共同完成。但是，团队精神所提倡的互相协助与荣誉体系的独立完成背道而驰。因此学生们必须清楚知道哪些作业可以开群英会广开言路，哪些必须单枪匹马独战天下，有时教授们又不明确指出，因此人人诚惶诚恐，如履薄冰。我的应用微积分课上有个韩国朋友，平时成绩也好，数学课上教授的提问经常被我们两个人一唱一和地垄断。有一次教授布置了一份作业，难度和长度均是平日的两倍。这个朋友给我发电子邮件想和我一起做。我费了一番踌躇，本来如果我们两个一起来做，取长补短，可以节省时间提高效率，但是这份作业的说明里面并没有说是可以合作完成的。最后我还是发了一封电子邮件向教授询问，教授的回答是可以，我们两个才安心地在一起并肩作战。

这在弗吉尼亚大学已经成为惯例，荣誉体系面前，没有朋友情面可以讲。我上英文写作和国际关系课时，一个学期每每有数十页的论文要写，而经常有朋友打电话求助或者要和我合作，我有了上次的经验，都是在向教授请示后方才给他们答复。教授的答复经常是否定的，那么我也只好毫无情面断然拒绝。因为我知道在这里，如果你为了荣誉体系对不起朋友，真正的朋友不会离你而去；如果你为朋友背叛荣誉体系，所有的朋友都会离你而去。

正是在这种有时甚至有点不近人情的体系下，人与人之间表现出了充分的信任。平时的大考小考从来没有见过或听过任何形式的作弊行为，教授们给予了学生们誓死捍卫的荣誉极大的尊重和信任。上个学期的期末考试，有位来自澳大利亚的女生在社会学的期末考试那一天回家奔丧，教授将考试的试卷交给她说："回去吧，在飞机上把它做完。"教授并没有要求她提供任何人的监督。这位女生真的在飞机上把这份试卷在规定的时间内独立完成，然后将试卷封好交给了一位空姐请她代为寄出。空姐在信封上写下了："林西·柏德小姐在旅程中用三个小时独立完成了这场考试，美国国家联合航空公司第一千四百三十三号民航客机的全体服务人员可以以我们的名誉担保并祝贺弗吉尼亚大学有如此卓著的学生。"这个故事传为一时美谈。

荣誉体系使古老的弗吉尼亚大学焕发着勃勃生机，使其在美国享受着崇高的声誉。回头看看杰弗逊高高矗立的铜像，想起他数个世纪前"我要我们的学生成为有荣誉的公民"的铿锵话语，沐浴着弗吉尼亚大学里的信任与被信任的春风，竟发现铜像的嘴角似乎拂起一丝不为人注意的微笑。

（选自马俏《弗吉尼亚大学的荣誉体系》，《教师博览》2004 年 2 月 1 日）

分析

诚信是有序、有效和成熟社会的重要标志。它作为一个社会的基础道德的重要内容，与市场经济以及整个社会道德体系的稳定和发展密切相关。社会诚信的丧失不仅阻碍经济秩序的正常运行，而且严重破坏社会的法制建设和民主进程。由于市场经济和相关体制还不够完善，近年来我国社会的诚信危机已经成为困扰社会政治、经济建设的症结。案例中弗吉尼亚大学通过建立荣誉体系培养学生诚信品质的做法为我们提供了诚信道德体系建立与发展的新思路。

首先，恰当的学校教育可以承担培养学生诚信品质的职能。数年来，弗吉尼亚大学大大小小的考试都无人监考，且几乎没有学生作弊的现象，足以说明弗吉尼亚大学在学生诚信教育方面确实取得了相当的成绩。其次，说教式的道德教育收效甚微，在道德教育特别是诚信教育中，要为学生提供真实的教育情境，让学生的诚信品质在学生们亲自解决道德问题的过程中得到强化和发展。弗吉尼亚大学的荣誉体系贯穿于学生学校生活的每一个细枝末节。学生在入学的第一天就要在杰弗逊的塑像面前宣誓绝不背叛荣誉体系，为诚信品质日后在学生内心生根发芽奠定了基础。随后，在每一次作业和大小考试中，学生必须亲手抄写"诚信誓言"并亲笔签名。这种以学生真实生活情景为素材的诚信教育不但给学生亲历的直观感受，而且可以使他们一生都难以忘记，更容易被他们迁移到日后类似的道德事件中。保障弗吉尼亚大学诚信教育成效的一个重要环节就是该校对背叛荣誉体系者严惩不贷。教授仅因学生忘记在作业或试卷首页抄写誓言或签名，就有权拒绝批改，这意味着该学生有可能在某门学科上不及格甚至没有成绩；学生违反荣誉体系的行为，诸如说谎、欺骗、偷窃，一旦被发现，就要面临被学校开除的危险。因此，即便某些学生有了“非诚信行为”的动机，但当他们权衡利弊得失时，也不会为了小小的违规行为而付出如此沉重的代价。久而久之，学生们也就自然成为诚信道德的维护者和践履者。

复习与思考题

1. 简述教育如何反作用于政治。
2. 论述教育与政治之间的关系。

第二节　教育与经济

教育作为一种社会现象，从产生开始就同人类谋取物质资料的劳动过程联系在一起，和人们的经济活动不可分割。随着社会的发展，人们物质生活水平的提高，教育与经济生活的关系也越来越复杂。一方面，经济发展为教育发展所提供的物质条件越来越雄厚，对教育的要求越来越强烈；另一方面，教育对经济发展作用的强度也越来越大。教育作为影响人们社会经济生活的一个重要的因素，正日益受到整个社会的广泛关注。因而，教育与经济发展的关系亦成为教育理论研究的一个重要领域。

一、经济对教育的决定作用

（一）生产力是教育发展的物质基础

物质基础是现代教育发展的前提条件，它既包括经济技术条件，也包括教育发展提出的客观要求。发展教育事业，总要有一定的经济条件，有一定的人力、物力和财力，包括教育资金、教育技术设备、物质资源、学龄组人口以及其他人力资源等。一般来说，社会生产力发展到什么水平，教育才能达到什么程度。生产力发展水平和教育发展水平具有一致性。如果抛开社会生产力发展水平，随意或盲目发展教育，那就必然违背教育与经济发展之间的客观规律。同时，社会生产力的发展和提高，也对教育提出了客观需求。这种需求既有社会方面的，也有个人方面的。社会要求教育伴随着生产力的发展而发展，以保证社会生产力发展所需的各种专门人才和熟练劳动力；社会上每一个人在文化、科学、教育等方面的需要，也伴随着生产力的提高而不断增长。只有经济富裕起来的人们才会有受教育的要求。

（二）经济发展水平决定着教育发展的规模和速度

经济发展是教育发展的物质基础，它不仅决定了有多少人员可以脱离生产领域，成为专门的教育工作者，多少少年儿童可以就读学习，也决定了有多少的财力和物力可投入到教育事业中去。这些人、财、物力是决定教育规模的前提条件，教育的发展规模不能超出经济基础所能提供的可能性。因此，社会经济发展的程度制约着教育普及的程度，决定了教育发展的速度。一般来说，一个国家经济发展的水平与该国的文盲率、入学率、义务教育的年限和高等教育普及的程度直接相关。根据历年《中国教育事业统计年鉴》的统计数据可以看到，随着我国改革开放进程的逐渐深入，社会经济不断发展，我国各个阶段教育的普及程度也随之不断提高。

（三）经济发展水平及结构制约着教育结构的变化

经济发展引起产业结构、行业结构、技术结构、消费和分配结构的变革，与此相适应，教育结构也随之发生变化。如大、中、小学的比例关系，高等学校中不同层次、不同科类之间的比例关系等，都要与一定的经济发展水平和一定的经济结构相适应，否则就会导致教育事业内部的各种比例失调。

（四）生产力发展水平制约着教育内容的选择和专业设置

生产力的发展必然促进科学知识的不断积累和发展。这既为教学内容的丰富和更新以及学校的专业设置提供了条件，同时，它又要求教育培养出来的人能够适应当时生产力的发展状况，能够掌握生产力所需要的知识和技术，这又对教学内容改革和专业设置提出了要求。从教育发展的历史来看，由于时代不同，科学技术发展水平不同，各时代使用的生产工具不同，学校的课程门类、课程结构、课程内容也各不相同。在古代，由于生产力极不发达，教学内容极为贫乏，主要是哲学、法律、宗教、语文等人文学科以及统治阶级所需要的军事训练等，与生产力直接相关的自然科学和技术方面的课程很少。到了近代资本主义社会，由于工农业、商业和交通运输业的发达，文化科学也有了高度发展，于是产生了现行的各科教育内容和课程体系。同时，伴随着新兴生产部门的出现，增加了新的专业。第二次世界大战后，科学技术日新月异的发展，新兴生产部门的大量涌现，对教学内容和专业设置提出了新的改革要求。社会发展要求删除陈旧落后的东西，取消社会上将要淘汰的专业，增加反映时代要求和时代水平、符合社会生产需要的新内容和新专业。

近现代教育史表明，世界各发达国家的重大教育改革几乎都是以课程体系和教学内容的改革为核心。而每次课程体系和教学内容改革的重要目的，就是为了适应和反映生产力以及科学技术发展的新要求和新水平。

（五）经济体制决定着教育体制

经济体制是国家组织和管理经济的方式、方法和制度的总称，教育体制则涉及国家对教育的管理。教育基本的经济功能是为经济发展提供劳动力和专门人才，这就需要根据经济的要求制定教育目标、确定教育内容、改善管理方式，因此，经济体制决定了教育体制的基本模式。长期以来，我国实行计划经济体制，教育体制也是高度集中统一，包得过多，管得过死。劳动力和专门人才的培养也通过高度集中的有计划、按比例的培养渠道来实现，因而对劳动力市场的需求反应迟钝，不能充分地促进经济的发展。1993年公布的《中国教育改革和发展的纲要》明确指出，我国教育体制改革的目标是建立起与社会主义市场经济体制和政治体制、科技体制相适应的教育新体制，以增强主动适应经济和社会发展的活力，走出教育发展的新路子，为建立具有中国特色的社会主义教育体系奠定基础。分级管理、多元办学体制、多渠道投资体制、政校分离的管理体制、新的招生和毕业分配体制等应运而生，以适应这种新的变化。

案例

改革开放以来，随着市场经济体制的日趋完善和政治民主化进程的日益推进，我国社会观念以及衡量人才的标准均发生了很大转变。社会将培育适应市场经济和民主政治的人才重任赋予学校。但是，近年来人们越来越发现一部分学校并未顺利完成这一使命，它们的毕业生既不具备市场经济运行所需要的新观念和道德水准，也不具有适应社会的竞争能力、实践能力和创新精神。

北京市教育界也意识到这一点。他们认为中、小学生守则是学生日常行为的导向和准则，而我国现有的学生守则和行为规范制定于新中国成立初期，已不适应社会发展的需要，学生以过时的守则去规范自身的言行自然不会收到期望的效果。因此他们提出，要培养面向市场经济的现代化人才，首先需要修改、补充学生守则和行为规范，从小培养学生们具备适应社会的品质和能力。

2003 年，北京市教委着手修改中、小学生守则和行为规范，删除旧版本中没有法律依据和不适应时代发展的条文，并增加了许多新内容。旧版的小学生日常行为规范中“敢于斗争”被删掉，变成“主动报告”；旧版的中学生日常行为规范中“见义勇为”也消失了，变为“敢于斗争、善于斗争、自救自护”。在新的《北京市小学生守则》中，新增加了“亲思学问”、“孝敬父母”、“爱护环境”、“诚实守信”、“活泼开朗”等内容。在新的《北京市中学生守则》中，“积极参加社会实践活动”、“保护环境，珍惜资源”、“消费合理”、“不赌博，远离毒品”等也都是第一次提出。在新的《北京市中、小学生日常行为规范》中新增了“学会与他人合作”、“文明上网”、“每天阅读，收听、收看新闻”、“遵守网络道德和安全规定，利用现代化信息传播手段获取有益信息”等规定。新版的守则和日常行为规范已于 2003 年 3 月在全市 170 万中、小学生中试行。

（选自王思海《北京试行新的中、小学生守则和行为规范》，《教育文摘周报》2003 年 3 月 12 日）

分析

从“应然”的角度来讲，教育应当适应市场经济发展，逐步调整自身的运行机制、教育内容和教育方式，通过不断为市场经济输送现代化人才的方式促进社会政治、经济的快速发展。但在现代社会中，由于各种因素的影响，教育领域培养出的人才有时滞后于社会发展的需要。

北京市修订中、小学生守则和日常行为规范正是在明确与市场经济相互制约、相互促进的关系基础上调整教育以适应社会发展的一次尝试。在尝试中，他们把焦点集中于学生守则和日常行为规范。他们认为，学生如果不以符合时代发展需求的规则作为行动依据，那么他们毕业后一定不适应新时代社会的发展，很难在市场经济的发展中起到积极的作用。于是他们在修订的中、小学生守则和行为规范中，删除了计划经济中对于学校培养目标方面没有法律依据和不适应时代发展的条文，诸如要毫不利己、专门利人，要为国家和人们的利益牺牲一切，要勇于与自然作斗争，要尊重权威等规定。增加了市场经济的新要求：讲求信用，正当地获取个人利益，与自然和谐相处，具备一定的创新能力等。针对我国经济转型时期出现的一些不良现象，如金钱至上、贪图享乐、精神空虚、吸毒赌博等，对学生提出了“诚实守信”、“保护环境，珍惜资源”、“消费合理”、“不赌博，远离毒品”、“文明上网”等新的要求。

北京市修订学生守则和行为规范，迈出了教育主动适应市场经济的第一步。当然，教育与社会需求错位的现象受多方面因素的作用和制约，要从根本上加以改善，需学校、家庭和社会等多方共同努力。

案例

近年来，我国大学毕业生就业情况普遍不容乐观。据统计，2002 年高校毕业生就业率仅为76%左右，暂未就业的有34.8 万人。有专家估计，2003 年大学毕业生的就业率在70%左右，有64 万名大学毕业生离校时落实不了工作岗位。对此，全国各地的教育主管部门和大中专院校纷纷从专业设置的角度寻找出路，力图缓解当前我国大学毕业生的就业压力。

河南省教育厅规定，从2003 年起，该省的高招计划和高校专业设置，将取决于高招学生报考率、新生报到入学率和毕业生就业率等指标。河南省高校2003 年的招生计划和专业设置就是按照这一方法确定的。为此，省教育厅对各高校的硬功配件设施及报考率、报到率和就业率等进行了普查和评估，并在全省教育系统内部首次公布了调查结果。河南省教育厅厅长说，从2004 年开始，河南省面向社会公布河南各高校办学条件、师生比、报考率、报到率和一次性就业率等指标。今后，河南高校如果“报考率、报到率和一次性就业率”不能达到一定标准，办学就要被“亮黄牌”。对于“三率”较低的学校，相关的专业，招生计划就要被“红牌”罚下。河南省教育厅厅长称，“三率”标准的实行，将有效解决近年来连续扩招后个别高校只重规模、不重质量的问题，使招生计划和专业设置更趋合理和科学，同时也能更好地与市场和社会需求相结合，提高高校对专业人才培养的针对性，从而缓解大学毕业生就业压力。

2003 年东北师范大学高考招生出台一项新的举措：新生入学两年后选专业。东北师大有关负责人认为，以往高考录取专业一次就决定考生命运，忽略学生的专业兴趣，限制他们的发展空间，不利于他们毕业后主动地寻找可以发挥自身潜能的职业，致使他们在就业市场上表现得盲目、被动。基于此，东北师范大学2003 年打破专业界限，对于一些相同学科门类的专业采取先从大的门类中录取，两年后根据学生的成绩、志愿情况重新选择其中的专业。这项新举措涉及的专业是经济学类、工商管理类、生物学类、数学类等。其中，经济学类学生可选择经济学、国际经济与贸易、金融学、财政学等专业；工商管理类学生可选择工商管理、会计学、市场营销、人力资源管理等专业；生物学类学生可选择生物科学、生物技术等专业；数学与应用数学专业可选择数学与应用数学、统计学等专业。

（选自刑兆远《转换视角天高地阔》，《光明日报》2003 年 5 月 19 日；潘志贤《河南：专业设置取决于报考率报到率就业率》，《教育文摘周报》2003 年 5 月 14 日；江山《东北师范大学今年高考新举措：两年后选专业》，《教育文摘周报》2003 年 6 月 11 日）

分析

近年来，我国高校毕业生的就业压力日益增大，大学生就业成为亟待解决的社会问题。“大学生就业难”是由多重因素造成的，其中之一就是学校专业设置的需求。受计划经济的影响，长期以来我国高校的专业设置忽视了市场对不同规格人才的需求。近年来，有一些地区和院校也曾做了一些调整。但高校“扩招”政策推行以来，有个别高校片面重视学校规模的扩大，只顾眼前利益，不重视专业调整和学校的长远发展，致使专业设置无视市场需求，给毕业生的就业带来了障碍。河南省教育厅将“三率”，即学生报考率、新生报到入学率和毕业生就业率，作为高校专业设置的依据，正是敦促高校在专业设置上着眼于市场的需求，提高教育质量的有效手段。因为学生报考率和新生报到率反映的是学生及学生家长对于市场经济发展对人才需求的评估，如果学校在这“两率”上分数高，则足以表明学校在进行专业设置时考虑到市场的需求。毕业生的就业率一方面可以反映出学校专业设置是否符合市场需求，另一方面也可以借以评估出学校教育的质量。河南省教育厅的“三率”标准为解决当前我国高校毕业生就业问题提供了新思路。但是，市场经济本身具有盲目性、无序性和滞后性，而教育又是关系到国计民生的重要事业，因此，院校在专业设置上不能仅仅着眼于市场的需求，对于一些基础性的专业依然要予以保留。

划分专业过早、专业过分细化是我国高校专业设置的又一弊端。在计划经济时期，学校的专业是由职业的类型决定的，因此，学校专业门类的划分非常细小，单单建筑专业就分为桥梁建筑、铁路建筑、民用建筑等多个专业方向。国家甚至规定每个专业招收的生源数量，因而，学校根本无需考虑市场的需求和毕业生的就业问题。在市场经济中，专业设置的权力下放给各个院校，但受计划经济的长期影响，很多院校依旧遵循着老规矩：大学生入校就分专业。另外，计划经济时期的细化专业的传统在高校中依旧得以保留。市场经济中需要的是适应能力强的多方面能手，因此学校专业划分过早和过分细化，必然导致学生的专业知识单一、社会适应性差、就业困难。东北师范大学“两年后选专业”的新举措有利于拓展学生的专业视野，拓宽学生的专业知识背景。一方面让他们在了解自己专业的基础上，依据自己的能力、兴趣以及市场经济发展的需求选择自己的专业方向；另一方面又拓展他们的专业基础，增强他们的专业适应能力，以便毕业后顺利地实现自身和社会的双向选择。

二、教育对经济的推动作用

进入21世纪，人类社会已经开始向一个全新的知识经济时代迈进。1996年世界经合组织（OECD）将这种新型经济定义为“以知识为基础的经济”。它是指以现代科学技术为核心的，建立在知识和信息生产、存储、消费之上的经济。以美国为例，近年来，支撑美国经济的不再是汽车和钢铁企业，而是四万多家软件公司和三百多家芯片公司。正如世界经合组织在一份报告中指出的：“今天，各种形式的知识在经济过程中起着关键的作用，无形资产投入的速度远快于有形资产的投入，拥有更多知识的人获得更高报酬的工作，拥有更多知识的企业是市场的赢家，拥有更多知识的国家有着更高的产出。”知识经济时代，教育在人类社会经济活动中起着前所未有的重要作用。

（一）教育再生产劳动者

严格地讲，一个人在不具备任何劳动知识和劳动经验之前，只是一个可能的或潜在的劳动者，因为任何生产劳动无论有多少工作量都需要相应的劳动知识和劳动经验，而劳动知识和劳动经验的获得必须通过一定的教育或训练。在现代社会，学校教育在这方面的基础性作用日益明显和重要。在现代经济活动中，科学技术已日益成为其成效的决定性因素，但科学技术属于知识形态的生产力，在它没有运用于生产过程之前，既不是特定的劳动资料，也不是劳动者的内在素质，而是潜在的生产力。人只有掌握了一定的科学技术知识和相应的劳动能力后才可能成为生产力中的劳动力要素；科学技术知识和劳动能力也只有内化为劳动者的素质，才有可能转化为现实的生产力。

学校教育所进行的劳动者再生产主要还是一种基础性的工作。普通教育培养的是作为劳动后备力量的劳动者，着眼于劳动者素质的提高，如果不经过一定的专门训练还是很难直接参与经济活动。专业教育和职业教育尽管比较直接地着眼于某一工作领域所需素质的培养，但就这一工作领域来讲，所培养的还不是十分“现成”的劳动者，仍然主要着眼于打基础，所给予学生的只是从事某一工作最起码的资格，而不是培养熟练劳动者，学校也很难培养出熟练劳动者，这种劳动者的形成，还需经过入职后的继续教育和实践活动。正因为如此，用人单位不能对刚出校门的毕业生的实际工作能力给予不切实际的期望。

（二）教育再生产科学知识和科学技术

科学技术是第一生产力的论断，精辟地说明了现代社会中科学技术所具有的经济价值。同时，科技进步与教育有着极其密切的关系。科教兴国的基本国策，把科技与教育相提并论，就说明了这一点。教育可以说是科技发展的驱动力，没有教育的推动与保证，科技发展和应用都是不可想象的。

科学知识的再生产首先需要科学知识的积累和继承，这是科学发展的一个基本前提。科学知识的积累和继承离不开科学知识一代又一代的传递，教育就是传递科学知识最基本和最重要的手段。而且，教育作为一种传授知识的手段，还是对科学知识的一种高效、永恒的再生产，学校通过有效的组织形式和方法，缩短了再生产科学知识所必需的劳动时间。同时，它又是一种扩大的再生产，教育所进行的知识传授，会使原来由少数人掌握的科学知识为众多的人所了解和掌握。

学校固然主要是向学生传授人类既有的科学知识和社会经验，但我们也应认识到，学校特别是高等院校，也担负着通过科学研究创造新的科学知识、新的生产力的任务。高等院校科研力量比较集中，设备齐全，信息来源广泛，有助于新的科学成果和新的生产力的产生。

案例

第二次世界大战以后，日本国民经济体系受到了沉重的打击，工矿产业总指数只达到战前1935—1937年平均数的13%，农业生产也降到了最低水平，1945年水稻产量只有4 000多万石，这是明治时期以来最低的数字。加之战后447万军人和流民被遣返回日本，日本人口骤增至647万，1946年日本又爆发经济危机，这一切致使日本的经济处于崩溃边缘。

面对经济困境，日本在20世纪50年代，就经济发展的道路选择问题，即走国内资源开发主义道路还是走贸易立国主义道路展开了一场大争论。以中山伊知郎为代表的贸易立国主义派认为，日本经济发展面临的主要问题是人口多、出生率高、资源少、生活水平低，解决问题的关键是发展对外贸易，把难题放在世界中解决。从那时开始，贸易立国主义成为日本经济发展的基本立足点。然而，贸易立国主义能否在实践中行得通，关键在于日本是否具有高水平的科学技术和高质量的劳动力，否则它就难以在世界性的经济和贸易竞争中获胜。为了培养出高质量的劳动力，日本将教育放在优先发展的战略地位上。

1947年，日本内阁颁布了《教育基本法》，并对教育经费不足问题作出了“经费及补助”的规定：新制公立初中教职员的工资所需经费由都道府县负担，同小学一样，国库负担1/2；设备费、校舍修缮、公立学校教育经费的增加以及私立义务教育学校因学费收入减少而增加的部分，由国家给予补助或采取其他财源措施。1947年，日本政府为初中先后支出31亿多日元；1948年，日本政府预算教育支出57亿日元。1950年以后，日本地方财政赤字严重，难以保持教育经费的支出。在这种情况下，日本政府还是将义务教育经费增至90亿日元。在几经周折之后，日本于1952年又制定了新的《义务教育费国库负担法》。新法规定，都道府县支付的各义务教育学校教职员工资额的1/2由国库负担；教育中最重要的经费之一——教材费，由国库负担。

就这样，日本在经济极端困难的条件下，仅用一年的时间，中小学教育就达到普及程度，入学率达99.27%，并且达到高中普及。教育的普及及时为日本的经济建设提供了大量的人才。从1949年起，日本经济开始逐渐恢复，1955年日本工矿生产指数上升到180.7，超过投降前1944年最高水平178.9，并进入经济高速增长期。

日本政府及时认识到教育对促进经济发展的贡献。1957年，日本政府在公布的《新长期经济计划》中，在战后首次把教育政策和发展规划编入国民经济计划。1960年内阁制定的《国民收入净增计划》，教育被作为实现目标的重要一环。随着产业经济的发展以及国家财政规模的扩大，日本政府采取了投巨资以教育的政策。在1959年至

1969年间，国民收入增长了2.3倍，但总教育经费却增长了3倍。在此期间，日本的中、高等教育得到了快速发展。日本高中升学率1958年为53.7%，60年代中期超出70%，70年代达到了80%。日本高等教育的升学率由1958年的16%上升到1965年的25.4%。

中、高等教育的发展为日本经济输送了大量的高素质的人才。1956—1972年，日本经济出现了三次高速增长的高潮。1967年，日本经济超过了英、法；1968年超过西德，在资本主义国家跃居第二。1972年日本国民生产总值达到849 780亿日元，约为1955年的5倍。

1962年，日本文部省调查局出版了题为"日本的成长与教育"的报告书，在报告书中说："教育是促进经济发展的强有力的重要因素"，"战后经济发展的速度非常惊人，为世界所注视。造成这种情况的重要原因，可归结为教育的普及和发达"。日本前文部省大臣森善即一也曾经深刻地指出：日本是用教育的作用开采了人的脑力和心中的智慧资源和文化资源，以人的创造力资源来弥补自然资源的缺乏。日本政府也清楚地认识到："在激烈的国际竞争中，科学的创见、技术的熟练、劳动者的素质等因素，对于经济发展所起的作用，不亚于增加物质资本和劳动力的数量。"

（选自傅维利《劳动力市场与教育的自主调节问题》，湖南教育出版社1995年版，第63～66页；顾明远、梁忠义主编《世界教育大系——教育财政》，吉林教育出版社2000年版，第22、27、34、35页；王桂《日本教育史》，吉林教育出版社1987年版，第273、322页）

分析

受诸多因素的影响，"二战"后日本经济的确经历了一段非常艰难的时期。面对经济困难，日本人非但没有舍弃教育，反而面向未来，将教育作为经济发展的基石，奇迹般地摆脱了经济困境，实现了国民经济持续高速发展。战后日本经济建设这段历史形象地为人们展示了教育与经济相互促进、相互发展的关系。

"二战"后，日本政府正视本国的国情，从国家建设的实际出发，选择了贸易立国发展路线。而这一发展路线恰恰成为日本教育先行的前提。因为贸易立国能否付诸实践的关键还在于日本是否具有大批高素质的劳动力，而高素质的劳动力则依托于教育。但当时日本经济危机频频爆发，各地政府连连出现财政赤字。在这种情况下，是暂时放弃教育，全力扶持经济；还是适度发展经济，节省各方面开支，筹集教育资金尽早实现教育的普及？日本正确地选择了后者。日本经济建设的事实证明，教育的普及的确成就了日本战后经济的迅速恢复。

即使经济恢复了甚至步入高速发展的轨道，日本政府仍旧将教育摆在优先发展的战略地位。而这一举措促成了日本中、高等教育的发展。20世纪五六十年代，日本持续增加的教育投入依旧换来了经济的持续繁荣。教育何以能对国民经济发展起到如此巨大的作用？根据马克思主义政治经济学原理，社会生产力包括劳动对象、劳动工具和劳动力。社会能否产生出强大的生产力，不仅与每种生产力要素是否存在有关，也与三要素之间能否保持正确的比例关系和对应关系有关。而这三要素中，唯有劳动力是具有能动性的，可以通过教育和培训得到改善。而且，劳动力可以适度弥补劳动工具和劳动对象的缺陷，甚至能制造出更先进的劳动工具，促进生产力的发展。日本正是看准了劳动力对经济发展的作用，试图以高素质劳动力来弥补劳动对象的短缺和改善劳动工具的落后。而劳动力的培训主要依托于教育，因此日本教育的普及与发展就促成了日本经济发展目标的实现。反过来，日本经济的发展又促使政府更加深刻地认识到教育的巨大作用，故而又继续加大教育投入，促成了教育体系的发展和完备。就这样，日本通过教育摆脱了经济窘境，实现了教育与经济的良性循环。

复习与思考题

1. 简述经济发展对教育的影响。
2. 论述教育与经济的关系。

第三节　教育与科技

20 世纪以来，几乎没有一种人类心智探索能像科学技术那样取得如此巨大的成功，也几乎没有一种活动能像科学技术那样无微不至地影响我们生活的各个方面。在人类社会这个大系统中，教育与科技是两个相互独立又密切联系的子系统。教育的发展，不仅受政治、经济的制约，同时也受到科技的影响。当然，教育也会对科技的发展产生反作用。

科学是真理性的知识体系，也是探索这种知识的认识活动过程。技术则是科学的应用，是根据生产实践和科学原理发展而成的各种工艺、操作方法与技能。它们都是人们在认识和改造世界的实践活动中创造出的精神财富，是文化的组成部分。它们与教育有着较其他文化因素更为密切的关系。

一、科学技术对教育的推动作用

科学技术对教育的推动作用主要表现为：能够改善教育者的教育观念和教育能力；能够揭示教育对象的身心发展规律，从而扩大教育对象；能够改进教育资料的一切方面和一切环节。

（一）科学促进教育观念以及教育内容的更新

教育观念是教育者的教育价值观、教育理想、教育目的的总和，教育能力则是教育者实现教育观念的本领和技能。教育观念和教育能力在很大程度上反映了一定时期科学发展的水平。科学能够有力地改变教育者的教育观念，提高他们的教育能力。科学发展水平的提高，直接增加了教育者了解世界的途径和方法，促进了他们对客观世界的了解，从而改变他们的世界观。科学发展水平会影响教育者对教育内容、教育方法的选择和对教育工具的使用，影响他们对教育规律的认识和教育过程中的教育机制。

在当代社会中，现代科学技术的基础知识和基础学科直接构成了学校教育的基本内容，而凡是现代科学技术的基础知识，凡是对现代生产和现代科学技术的发展有价值的知识，都以不同的形式进入各级各类现代学校，并成为教学内容的组成部分。因此，科学的发展必然影响教育内容的更新。

（二）科学渗透到教育资料的所有环节之中，为教育资料的更新和发展提供各种必需的思想要素和技术条件

纵观教育发展的历史，我们可以发现，科学的发展与教育的发展基本上是同步的。教育随着科学的进步而发生相应的变革，科学技术影响教育活动的各个环节。人类教育史上曾经发生过四次“教育革命”。第一次革命是将教育的责任从家庭转移到专职教师和学校手中，它发生于原始生产方式解体、物质财富丰富到某些人足以离开物质生活资料生产过程之时。第二次革命是以文字和书写工具的出现为前提，采用文字和书写作为与言传口授同样重要的教育手段。第三次革命是普遍采用教科书作为教学的基本依据，发生于十七八世纪印刷技术和造纸技术兴起时期。第四次革命是光、电、磁等现代新兴科技广泛应用于教育，大约始于20世纪初，至今方兴未艾。显然，这四次“教育革命”都与同时期的科学发展直接相关。

二、教育与科学技术的发展

现代社会中，教育是使科学技术转化为劳动者精神财富的手段。通过教育，科学技术进入生产过程，与劳动对象结合起来，从而由潜在的生产力变为现实的生产力。在这个过程中，教育是中间环节和关键因素。

（一）教育生产新的科学技术知识

科学知识的再生产是相对于科学知识的生产而言的。科学知识的生产是直接创造新科学的过程，即科学研究过程；科学知识的再生产则是将科学生产的主要产品经过合理的加工和编排，传授给更多的人，尤其是传授给新一代人，使他们能充分地掌握前人创造的科学成果，为从事新的科学知识生产打下基础的过程。学校教育是科学知识再生产的最主要途径。这是因为，学校所进行的科学知识教育是一种有组织、有计划、高效率的再生产。它在知之较多的教师的指导下，将前人的科学生产成果加以合理的编制，通过有效的组织形式，选择最合理的方法，在较短的时间内传授给学习者。

现代教育不单是科学知识再生产的主要途径，同时也承担着直接的科学生产——科学研究。这一职能在高等学校表现得尤其明显。

（二）教育使科学研究体制化

科学的体制化始于十七八世纪。文艺复兴和宗教改革后，科学得到迅速的发展，科学研究成为当时的潮流，科学研究的专门化成为社会的需要。由于学校，特别是大学具有气氛宽松、便于传播科技知识的优点，一批专门的科学教席开始在大学中得到设立。因此，科学首先在学校中找到体制化的母体，并最终发展成为一个独立的“社会建制”。一般来说，科学的体制化有两条主要途径，一是在学校中设立专门的科学教席，二是设立专门的研究组织和机构。从历史上来看，教育对科学的体制化具有重要作用。

案例

随着现代科学技术的发展，特别是20世纪中叶第三次科技革命的兴起，科学技术和教育在一个国家经济社会发展中所起的作用越来越大。研究生教育作为高等教育的最高形态，在建设创新型国家过程中，发挥着极其重要的作用。因此，一个国家的科技发展战略的理念、政策、方针必然最先反映到研究生教育上，并引导研究生教育的发展趋势。

"二战"后至20世纪70年代，由于日本采取了"吸收型"的科技发展战略，使得日本高等教育发展的重心在工程技术教育上，研究生教育不仅规模小，而且其培养目标具有浓厚的技术性特点，培养了一批"模仿型"的科技人才和管理人才。这对处于"赶超型"现代化进程中的日本来说，基本适应了经济、产业结构和科技发展的需要。

20世纪80年代以来，日本科技发展战略的转型及"科学技术创造立国"政策的确立对研究生教育产生了深刻的影响。扩充和加强研究生教育也就成为日本面向21世纪高等教育改革与发展的最重要课题之一。

日本科技发展战略的转型，不仅推动了日本研究生教育改革的全面展开，同时也带动了日本研究生教育的快速发展。日本文部科学省历年《教育白皮书》公布的数字显示，1980年在籍博士、硕士研究生为53 992人，1990年为90 238人，2000年则为205 318人。日本研究生教育的规模几乎每十年翻一番。

（选自王文利，林巍《日本科技发展战略的转型及其对研究生教育的影响》，《外国教育研究》2008年4月20日）

分析

日本是世界上少数几个战后崛起的发达国家，且经济、科学、文化、教育都在世界上有相当的影响。日本这种利用科技推动教育的举措，实际上也是其教育发展的一个主要推动力。

首先，发展教育可以培养更多的人才，来帮助本国经济的恢复。"二战"后的日本属于经济大萧条期，由于百业待兴的社会状态，日本政府首先恢复了教育。对教育投入了相当多的人力、物力、财力，因此才有了之后日本的腾飞。在这一阶段，日本培养出许多人才，为整个经济、工业、科技的发展提供了人才。研究生教育被誉为精英教育，日本为了国家的发展，因此加大对研究生教育的投入。

其次，科技的发展能够更好地发展教育。随着各种科技的发展，如因特网等高科技的发展，也使得教育越来越依赖于科技。上课时的电子课件，学校实验室的高科技设备等，都是科技发展的结果；随着科技的发展，学生可以足不出户学习全世界的知识和文化。

复习与思考题

1. 简述科技发展对教育的影响。
2. 论述教育与科技的关系。

第四节　教育与文化

教育与文化之间，存在着一种哲学上的对应关系。首先，教育的目的是传播文化知识，文化的传承靠教育来实现；其次，高层次的文化氛围能够更有利于教育的发展；最后，文化和教育又是整个社会前进和发展必不可少的部分。因此，两者在哲学上是相互对应的关系，两者之间平衡发展才能更有利于社会的发展。

一、文化对教育的制约

关于文化的定义众说纷纭，一般来说，广义的文化指人类后天获得的、并为一定社会群体所共有的一切事物，它包括紧密相连的三个层面：物质层面、制度层面和精神层面。狭义的文化则指一定社会群体习得且共有的一切观念和行为。对教育产生主要影响的，是狭义文化。

（一）社会文化背景影响着现代教育

文化是在人类自身的发展过程中逐渐沉淀和积累而形成的，是一个绵延不断的过程。先前存在的文化是后来新兴文化的基础，而新兴文化则是先前文化的发展。文化的发展常会成为教育发展的动力，民族文化的特点往往形成教育的民族模式；而民族文化的素质与水平又往往成为教育发展的制约因素。同时，文化的社会背景对教育与社会的联系产生影响。特别是文化发展后，教育的层次和方面将大大拓展，教育体系和办学形式将会多种多样。多种多样的教育体系和办学形式，扩展了教育与各种不同层次、不同类型、不同行业人员的联系，使现代教育与社会生活各方面加强了联系，从而带动了教育事业的发展。

（二）文化提供了教育内容

教育的功能之一就是传递人类社会积累的经验，亦即传递人类创造的精神财富，并使之转化成个体所有，以促进个体的发展。当人类社会发展到一定程度时，所积累的文化知识越来越多，渐趋理性化，并形成一定的系统性和综合性。这一方面为教育提供了更多的内容，另一方面也强烈要求教育改变原始、自然的形态，因此，教育逐步成为专门的社会活动，学校也逐步成为专门的施教场所。

文化发展的状况决定了教育内容，即决定了教育内容范围。而深层的文化观、价值观和教育观则决定了在其范围内对某些教育内容的选择。

二、教育对文化的反作用

文化与教育这种相互对应的哲学关系，使人们错误地将两者之间的关系理解为一种内部的封闭循环关系。其实不然，两者通过社会的变化和发展，自身也有发展，能够展现出适应社会的新的一面。

（一）教育能够传承文化

文化既是社会活动的产物，又是新生一代生存与发展的基础和必要条件。人类社会的延续在本质上就是人类文化的延续，这种延续必须通过文化的传递来实现，教育就是文化传递最基本和最重要的手段。教育对社会文化的保存与传递作用，是通过对社会文化的选择、整理过程实现的。因为教育首先离不开教育内容，而确定教育内容的过程，实际上是整理社会文化的过程，人们总是把人类最基本、最精华的文化传授给下一代。同时进一步分析，教育离不开编写材料和教科书，这实际上是整理社会文化的过程。这个整理过程在人类文化传递中起着十分重要的作用。因为整理文化就是提出易于被人接受和理解的传递方式，这样可以使人们更快更好地习得更多的社会文化，提高个体的社会文化水平。

随着社会生活和教育手段现代化的迅速发展，学生接受的科学文化知识和各类信息越来越多，也越来越方便，但教育仍然是现代社会向人们传授知识的重要手段。这是因为教育对文化的传递具有目的性、计划性、系统性、高效性和普及性的特点，是其他任何传递途径都无法比拟的。传递和保存文化，为社会发展服务是人类教育的共同特点，是教育的一项基本职能。

（二）教育能够创造、更新文化

人是文化的主体，人不仅是文化的承担者，同时又是文化的创造者。文化一旦为人所掌握，就会成为人们解释自然、社会现象，进行各种社会实践活动的方法和手段，成为创造新文化的动力。教育作为形成人、发展人的手段，就是利用已有的文化成果去影响人、塑造人，把社会文化转化为个人文化，外在文化转化为内在文化，使人由愚昧的野蛮人成为开明的文化人。

首先，现代教育创造新的思想、新的观念，这些新的思想和观念通过教育得到进一步普及，就可以形成社会文化因素；其次，教育通过发展科学技术，为社会创造新的科技成果，充实、更新、发展社会文化；再次，现代教育可以为社会文化的不断发展，提供具有创新精神的多方面人才，通过这些人才，再去创造新的社会文化。没有具有创新精神的人才，社会文化就无法更新发展。

（三）教育能够融合文化

文化是在相互交流、相互引进、相互吸收、相互融合的过程中不断发展的。文化也只有在受到外来文化的挑战和冲击时才会发生剧变，实现自身的更新和超越。从这个意义上说，没有文化交流，就没有文化发展。从文化开放角度来看，世界各国、各民族间的广泛交往与合作，既为人们对各种文化进行比较研究提供了条件，同时也加速了各国、各民族文化彼此吸收的过程。

现代社会文化交流的内容是丰富多彩的，途径也是多方面的，但在诸多文化交流途径中，教育起着十分重要的作用。现代社会的开放性使教育超越时间和空间的限制。学校，特别是高等学校，通过学校内部、校际之间的文化交流，日益成为文化交流的主要途径。

案例

尽管缺少宗教文化土壤，也并不影响圣诞节在中国的“世俗过法”。据了解，各高校学生社团大多在圣诞前夕举办圣诞舞会、开圣诞 Party 或者以班级为单位组织集体活动，平安夜的校园更是充满了热闹的圣诞气氛。“在平安夜，我们班长买了苹果分给全班同学每人一个，我们放在枕头旁边然后睡觉，期待一年平平安安。”华中科技大学一位大学生说。

孩子也是圣诞节的支持者。光顾商场、超市中的圣诞物品柜台的多是带着孩子的妈妈们。一位年轻妈妈正带 6 岁的女儿选购雪花、圣诞老人等挂件，“每年都要给她布置一棵圣诞树，她倒是不要礼物，就是喜欢圣诞树花花绿绿、彩灯闪烁的样子。”她说。

由于缺少文化土壤，目前圣诞节虽然还不会像中国传统节日那样深入人心，但也已经在不动声色地改变着一些人的生活。“把它看成是全球化语境下文化整合的新现象，我们的心态会平和一点，就像中国的春节、京剧在海外受到青睐一样，圣诞节、万圣节等西方文化的代表性符号也在悄悄走近我们身边。”山东大学文史哲研究院民俗学研究所专家李浩说。

（选自《圣诞文化的中国解读》，http：//www. ce. cn/cysc/sylt/gdxw/200812/24/t20081224_ 17775559. shtml）

分析

教育与文化有着千丝万缕的联系。首先，教育产生于一定的社会文化环境，社会文化内化到教育中表现为教育目的、教育内容、教育方法等。其次，教育是国家文化精神的体现。最后，文化的传承依靠教育，文化的发展依靠教育。没有教育文化的实践，文化的保存都将成为空谈。纵观古今，任何文化都伴随着教育，而教育又制约着文化的发展。例如，西方文化强调教育的人性功能，注重功利效用；东方文化则强调教育的民族传统，注重伦理纲常。

一般而言，教育具有四种基本文化功能：生成积淀文化的功能、传递文化的功能、选择文化的功能和创造文化的功能。教育过程的全部目的就在于实现文化创造。

在我国封建社会，教育将文化的创造功能彻底消除，将教育变成了政治的工具。当时的教育与社会生产力和国家的经济科技都没有关系，彻底背离了教育的本性，是少数统治者混淆大众的工具。在封建教育制度下，读书成了寻求富贵的唯一出路，这导致了一千多年来民族文化的超稳定运行，甚至新中国成立后仍然影响着我们的教育活动。于是“保存”和“创造”文化便成为当今教育的两项基本任务。弘扬优秀的文化传统，创造新的文化理念，只有人才能做到。同时，还要创造新文化，没有创造，文化就不能发展。传统文化的保存与当代文化的创造是相辅相成、缺一不可的。“保存”的目的是保护原有的历史文化，让我们从中吸取经验和教训；“创造”的目的是创新新的文化，来推动社会文化的发展。创造与继承相互统一、相互融合、相互制约，一旦两者相脱离，任何文化都会黯然无声。

人类社会的变迁伴随着文化变迁。文化变迁的历程可称为文化过程。文化过程的具体运作称为文化整合。文化整合表现为适应性、归属性和审美或创造性。与其相适应的有三种教育模式：完美型文化整合与和谐型教育模式、“凸”型文化整合与和谐型教育模式、“凹”型文化整合与放任型教育模式。我国教育在改革开放中不仅要大量吸收外国科技，也应适当保持文化归属性，既不搞“全盘西化”，也不搞“闭关自守”。

复习与思考题

1. 简述人类文化发展过程中教育的作用。
2. 论述文化与教育的关系。

第三章

教育目的

知识结构图

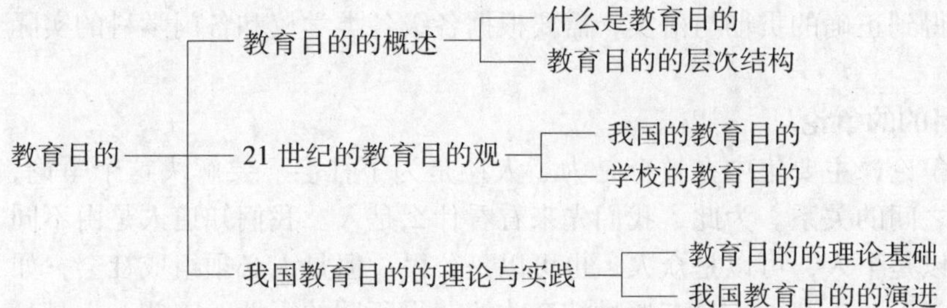

学习目标

1. 掌握教育目的的特征以及马克思关于人的全面发展的理论。

2. 理解教育目的的理论基础、个人本位论与社会本位论的关系。

3. 了解我国教育目的的演进。

教育目的探讨的是把受教育者培养成什么样的人的问题。这是教育学的根本问题，是教育工作的核心，也是教育活动的出发点、依据和归宿。

第一节　教育目的的概述

一、什么是教育目的

（一）教育目的和意义

一般来说，“目的”是指想要达到的地点或境地、想要得到的结果。教育目的就是通过一定的教育手段把教育对象培养成社会所期望的人才。

教育目的的有以下四个特征：

首先，教育目的是一种预期的要求、设想或规定，是需要通过活动去达到的价值追求。

其次，它关注的是个体的总体发展规划，是对个人发展的综合素质要求，同时也以对个体的理解与把握为前提。

再次，它具有社会性，体现了社会发展的基本要求。

最后，在形式上，它表现为教育观念或教育思想，并通过观念影响和指引人们的教育实践。

就教育目的的意义而言，它是整个教育工作的核心，是教育活动的出发点与归宿，也是制定教育目标、确定教育内容、选择教育方法和评价教育成果的根本依据。概括来讲，教育目的具有导向支配功能、指导调节功能、激励评价功能。当然，这些功能的发挥还必须将教育目的转化成较为具体的、可检验的、现实可行的、可实践操作的教育目标才行。此外，相同的教育目的的表述对不同的教育者来说可能有不同的理解，为了确保教育目的在实践中得到正确的贯彻与落实，需要根据各级各类学校和各门学科的实际情况予以具体化。

（二）关于教育目的的争论

关于教育目的的争论，主要集中在教育是为了人还是为了社会。要解决这个争论，首先要认清人与社会之间的关系。为此，我们先来看看什么是人。我们知道人是由不同的个体组成的。人可以是个人，可以是众人，也可以是公民。但是人必须组成社会，如果人没有组成社会，就无法生存。人只有通过社会才能获得所谓的人性。因此，人是具有社会属性的。什么是社会？从上面的分析我们知道，社会是由人组成的。在社会学意义上，人组成社会必须具备以下三个条件：一是人们必须占据一个地域和享用这个地域；二是人们不仅享用这个地域，彼此之间还相互发生作用；三是生活在这个地域的人们还必须在某种程度上拥有共同的文化，感到自己是同一群体的成员，并且对这一群体承担一定的义务和责任。因而，我们可以说，社会是一群享有共同地域和共同文化并相互作用着的人。从这里我们可以看出，人和社会是不可分的。因为人组成社会的目的是为了自身更好地生存，即人组成社会归根结底是为了人。因此，教育的目的也是为了人。

教育是“为了人”，这一观点的理论依据主要有以下四个：①个人主体能动性的发挥是社会存在和社会发展的基本条件的思想。一个没有创造力，没有个人主体能动性发挥的社会是一个停滞的社会。②人与人相互影响、相互促进、全面发展。③社会发展以人为本的思想。④教育发展应当以儿童为本的思想。

二、教育目的的层次结构

教育目的的层次结构是由教育方针、培养目标和课程与教学目标组成，它们是既相互区别又存在联系的概念。把握它们的联系与区别，有助于进一步明确教育目的的含义。

教育方针是教育工作的宏观指导思想，是国家或政党根据一定社会的政治、经济要求，为实现一定时期的教育目的而规定的教育工作的总方向。它一般包括：教育的性质和指导思想；教育工作方向，主要指特定时期的教育工作方针；教育目的，即培养人的质量和规格要求，实现教育目的的根本途径和基本原则。其中，教育目的是教育方针的核心和基本内容。科学的教育目的观有助于制定有效的指导实践的教育方针。

培养目标是指各级各类学校对所要培养的人在身心发展方面提出的具体标准与要求。很显然，教育目的是各级各类学校确立培养目标的依据，培养目标是教育目的的具体化，两者表现为一般与个别、整体与局部的关系。

课程与教学目标是培养目标的具体化，培养目标的实践主要是通过学校所设置的课程及教学活动达成的。因此，课程与教学目标是衡量培养目标实现程度的直接依据与评判标准。这里所说的“课程与教学目标”，与20世纪60年代美国教育学家布卢姆倡导的“教育目标分类学”中所讲的“教育目标”相似。这种目标强调用具体、外显、可直接观察与测量的行为来表述目标，避免用模糊、笼统的词语来陈述目标。

教育目的反映的是对人才培养规格总的、普遍的、一般性的要求，它具有较强的“抽象性”、“理想性”、“终极性”特点，相对而言，培养目标显得较为具体，且具有一定的针对性和现实的可行性，而课程与教学目标则最为具体、最能在实践层面上加以操作与实施。

复习与思考题

1. 简述教育目的的概念、意义以及特点。
2. 论述教育目的的结构层次。

第二节 21世纪的教育目的观

一、我国的教育目的

进入21世纪以来，全球经济和科学技术迅猛发展，我国经济、社会结构也发生了变化，但社会主义仍是我国发展的最终目标。

首先，我国教育要为社会主义现代化建设提供服务，为经济建设和社会的全面发展培养各级各类人才。而现代化建设又为社会主义社会的发展提供必要的物质基础，同时也为每个人的全面发展提供良好的条件。

其次，教育还必须与社会主义生产劳动和社会实践相结合。这既是为社会主义现代化建设提供服务的保证，也是培养全面发展的人的重要途径。这种结合可以使受教育者更好地认识和理解社会主义社会的性质、生产劳动的过程和特点、社会实践的内容和形式，使每个人自觉成为社会主义社会的一员，为社会主义事业的发展作出贡献。

最后，培养德、智、体、美全面发展的社会主义事业的建设者和接班人，不仅是对个人的基本素质的要求，更是我国教育长期发展的任务和重要使命。教育要使每个人都得到全面发展，为社会主义现代化建设提供大量的后备力量。

二、学校的教育目的

（一）德育

德育是思想品德教育的简称，包括思想政治教育和道德品质教育。在现代社会中，德育具有重要的个体发展意义。从个体的发展来看，德育主要解决的是个体符合社会发展方向的问题，帮助个体在适应社会和参与社会活动的过程中形成积极的人生态度和良好的人际关系，发展个体的道德判断能力、自我选择能力和自我控制能力。

在现阶段，中小学德育的主要任务包括三个方面：

一是引导学生确定正确的政治方向，如教育学生“热爱中国共产党，热爱社会主义祖国”。

二是培养学生良好的道德品质，如小学阶段要使学生初步养成“关心他人、关心集体、认真负责、诚实、勤俭、勇敢正直、合群、活泼向上”等良好品德和个性品质，中学阶段要培养学生“讲究文明、遵纪守法”等品质。

三是发展学生的道德判断能力和自我控制能力，使学生能够科学地看待社会问题和生活问题，对道德行为作出自己的判断和选择。

（二）智育

智育是传递知识、技能，发展学生认知能力的教育。在中小学教育中，智育可以帮助学生系统地掌握各学科的基础知识，训练和培养学生的认知能力，提高认知水平，为进一步的学习和发展打下基础。在现阶段，中小学智育的主要任务包括：

一是传授和学习基础知识，使学生比较系统地掌握自然科学、社会科学的基础知识，了解社会和自然的各种现象及其发展规律，同时掌握祖国语言文字，为进一步的学习和发展奠定基础。

二是训练和掌握学习的基本技能。基本技能是指学习相关基础知识所必需的技能。在中小学，需要培养的技能主要有两类：一类是一般技能，包括阅读、写作、计算三个方面及相关学习工具的使用；另一类是特殊技能，是指与各门具体学科相关的技能。

三是发展学生智力和认知能力。智力的发展主要是通过观察、思维、想象、记忆等能力的培养表现出来的，其中，抽象思维能力的培养是核心。认知能力主要是通过个体的表达能力、组织知识的能力以及创造能力的培养而得到发展的。目前，中小学智育的主要任务就是要在提高学生一般认知能力的基础上，培养学生的独立思考能力、创造能力和实践能力。

（三）体育

体育是人的全面发展的重要组成部分。其主要作用在于提高学生的身体技能，以及脑力和身体活动能力，促进青少年学生身体正常发育，为今后身心的健康发展奠定基础。现阶段，体育的主要任务包括：

一是传授强身健体的基本知识和技能技巧，使学生养成自觉锻炼身体的良好习惯。

二是增强学生的体质，使学生拥有健康的体格和体魄。

三是通过体育锻炼，提高学生自我保健和自觉锻炼的意识和能力，形成良好的卫生习惯。

（四）美育

美育也称审美教育、美感教育等，是传授审美知识和技能，培养个体感受美、鉴赏美和创造美的能力的教育。在现阶段，中小学美育的主要任务包括：

一是传授审美知识，提高审美能力。审美能力主要包括审美感受能力、欣赏能力、评价能力等。培养学生的审美能力，要传授给学生必要的艺术基础知识，包括美学、文学、音乐、美术等方面的知识，同时还要让他们了解各种艺术形式的表现手法和技巧，并引导学生参加艺术欣赏活动，培养学生对美的感受力、想象力和评价能力。

二是培养学生的审美情趣，激发他们对美好事物的愉悦、爱好，保持健康的情感生活，使学生形成广泛的兴趣。

三是发展学生表现美和创造美的能力，让学生在生活中体验美，鼓励学生参加艺术欣赏和创作活动。

案例

在目前优质教育资源还不均衡的现状下，家长渴望送孩子读名牌小学、中学，直到大学。于是，各种面向升学考试的校外补习班如雨后春笋般蓬勃发展起来，既影响了正常的学校教育，又对当前实施义务教育均衡发展产生了一定的消极影响。

虽然儿子还在读小学四年级，但北京市海淀区的李女士感觉自己在孩子教育上是个“落伍者”。一个月前，她从几个教师朋友那里得知一些升学“内幕”后，以最快的速度为儿子抢报了英语、奥数、作文和钢琴等5个寒假补习班。

此前，北京市教委有关负责人曾表示，本市2009年年底起将严格整顿公办学校自办以及与民办机构合办的培训班，特别是打着“升学”旗号的各种校外培训班，禁止通过培训班为“小升初”选拔学生。禁令之下，校外培训班市场究竟情况如何？带着这些问题，记者对北京部分校外培训机构进行了调查。

校外补习班持续“升温”

北京市教委对“小升初”三令五申强调免试和就近入学，不允许任何形式的校外培训与升学挂钩。但是，在暗访中记者发现，各种校外补习班仍然很活跃。在北京市海淀区和盛嘉业大厦的智康教育“小升初”报名点，记者看到，十多位接待人员忙着向家长推介各种提高班，一百多名前来报名的家长排着长长的队伍。

火爆场面不单只是和盛嘉业大厦。1月12日，记者走进北京学而思教育集团大钟寺教学点。正对着接待大厅门口的一台取号机忙个不停：刚“吐”出一个号，又接着“吐”下一个。大厅门口左侧的一排电脑前，家长们忙着查询相关报班信息。据接待人员透露，由于临近期末，现在来报名的大都是提前抢报寒假班和春节班的家长。因公司同时开通了网上报名和现场报名两条渠道，所以许多班已经提前满员，只等着开班。

究竟有多少孩子在上校外补习班？据中鼎大厦前台服务员介绍，除了期末，一年到头，几乎每天进入中鼎大厦来补习的孩子，都有三四百人。而记者细数接待大厅墙上的学而思教学点分布图，仅北京城区，像中鼎大厦这样的教学点，学而思就分设了40

余个。

调查中记者发现，虽然北京市场上目前校外培训班种类繁多，既有音乐、美术、体育、舞蹈等各种艺术特长班、兴趣班，也有从学前教育到高中各科的补习班、冲刺班，但规模最大的还是针对升学的学科补习班或冲刺班。学而思大钟寺教学点一位接待人员坦承，虽然他们也开设了钢琴、美术等一些特长班或兴趣班，但相对于针对性很强的学科补习班而言，还是相对较冷门。

“现在，学校教师不敢给学生补课，家长们就把孩子送到外面培训班补习。大家都在补，我的孩子如果不补，就会掉队，因为升学是要看孩子成绩的。”在和盛嘉业大厦，学生家长杜先生说，“现在城市孩子都是独生子女，我们做家长的，不管经济状况怎么样，没有条件也要创造条件，使孩子能跟其他孩子站在一条起跑线上。”

孩子上补习班支出不菲

杜先生说：“为了让儿子两年后能上一所好点的初中，这学期我给儿子报了英语、奥数、长号、作文、电脑等六个校外培训班，如果将课外学习资料计算在内，总共花了9 000 多元。”

实际上，除了这笔补习费之外，由于这六个校外培训班比较分散，上课时间又各不相同，平时工作经常加班的杜先生最后只好每月花450元，聘请小区的一位司机代为接送。如果将这2 700 元接送费算入其内，杜家在过去的这半年里，为儿子的校外培训已花销了近1.2 万元。而仅儿子校外补习班的开支，对于夫妻均为普通工薪阶层的杜家，相当于全家3 个月的收入。

调查中记者了解到，目前北京市场上不同科目培训班的收费五花八门。比如，少儿类的英语培训费，一般每小时在45～80 元，一些人气较旺的所谓“牛校”，每小时培训费高达200 元。最近，新东方教育集团针对高三学生的寒假10 天青少年精英班，学完需1.98 万元。

（选自《中国教育报》，2010 年2 月8 日）

某小学生在周记中写到：“今天考试我得了94 分，在班中排第九名，未能进入前五名，回家怕妈妈骂我。”每年六月成为名副其实的中小学生考试月，除了一般的期终考试，还有三场大考，就是高考、中考和小学升初中考试。为了这三场考试，学生埋头苦学，废寝忘食；老师绞尽脑汁，不遗余力；家长任劳任怨，不计得失。考试对于很多人来说，是一种煎熬，令人揪心。整个社会似乎被考试氛围所笼罩。

分析

学校教育是教育者根据国家和社会的要求，遵循年青一代身心发展的规律，有目的、有计划、有组织地引导受教育者获得知识技能，陶冶思想品德，发展智力、体力的一种活动，以便把受教育者培养成国家和社会所需要的人。教育的目的很明确，在于促进学生的全面发展和个性健康。因此，学校应该实行素质教育。

当然，素质教育并没有完全排斥考试，在一定程度上还需要必要的考试。教育的实施和效果必须有评价方法，考试是其中一种方法，但不是唯一的方法。在现实中，考试却成为教育至上的目的，在素质教育的外衣下，许多学校不折不扣地实行应试教育。教育的方法与目的倒置，其根源于现行的教育制度以考试分数作为标准，分数甚至决定着一个人的前途命运。考试的重要性不言而喻，牵动着无数人的心，全力以赴，每一分必争。

为应付考试而教和应付考试而学，忽视学生的全面发展，这违背了教育规律。梁启超说："教育是什么？教育是教人学做人——学做'现代的'人。"考试仅仅是教育需要的一种方法和途径。培养学生品德高尚、身心健康、知识丰富、学有专长、思路宽广、实践能力强，使学生学会做人、学会学习、学会劳动、学会创造、学会生活、学会健体、学会审美，有益于国家和社会，这才是教育的目的。

复习与思考题

1. 简述我国的教育目的。
2. 简述学校的教育目的。

第三节 我国教育目的的理论与实践

一、教育目的的理论基础

任何教育目的的提出都有一定的理论基础。教育的目的是为了培养人和发展人。没有正确的人的发展理论，就不可能制定出正确的教育目的。

（一）马克思主义关于人的全面发展的理论

1. 人的全面发展是人类自身发展的必然要求

马克思主义认为，人类个体在形成的初期，体力和智力作为重要的方面成为人形成和发展的重要内容。体力和智力的和谐发展是人类发展的基本规律。在原始社会没有出现分工之前，人的体力和脑力劳动相结合，不仅促进了两者的协调发展，也使得人类自身在两者的相互结合中不断进化。同时，为了能够生存和生活、劳动，人从一开始就必须过集体生活并遵守一定的规范——公共道德规范。这种人类社会特有的要求逐步成为集体中每一位成员不可缺少的道德品质，道德也就成为人类生活中不可缺少的内容。之后，随着生产力和生活的逐步提高，人类对美的追求和美德教育也成为人的发展的重要方面。这样，人类体力、智力、道德和审美的发展构成了人类自身发展的基本内容。在人类社会早期，人们只是从体力和智力等方面来看待人自身的发展，并从这些方面对下一代的发展提出要求。但是，人类进入阶级社会后，社会分工和各阶级的出现造成了人的片面发展。

2. 人的片面发展束缚了人的身体和精神的发展

马克思主义认为，人的片面发展是社会分工和阶级分化的产物。第一次分工以后，农业劳动者陷入了数千年的愚昧之中，城市劳动者也受到各自所从事的行业的束缚，分工使劳动者终身局限于某种固定的职业。分工的发展又使得劳动被分成几个部分，人类自身也随之局限在某一劳动的单一活动中。为了训练某种单一的活动，人的肉体和精神的其他方面都荒废了。于是，人的畸形发展与分工齐头并进，直到资本主义社会，工人最终成了机器的奴隶和附属品。当然，人类社会分工和阶级的出现，具有一定的进步意义，但是，在不合理的社会条件下，人的身体和精神成为片面发展的牺牲品。

3. 现代生产对人的全面发展提出要求并为之准备了物质条件

马克思主义认为，在现代社会，新的科学技术不断出现且迅速应用于生产，导致了生产不断革新，全新的生产部门不断出现，工人的职能和劳动过程也不断发生变革。这就使社会内部的分工不断进行，大量的资本和大批工人不断从一个生产部门转换到另一个生产部门，因此，只有那种能够把不同社会职能当作相互交替的活动方式的全面发展的个人，才能适应现代生产发展的要求。现代生产不仅对人的全面发展提出了要求，也准备了物质条件。这些物质条件包括：一是由于现代生产运用了工艺学，从而使劳动者可以通过学习来掌握生产过程的基本原理和基本技能，了解整个生产系统，这样，工人的全面流动就成为可能；二是由于生产力的极大提高，社会物质财富不断增加，人们有可能参加教育和多方面的活动，这样，就为人的全面发展提供了可观的物质条件。但是，在资本主义的生产关系和社会制度里，人们不可能自由地全面发展。只有到了科学技术和生产力高度发达的共产主义社会，人的全面发展才能真正实现。

（二）人的全面发展的基本内涵

所谓人的全面发展，就是指人的素质的多方面、多层次和多样化的发展。

1. 智能、体能

智能，包括知识和以思维尤其是抽象思维能力为核心的诸如观察力、记忆力、想象力等智慧机能，是一个人智慧的综合表现。体能，主要指人的速度、灵敏、力量、耐力等人体机能，是人的身体素质的综合表现。

体能和智能是构成人的素质的基础性要素，是人从事一切活动的素质基源。人的任何形式、任何内容的活动，不管是外部活动还是内部活动，不管是有形活动还是无形活动，从总体上讲都是人的体能和智能的一般支出和运用。因此，人的一切发展，最基本的就是体能和智能的发展，这是其他因素发展的前提。

在体能和智能两者当中，体能是构成人的素质的生理基础，智能是构成人的素质的心理基础。从构成人的素质的物质基础来看，体能更为基本；但从人的素质的本质方面来看，智能更为根本。人之所以成为宇宙之精华、万物之灵长，就是因为人有着高度发达的大脑和无与伦比的智能。

2. 活动能力

这里所说的活动能力，主要是指主体与客体发生对象性的关系时所需要的实际能力，或者说，是人运用体能和智能完成某一具体活动的实际能力。一个具有一般性体能和智能的人，不一定能够顺利地完成具体的特定的实际活动且将体能和智能对象化。体能和智能与体能和智能的运用并不是一回事，前者是后者的基础，后者是前者的使用。正因为如此，我们才把体能和智能与活动能力分别看成是人的素质中的两个要素。这样看问题有一定的现实意义，因为我国教育总体上比较轻视活动教育和活动能力的培养。

我们认为，活动能力在人的各种素质要素中居核心地位。因为活动是人存在的基本形式，人是从事着活动的人。实际活动中的人，也正是马克思新的哲学世界观的基本出发点。在马克思来看，“人类的特性恰恰就是自由的自觉的活动”。活动是连接主体与客体的中介，无论是客体对主体的影响、制约，还是主体对客体的认识、改造，都只有通过人的活动才能实现。人只有在实际活动中才能改变外部世界和人自身。

3. 道德品质

人与外部世界的关系，不仅包括人与自然的关系，同时也包括人与人的社会关系。社会关系是人生存、发展以及从事各种社会性活动的必要条件。在社会生活和交往中，人们必然会经常面临这样一个问题：怎样才能恰当地维系和调解人与人之间的社会关系？在长期的社会活动中，人们不仅建立起了各种政治、法律制度，同时也建立起了一系列道德原则和行为规范，以保证社会活动的正常进行。在共同体内部，道德是调解人与人关系的最根本和最普遍的要素。既然如此，作为社会的个人，在其自身素质方面，就必须具备与一定社会关系相适应的道德品质，道德品质不仅是个人安身立命、人生幸福的前提条件，也是个人其他素质发展的重要条件。

4. 情感、意志、性格

情感是人对客观事物所持的态度的一种心理体验。意志是人在活动中自觉地确定目标，并有意识地根据目标支配、调节行动，克服困难，实现预定目标的心理过程。性格是个人较稳定的对现实的态度和与之相应的习惯化的行为方式，如刚毅与懦弱、果断与优柔、灵活与刻板、宽容与苛求，以及外向与内向、幽默与严肃、雷厉风行与踏实稳重，等等。

情感、意志和性格是个人生活和发展中不可缺少的非理性因素，对人的活动的发展起着积极或消极的调节作用。人的生活和活动并不仅仅凭借理性因素，还要受到非理性因素的影响。非理性主义过分夸大理性的缺陷和非理性的作用固然是错误的，但肯定情感、意志、性格、直觉、本能、无意识、想象、顿悟等在人的生活中的作用，这是有道理的。

情感、意志、性格是人的主观能动性的重要组成部分，是人的主体性的重要表现，为人的素质中的动力因素，影响着主体活动的动机和目的，调节着主体活动的方式和强度，是主体充满激情、排除内外干扰、战胜困难、达到目的的心理源泉。在其他主客观条件相近的情况下，情感、意志和性格方面的品质往往会对个人的生活、工作和前途产生举足轻重乃至决定性的影响。

在上述四个基本要素中，体能和智能是人的素质结构中的生理、心理基础，是人的潜在力量；活动能力是人的素质结构中的核心，是人的实际能力；道德品质是人的素质结构中的社会关系方面的品质，调节人的活动的社会方向和行为规范；情感、意志、性格是人的素质结构中的能量基础，控制着人的活动的发动和停止，调节活动的强度、速度与节奏。这四个基本要素相互依存，有机结合，大致构成了人的完整素质的框架。

（三）个人本位论与社会本位论

1. 个人本位论

所谓教育目的的个人本位论，就是主张教育目的应以个人需要为本，强调根据个人完善和发展的需要制定教育目的和构建教育活动的教育目的理论。这种理论的渊源可以追溯到古希腊的智者派。它否定一切社会制度的权威，反对社会对个人的束缚，强调个人自由权利的至高无上，主张人是万物的尺度，认为教育的主要目的不在于谋求国家利益、社会发展、以及个人谋生的功利性需要，而在于弘扬人性、发展人的理性和个性，使人成其为人，使人精神丰富、道德高尚。

教育目的的个人本位论有三种类型：

（1）卢梭自然主义的教育目的论。卢梭的个人本位论思想是在反封建的斗争中孕育和发展起来的，其思想锋芒直指残余的封建统治秩序，因而其教育思想显得比较激进。他强调教育要顺应儿童的天性，促进儿童个性的自由发展，这显然是有其进步意义的。

（2）自由主义教育目的论。个人本位论与自由主义思想具有内在的密不可分的联系。该理论的教育思想倾向于推崇个人的价值，特别是推崇个体的自由和个性自由发展的价值。

（3）存在主义的教育目的论。存在主义的教育目的论是从存在主义哲学中引申出来的，它兴起于19世纪下半叶和20世纪上半叶。在教育目的问题上，存在主义者主要的观点大体上可以概括为：教育纯粹是个人的事，教育无论是对公众、集体还是社会，都不承担责任；教育的目的就是使每一个人都认识到自己的存在，并形成一套不同于他人的独特的生活方式；教育要维护个人的自由，帮助个人进行自我选择，并对自己的选择负责。

2. 社会本位论

所谓教育目的的社会本位论，就是主张教育目的应以社会需要为本，强调根据社会发展的需要来制定教育目的、构建教育活动的教育目的理论。这种理论的思想渊源可上溯到古希腊的柏拉图和我国春秋战国时期的荀况。柏拉图认为，国家是放大了的个人，因而教育应该按照国家的需要来造就个人；由于教育与国家政治有着密切的关系，所以以培育未来统治者为目的的教育仍是实现理想的正义国家的工具。荀况认为，教育不应从人的本性而应从“礼”这一社会需要出发，因为“人之性恶”，必须以“礼仪”加以教化，假如顺由人之本性发展，必然发生社会暴乱。

教育目的的社会本位论有两种类型：

（1）社会学派的教育目的论。社会学派的教育目的论主要以法国教育社会学家涂尔干为代表。在他看来，“教育在于使年青一代系统地社会化。在我们身上，可以说都存在着双重人格，这种双重人格尽管不可分离（除非抽象地加以分开），但确有区别。一种人格仅仅由整个与我们自身、我们个人生活中的事件有关的精神状态所组成，可以把这种人格称为个体我。另一种人格是这样一种思想、情感和习惯的体系，即在我们身上表现的不是我们个人，而是我们作为其中一个组成部分的社群或不同社群。宗教信仰、道德信仰与习俗、民族传统或职业传统以及各种集体信仰，就是这样的体系。这种体系的总和就是社会我。塑造社会我，这就是教育的目的”①。

① 张人杰. 国外教育社会学基本文选. 上海：华东师范大学出版社，1989. 9

（2）国家主义的教育目的论。国家主义的教育目的论兴起于19世纪末20世纪初，以日本、意大利、德国为代表的极权主义教育是其集中体现。他们均鼓吹国家利益至上，强调国家是一切价值的源泉，个人利益应无条件地服从国家利益；教育只是实现国家利益的工具与手段，为国家利益服务是教育的最高目的。

二、我国教育目的的演进

在近代中国，由国家制定的教育目的始于1903年清政府的《奏定学堂章程》。其中规定："勿论何等学堂，均以忠孝为本，以中国经史之学为基，俾学生新书一归于纠正，而后以西学论其智识，练其艺能，务期他日成才，各适其用。"[①] 这一教育目的反映了当时半殖民地半封建社会教育"中体西用"的方针。

1906年，清政府的学部正式规定教育宗旨为"忠君、尊孔、尚公、尚武、尚实"。这一教育目的反映了对封建传统礼教的继承和对西方思想的吸收。

1912年，中华民国建立以后，时任教育总长的蔡元培在《新教育意见》中主张废除清政府的"忠君、尊孔、尚公、尚武、尚实"的教育宗旨，强调教育应以军国民教育、实利主义教育、公民道德教育、世界观教育、美感教育五项为教育目的，反映了现代社会对教育的要求。

1912年9月，国民政府教育部公布了其教育宗旨，即"注重道德教育，以实利主义教育、军国民教育辅之，更以美感教育完成其道德"。可以看出，这一教育宗旨吸收了蔡元培的基本思想，否定了清末以来的"尊孔"和"忠君"等内容，是教育目的认识上的一大进步。

1929年，国民党召开代表大会，确立了"中华民国之教育，根据三民主义，以充实人民生活，扶植社会生存，发展国民生计，延续国民生命为目的；务期民族独立，民权普遍，民生发展，以促进世界大同"的教育目的。这一教育目的更加重视教育与人的发展、与人们生活的联系。

1936年，国民党政府公布了《中华民国宪法草案》，规定"中华民国之教育宗旨，在发扬民族精神，培养国民道德，训练自制能力，增进生活智能，以造就健全国民"。这一教育宗旨的表示是比较全面的。

新中国成立以后，教育目的又有了新的特点。其中，1957年毛泽东在《正确处理人民内部矛盾的问题》中提出"我们的教育方针，应该使受教育者在德育、智育、体育几个方面都得到发展，成为有社会主义觉悟的有文化的劳动者"的主张，以及1958年国务院在《关于教育工作的指示》中提出的"党的教育方针是教育为无产阶级政治服务，教育与生产劳动相结合"的观点，成为在很长时期内指导中国教育发展和改革的最有影响的教育目的。

1982年，新宪法规定："中华人民共和国公民有受教育的权利和义务。国家培养青年、少年、儿童在品德、智力、体质等方面全面发展。"

---

① 叶澜等. 教育理论与学校实践. 北京：高等教育出版社，2000. 171

1986 年通过的《义务教育法》规定了我国义务教育的目的："义务教育必须贯彻国家的教育方针，努力提高教育质量，使儿童、少年在品德、智力、体质等方面全面发展。为提高全民族的素质，培养有理想、有道德、有文化、有纪律的社会主义建设人才奠定基础。"

1993 年，中共中央、国务院印发了《中国教育改革与发展纲要》，提出各级各类学校要认真贯彻"教育必须为社会主义现代化建设服务，必须与生产劳动相结合，培养德、智、体全面发展的建设者和接班人"的教育宗旨。这一思想在 1995 年颁布的《教育法》中有了明确的规定："教育必须为社会主义现代化建设服务，必须与生产劳动相结合，培养德、智、体全面发展的建设者和接班人。"

2006 年 4 月 12 日，第六届全国人民代表大会第四次会议通过新修订的《义务教育法》，对 1986 年的《义务教育法》的一些条目进行了修改。其中，对义务教育的目的修改中规定："义务教育必须贯彻国家的教育方针，实施素质教育，提高教育质量，使适龄儿童、少年在品德、智力、体质等方面全面发展，为培养有理想、有道德、有文化、有纪律的社会主义建设者和接班人奠定基础。"这一法案反映了 20 世纪 90 年代以来我国教育实践的新内容和教育发展面临的新形势，增加了"素质教育"和"接班人"内容。

党的十七大报告指出，优先发展教育，建设人力资源强国；教育是民族振兴的基石，教育公平是社会公平的重要基础；要全面贯彻党的教育方针，坚持育人为本、德育为先，实施素质教育，提高教育现代化水平，培养德、智、体、美全面发展的社会主义建设者和接班人，办好人民满意的教育；优化教育结构，促进义务教育均衡发展，加快普及高中阶段教育，大力发展职业教育，提高高等教育质量；更新教育观念，深化教学内容方式、考试招生制度、质量评价制度等改革，减轻中小学生课业负担，提高学生综合素质；坚持教育公益性质，加大财政对教育投入，规范教育收费，扶持贫困地区、民族地区教育，健全学生资助制度，保障经济困难家庭、进城务工人员子女平等接受义务教育；加强教师队伍建设，重点提高农村教师素质；鼓励社会力量兴办教育。

案例

杜威是 19 世纪末 20 世纪初资产阶级现代派教育的典型代表，他以实用主义哲学观为指导，提出并亲身实践了许多独特的教育理论：全面阐释了教育的本质，"教育即生长、即生活、即经验的继续不断的改造"；提出了"儿童中心主义"、"学校即社会"、"从做中学"的教育原则；构建了"活动中心、经验中心、学生中心"的现代教育理论模式。他的"教育无目的"理论认为不存在有"教育过程以外"的目的，教育目的只存在于"教育过程以内"。其上述见解开启了教育理论史上的崭新篇章，对当时美国乃至世界各国的教育理论和实践都产生了深远影响。

在"教育即生长、即生活、即经验的继续不断的改造"这一教育本质的认识基础之上，杜威指出："教育的过程，在它自身以外没有目的；它就是它自己的目的。"他还说："教育本身无目的。只是人，即家长和教师等才有目的。"从而鲜明地提出了

“教育无目的”理论。杜威的“教育无目的”理论认为：教育目的只存在于“教育过程以内”，不存在有“教育过程以外”的目的；儿童的本能、冲动、兴趣所决定的具体教育过程就是教育的目的；将社会、政治需要所决定的教育总目的看作是“教育过程以外”的目的，是一种外在的、虚构的目的表现。

在杜威看来，这种外在、虚构的目的具有静止的性质，始终是一种固定的、欲达到和占有的东西。它存在于教育活动之外，使教师和学生所从事的活动变成为获得某个东西而采取的不可避免的手段，活动失去了自身的意义，变得无关紧要。这种外部的目的观将手段和目的进行了分离，“和目的比较起来，活动只是不得不做的苦差事”；相反，从活动内部产生的目的作为指导活动的计划，既是目的又是手段，其间的区别只是为了方便。“每一个手段在我们没有做到以前，都是暂时的目的。每一个目的一旦达到，就变成了进一步活动的手段。当它标示我们所从事的活动的未来方向时，我们称它为目的；当它标示活动的现在方向时，我们称它为手段。”在活动的内部目的里，手段和目的实现了有机统一，活动也相应的成为一件令人愉悦之事。

杜威在其“教育目的论”中指出了教育的外在目的的缺陷，并阐释了其带来的危害。他说：“如果家长或教师提出他们‘自己的’目的作为儿童生长的正当目标，这和农民不顾环境情况提出一个农事理想，同样是荒谬可笑的。”如果教师将这种外在的教育目的强加于儿童，其必然导致：一方面，教师由于受各种外在因素的支配，他的思想不能和学生的思想以及教材紧密相连，同时，他的智慧亦得不到自由运用；另一方面，学生常常会处于两种目的冲突之中，即符合他们当时自己经验的目的和别人要他们默认的目的，因而会感到无所适从。

在上述有关教育目的理论的基础之上，杜威指出了良好教育目的应该具备的几个特征：第一是客观性，所确定的目的必须是现有情况的产物；第二是灵活性，目的必须能够随环境条件的改变而随时调整；第三是非完成性，即良好的教育目的必须确保活动的自由开展。杜威认为：教育的外部目的是固定、呆板的，不能保证活动的继续进行，因而决非他所赞同的教育目的。其“教育无目的论”认为，教育是“生活”、“生长”和“经验改造”，这是循序渐进的积极发展过程，教育目的就在这种过程中。他说生活是为了更丰富、更完美的生活，教育也是为了更丰富、更完美的教育，不需要任何外加于生活和教育的目的。他认为生长和生活是无止境的，因而也无最后目的；儿童和青少年在生长和生活的过程中，在扩充、提高、更新、重组的过程中逐步成长并最终成为社会的合格成员。

分析

教育在传承人类文明的同时，也使人类文明的内涵和外延都得到了极大的深入和扩展。在受教育的过程当中，作为实践主体的人的能力也得到了无限的提升，但由于人的认知能力的局限性，人作为个体来讲很难完全掌握所有所需的知识，这就要求个人不断获得新的知识经验和操作技能，因此教育的目的不在于能够教给人多少知识，因为也许有时候知识的更替比知识获得的速度还要快。所以关键是使受教育者本身能够最大限度地获取自己所需要的知识，培养一种学习的能力和方式，在这种能力和方式的指导下，最大限度地获取知识，从而使个体自身获得发展。

杜威把教育者比喻为农民，而受教育者则是植物，教育环境则被称为是植物生长所需要的生态环境，他说："农民所应付的环境，无论是障碍或是可以使用的力量，都具有它们自己的结构和作用，和农民的任何目的无关。"接着他又说："农民的目的，只是在于预见他的力量和他周围各种事物的力量结合的结果，并利用这种预见指导他一天一天的行动。"

现实生活中，很多父母常常把自己年轻时未实现的抱负或理想强加于孩子身上，在寄寓孩子无限爱的同时也使孩子迷失了自我，在承载父母希望的过程中孩子自身的兴趣、爱好和个性品质等开始慢慢陨落甚至被淹没，最后成为父母生活的影子或代替品。"把成人的成就定为固定的目的，不顾受教育者的具体活动。"因此杜威认为所谓的目的不过是打上了人们（特别是成人）期望烙印的目的。

现代社会，大学教育培养目标是以社会为目的。虽然它为适应社会发展培养了大批专业化人才，在一定程度上促进了社会生产力发展，但在这同时，它也丧失了自己的个性，沦为社会的婢女。为此，大学教育必须以人的发展为目的，把教书和育人有机结合起来，在给学生传授知识和技能的同时，使他们的道德情操得到陶冶和修养，能够按照人的样子组织世界；大学教育才能从目前唯社会是用的"婢女地位"中解放出来，才能引导社会文明发展；大学毕业生将不是物的存在，而是人的真正存在，不是单面的人，而是内涵丰富的人。他们到了社会上，不仅能够谋生创业，而且完全能够承担起改革社会的重担。

复习与思考题

1. 论述马克思关于人的全面发展的理论。
2. 联系实际谈谈个人本位论和社会本位论。

第四章
学校教育制度

知识结构图

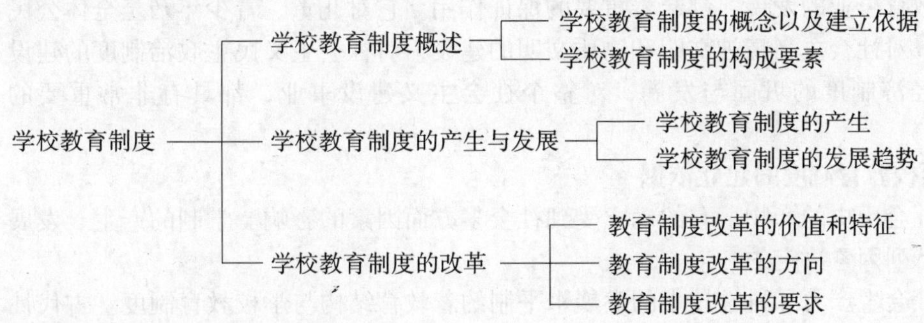

学习目标

1. 掌握学校教育制度的建立依据以及学校教育制度发展的特点。
2. 理解教育改革的价值和特征。
3. 了解学校教育制度的产生。

学校教育制度是国家教育的主体，在教育制度体系中具有重要的地位和作用。我国《教育法》对学校教育制度作了明确规定："国家实行学前教育、初等教育、中等教育、高等教育的学校教育制度。"

第一节 学校教育制度概述

学校教育制度是教育制度的主体，一个社会或一个国家的教育方针、教育政策和教育法规主要是通过学校教育制度来体现的。学校教育制度的完善程度，从某种意义上讲，反映了一个国家教育事业的发展水平。

一、学校教育制度的概念以及建立依据

（一）学校教育制度

学校教育制度也叫学校系统，简称学制，它是由国家及其授权的教育行政部门制定的，由国家颁布并保证实施，具有一定法律效力，用来调整各级各类教育之间的衔接、交叉、比例关系以及教育权利分配关系的教育制度。学制包括各级各类学校的性质、任务、入学条件、修业年限及其相互关系，以及国家、学校、公民教育权利的分配关系。

现代学制的制定对整个教育事业具有重大意义。正确而完善的社会主义现代学制，对教育和教学工作的实施，对国家制定的社会主义教育目的和教育方针、政策的贯彻，对社会主义教育事业的发展，都起着重要的保证作用。它对儿童、青少年乃至全体公民的身心发展，对社会主义精神文明和物质文明的建设，对社会主义民主政治制度的建设和社会主义经济制度的巩固与发展，对整个社会主义建设事业，都具有非常重要的作用。

（二）学校教育制度的建立依据

学制是社会历史的产物，它的确立受到社会多方面因素的影响。学制的产生、发展和变化是由下列因素决定的：

首先，社会生产力和科学技术的发展水平制约着教育结构与学校教育制度。古代社会生产力水平低，科学技术还不发达，劳动力并不需要经过学校培养，学校教育为统治阶级所垄断，限于狭小的范围，类型单一，学校教育结构与学制处于不完备的初级阶段。随着生产力水平的提高，科学技术的发展，自然科学的各个部门从哲学中分化出来，要求学校培养各种专门人才，于是学校类型日渐增多。资本主义大工业生产的兴起，科学技术在生产中得到广泛应用，这对学校教育提出两个方面的新要求：一是要求工人普遍接受一定的学校教育，掌握适应大工业生产的科学文化知识，反映到学制上是要求实行义务教育制度；二是要求大工业生产需要各个层次的各种技术人才，必须建立适应生产与科技发展的职业技术教育系统。现代教育结构中义务教育的基础地位，职业技术教育的迅猛发展、比例增大，以及这种发展趋势在学制上的有关规定，都是由生产力和科学技术发展的客观需要所决定的。

其次，社会政治、经济制度是制约教育结构与学制的重要因素。教育结构的确立与调整，学制的颁布与实施都是由国家政权机关控制的。国家的各项决策以适应本国政治、经济制度为根本准则，关系着培养人才的类别与水平的教育结构和学制问题，也必然是以政治、经济制度的要求为依据。古今中外，莫不如此。奴隶社会、封建社会的教育结构单一，核心是培养统治阶级的继承人；现代资本主义制度下，形成复杂的教育结构，学制也趋于完备，适应了生产力与科学技术的发展，就其为什么人服务的性质而言，它显然是受资本主义的政治、经济制度制约，为资产阶级服务的。当代一些资本主义国家提出教育“民主化”、“大众化”等口号，使教育结构适应经济发展，在学制上作出某些改革，这是教育发展的进步现象。但是，这一切都没有超出资本主义政治、经济制度的需要，它不可能摆脱资本主义制度自身的局限性。

社会主义国家自觉地按照本国政治、经济制度的要求，调整教育结构，改革学制，使整个学校教育系统培养出来的人才，在数量、质量、层次结构、专业结构等各方面符合国家发展的需要。

再次，学生身心发展规律也制约着学校教育结构与学制。人在一生中经历着不同的年龄发展阶段，从儿童到少年，从青年到壮年，在身心发展上各有其特点和规律。制定学制，规定入学年龄与修业年限；确定各类学校的分段与衔接，升学制度；特殊学校、特殊班级的设立，调整教育结构；职业技术教育从哪个年龄阶段起始，哪些职业技能适合哪一年龄阶段的学生等，都必须考虑学生的身心发展规律。

最后，学校教育制度的建立还要吸取原有学制中的有用部分，借鉴外国学制中的有益经验。中外教育史表明，一个国家改革学制是根据统治阶级的需要和本国具体实际来进行的，同时也借鉴了外国学制中的有益之处。历史表明，任何一个国家的学制都有它建立和发展的过程，既不能脱离本国学制发展的历史，又不能忽视外国学制的有益经验。不同性质的社会制度决定不同性质的学制，这是学制的本质方面。但我们也应看到，在同一社会制度下，由于各个国家生产力、科技发展水平不同，教育发展不同，学制也不完全一样。

二、学校教育制度的构成要素

学制构成的基本要素是指学制构成的内容。要素与组成部分或构成单位不一样，要素具有基础性、抽象性与概括性，而组成部分或构成单位则是要素的组合，具有综合性和具体性。一般来说，一个完整的学制系统是由三个基本要素构成的，即学校的类型、学校的级别和学校的结构。有学者把它归为两大类，即学校的类别和学校的结构。无论是两大类还是三要素，两者之间的内容是统一的。

（一）学校的类型

学校的类型是指学校是实施哪一种性质的教育，是普通教育还是专业教育。由于划分的标准不同，学校的类型也就不一样。根据举办主体的不同，学校可以分为公立和私立两类；根据教育性质的不同，可以分为实施普通教育学校和实施职业教育学校，等等。

（二）学校的级别

学校的级别是指学校在学制系统中所处的阶段以及在同类性质的学校中所处的地位。例如，高等师范专科学校在学制中处于高等教育阶段；在师范教育类别中与其他学校相比，则属于专科性质的学校。

（三）学校的结构

学校的结构是指学校之间的交叉、衔接、比例等关系。我们以级别作为学制分析的标准，必然涉及类的交叉问题；如果以类别作为分析学制的标准，必然涉及阶段的衔接问题。各级各类教育在发展的过程中应该保持合理的比例。

复习与思考题

1. 简述学校教育制度的概念及其构成要素。
2. 简述学校教育制度的建立依据。

第二节　学校教育制度的产生与发展

学校教育制度是一定历史阶段的产物，它是伴随着学校的产生而产生的。一个完整学制的产生要具备三个条件：其一，社会经济的发展，客观上刺激社会对教育所培养人才的需求，从而促进学校的发展；其二，国家教育权的出现，国家必须掌握对教育的控制权和管理权，这样才能从宏观的角度使教育以法规的形式确定下来；其三，学校的发展必须具有一定的规模，这样才会出现交叉、衔接与比例的问题。学校教育制度从发展的时间顺序来看，先后出现了双轨学制、单轨学制和中间型学制三种类型。这三种类型基本上反映了学校教育制度的产生和演变过程。

一、学校教育制度的产生

学校教育制度最先是以双轨制的形式出现，产生的时间最早可以追溯到中世纪的欧洲。12 世纪，资本主义开始萌芽，伴随着生产力的发展，手工业和农业相互分离，手工业者聚集到一起，形成了现代意义上的城市。以此为契机，西欧的许多国家都以传授法学、医学和神学为目的开设高等学术机构，然后逐渐演化成大学，如意大利的波隆那大学、法国的巴黎大学、英国的牛津大学等。15 世纪，文艺复兴兴起后，人文主义在欧洲先后建立了许多中等的教育机构。这样就形成了中等和高等相互衔接的教育体系。次教育体系以中等为起点，大学为顶点，“自上而下”地发展。伴随着宗教改革的发展，为了传播教义，16 世纪时推行新教的国家首次提出了义务教育，并且在欧洲陆续建立了一些初等教育机构。之后便是工业革命时代的到来，对于劳动者的素质的要求全面提高，欧洲各个国家先后制定了义务教育法令，发展初等教育。事实上，德意志一些公国在较早时已经推出了强迫教育的思想。1833 年，法国在借鉴德国教育的基础上，颁布了《基佐法案》，大力发展初等教育；1881 年和 1882 年，法国两次颁布《费里法案》，进一步实行义务、免费、世俗化的初等教育。1870 年，英国颁布《初等教育法》，要求切实保证义务教育的实施。初等教育随着年限不断向上延伸，逐渐与职业学校衔接起来，由此建立了自下而上的学校系统，这类学校系统主要满足普通民众的生活和职业发展需要。以上两类学校系统分别承担着学术教育和职业教育的职责，分工明确，有利于提高办学效益。但是，双轨学制具有明显的等级性，社会各阶层接受教育的机会是不均等的，损害了教育平等，背离了现代教育要求民主化的精神。

单轨制与双轨制恰恰相反，其最明显的特点就是体现了教育的公平性。它是从小学、中学到大学的统一的直线系统，上下衔接，形成自下而上的衔接阶梯的学制。美国是最早产生单轨学制的国家。美国产生单轨学制的背景包括：一是美国在独立战争以后，需要培养“美国公民”观念，同时又要照顾来自不同国家的移民的心态，缓和社会的紧张关系，所以建立了以公立学校为主，大学、中学、小学相互衔接的单轨制学校系统；二是美国受封建主义影响较小，且产业革命之后不断要求提高劳动者素质，学校教育制度必须满足社会发展的要求。19 世纪 20 年代，在霍拉斯·曼（Horace Mann）等人的倡导下，美国建立了平等、免费和非教派的公立学校。之后美国经历了南北战争，在战争之后，开始建立四年制公立中学，与初等教育的八年制共同形成“八四制”教育系统。但是该教育系统在实施过程中，由于初等学制较长，课程设置不合理，重复较多，不仅没有达到促进中等教育发展的目的，反而导致了辍学率的提高。1909 年，美国开始实行“六三三”制并且沿用至今。“六三三”制对世界许多国家的教育体制都有很深的影响，因此广受世界推崇。应该说，单轨制是各国根据本国国情作出的历史选择，具有一定的必然性和合理性，但是也存在效益低下、发展失衡等问题。

另外还需要介绍的一种学制就是分支型学制。帝俄时代的学制属欧洲双轨学制。十月革命后制定了单轨制，后来在发展过程中，又恢复了帝俄文科中学的某些传统和职业学校单设的做法，于是就形成了既有单轨制特点又有双轨学制的某些因素的苏联学制。苏联学制不属于欧洲双轨学制，因为它一开始并不分轨，而且职业学校的毕业生也有权进入对口的高等学校学习。一毕业，少数优秀生可直接升入对口的高等学校，其余的工作三年后也可升学。但它和美国的单轨学制也有区别，因为它进入中学阶段时又开始分叉。也就是说，这种学制前段是单轨，后段分叉，是介于双轨学制和单轨学制之间的分支型学制。

二、学校教育制度的发展趋势

（一）学校教育制度的发展趋势

如上所述，学制的三种类型在不同时间、地点和条件下形成和发展起来，是有其深刻原因的。但同时，这三种类型的产生和发展又是有一定历史顺序的，一般显示了如下倾向：从系统占优势向阶段占优势发展，即由双轨学制向分支学制，再通过高中综合化向单轨学制的方向发展。美国最初也采用过双轨学制，但还没有定型就被单轨学制所压倒，单轨学制占据了统治地位，超越了分支型学制阶段；俄国原来的学制是双轨制，十月革命后，在苏联形成了分支型学制，由于高中的普及和职业教育后移的趋势，苏联分支型学制有向单轨制学制发展的倾向；西欧的双轨学制，正在由低年级向高年级逐步并轨。

（二）学校教育制度的发展特点

1. 多样化

从纵向来看，目前世界各国的学校层次日益多样化。一方面，基础教育向下延伸，学前教育已经纳入基础教育。例如，澳大利亚对 4～5 岁儿童进行入学前的预备性教育，美国从幼儿园开始进行自然科学教育。这种从生理、心理方面做好准备的做法，对我国也是有借鉴意义的。我们要在保证义务教育实现的前提下，加强对学前教育的管理，使其逐渐步入有序、健康、规范发展的轨道。另一方面，高等教育向上延伸，并在整个教育体系中占有很重要的地位。这主要表现在以下方面：首先，高等教育的规模不断扩大，以满足大众对高等教育的需求。其次，高等教育的层次日益多样。社会发展的程度和对人才要求的素质水平的提高，促使高等教育向纵深方向发展，因此，硕士研究生与博士研究生的教育作用越来越突出，博士后教育与终身教育也得到发展。再次，高等教育的规模、类型以及层次的扩张，各个教育阶段越来越多的受教育者都有两种选择，即升学和就业。这在一定程度上理顺了各个阶段教育的关系，有利于实现教育机会的均等。

从横向来看，学校的类型也趋于多样化，各种职业教育、专业教育日益增加，而且包括职业技术教育。由于职业技术教育直接为各国经济发展服务，受到各国政府的普遍重视。职业教育在我国专业人才培养方面起着重要的作用，因为它适应了我国人口多、基础薄弱的现实状况，能缓解基础教育规模过大与高等教育规模过小的矛盾，满足现阶段我国经济技术的发展对人才培养的需求。由于经济和科学技术的发展对劳动者文化技术素质的要求越来越高，经济发达国家逐步提高了职业技术教育的起点，在普通高中教育基础上进行职业技术教育。同时，各国还重视职业技术教育与普通教育的相互渗透，在普通中学增设职业性课程，为普通中学毕业生做好就业准备；在职业教育中增加普通课程，提高职业教育水平，增强学生的适应能力。

2. 弹性化

在传统学校教育制度中，各级各类学校的性质、任务、入学条件、修业年限及其相互的衔接和转换关系有着严格的规定。“二战”以后，随着时代的变革，这种机械的、刚性的教育制度越来越难以与社会变革的速度与程度，以及多样化、个性化的需求相适应，因而建立弹性的学校教育制度成为当今教育发展的必然选择。目前，许多国家在各级各类学校的性质、任务、入学条件、修业年限及其相互的衔接和转换方面有了一定的灵活性，人们“能自由地从一个阶段转到另一个阶段，也能从一个学校转到另一个学校……能够自由地进入各个不同的阶段，而又能在不同的点上离开”，“有许多机会从一个教育分支转到另一个教育分支”，“可以在适当的时候脱离或重新进入教育圈子”，学校教育体系正由原来的“单行道”转变为“立交桥”式的较为灵活、富有弹性的学校制度。①

3. 终身化

20 世纪五六十年代，技术革新和社会构造都发生了急剧变化，这一变化不仅反映在生产、流通、消费等经济领域，甚至还影响到社会日常生活以及普通家庭生活。人们在学校教育阶段所学的知识迅速变陈旧，需要不断更新知识结构，不断学习。人们对学校教育甚至国民教育体系进行改革的要求日渐强烈。因此，1965 年 12 月，联合国教科文组织成人教育促进国际委员会在巴黎主持召开了第三次委员会议，当时的会议议长保罗·朗格朗在会议上提出了“关于终生教育”的重要提案，以此为契机引发了终身教育理念在全世界的推广和普及。终身教育是指人的一生应该是一个不断学习的过程，把社会所有的教育活动整合在纵向相互衔接、横向相互融通的教育体系中。终身教育、回

① 联合国教科文组织国际教育发展委员会. 学会生存. 上海：上海教育出版社，1979. 250 ~ 252

归教育的出现，使得成人教育的发展成为了时代关注的重要课题之一。如何为成人教育的发展创造条件，这是现代学制不可回避的一个问题，因此，在中等职业学校、高等学校的学制以及非制度化的教育形式中，要为成人教育的发展留有一席之地。这符合未来经济和社会的发展对教育的需求，符合未来社会个体身心素质持续发展和终身发展的需求。

【小贴士】

美国教育制度

校历制度：美国高等学校有三种通行的校历制度。最通行的是“学期制”（semester system），把全学年分为春季和秋季两个学期；第二种是“学季制”（quarter system），每一学年分为四个学季，每学季10周；第三种为“三学期制”（trimester system），每学年分为等长的三个学期，每学期15周，中间有假期隔开。

学分制度：美国学生的学业成绩和进度常以“学分”或“分”来衡量。一个学分代表某一学期内每周一小时的课堂学习或两至三个小时的实验室学习。学生若每周上一课时的课，成绩达到要求，则获得一个学分。学校将根据学生的累积学分授予学位。美国的各大学之间互相承认学分，一个学生可以在一所大学累积学分，还可带学分转往另一所大学就读。

评分制度：美国院校通常采用字母评分制，每个字母等于一个分数，学生可根据分数计算平均分（Grade Point Average，简称G. P. A.）。计算方法如下：90～100分：4.0；80～89分：3.0；70～79分：2.0；60～69分：1.0；60分以下为0。

美国教育体制由各州自行制定，学年可分为学期制、季度制等。学期制：一年分为两个学期，第一学期从八、九月到十二月，第二学期由一月到五月，每一学期约为十八周。暑假期间可以自由选修课程，较为轻松。季度制：每一学季只有十到十二周，一年分为四个学季，第一学季（九月到十二月）、第二学季（一月到三月）、第三学季（四月到六月）和暑期课程（六月到八月）。

从360多年前移民美国的清教徒创立全美第一所大学——哈佛大学后，美国的高等教育继承了欧洲古老大学如英国剑桥大学和牛津大学的传统，发展到今天已是有2 600多所颁发学士、硕士及博士学位的四年制大学，而两年制的社区学院则多达3 400所。

这些大学形形色色，各式各样，大的如德克萨斯大学奥斯汀分校，有将近五万多学生，小的如加利福尼亚州的深春学院，只有26个学生。有的大学校园广阔美丽，设备齐全；有的大学则设在闹市中几栋貌不出众的教学楼里，校园和市区没有明显的边界线。美国的大学有公立和私立之分，有四年制和两年制之分，有区域性大学和全国大学之分，有专科学院和综合学院之分，有单收男生、单收女生和男女合校的大学之分，有注重研究的大学和注重本科教育的学院之分，有主要给某教派信徒设立的大学如纽约著名的犹太教大学叶西瓦大学和有完全独立、与哪个教派都扯不上关系的大学之分。每个大学的日程表、教纲、教育宗旨甚至给教师开的工资都大不相同。

公立大学和私立大学

美国的教育系统发达，五十个州里每个州都有好几所乃至几十所公立大学，有的是州里建立的州立大学，有的则是某个郡（county，又译作“县”，州以下的单位）设立的社区大学。州立大学的本科一般都是四年制，合格的毕业生颁发学士学位。与私立大学相比，这些公立大学最大的好处就是学费比较便宜，如果你是当地的居民，就会给你更优惠的价格，比如阿肯色大学，对当地居民所收的学费一年只需2 300多美元，加上食宿费用，一年也不过只要6 000多美元，就连外州的学生交的学费也不过10 000美元；一些两年制的社区学院每年的学费更是便宜。相比之下，耶鲁、哈佛这些学校一年三万多美元的学费简直令人瞠目结舌。当然，比较优秀的州立大学，如密西根大学，对非本州岛居民也漫天要价，学费竟是本州岛居民的三倍多。州立大学对本州岛居民所收的学费之所以便宜，是因为州政府每年从税收里都会有专门的经费拨给它们。由于经费来源的重要部分是本州岛居民——也就是州里的纳税人，因此在入学方面上当然受制不少——对本州岛的申请学生要适当降低条件，有所照顾。例如加州大学系统，其大学部共有8个在加州不同区域的分校，如柏克莱分校、洛杉矶分校等，而其学生90%以上来自加利福尼亚本州岛。

美国的大学可分为五类：

1. 私立大学——是在有理想的成功人士捐赠的基础上建成，归私人所有，由董事会管理。这类大学不以盈利为目的，股东不得获取利润分成，所有收益用于学校发展及提高科研教学水平。

2. 公立大学——如各州立大学，完全由政府出资，满足公民接受高等教育的基本需要，体现了教育资源利用的公平性、正义性和便利性。

3. 教会大学——出于宗教目的，由教会拥有，补充社会基本教育条件并服务宗教目的。

4. 公立社区大学——提供低学费的两年制学位教育，瞄准那些无法进一流大学的学生。也有学生为了省钱，先读两年社区大学再转学到公立或私立大学。

5. 私立职业大学——以盈利为基本目的，相当于企业或者公司，这类大学一般收费较高、办学水平较低，类似中国现有的民办大学。

（选自李开复《透视美国高等教育（三）》，《科技日报》2004年10月28日）

复习与思考题

1. 简述学校教育制度的发展特点。
2. 简述单轨学制与双轨学制的异同。

第三节　学校教育制度的改革

一、教育制度改革的价值和特征

随着社会、经济、科技的发展，原有的教育制度已经不能适应如此迅速变化的社会。20 世纪 90 年代，我国开始从计划经济向市场经济转型，整个社会发生了巨大的变化，致使教育的外部环境也发生了变化。教育的投入与教育公平已经严重威胁到教育制度的运行的发展，因此改革教育制度就要以教育投入和教育公平为首要。就教育制度改革而言，它具有如下的价值和特征。

1. 增加教育投入，是保障教育公平的前提

纵观我国教育，教育不均衡现象已经十分严重，大城市与偏远山区，发达地区与贫困地区存在着明显的差距。大城市和发达地区，经济比较发达，因此投入到教育的经费比较多；反之偏远山区和贫困地区由于地区的经济欠发达，没有足够的资金补贴教育，使得教育越来越落后。政府应该发挥宏观调控的功能，加大偏远山区和欠发达地区的教育投入，这样才能保障教育的公平。

2. 教育公平是教育制度改革的目标

在人们追求利益最大化的时候，很大程度上都忽视了教育的公平。教育的公平体现在三个方面即“起点公平，过程公平，结果公平”。整个教育制度的改革都应该以此为原则，加大教育公平的实现。

二、教育制度改革的方向

首先，教育制度已经不能适应当今社会的发展。自实行市场经济以来，我国社会、经济等一系列元素都发生了巨大变革，原来的制度显然已经不能适应这种新的环境，教育也不例外。大环境的改变促使教育制度必须改革。

其次，中国目前教育问题严重，教育不均衡，教育法制观念薄弱等多种现象相继出现，社会各界都要求教育作出变革。在加入 WTO 和教育国际化的背景下，社会其他行业正在深化改革，垄断被相继打破，预示着教育变革的不可避免。

最后，教育法的迅速发展，也为教育制度的改革提供了有效的法律保障。“依法执教”是近些年来国家对教育的要求，但是原有的教育制度以现有的教育法角度审视已经不符合法律规定，因此改变迫在眉睫。

三、教育制度改革的要求

教育制度的改革需要与社会的政治、经济、文化发展相一致，否则就达不到改革的目的或者社会不能适应。因此中国教育制度的改革需要有以下要求：

1. 政治要求

教育制度的改革不能脱离政治进行，要符合当今主流的政治思想。就我国而言，教育制度的改革应该以十七大报告为精神，坚持教育公平、教育均衡的实现。努力提高教师的工资待遇，优化教育结构，提高教育质量；坚持公益性教育，加大教育投入。

2. 经济要求

首先，教育制度的改革应该适应经济的发展。教育与经济有着千丝万缕的联系，教

育为社会培养人才，人才创造社会财富。教育的改革的成效，直接或间接地影响经济的发展。其次，经济的发展制约教育制度的改革。教育制度的改革不能脱离经济的发展，制度定的过于超前，现有的经济水平无法满足，那么改革就毫无意义。

3. 文化要求

教育制度的改革应该更好地促进文化的传承和创造。文化是社会精神文明的重要方面。一个社会是否是发达社会，除了物质文明之外，精神文明也十分重要，因此文化在教育中的地位尤为重要，教育制度的改革也应更好地保存和发展文化。

案例

福建省泉州市教育局日前发出通知，称泉州实验中学和泉州外国语学校这两所民办学校严重违规招生，因此对两校部分学生学籍不予确认。对教育局的说法，泉州外国语学校校长许兴丹辩驳说："《义务教育法》规定'免试入学'，而《民办教育促进法》和《民办教育促进法实施条例》则赋予民办学校自主招生的权利。因此，我们以考试形式选拔新生有法可依。"

分析

因为是民办学校，就可以拿《民办教育促进法》中有利于自身的规定来对抗国家《义务教育法》中的要求，举办招生考试，拔尖选优，加剧当地非良性教育状态？

民办学校要真正得到社会的承认，恐怕还是要讲究教育的公益性，强调教育家办学的宗旨。《民办教育促进法》第三条明文规定："民办教育事业属于公益性事业，是社会主义教育事业的组成部分。"南开大学的创始人张伯苓是一位著名的民办教育家，他一生从国内外为南开诸校募集的资金数以千万计，而且大多数是个人行为，但他将资金分文不差地存入南开大学的账户。在他眼里，教育是传道授业的事业，不是谋取私利的职业；是振兴国民精神的公器，不是发财致富的跳板；是服务社会的公益行为，不是高收费的"学店"。所以，他的学校才能保持旺盛的可持续发展动力。今天的民办教育家是不是也应多一点这样的气魄。

复习与思考题

1. 简述教育制度改革的价值和特点。
2. 简述教育制度改革的方向和要求。
3. 简要概括现代教育改革的方向。

第五章 教师与学生

知识结构图

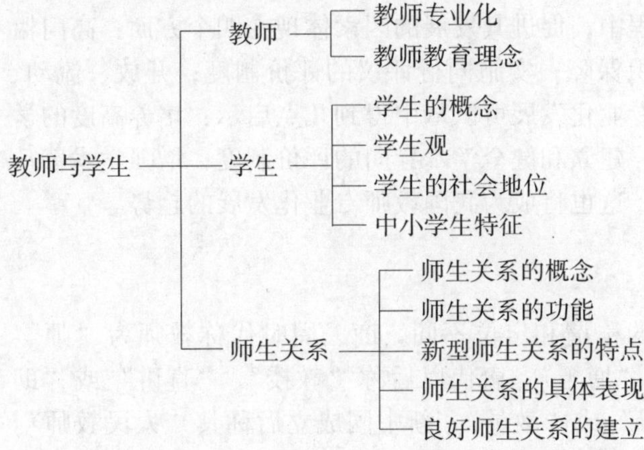

学习目标

1. 掌握教师专业化的概念、教师劳动的特点以及教师的地位、作用、任务，树立教师意识、教师教育理念的概念、教师应具备的职业素质、学生的概念、学生的特点，树立正确的学生观、中小学生的特征、师生关系的概念。

2. 理解教师职业的角色与形象、学生的本质属性以及社会地位。

3. 了解教师职业的发展过程和教师个体的专业发展、师生关系的内涵和特点以及如何建立良好的师生关系。

第一节 教师

一、教师专业化

教育活动是一个人与人之间相互作用的社会系统，教师和学生是相互作用的两极。

有教育就有教师的存在，教师是有效促进学生发展的工具，教师的素质是决定教育质量的关键。人类发展教育不能不重视教师，正所谓“国将兴，必贵师而重傅”。

近年来，教师专业发展意识、专业知识、专业能力与技能、专业情意等方面的发展现状及其与新课改之要求的适合性面临严峻的挑战。经过调查分析，北京市小学教师的专业发展现状基本能够适应新课改的要求，但专业发展水平仍需提高；各市校长和教师专业化水平有了明显提高，走教师专业化道路成为越来越多人的共识。

但我国教师专业化进程不容乐观，现在社会上存在着一种现象，非师范毕业生与师范毕业生共同竞争教师岗位，这反映了当今教师地位有了一定程度的提高，也说明了我国教师职业专业化程度较低。非师范生为什么不去竞争医生、律师等岗位，而去竞争教师岗位？相对容易获取的教师资格不可避免地要以降低对教师的要求为代价，这样一来，教师的专业水平、教学技能就很难得到有效的保证。

在美国中小学教师专业形成的历程中，促进其发展的因素体现在四个方面：高门槛的教师准入制度；有效的教师专业组织保障；实施同行评议的评价制度；开放、流动、竞争的学术市场。我国中小学教师的专业化发展可以从中得到几点启示：培养高度的学者社群意识；建立强有力的专业组织；建立和健全学术导向的评价制度；增强学术劳动力市场的流动性和国际吸引力。当然，这也将成为我国教师专业化发展的趋势。

（一）教师

1. 教师的概念

有教育就有教师，历史上对教师的称谓和定位不同。商、周时代称教师为“师”、“子”或“夫子”，秦汉时期称教师为“博士”，唐代以后称“教授”、“直讲”或“助教”，清末称新式学堂的教师为“教习”或“教员”，新中国成立后称其“人民教师”。其实称呼的变化只是一个代号，最重要的是如何对教师进行认知。

就我国而言，对教师有以下几种理解：“师者，教人以道者之称也”；“师者，所以正礼也”；“教之以事，而喻诸德者也”；“师者，人之楷模也”；“师者，所以传道授业解惑也”，等等。这些描述都从某一特定的方面揭示了教师的基本特征，具有一定的价值，但其描述不全面，带有一定的局限性，所以就要求我们要全面考察教师所扮演的社会角色、所承担的社会职责以及教师专业化发展水平。

广义上如孔子所言：“三人行，则必有我师焉。”每个人的学识、人格、能力等会对其他人产生影响，是实实在在的老师，但未必都有为师的意识，更没有担任教师的义务。

狭义上，教师是指在学校产生之后，以培养学生为己任的专门人员。尤其在当代，教师成为一种专门职业，教师是履行教育教学职责的专业人员，他们根据社会的一定要求有计划有目的地对学生施加影响，旨在把学生培养成为能够满足社会需要的公民。本章所讨论的正是这种狭义的教师概念。

2. 教师的地位和作用

（1）教师在教育过程中的地位和作用。教师是受社会的特定委托以培养学生为职责的专门教育工作者，是学生智力开发者和学生个性的塑造者。在教育过程中，教师处于教育者、领导者、组织者的地位，这种地位决定了教师在教育过程中起主导作用。历史上出现过对立的两种观点：教师中心论和学生中心论。教师中心论认为教师在教育过程中处于绝对主宰地位，学生是被动客体；学生中心论认为学生的发展是一种自然的过程，教师无法主宰，只能起到辅助作用。这两种观点要么过分夸大教师的主导地位，要么过分夸大学生的主动性，都是片面的。

（2）教师在社会发展中的地位和作用。教师是人类科学文化知识和一定社会道德准则、行为规范的继承者、传播者，在社会的延续和发展中起着桥梁和纽带的作用。人类社会进入当今的文明社会是科学文化知识世代传递的结果，没有对前人文化遗产的继承就不会有社会的巨大发展和进步。教师把人类长期积累的文化传播给下一代，同时培养他们探索和创造新知识的能力，对社会的延续作出了巨大贡献。

3. 教师职业的特点

（1）教师的职业性质。教师是以育人为职业的专业工作者。我们通常说教师的任务是教书育人，其实教书是手段，育人才是根本。教师传授知识是为了促进学生的发展，通过课堂教学、课外活动、日常生活等途径关注学生的全方位发展；教师的劳动是一种以精神的手段促进学生精神世界发展的劳动，在本质上是一种精神劳动。

《中华人民共和国教师法》第一章第三条对教师的概念作了全面而科学的界定：教师是履行教育教学职责的专业人员，承担着教书育人、培养社会主义建设者和接班人，提高民族文明的使命。第一次从法律上确认了教师的社会地位和专业性。

首先，教师职业是一种专门的职业，教师是专业人员。1966 年，国际劳工组织和联合国教科文组织在《关于教师地位的建议》中指出，教师工作应该被视为专门职业，是一种要求教师经过严格训练和持续不断的研究才能获得并维持专业知识及专业技能的公共业务。

其次，教师是教育者，教师职业是促进个体社会化的职业。个体从自然人到社会人是在学习、接受人类经验，消化和吸收人类文化的社会化过程中逐渐实现的。教师根据一定社会要求向年青一代传授人类长期积累的经验，规范他们的行为，培养他们的价值观念，引导他们把社会的外在要求转化为内在的素质，实现个体的社会化。

（2）教师在社会中的职业角色。角色是个人在一定的社会规范中履行一定的社会职责的行为模式。每个人在社会中同时扮演许多角色，但职业角色是相对单一的。一般来说，教师的职业角色有：①传道者角色。教师负有传递传统道德和价值观念的使命。进入当代社会，虽然道德观、价值观呈现出多元化的特点，但教师的道德观和价值观总代表着居于社会主导地位的道德观和价值观，教师用这种观念来引导学生。②授业、解惑者角色。教师是各行各业建设人才的培养者，他们在掌握了人类经过长期的社会实践活动所获得的知识、经验和技能的基础上对其进行加工整理，然后以特定的方式传授给年青一代，启发他们的智慧，使他们成为对社会有用的建设者。③示范者角色。学生具有向师行的特点，教师的言行、为人处世的态度是学生学习和模仿的对象，并对学生产生教化影响。④管理者角色。教师是学校教学活动的组织者和管理者，不仅肩负着教育教学管理的职责，还对教育教学活动进行控制和评价。⑤父母与朋友的角色。教师往往被学生视为自己的父母或朋友，低年级学生对教师的态度类似于对待父母的态度，高年级的学生则往往愿意把老师当作朋友，希望老师给予人生指导，与老师一起分享欢乐。

⑥研究者角色。教师要以一种变化发展的态度对待自己的工作，因为千差万别的充满生命力的受教育对象处于不断变化发展中，教师要不断学习研究、反思创新才能适应其发展变化。

教师的这些角色特点决定了教师职业的重要意义和重要责任，决定了对教师高素质的要求。

(3) 教师职业劳动的特点。教师的职业角色通过职业劳动体现出来。教师的劳动是创造学生精神生命的独特的精神劳动，具有复杂性、创造性、示范性、长期性和合作性的特点。

①教师劳动的复杂性。第一，教师的劳动对象是复杂的。教师的劳动对象不是固定的、无生命的物体，而是有思想、有理想、有情感、有个性的活生生的人。在一个班级中有不同社会背景、不同家庭出身、不同性别和个性的学生，他们受遗传因素、后天生活的影响，从而造成性格、情感、需要、意志品质等不完全相同，同时每个学生的个性又是发展变化的，教师必须根据个体的差异采取不同的方法，区别对待。第二，教师的劳动任务是复杂的。教师既要教书，又要育人；既要传授知识、培养技能，又要发展学生的智力、培养能力；既要帮助学生树立正确的人生观、世界观，培养良好的道德品质，形成文明的行为习惯，又要陶冶健康的情感，锻炼坚强的意志和性格；既要关心学生的思想、学习，又要关心他们的身心健康；既要面向全体，又要顾及差异，教育的目的就是使每个学生得到全面的和谐的独特的发展。第三，教师的劳动过程是复杂的。教师的劳动是以文化资料为中介的精神劳动，教师的劳动过程是一个综合使用、消化、传递、发现科学知识和技能的脑力劳动的复杂过程。这就增加了教师的工作难度，从而使他们的劳动过程具有特殊的复杂性。

②教师劳动的创造性。教师虽然教同一个科目，但所教的班和届可能不同，即便是在同一个班级，学生在受教育的过程中得到了发展，他们今天的知识结构和能力水平以及个性思想等都不同于昨天，教师面对的实际上是一个个“新”的个体。教育对象的发展变化决定了教师不可能进行重复性劳动，而必须根据学生的变化情景，实事求是、创造性地灵活运用教学规律和原则进行劳动。

③教师劳动的示范性。师者，人之楷模也。教师充当的榜样及引路人的角色充分表明了教师的劳动具有示范性。

④教师劳动的长期性。教师的劳动对象是人，教师的劳动成果便是人的精神和身体的变化发展。人的生长与其他生物不同，是一个长期的过程，正如我国古代思想家管仲所说：“一年之计，莫如树谷；十年之计，莫如树木；终身之计，莫如树人。”

⑤教师劳动的合作性。教师劳动表面上是以个体的形式进行的，实际上它必须在合作的前提下才能以个体的方式呈现，这种合作包含了两个方面，一个是教师与学生的合作，另一个是教师之间的合作。

4. 教师的职业素养

教师的职业素养是教师做好教育工作的前提，也是衡量教师能否胜任本职工作的基本条件，因此每位从事教育教学工作的教师都应该按照教师职业素养的要求不断完善自己。

（1）教师的政治思想素养。教师要出色地完成教书育人的任务，就必须具有良好的政治思想素养，这对培养新一代人的思想品德有重要作用。教师的职业政治思想素养包括以下几个方面的内容：拥护中国共产党的领导，坚决走社会主义的道路；积极参加教育改革，为实现社会主义教育现代化贡献力量；树立现代价值观念，形成良好的思想意识，不断更新观念；实事求是，坚持真理，勇于创新。

（2）教师的教育思想素养。教师教育思想的核心是教育观，教育观就是对教育的基本看法，教师要加强教育思想修养就是要求教师不断更新教育观念。教师应具有的教育思想修养包括以下内容：正确的教育价值观、科学的育人观、正确的学生观、现代的教学观、科学的教学质量观。

（3）教师的职业道德素养。教师劳动的主体性和示范性从客观上要求教师具有高尚的职业道德素养，具体如下：忠于教育事业、热爱学生、与同事团结合作、不断提高自己的道德素养。

（4）教师的业务素养。教师职业是一种专业性较强的职业，合格的教师应具有不同于其他职业的业务素养，具体包括：精深的专业知识、广博的科学文化知识、教育科学理论知识；语言表达能力、组织教育教学活动的能力、教育科研能力、自我调控能力。

（二）教师专业化的意义

教师专业化的提出反映了社会发展、基础教育的发展以及师资队伍的发展对未来教师素质的新要求。21 世纪是科学技术飞速发展的时代，科技、人才、教育将成为未来社会发展的驱动力量。为迎接未来的挑战，有人就未来人才素质作了这样的预测：在未来社会中，所有人才都必须具有学术性、职业性、事业心和开拓能力三张教育通行证。这种新的人才观预示着未来社会需要的是高素质的人才、高质量的教育、高水平的教师。因此，教师专业化思潮和教师专业化运动已成为一种不可阻挡的趋势，被世人广泛关注。教师专业化是时代进步、社会变革的迫切需要；是教育改革与发展的客观要求；是教师自身发展的内在需要。

（三）教师专业化的历程

1. 教师专业化的缘起及进程

教育伴随着人类社会的产生而产生，是人类社会古老而永恒的活动之一，但作为专门培养学校教师的专业性教育却只有 300 多年的历史。在我国古代，教师没有专门培养的必要，现实生活的模仿与实践基本能满足社会的需要。古代官学和私学等教育行政体系形成之后，教师人数增多、种类多样化，国家为了规范教育，就提出了教师标准的问题，比如国家规定教师应该熟练地掌握文字的使用。

到了近代，国家则把教师的培养与训练提上了日程，出现了很多师范学校，从此掀开了教师专业化的序幕。随着班级授课制建立和义务教育的普及，教师的专门职业培训进入正轨，因为学校不但需要一大批教师，而且要求他们具备专门的知识和技能，于是国家开始设置师范教育机构，专门培养大量的中小学教师。

20 世纪 60 年代中期以后，形势有所变化，师范教育面临巨大的压力：学生太少，而一时间培养的大批教师无用武之地，国家的计划有所改变，为了减轻国家财政的负担，政府不再支付大量培养教师的开支，教师缺乏培训，于是教师的素质出现了危机，公众对公共教育从而失去信心。于是教师素质的问题引起了社会各界前所未有的关注，教师专业化问题又被提上日程，此后的许多研究和国家的政策改革都是以促进教师专业发展为目的的。在教师专业化的发展过程中，它经历了两个发展阶段：一个是提升教师整体素质的阶段，另一个是强调教师专业能力的发展的阶段。

2．当今教师专业化的含义

教师的专业特征大致可以归结为三个方面：①具有专门化的知识和技能，即从业人员需要接受长期专门的特殊训练；②具有高度的专业自主权，能够在自己所从属的领域内自主决策、判断和处理问题，不受其他因素的干扰；③向社会提供具有一定独特型的公共服务，不受其他因素的限制。

教师专业化的基本含义是：①教师专业化既包括学科专业性，也包括教育专业性，国家对教师任职既有规定的学历标准，也有必要的教育知识、教育能力和职业道德的要求；②国家有教师教育的专门机构、专门教育内容和措施；③国家有对教师资格的教师教育机构的认定制度和管理制度；④教师专业发展是一个持续不断的过程，教师专业化也是一个发展的概念，既是一种状态，又是一个不断发展的过程。[①] 教师专业化贯穿于教师的整个生涯当中，教师必须不断地充实自己，才能求生存，求发展，才能在发展过程中永葆青春。

如果从班级授课制的建立开始算起，教师专业化已经走过了300多年的路程，因为打从班级授课制产生之日起，教师便成为一种特殊的专门职业，特别是在第二次世界大战以后，教师专业化作为世界教师教育的共同发展方向，极大地推动了教师社会地位的提升。

（四）教师专业化的内容

教师专业化的内容主要包括两个方面：教师自身的专业成熟度和教师专业的吸引力。

1．教师自身的专业成熟度

专业的成熟度是教师得到社会认可、提高职业声望的源泉，它包括教师的专业知识、教师所获得的资格制度、专业魅力三个方面。

一个专业的教师首先应该具备先进正确的教育理念，其次应该掌握熟练的专业知识，最后经过一定时期的磨炼具备顺利完成教学任务的理论和技能。

教师所获得的资格制度包括：教师入职资格制度、教师再认证制度和教师资格等级制度。我国目前的教师资格制度主要是入职资格制度。为了保证教师的终审发展，还必须建立教师资格再认证制度，建立明确的教师培训制度，为教师进修提供必要的时间、经费等保障以及相应的考核制度。与教师入职资格制度相对应，还应建立相应的专业标准，比如教师标准、教师教育质量标准、教师教育课程标准和教师教育机构水平评估标

① 苏伟栋．教师专业化问题研究［EB/OL］．（2009－09－16）［2009－12－16］http：//www.ntledu.cn/col-view/2009/0916/article_17.html.

准等。①

作为教师的专业魅力有三项基本内容：一是具有专业责任感，二是具有孜孜不倦的工作精神，三是终身学习的习惯与意识。

2. 教师专业的吸引力

不管是什么职业都应该能满足人们的需要，这样才是有价值的，不能满足人们需要的客观属性是没有意义的，根据马斯洛需求层次理论，人们不仅有生理的需要，还有自我发展的需要。所以教师专业要发展就应该具有人们所期望的吸引力，这种吸引力取决于该职业的经济收入、社会地位和名誉声望。

经济收入既表现为工资收入，也表现为各种津贴待遇。目前我国教师的福利明显不好，这样就不利于教师专业化的发展，教师的专业发展积极性无法调动。

当然经济收入决定“上层建筑”，然而如政治地位、专业权利、工作强度、发展空间、自由程度、社会舆论等更是决定教师社会地位的重要因素，而这些因素主要由国家教育政策所决定的。

名誉声望除了与上述因素有内在关联之外，还与某专业的社会功能、某个专业教师群体的整体素质有关。随着教育的发展、社会的进步，教师的主导作用不容忽视，而教师作用的充分发挥更体现于教育者的教育水平、教育能力，取决于教师的专业化水平。

教师专业化发展的过程是教师专业能力培养、教师专业制度建设和教师专业精神提升的相互联系、相互促进的过程。

（五）教师专业化的发展阶段

1. 职前教师教育

我国的教师培养分职前和职后两个相分离的部分，职前部分一直由师范院校承担，职后部分由教育学院承担。在职前培养中，根据培养教师层次的不同，师范院校分为三级：中等师范学校主要培养小学教师，师范专科学校培养初中教师，师范学院、师范大学培养高中教师。

自20世纪末以来，我国教师教育制度发生了变化，主要表现为以下三个方面：一是推进教师教育的一体化，建立教师终身教育体系。一体化的教师教育制度要求打破职前和职后的分离状态，教师的职前培养和职后培训经过整合成为连续的整体，从而建立教师终身教育的协调机制，切实推进教师终身教育体系的形成与完善。二是推进教师教育的开放化，鼓励综合性高校等教育机构参与教师教育工作。三是提高教师的学历层次，形成以本科教育为主体的学历教育格局。②

2. 新教师的入职教育

我国封闭式的师范教育虽然有实习，但实习时间非常短，而且由于种种原因，没有很好达到入职前实地锻炼的目的。除了实习之外，师范生的四年教师教育中很少有机会接触中小学教育。师范生大学毕业到中小学工作有一年的见习期，但大多是徒有虚名，只是工资待遇上有所差别，刚毕业的师范生完全承担了正式教师的义务。目前，人们开

---

① 冯文全. 现代教育学新论. 成都：电子科技大学出版社，2007.9

② 刘海民. 现代教育原理. 北京：人民教育出版社，2006.8

始注意新教师的上岗培训，但只是短期的理论学习，这些理论多是在大学中已经学习过的，并没有达到入职实地锻炼的目的。随着教师资格证书的实施，越来越多的社会人员报考教师资格证，从目前的情况来看，仅凭教育学、心理学的考试根本解决不了教师专业化的问题。有的人不具备教学技能，缺乏教学实践，却获得了教师资格证书，这种所谓的“合格”的教师一旦正式从事教师工作，结果不容乐观。因此，加强新教师的入职教育，将其作为成为一名正式教师的必要环节是非常紧迫的。

3. 在职教师的专业发展教育

以往，教师的职后教育大多是由教育学院、教师进修学校承担，加之过去教师的学历合格率不高，所以，职后教育主要是学历补偿教育，即通过对那些学历未达标的教师进行培训，使其学历达到国家规定的标准。目前，中小学教师的学历达标问题已经基本解决。据统计，到2003年，我国有小学专任教师570.28万人，学历合格率为97.85%；初中专任教师349.75万人，学历合格率为91.98%；高中专任教师107.06万人，学历合格率为75.71%。在学历问题基本解决之后，教师的职后教育必须转向教师的专业发展教育，着眼于知识更新、教学研究和提高业务能力，真正建立教师的终身教育体系。①

（六）我国教师专业化的现状

我国教师专业化建设存在着极不平衡的现象，根据上述标准来衡量，我国教师职业离专业化还有相当大的距离，充其量也只能属于“准专业”或“半专业”。目前我国教师专业化处于一种亚健康的状态，要想使其活力四射，必须先查其原因。通过反思可知我国教师专业化还存在着以下问题：

1. 社会对教师职业认识较为肤浅

尽管1966年联合国教科文组织在《关于教师的地位建议》中提出“把教师视为专业人员”，我国《教师法》也将教师界定为“履行教育教学职责的专业人员”，国家官方的职业分类体系也把教师列入专业技术人员，教师还被评聘为各级专业技术职称，但社会并没有把教师与工程师、律师、医生等专业人员一样看待，教师工作更没有被看作一种专业性很强的职业，而是依然认为它具有可替代性，并且普遍存在着一种人皆可师、人易成师的观念。由此可见，社会对教师工作的专业性特质并没有给予充分的认可与尊重。②

不仅如此，教师职业群体中的绝大多数人也不认为自身工作具有很强的专业性，对教育教学工作缺乏应有的投入与专业认同，看不到自己工作的价值，体验不到工作的真正乐趣，充满着职业的自卑情感，表现出明显的自尊丧失、专业自我失落的倾向，致使优秀人才不愿意进入到教师队伍中来，教师职业发展较为吃力。

2. 教师的经济待遇低

古往今来，大学教师或一代宗师拥有毋庸置疑的较高的社会地位，但是中小学教师以及一些农村教师的社会地位则恰恰相反。

---

① 刘海民．现代教育原理．北京：人民教育出版社，2006.8

② 刘宁，楚少保．浅议我国教师专业化．高等函授学报，2009（1）

反映教师社会地位的一个重要指标是教师的经济待遇。有研究表明，社会对教师的高期望和高要求与给予教师的回报尤其是经济待遇呈强烈反差。虽然近年来国家加大了教育投入，使教师的固定工资要高于同等资历国家公务员的固定工资，但教师的实际收入仍然偏低。教师社会地位和经济待遇的高低关系到教师队伍的稳定、师范院校生源的数量与质量，进而影响到教师的专业化发展。

3. 教师自身的综合素质不高，自我认同感低下

中小学教师学历普遍偏低，教师综合素质不高，从教能力差，离我国提倡的小学教师学历专科化、初中教师学历本科化、高中教师学历研究生化的要求还相距甚远。并且现在很多教师不愿献身教育事业，不懂得先进的教育教学理念和现代化的教育教学技术。

4. 教师培训存在一些弊端

①教师的培训方式落后。现有的教师培训往往在倡导先进、科学的教育观念的同时却采用与这些观念不符甚至相悖的培训方式，比如对教师的培训仍然采用灌输式的教学方式，不给受培训教师提供参与的机会；培训本身不考虑教师的实际需要，仍然是根据预先设定的培训内容照本宣科。②忽视教师已有的教育观念。在教师培训中往往无视教师已有的教育观念、教育经验，将教师视为“一张白纸”，认为只要将科学的教育观念传授给他们，自然就能够被他们认同，并成为指导其教育行为的准绳。然而研究或培训实践表明，如果教师没有将自己头脑中错误的教育观念清理出来，科学的教育观念就很难进入他们内在的认知结构中。③混淆了教师培训的主要目的。教师培训所需要的是情境性教学，学习的内容应该是真实的任务，从而使学习者在探索具有复杂性、整体性和挑战性的任务中获得真实经验，而在实际的培训操作中，教师的学习是非情境化的，不能真正提高教师解决实际教学问题的能力，而培养教师解决实际教学问题的能力才是教育培训的目的。[①]

5. 教师专业化方面的研究还很薄弱

假如没有对教师工作的专业特性，专业的知识、能力和技能素质结构及其发展规律，以及专业培训的理论与方法进行全面而深刻的研究和认识，想确立教师职业的专业地位，提高专业培训的水平和效果，提高教师的专业主体性水平是不现实的。[②] 近几年来，虽然一些学者已经开始对这些方面进行研究，但是取得的研究成果是较少的，还没有形成一股强大的威慑力。

（七）我国教师专业化发展的途径

将针对当前我国教师专业化进程中的困惑和问题，从以下几个方面寻找对策，以推进教师专业化的发展。

首先，从教师个人角度来说，教师应该不断丰富自己，切实提高自身的专业素质。作为一名专业教师，不仅需要具备所教学科的知识，还应该具备普通文化知识和教育学科知识。专业化的教师必须具备从事教育教学工作的基本技能和能力。专业教师还应该

① 刘海民．现代教育原理．北京：人民教育出版社，2006（8）

② 刘宁，楚少保．浅议我国教师专业化．高等函授学报，2009（1）

树立崇高的教师专业理想，养成高尚的教师专业情操，形成正确的专业自我。教师在继续学习的过程中，在学习显性知识的同时，还要注意对默会知识的学习、领悟、反思和实践。在教育领域，认识和显现默会知识有助于教师专业发展模式的转换，推动教师教育知识的积累和创新。① 只有这样，才能从根本上加强全社会对于教师专业的认识，从而增强教师教育的自信。此外，外界的宣传也是必不可少的，如宣传教师的使命感及工作内容，以及不断向外界公布教师的成长过程。

其次，国家和学校要切实提高教师的经济待遇。这是促进教师专业化发展的物质基础和基本保障。只有教师的工资提高了，待遇好了，才能增强教师职业的竞争性。职业教育是经济发展、科技进步的产物，所以国家应转变教育观念，进行正确的角色定位，把教师的培训经费放在头等重要的位置。国家应通过法律规定师资队伍培训的宗旨、任务、教学设施、设备标准、师资水平、经费来源，以及与其他教育有关的体制与运行机制，从而保证教师校本培训的健康发展。切实加强教育技能的培养，强化教育实践的环节，突出现代教育技术训练，使教师专业化具有显著的特色。

最后，建立多样灵活的培训的模式，增强教师教育的有效性。教师培训的保障模式应不仅包含校本培训，还包含院校培训；不仅包含职前培训，也应包含职后和职中培训等，使这种培训能随时渗透到教师真实的教学情境和过程中，使教师随时发现问题。

二、教师教育理念

当下，大学与中小学建立合作伙伴关系是世界教师教育改革的重要策略，因为教师教育改革致力于大学与中小学的共同发展。跟随改革化大浪潮，充分认清教师的神圣使命以更新教师自身的教育理念，即目标取向从“半专科”走向“专科”、内容选择从“粗放”走向“精细”、功能定位从“无限”走向“有限”、教育方式从“灌输”走向“构建”，重新架构起以教师专业化为导向的教师教育新的理念体系。为了全面提高素质教育，必须进一步深化教育改革，其中教育理念的改革是关键。全体教育工作者必须适应未来社会的要求，转变传统落后的观念，树立起适应社会要求的全新的教育理念。

（一）教育理念的内涵及现代教师的教育理念

1. 教师教育理念的内涵

对很多人来说，教育理念是一个耳熟能详的词，尤其是新课程改革的政策推行之后，更新教育理念更成为教育界的流行词。那么，教育理念究竟是什么？为了便于理解，笔者作以下陈述：

（1）教师教育理念的定义。

根据《中国大百科全书》的解释：“理念（idea）同观念，是一个西方哲学的常用词，如柏拉图用以指永恒不变而为现实世界之根源的独立存在的非物质实体；在英国经验派哲学中，它指人类意识或思维的对象，即感觉和知觉等等。”一般来说，研究者对它有这样几种认识：一是人们的感官由于外界事物的作用而形成的各种特定的认识；二

① 刘宁，楚少保. 浅议我国教师专业化. 高等函授学报，2009（1）

是人们对客观事物所形成的看法、认知；三是专指作为社会存在的反映的社会意识；四是指系统化、理论化的社会意识形态。因此，我们可以把“教育理念”理解为对教育的各种现象和各个方面的理性认识。[①]

（2）教师教育理念的特征。

①教育理念具有客观性和主观性的双重特征。一方面，教育理念的形成基于对教育现实所形成的认识，受限于社会发展阶段和人们的认识水平，具有一定的客观性质；另一方面，教育理念是教师经过理性思考后的系统化和概括化的认识，包含态度评价等主观因素。

②教育理念接近于信念。教育理念介于教育观念和教育思想之间，并且在一定程度上接近于信念，可以说，教育理念是一种高级的深化了的教育观念，它搭建起应然与实然、现实与理想、实际与理论的桥梁。

③教育理念与教育实践相互依存、互为影响。无论教师是否意识到，教育理念一直影响着教育实践的方方面面，凡教育存在之处皆有教育理念，各种教育观是它的具体表现形态，如教育价值观、课程观、学生观等。教育理念反映着人们的教育需求，制约着人们的教育行为，决定着教师对教育的态度及倾向，影响着教育实践活动。正确的教育理念是教育主体的灵魂，是教育实践活动甚至是理论研究的核心。

（3）教师教育理念的层次。

教育理念具有鲜明的主观性，它的层次因主体的层次而有所不同。教育理念可以存在于由国家、政府推行的教育政策中，存在于学校班级的规章制度中，存在于街头巷尾的闲谈中，也可以存在于教育主体的心灵中。每个层次的教育理念不尽相同，但最有力量的教育理念应为后者，只有内化为教育主体的教育理念才能真正产生影响，并转化为教育实践。

2. 现代教师的教育理念

古代教师的教育理念是与古代社会政治特点相一致的，主要表现为教师、管理人员有绝对权威的权威主义，以眼前利益的获得为价值取向的功利主义和认为教育应该培养少数精英人才的精英主义。近代则倡导科学主义的教育理念。

在现代社会，随着社会民主进程的推进，人们权利意识的日益增长，整个社会对教育的理解有了更进一步的发展，主要体现在以下三个方面：

（1）教师道德教育理念。

①以人为本的教师教育理念。教育理念应该是以人为本的理念的建构，这一概念是指以人为本的教师道德理念的建构，提高教育者自身素质；以人为本的教师职业理念的建构，将“以人为本”贯穿于教师的职业素养中；以人为本的教师育人理念的建构，彰显终极教育关怀理念和“园丁”理念。

宽容不是迁就，更不是放纵，而是以平和的心态去面对学生，用有效的方式去引导学生，重视人的和谐发展，充分尊重学生个性。学生应成为教育的出发点和归宿，成为教育关注的中心问题。教师必须具有兼容并蓄的精神。教育人性化、民主化要求新型教

---

① 王新燕．故事中的教育理念更新．福州：福建教育出版社，2008

师应该着眼于人的全面发展、个性发展与和谐发展，现代教师应做学生发展的促进者，这是现代人才观和学生观的教育价值所在，这样，教师就必须学会能“容人之短”，有容人之短的雅量。[①]

②教师弘扬个性的教育理念。一是要鼓励教师在平时教学中的不同教学风格，教育管理者应该及时发现并鼓励教师的这种创作行为；二是教育管理者及各教育部门必须承认和包容不同学校教师的教学观点，鼓励他们在学术期刊上发表他们的观点；三是能及时发现教师教学中的问题和缺点，通过这些缺点发掘出教师潜在的个性，教育管理者要引导他们发扬积极因素克服消极因素的原则。教师应是个性化的演员、演讲者、主持人、指导者。因为，循规蹈矩、毫无个性的教师不可能教育出有个性的学生，他们的因循守旧会扼杀学生的个性。要真正实现以人为本，教师必须弘扬自己的个性。

③教师终身学习的道德理念。以往，一个人只要在学校学好一门专业，就可以当一辈子专家；学会一种技术和手艺，就可以终生受用。但是时代在发展，教育者或受教育者所从事的活动都是一个永无止境的过程，作为教师，应该树立献身伟大教育事业的理念；必须树立起终身学习的观念，只有不断地学习、更新观念和知识，不断地在实践中总结经验教训，才能吸取他人之长来补自己之短。教育应当借助于这种理念，满足个人和社会的永恒的要求。

（2）教师职业理念。

以人为本的教师理念既体现在教师的道德素养中，又贯穿于教师的职业素养中。

①促进学生自主学习的理念。教师要时刻使学生们相信“天生我材必有用”，同时教师也应该清楚一个道理，“条条大路通罗马”，应该承认学生们有自己的学习方式，最终通过千千万万成才的道路，走向不一样的未来。因此，教师应该相信每个学生都能成功，但是这种成功不是千篇一律的，每个人的成功对自身有不同的意义。现代教育重视发展，教师则更应树立由教师教向学生学的教育理念的转变。“教”是外因，“学”是内因，只有“学”才具有主体性、能动性、创造性；教是让知识在即时的创作中活起来，尊重学生的主体性和主动精神，发掘学生的智慧潜能。

②教师应树立尊重家长、团结协作的理念。学校教育和家庭教育息息相关，双方应该产生良性的互动，部分教师的有偿家教、乱收费、变相体罚、不检点的言行严重破坏了教师的社会形象，刺伤了广大家长对教师的敬重之心。尊重是相互的，教师对家长的尊重更能获得家长的理解和密切配合。现代的家庭一般都只有一个子女，教师更应该主动关心每个孩子的健康成长，与家长沟通，从而赢得家长的信任和爱戴，也有利于树立教师良好的职业形象。此外，培养全面发展的人才更需要教师与教师、教师与学生、教师与家长、教师与社会之间的真诚合作。教师应该发掘一些有益于进行交流的活动，通过活动中的团结协作，交流信息，取长补短，发挥团体的优势和力量。

③教师赋予真情实感的教材解读理念。同样的教材内容经过不同教师的理解和诠释就会生成不同的意义。但教师应该牢牢把握住一点，那就是：课程应该是教师和学生一同回归真实的自然事实、现实的社会活动的过程。许多日常生活经验、人文知识、个人

① 张林. 论以人为本的教师教育理念的建构. 贵州社会科学，2009（7）

体验都应该得到教师的讲解，也应该加强师生之间的交流、合作，实现建立在平等、民主的师生关系上的对话，特别要注重加强与学生在心灵上的沟通，通过教材这个中介物，经过双方的交流，使学生掌握必要的知识，同时获得真实的情感体验。只有这样，教材才能发挥应有的作用。

（3）教师育人理念。

①慈善的教育关怀理念。师者，担负着传递知识，延续智慧的职能，作为教师要爱教育，爱学生，把人类最伟大的事业主动承担于肩上，树立终极关怀的教育理念，呈现出教师事业的荣誉感和历史责任感。特别是对于那些大学里“泰斗”、“奇葩”似的教授，更应该具有这种情怀，因为他们身上所具备的东西具有历史价值，缺少他们的贡献，教育事业将会遭受难以估计的损失。要弥补和延续这种价值，必须要使教师关切学生的学习和成长。对于教育者，要培养学生成为适应社会需要的全面发展的人才，只有树立终极的教育关怀，才能完成这一光荣的历史使命。

②园丁理念。“十年树木，百年树人。”作为教育事业，它不像其他的生产事业能立竿见影，教育结果具有内隐性。要让一棵小树长成参天大树，除了阳光、土壤等外部条件之外，还要给小树不停施肥，不停浇水，不停修剪。也许不施肥，树木也能长大；不浇水，树木借助雨水也能长大，但是要长成一棵枝繁叶茂的参天大树，必须有“园丁”默默无闻、勤勤恳恳的服务工作，也许这些辛劳在“树木”长成之后就会被忘却，但正是“园丁”无微不至的关怀，才会有茁壮生长后的有用之才。所以教师工作更是一种道德意义上的工作，教师才会被比喻成园丁。教师要保护好青少年的各种天性，并积极加以引导，无论风和日丽，还是漫天苦雨，都要一如既往地“除草”、“修剪”、“施肥”，细心呵护“小树”，让其茁壮成长。

（二）教师教育理念的功能

先进的教育理念，无论是对教育的改革和发展，还是对教育工作者的教育教学活动都有重要的促进作用。

1. 先进的教育理念具有重要的反思教育的认知功能

先进的现代教育理念集中体现了人们对教育新发展的认识。把握先进的现代教育理念可以促进教育工作者反思自己的教育教学实践，深化对现代教育本质及价值的认识，为人们正确认识教育的现在和未来提供科学的理论依据，启迪人们构建新的体现时代精神和价值取向的教育理想，培养教师新的教育精神和教育素质。

2. 先进的教育理念具有指导教育教学改革的实践功能

任何教育行为都是以对教育的理解和认识作为指导的，一定的教育理念支配着一定的教育行为，只不过有些人自觉，有些人不自觉。实践证明，一个教育工作者有没有教育的这种理论自觉是大不一样的。有了这种理论自觉就可以保持应有的理论敏感性，就能够形成理智的分析力与判断力，就会减少或避免实践中的挫折，因为先进的教育理念可以使教师的教育行为更接近所追求的教育理想和教育目的。

3. 先进的教育理念具有区分不同教育工作者的评价功能

具有先进的教育理念是现代优秀教师必备的基本素质。先进的教育理念可以提高教师的思维能力和自觉性，可以强化教师的问题意识和研究能力，可以促进教师形成对教育的独立理解和独特的教育风格。一些教育管理者和教师忙碌于具体的教育行政管理或上课教书等事务性工作，过于关注教育的具体形式，忽视了对教育的根本问题的反思。这只是把教育视为职业而非事业，虽然有利于促进具体的教学工作，但却容易使自己丧失灵魂。因此，拥有先进的教育理念是区别优秀教师和平庸教师的重要标志。

（三）教师教育理念的培养

1. 培养途径

（1）树立教师的教育理念。树立教师的教育理念的根本目的是改造教师传统、落后的教育行为，实现教师教育活动的现代转换。教育理念是一种文化和习惯，是积淀于教师心智结构中的价值观念，它常常无意识地支配着教师的教育行为。为什么一些教育理论工作者所倡导的理论难以变成教师的实际行动？就是因为教师没有真正信奉的东西。要想实现由内到外的转化，就必须让教师感到运用现代教育理念不仅是易行的，而且是有很大效果的，并且是可以得到嘉奖与鼓励的。

（2）提升个体教育理念的境界。国学大师王国维将人的境界分为四种：自然境界、功利境界、道德境界、天地境界。自然境界中的人是原生态的人，功利境界中的人是以功名为价值追求的人，道德境界中的人是以内心的道德准则为出发点的人，天地境界是天人合一的境界，这个境界中的人极少。以此可以推及教育理念的境界。

人类教育中，功利境界的人占绝大多数，无可厚非，追求功名的行为本身也促进社会的发展，但是急功近利的心态带给人们太多的窘迫、焦虑和无所适从。日本教育界指出：让功利心态退出教育舞台，教师尽心尽力、没有私心地教育学生。只有这样，教师之间才会少一分猜忌，多一分合作。于是，教师成了道德境界中人，以一种无功利的心态关照学生成为教师最大的享受与追求。

（3）加强师范教育在教师个体教育观念的行程中的作用。师范教育应该重视培养师范生“人”的观念，因为教育是一项面对生命的事业。在师范教育中应该帮助师范生养成自我教育的意识与能力。

（4）提升教师个体对教育反思的意识。教育反思是指教师以自己的职业活动为思考对象，对自己在职业中的行为以及由此产生的结果进行审视和分析的过程，其实质就是自我批判。借助它，教师不仅在专业上可以尽快地成长起来，也会加速促进教师个体教育理念的形成和提升。

2. 培养策略

一些专家指出：当前中小学中出现学生学业困难、对学习不感兴趣、逃学等现象，这在某种程度上反映了教师缺乏教育理念，对教育中出现的不合理现象无法予以解决。因此，改变教育理念缺乏的现状是师范教育面临的重要问题。首先要解决对教师职业的认识问题，教师职业是一种专门职业，具有不可替代性；其次要解决如何学习，掌握教育学、心理学的知识与技能的问题，就要找到一些可以增强师范生的专业意识、专业态度，使师范生掌握专业知识、专业技能，养成专业品质的方法，如拓宽课程设置、改革教育实习等。

案例

两个孩子·两个老师

相同的是，两个孩子都是上小学六年级，都偷了同学的10元钱。不同的是，他们遇到的是两个不同的老师及两种不同的处理方式。

陕西省华阴市黄河工程机械厂子弟学校的小学生王某，他的班主任兼语文老师崔某把他带到办公室，当着另外两个同学的面将他的头按到墙上，残忍地用锥子在他的右面颊上刺了个字以示“训诫”。事发后，王某爷爷到当地派出所报了案，这位给孩子脸上刺字的老师被派出所拘留。

而另外一个孩子就幸运多了，当北京市光明小学的王老师知道自己的学生中有人偷拿了同学的钱后，她来到班上，不慌不忙地说：“我知道钱是怎么丢的了，是讲台拿了这10元钱！”

孩子们惊愕地瞪大了眼睛，王老师笑眯眯地说：“咱们全班每个同学都走过来对讲台说一句话，提醒它改正缺点，好吗？”聪明的孩子们立刻明白了老师的意思，有的说：“讲台呀！拿别人的东西是不对的，我们应该从小养成良好的品质。”有的说：“我相信你是一时糊涂，可改正后就是好孩子！”

王老师最后总结说：“大家讲得很好！讲台已经知道自己不对了，相信明天它一定会把钱放回原处！”

第二天，丢钱的同学果然在书包里发现了那10元钱。王老师开心极了，激动而高兴地说：“直到今天，我也不知道是谁拿了钱，可这有什么关系呢？改了就行了。这件事肯定会让这个孩子记一辈子。”

（选自《北京青年报》，1999年9月21日；《中国青年报》，1999年7月12日）

分析

案例中两位教师对同一种事情的不同处理方法取得了两种不同的效果。作为一名教师，其职业有其特殊性，即其特有的职业道德和素质。教师作为一种古老而永恒的职业，在其不断发展的过程中也在逐渐完善自己的职业素养和提高自身的教育理念。很显然，案例中第二位教师的职业素养及理念要远远超过第一位教师，教师劳动的特点及其在社会历史上的特定作用，特别是对学生造成的影响必然要求教师具有很好的职业素养，案例中第二位教师的做法显然有助于更好地教育学生。要建设一支能胜任21世纪国家教育重任的新型教师队伍，就必须加快实现教师职业专业化。为适应时代发展对教师的各方面要求，教师必须具备现代教育理念以及多方面良好的素质。

复习与思考题

1. 教师的职业是否是一个专业？谈谈你的看法。
2. 教师劳动有什么特点？教师的专业素质有哪些？试举例并说明。

3. 教师专业发展经历了哪些阶段?

4. 如何成为一名合格的人民教师? 如果你是一名教师，该如何坚持自己的教育理念?

5. 如何培养教师的教育理念?

第二节 学生

怎么看待学生，把学生看成什么样的人，对学生采取什么态度，一直是教育理论和实践的重要问题。“一切为了每一位学生的发展”是新课程的最高宗旨和核心理念。课程改革的一切都应围绕学生来做文章。工作过程导向、课程实施目的就是为了让我们的学生在职业的氛围中学习和成长，使学生所具备的关键能力和职业技能都能适应社会和企业的需求。对“学生是什么”的理解在很大程度上影响着学生在教育中的地位，生存论哲学将人的生存作为哲学的根本问题，为我们提供了根本的关注人的视角。在生存论的视野里，我们可以从三个侧面来理解学生，即学生是知识的探究者、意义的创造者、学校民主生活的参与者，从而确立学生的知识与体验在教育中应有的价值。

一、学生的概念

教育过程中，认识学生、读懂学生、理解学生是有效进行教育的重要前提。在古代社会，与“学生”这个称呼相类似的有“童生”、“生员”、“生徒”、“学徒”、“贡生”等，这些称呼主要是根据其在社会中的职责与任务来确定的。今天，“学生”是一种通俗的说法，与“受教育者”在某种范围内是相同的，但“受教育者”这个称呼更加书面化、范围更广。

受教育者就其概念而言，有广义和狭义之分。广义上认为凡是在教育活动中承担学习责任和接受教育的人都是受教育者，任何人都能成为受教育者；狭义上则指获得入学资格的相对固定的对象，即我们所说的在学校范围内的学习者。

因此，我们给学生下的定义就是：学生是指获得入学资格的相对固定的对象，他在教育活动中承担学习责任和接受教育的任务，是一个处在成长变化中的具有主观能动性的人。①

二、学生观

学生观是对学生的本质属性及其在教育过程中所处的地位和作用的看法。

(一) 学生是发展的人

把学生看成是发展的人，包含以下三个基本含义：

---

① 蒙勇强，黄清，李建辉等. 基础教育学. 厦门：厦门大学出版社，2006

第一，学生的身心发展有规律可循。遵循客观规律是一切事物成功的前提，无视客观规律将受到客观世界的惩罚，这是亘古不变的道理。同样，从教育心理学意义上来讲，学生的身心发展是有规律的，相应的受教育内容和程度也是随着年龄的增加不断变化的。教师除了要掌握教育心理学知识之外，还要在实践中逐渐摸索，有时候这种年龄的界限并不是绝对的，并依据学生身心发展的规律和特点开展教育教学活动，从而有效促进学生身心健康发展。

第二，学生具有发展潜能。苏霍姆林斯基认为："学生的天赋、可能性、能力与爱好确确实实是无可限量的，并且每个人在这些方面的表现都是独一无二的。"教师要放眼学生的未来，所以从现在起更要着眼于学生的现在，不能做影响学生成长的事情，从而为每一位学生的幸福人生负责；教师要激情地引导学生，搭建合作探究的平台，发现并发展学生的潜能，使各种学生的潜能得以尽早地、更好地展现出来。

第三，教师要能爱学生，包容学生。作为发展的人，也就意味着学生还是一个不成熟的人，成长是需要过程的，学生应该是在教师指导下成长起来的。

总而言之，学生是不是能生活得很好，是不是能健康成长，是不是幸福快乐，都和他们曾经很长一段时期所在的学校和所遇到的教师有极大的关系。

（二）学生是独特的人

学生应该是独特的人，具体包含以下含义：

第一，学生身份的多重性。学生是学生，不是学习的机器，这主要表现为对于学生的要求要考虑学生的感受；学生是朋友，我们不再强调学生一定要服从教师，把学生当朋友，意味着教师要和学生一起生活，一起体验，共同丰富自己的人生观和价值观；学生是教师，随着知识经济的到来，教师不再是传统意义上的权威，而学生某些方面的知识由于获得的渠道之多，变为教师的老师，所谓"弟子不必不如师"；学生是同学，新课程，新教材对于教师和学生都带来了新的挑战，这使教师和学生有了许多共同之处；学生是儿童，儿童应该有他们的特殊兴趣和爱好，作为教师不能对他们有过分的要求。总之，学生并不是单纯的抽象的学习者，而是有着丰富个性的完整的人。然而，学生与成人之间存在着巨大的差异性：学生的观察、思考、选择和体验，都和成人有明显不同，所以应当把成人、学生区别对待。

第二，每个学生都有自身的独特性。每个人由于遗传因素、社会环境、家庭条件和生活经历的不同，而形成了个人独特的心理世界。"人心不同，各如其面"，独特性是个性的本质特征。教育的根本任务就在于发现学生的潜能，发展学生的个性，让个性由依附走向独立，由封闭走向开放，由内敛走向凸显。每个学生都有自己的独特性，不同的认知特征、不同的兴趣爱好、不同的欲望渴求、不同的价值取向、不同的创造潜能，从而铸就了千差万别的个性。

（三）学生是具有独立价值意义的人

把学生看成是具有独立价值意义的人，包含以下几个基本含义：

第一，学生是生活的体验者。瑞士教育家裴斯泰洛齐分析了生活的教育意义："生活作为个人自身所过的日子，其本身就是一本自然的书籍。这里面蕴藏着开明的教育力量的秘诀。学校如果不把它的工作建立在这个基础之上，就会误入歧途。”① 学生作为心智处于生长发育中的人，每个人的成长轨迹与节奏、经历、兴趣、爱好都有很明显的个性特征，其生活体验也具有强烈的个性化意义，而这里的“意义”不是在生活之外“悬设”的，也不是他人直接“给予”的，而是学生自己体验到的对现实的领悟。学生对生活的体验是真实的生命历程。

第二，学生是权利与义务的主体。学生是权利主体，是指学校和教师要保护学生的合法权利；学生是责任主体，是指学校和教师要引导学生对学习、对生活、对自己、对他人负责，学会承担责任。“学校在很大程度上是一个具有伦理责任的社会机构，学校有义务，学生有权利参与学校的民主生活。很难想象从缺乏民主生活、强调控制与服从的学校里走出的学生有朝一日会成为社会民主化进程的推进者。学生能够而且必须在社会生活中发挥民主作用，我们应该使儿童养成一种世界观，使他按照这个世界观生活，使他能够决定他的未来前途。”②

总之，每一个学生都是拥有内在力量、具有独特性与创造性的人。当学生作为知识的探究者、意义的创造者和学校民主生活的参与者投入到学习和生活中，他们将以自己的好奇、想象、智慧和行动丰富自己的心灵，改变他人的观念，并还世界以惊奇。③

三、学生的社会地位

学生的社会地位通过学生的法律身份和享有的合法权利两方面表现出来。

（一）学生的法律身份

从道义上说，青少年是社会的未来、国家的希望；从法制角度说，青少年是独立的社会个体，他们不仅享受一般公民的绝大多数权利，而且受到社会的特别关怀和保护。随着有关教育法律的颁布，20 世纪 80 年代我国就已初步明确了教育领域中中小学生的身份，从三个方面对中小学生进行界定：①中小学生是国家的公民；②中小学生是国家和社会的未成年公民；③中小学生是接受教育的未成年公民。

（二）学生享有的合法权利

根据《宪法》、《未成年人保护法》、《义务教育法》、《教师法》、《教育法》、《婚姻法》等法律及《儿童权利公约》的规定，学生享有的合法权利大致有以下四个方面：

第一，生存发展权利。我国《宪法》规定：“父母有抚养未成年子女的义务。”《未成年人保护法》更具体规定：“父母或其他监护人应当依法履行对未成年人的监护职责和抚养义务，不得虐待、遗弃未成年人；不得歧视女性未成年人或者有残疾的未成年人，禁止溺婴、弃婴。”对儿童的生存权和发展权利给予法律保护。

第二，受教育的权利。我国《宪法》第四十六条规定：“国家培养青年、少年、儿

---

① ［瑞士］裴斯泰洛齐．裴斯泰洛齐教育论著选．夏之莲等译．北京：人民教育出版社，2001. 246

② 联合国教科文组织国际教育发展委员会．学会生存——教育世界的今天和明天．华东师范大学比较教育研究所译．北京：教育科学出版社，1996. 94

③ 李丽．学生是什么？——生存视野下的学生观．上海教育科研，2009（3）．55 ~ 57

童在品德、智力、体质等方面全面发展。”《义务教育法》明确规定：“国家、社会、学校和家庭依法保障适龄儿童、少年接受义务教育的权利。”我国《教育法》又从总体上规定：“中华人民共和国公民有受教育的权利和义务。公民不分民族、种族、性别、职业、财产状况、宗教信仰等，依法享有平等的受教育机会。”从法律上对少年儿童享有的受教育权给予保证。

第三，被尊重的权利。我国《未成年人保护法》第十六条规定：“学校、幼儿园的教职员应当尊重未成年人的人格尊严，不得对未成年学生和儿童实施体罚、变相体罚或其他侮辱人格尊严的行为。”并在其他条款中具体规定：“任何组织和个人不得披露未成年人的隐私。”“对未成年人的信件，任何组织和个人不得隐匿、毁弃，除对无行为能力的未成年人的信件由父母或其他监护人代为开拆外，任何组织或者个人不得开拆。”“国家依法保护未成年人的智力成果和荣誉权不受侵犯。”

第四，不受伤害的权利。我国《未成年人保护法》第十六条规定：“学校不得使未成年学生在危及人身安全、健康的校舍和其他教育教序设施中活动。”“严禁任何组织和个人向未成年人出售、出租或者以其他方式传播淫秽、暴力、凶杀、恐怖等毒害未成年人的图书、报刊、音像制品。”①

四、中小学生特征

（一）中小学生的基本特征

基础教育面向的是中小学生，即小学教育、初中教育和高中教育的教育对象，这些学生是成长变化与发展中的人，由于处于不同阶段，其身体心理会呈现出不同的特点。正确认识学生的各阶段特征，不仅是教学原则的需要，也是提高教学水平的需要。

1. 小学生的特征

（1）生理特征。小学生一般是六七岁至十一二岁的儿童。在这个阶段，总的来说，无论是生理还是心理都没有特别尖锐的自我冲突。小学生的骨骼仍处于继续硬化过程，因此身体的负担不宜过重；小学生的手部小动作的精确性较差，不宜写过小的字，防止过度疲劳；他们的大脑机能发展到较高水平，为他们从事系统的学习活动提供了物质前提。

（2）心理特征。首先，儿童对外界的认知由日常经验向科学概念，由个别、分散向系统化转变，但儿童的认知与实际行为还不能做到完全一致，无论是对外部事物的认知，还是对道德的认知，儿童都带有情绪色彩，认知还处于较粗略的水平；其次，在情感体验上开始复杂化，开始注意学习成绩的高低，并且他们的情感随情景的变化而变化，比较脆弱；再次，这个阶段是发展儿童意志的最好时期，教师必须好好加以引导和培养；最后，这个阶段的儿童开始出现对未来的构思，教育要抓住这个特点，培养学生的思想和情操。

2. 初中生的特征

（1）生理特征。初中生年龄为十二三岁到十五六岁，正处于儿童到成人的过渡阶

---

① 蒙勇强，黄清，李建辉等．基础教育学．厦门：厦门大学出版社，2006

段，其生理发展的主要特点是发育迅速、变化急剧：身高、体重迅速增加，出现人生的第二个生长高峰期；身体各部分生长发育不均衡，容易出现心脏活动的机能障碍，引起头晕、血压升高、易疲劳等现象；性成熟的开始与性意识的发展。生理上的明显变化及性激素分泌增加引起性生理冲动，促使其性意识的觉醒和发展，对异性产生兴趣、充满好奇，容易兴奋和冲动。

（2）心理特征。

认知发展的特点：初中生感知能力有了很大的发展，感官的灵敏性甚至超过成人；注意的稳定性加强；有意识记忆能力提高，理解记忆比重增大；抽象思维逐渐占据主导地位，思维的独立性、批判性明显发展。

情感和意志发展的特点：初中生的情绪更加丰富，体验更强烈，克服困难的毅力也不断增强，但是不够稳定。

自我意识发展的特点：初中生开始注重自己内心的体验，渴望成人的尊重，开始用批判的眼光看待事物，喜欢独立思考，敢于发表意见，喜欢独立施展才华，对过多监督和嘱咐比较反感。

3. 高中生的特征

（1）生理特征。高中生的年龄一般在 15 ~ 18 岁的范围内，处于青春发育末期，是人格发展的成熟阶段，也是身体发展的定型阶段。在生理发育方面，高中生已接近成人水平，神经系统和性机能发育基本完成，但仍在继续发展，生理发育的新特点为高中生心理发展提供了新的条件。

（2）心理特征

高中生的认知发展与教育：随着身心发展趋于成熟，高中生的社会接触和交往更加频繁，学习内容比初中阶段更复杂。高中阶段个体认知发展的基本特点可概括为以下三个方面：一是高中生认知结构的完整体系基本形成；二是高中生认知活动的自觉性明显增强；三是高中生认知、情感、个性因素获得进一步协同发展，使心理的整体水平得以提高。

高中生的情绪和情感：高中生情绪的发展既与其生理发展相联系，同时也有时代的色彩；既与高中生多维度、多层次的需要密切相关，也与高中生认知的发展、个性的成熟相关。

与初中生、小学生相比，高中生情绪态度的发展一般呈现以下趋势：第一，从情绪表现形式看，以外显为主向以内隐为主发展；第二，从情绪引起的动因看，以具体为主向以抽象为主发展；第三，从情绪控制的情形看，以冲动为主向以自制为主发展；第四，从情绪体验的内容看，以生理需要为主向以社会性需要为主发展。

高中生的自我意识：①高中生的自我意识从“无我”发展到“唯我”，已出现了明显分化，如长久沉醉在自己的内心世界里，对周围的事物不屑一顾，不把传统和权威放在眼里，喜欢强调自我和炫耀，喜欢我行我素等。②高中生对自己外貌形象开始关注。进入少年期，高中生日益注意和关心自己的外貌，并会因某些缺陷而产生极度焦虑，这种对外形的过分敏感使得高中生容易成为生理缺陷的牺牲品。③自我体验趋于深刻。中学生自我体验的内容较小学生要丰富得多，如具备了自责与自尊的情感体验，并且自我体验日趋深刻，此时的体验往往与学业成绩的好坏及个人前途联系在一起。④自我评价能力进一步提高。高中生对自己的评价往往比初中生要客观、全面一些，但也容易出现有利化倾向。此外，高中生的自我意识的发展过程中容易出现矛盾，比如主观自我和社会眼中的自我之间的矛盾、理想自我与现实自我之间的矛盾，教师要全面认识和把握学生自我意识发展中的矛盾，帮助学生根据自己的条件确定切合实际的目标，使他们顺利获得自我认同感。

（二）中小学生的差异

学生之间是有差异的，每个学生都有各自的特点。只有了解学生的差异，才能明确制定适合特定学生的教育对策，提高教育效果。

1. 性别差异

性别差异除了表现在生理方面，也表现在智力和非智力因素方面。

智力因素。从小学阶段开始男女生的智力就有明显差异，一般是女生优于男生；初中阶段差异不明显，但后期女生略逊于男生。一般而言，男女在智力发展上各具特征：感知方面，女生听觉优于男生，男生空间知觉优于女生；观察方面，女生看重细节，男生注意整体；注意方面，女生注意力集中，但男生的注意分配与转移优于女生，女生多注意人，男生多注意物；记忆方面，女生机械记忆优于男生，而男生理解记忆优于女生；思维方面，女生偏重形象，男生偏重逻辑；语言方面，女生的语言发育早于男生，并且在表达方面较有天赋。

非智力因素。情感方面，男生易受影响，好冲动，女生稳定细腻，富有同情心；意志方面，男生易受外界环境因素影响，容易泄气，但有时候很顽强，不怕困难，女生受环境影响小，意志坚韧；性格方面，男生活泼，喜欢冒险，女生文静，善解人意；兴趣方面，男生兴趣广泛，热衷于挑战性的活动，女生多半对小说、音乐和舞蹈感兴趣。

2. 城乡差异

生活在城乡的学生，由于所处环境和教育条件不同，其发展有很大差异。

城市学生接受比较良好的家庭和学校教育，因此见多识广，大多兴趣广泛，但由于缺少磨炼，心理承受能力差，不关心别人，缺少朴实忠厚的品质。

乡村学生受农村条件限制，智力开发不足，知识面比较窄，性格内向，但是生活朴实，待人忠厚，勤奋刻苦，这些难得的品质使大批农村孩子成长为国家的栋梁之才。

3. 独生子女学生

随着我国计划生育政策的落实，独生子女已经成为学生中的重要一群。独生子女一般是家庭的唯一新生成员，得到家人的精心呵护，因此在品德、行为和心理方面有很多缺陷，如不合群、不珍惜、生活独立意识差等。教育应该树立科学的观念，改变轻品行的教育理念；要重视科学的家庭教育方法；要培养他们的集体主义信念，使他们形成良好的心态和品德。

（三）中小学生身心发展的时代特点

中小学生身心发展的时代特点就是当代中小学生区别于以往时代的典型特征，了解这些特点是教师开展教学工作的前提。

1. 生理成熟期提前

我国中小学生的生理特征如身体形态、体内机能、神经系统特点和性生育成熟都较过去有很大变化。首先是身高和体重有明显的增加；其次是性发育成熟以及由此引起的第二性征的出现明显提前，如高中生身高和体重都接近成人，大脑机能也和成人相当，性机能亦已发育成熟，性意识越来越强烈。青少年儿童的这些生理变化需要教育者敏于观察，及时地有针对性地实施教育。

2. 价值观念的多元化

在改革开放的形势下，中小学生的价值取向发生了非常大的变化。总体上，中小学生的价值观是积极向上的，人生观是务实的，但存在复杂性和多样性，如社会责任感淡化，个人主义、拜金主义、急功近利、缺少远大人生理想。针对学生价值观念多元化的特点，学校和社会要加强对学生人生观、价值观、义利观的教育，努力创造有利于青少年健康成长的环境，切实加强学校德育的实效性。

3. 自我意识增强

自我意识不仅包括自我利益的意识，也包括自我定位、自我形象、自我行为、自我情感等的意识。当代中学生具有鲜明的自我意识、积极主动的参与意识、强烈的表现欲望等，其优点是主体性增强，富于创造性，其不足之处是容易导致心胸狭窄。正确地保护学生的自我意识，并将自我意识与他人交流，充分发挥自我意识在学习中的作用是当前教育中值得关注的问题。

4. 心理问题增多

海量信息和传播渠道的多元化使学生成为多种文化资源的占有者和享用者，特别是网络的出现，使学生接收的信息量比教师还多，思维十分活跃，导致学生普遍对学校课程产生厌恶情绪。同时，由于时代的急剧变化，现代生活节奏的加快，社会价值观多样化等方面的影响，学生身心发展不平衡性增加，心理困惑和矛盾也不断增加，为此，教师必须了解和研究学生的心理问题，全面关心学生，及时了解并化解矛盾，引导他们学会自我调节。

案例

韩寒是不是我们的榜样

菁菁校园——话说韩寒现象之二

甲方：我是韩寒的崇拜者

韩寒小小年纪就能作出如此骄人的成绩，除了值得大家钦佩之外，我觉得他是个不拘一格的人才，是中学生的榜样。说他是榜样，得首先承认他是人才。人才，顾名思义是人中有才能的人。每一个人才都有自己的成长途径，若这个途径相同或相近，则培养出来的人才大致相同或相近，若都是这样，人才也就不称其为人才了，因为此人已同彼人，人人相同，没有区别于他人的特殊才能，谈何“人才”？

韩寒的成长途径富有传奇色彩，“奇”不足以说明一个人的才能，但他那铁铮铮的成绩摆在那儿，让你不得不赞叹“好一个人才”。在首届“全国新概念作文大赛”中，韩寒思维敏捷、笔锋犀利，成为唯一一位三篇文章全部入围的参赛者。他的小说《三重门》热卖势头空前。他的才能得益于那些“乱七八糟”的书，如《七缀集》、《西方哲学史》等，不过，他也付出了多门功课不及格、留级甚至休学的代价。社会需要一大批通过正规途径培养的专门人才，这也是培养人才的主要途径，但我们也应该给人才一个宽松的环境、一条广阔的道路让他们自由成长，不应以“非正规军”加以扼杀，否认他是人才。韩寒是一个通过自己的独特途径成长起来的“人才”，他虽不是普通的学生应该仿效的人，但他是通过勤奋的广泛阅读、锲而不舍的写作锻炼而成才的，他那种围绕一个目标不懈前进的精神是我们每一个渴望成才的人的榜样。

乙方：穿着棉袄洗澡，何错之有

上海萌芽杂志社牵头举办的“全国新概念作文大赛”使七名获奖学生被北京大学等四所全国重点大学免试录取。许多人对此愤愤不平：“为何单凭一篇文章就能免试上大学？这和当年八股取士有区别吗?”的确，尽管现行的中考、高考制度有其不完善、不尽如人意的地方，但不能据此认为正常的中学教育就是“穿着棉袄洗澡”。韩寒说“数学只学到初二就够了，学得再多也是浪费时间”，笔者颇有异议。在今天这样一个知识爆炸的年代，知识更新速度如此之快，一个本科生四年学习的知识一般也只能维持18个月，一个连高中都没毕业的韩寒却奢望凭着少得可怜的一点学识纵横捭阖天地间，着实难以令人信服。因此，在提倡终身教育的今天，奇才韩寒显然不适宜成为普通学生仿效的榜样。

对于韩寒所说“全面发展可能导致全面平庸”，笔者更难接受。须知全面发展不是要求人都是“全才”，事实上，世界上根本不存在这样精通的全才。我们所倡导的“全面发展”，不仅要求中学生在知识储备上吸取各门知识的营养，更意在培养身心健全的正常人。如果仅仅囿于一个特长，除此什么都不学，长期如此往往导致身心的畸形发展，反而得不偿失。再退一步讲，要成为精通一个或数个领域的“专才”，最起码也需要相对扎实的基础知识。

这个世界是丰富多彩的。对韩寒这样一个个性极强的天才少年，社会已给了他太多的宽松的机遇——“只要上满高三，成绩不是太差，就有免试进入包括北京大学在内的10所名牌高校深造的机会”，但他还是选择了休学。古语说：“一屋不扫何以扫天下?”如果连最起码的基础教育都不能完成，试问又如何在日趋激烈的社会竞争中立足呢?

王安石笔下的方仲永是不应该在尊重知识的今天再现的！最后道一句：“韩寒，一路走好。”

（《安徽青年报》2000年8月14日第2版）

相关资料：17岁的韩寒是上海松江二中高一年级的学生。在老师和同学的眼中，他是个怪才。韩寒对写作情有独钟，而且表现出非凡的才能。他想象奇特，文笔老辣，所发表的小说《三重门》在行家看来颇有钱钟书先生之遗风，已经达到很高的艺术水准，但是除了文学，他对其他学科不感兴趣，上课一点都听不进去，结果在期末考试中有6门功课不及格，被要求其留级。现在韩寒因对学校的教学感到无趣而辍学在家，准备专事写作，有大学要破格录取他，被他拒绝。

（选自《美德人生》，http：//www.meide.org/3/17/143.html）

分析

教育是在全面发展基础上的个性发展，两者并不存在矛盾，造成的矛盾多数是理解的偏差与应用的误区。韩寒现象可以从两个方面看：其一，教育主要是促进学生的成长和发展，而成长和发展是因人而异的。传统教育始终用统一的成绩为标准衡量学生成长进步的尺度，无疑存在偏差。韩寒在某方面的优异表现可以理解为天才或特殊才能者，教师应给予科学的重视，不能因为其他科目的不足而认为该生是不合格的而要求其留级，处理方法欠妥，自然导致韩寒对学校教学产生厌倦情绪而辍学。其二，教育目的的基本理论告诉我们，教育的根本宗旨在于促进学生的全面发展。系统地接受教育无疑会提升个人对知识的深层次的理解与把握，进而有利于学生的更高层次的发展。简单地因为某些原因放弃学校教育，在某种程度上可以解释为发展水平的有限性。有人认为韩寒具有很好的文字驾驭能力，但仅此而已，他写的文章的共同缺陷是思想贫窄，语言常有故作高深的痕迹。

复习与思考题

1. 你认为学生在教育活动中应该处于怎样的地位？
2. 如何看待学生的本质属性？
3. 作为一名学生，你觉得自己有哪些特征，这些特征如何指导你的学习？
4. 学生的差异包括哪些种类？
5. 请你总结，新时期的学生有哪些显著的特点？

第三节　师生关系

“全纳教育”是一种新的教育理念，也是社会发展的必然趋势，“全纳教育”理念下的师生关系是平等尊重、欣赏包容。

基础教育改革呼唤创建新型师生关系，强烈要求关注学生生命和人格。尽管如此，现实中的师生关系仍然不理想，细究其原因，社会观念的影响起着十分关键的作用，其中个人与团体的关系准则、人际关系的准则都是影响师生关系的重要因素。准则作为一种观念和交往的价值取向，左右着教师与学生的相处原则，合理的师生关系需要合理的文化准则支持。

建设和谐社会，教育必然也要追求和谐，追求教育与社会、教育与自然的和谐，追求师生之间关系的和谐。良好的师生关系是教育行为有效性的保障，如何建立良好的师生关系，关键在于教师对教师本身和学生的定位。放下老师的架子，与学生真诚相处，和学生做到真正的平等，建立良好的师生关系则指日可待。

一、师生关系的概念

师生关系是一个由多层面关系所构成的关系体系，师生之间实际上存在三重关系，即社会关系、教与学的工作关系以及自然的人际关系，忽视其中任何一种关系都不成为完整的师生关系，而这些人际关系或社会关系都是以一定教育结构为背景的，所以师生关系基本上是一种由教与学的活动联结起来的工作关系。

师生关系是指教师和学生在共同的教育教学过程中，通过相互影响和作用而形成和建立起来的，贯穿于整个教育教学活动的一种特殊的人际关系，它是教育教学过程中最重要的人际关系，它受一定历史阶段社会关系和教育规律的制约，涉及社会、伦理、教育和心理等方面的内容。师生关系的好坏直接影响着教育教学工作的教育质量。

一般认为，在教育教学过程中存在不同类型的师生关系，常见的有以下三种：

一是紧张型师生关系。这种类型的师生关系表现为教师以自己为中心，依靠外在强制力量简单粗暴地对待学生，伤害学生的身心健康，导致学生对教师产生抗拒或不合作。在这种师生关系中，师生情感对立，教学氛围比较压抑。

二是冷漠型师生关系。这种类型的师生关系表现为教师缺乏对教育教学活动的热情，对学生的教学管理淡漠，使师生双方不能相互理解、吸引和信任。在这种关系中，师生情感冷淡，教学氛围平淡。

三是友好型师生关系。这种类型的师生关系表现为教师尊重爱护学生，学生也尊敬热爱教师，师生相互理解、吸引、信任。在这种师生关系中，师生情感融洽和谐，教学氛围生动活泼。

认识不同类型的师生关系有助于教师自觉处理好师生关系，民主平等和谐的师生关系才能促进教育教学活动的顺利进行和教学质量的提高。

二、师生关系的功能

（一）教育性功能

除了教师在上课时对学生进行的传授与讲解对学生的学习具有启发和教育性功能，在校园内外，教师无一不作为学生的榜样对学生产生影响，反之学生们的朝气蓬勃与表现思想无时无刻不在感化着教师的人格，所以师生关系本身就孕育着一种教育的功能，师生关系的性质不同，其教育的性质和功能也不同。人类基本的伦理道德是人道、民主、平等和公益，所以师生关系如果体现出这四个伦理道德，那么其产生的教育功能将是无可限量的。尊师爱生体现了社会主义人与人之间的关系，在这种师生交往中，无论是教师还是学生都学会了尊重和友爱，并且也体会到他人尊重与积极的人格影响，这种人与人之间的关心和爱，必将为师生带来积极的深远的影响。

（二）鼓励性功能

这种和谐而民主科学的师生关系更能使师生从中得到激励，从而实现一种动态的良性循环。学生渴望教师的教育，使教师感到自身存在的意义，从而增强了教师的责任感和荣誉感，更激发了他们搞好教育工作的动力。与此同时，学生在教师的殷切期盼与爱护下，感受到无比的温暖和成就感，更使得学生以师爱为力量，奋发向上，不断进步以满足家长和教师的期望。

（三）调控性功能

人际关系在人的一生中具有举足轻重的作用，一件事情的成与败，可能更取决于当时的情境和当事人之间的沟通融洽度。所以师生之间的融洽的关系对教育教学管理具有调控、指引的功能。在清晰通顺、通情达理的状态下所进行的教育就易于为学生所接受，否则就会出现情感障碍，更会阻碍学生的学习和教师的教学。新型的人际交往似的师生关系调控着教育活动的灵活顺利的运转。

（四）社会发展性功能

学校是社会的晴雨表，学校中师生的关系不仅影响着师生自身，也影响着未来的社会。今天的学生便是明天的公民，学生民主科学的公民意识是从小时候一点一点培养起来的，而学校在人的一生中扮演着重要的角色，所以学生们在学校所受的教育是怎样，修养程度、水平决定其是否具有良好的公民素质，从而影响整个社会的精神文明。在师生交往中，学生的参与、平等、批判的意识是教师带领学生们体会到的，准确地说，是在师生交往过程中潜移默化所产生的，因此，师生关系的建立和发展要考虑其社会影响。

三、新型师生关系的特点

（一）爱生尊师

爱生就是爱护学生，它是教师热爱教育事业的重要体现，是教师对学生教育的感情基础，是教师的职业道德基本要求，也是培养学生热爱他人的道德情感基础。爱生包括尊重和信任学生，严格要求并公正地对待每一个学生。教师对学生的爱，首先，具有深刻的社会性。它不是出于个人私爱，而是以社会目标为中介建立起来的爱。其次，具有普遍性。教师不能偏爱少数学生，而是要把这种高尚的情感给予所有的学生，期望全体学生都能成才。再次，具有稳定性。爱生之情不是一时热情，而是要伴随着长期的工作对学生产生持久的情感，应该贯穿于各项教育活动之中。

尊师就是尊重教师，尊重教师的劳动和人格尊严，要对教师有礼貌，了解和认识教师工作的重要意义，理解教师的意愿与苦心，主动支持和协助教师的工作，虚心接受教师的指导。尊师是学生对教师正确的认知，是人类的美德。能得到学生的尊重是教师最大的满足。学生尊敬教师，幼年时以教师对自己的态度为依据。如果教师对学生有无尽的喜爱，有对学生无微不至的关怀，那么，学生就会对教师产生无限的敬仰之情。随着年龄的增长，中学生评价教师依据的是教师的人格魅力与学识，他们尊敬的是讲课好、品德高、而又平易近人的老师。

爱学生第一，敬老师第二，教师首先要求自己热爱学生，才可以要求学生尊敬自己，要用教师对学生的爱唤起学生对教师的尊敬，这种感情一经建立就起着双向的推动作用。

（二）民主平等

教师与学生在教育过程中处于平等的地位，教师与学生的目标一致，利益一致，人格上完全平等，为了一个共同的目标完成各自的任务，他们在工作关系上是一种领导与被领导、教育与被教育的关系，但这并不意味着他们在个人关系上存在高低之分。

师生关系的民主平等体现了师生在交往过程中相互尊重人格和权利、民主参与、平等接纳的关系。民主平等不仅仅是现代公民社会的基本特征，而且是教学中以人为本、民主科学的直接要求。这就要求教师可以向学生学习，理解学生，并一视同仁和所有学生交往；也要求学生自由表达自己的思想和行为，学会自信和友爱。

民主平等是师生在共同参与的过程中形成的。共同参与，意味着教师和学生以不同的主体地位和作用参与实际的教学活动，发挥各自的功能。民主平等、共同参与的结果就是师生关系和谐融洽，教学结果显示良性循环。

（三）教学相长

“学然后知不足，教然后知困，知不足，然后能自反也；知困，然后能自强也。故曰：教学相长也。”这段话揭示了教学相长的客观规律。教师靠边教边学方能教好，学生要靠教师指导也要靠自己主动学习才能学好，这是不变的真理。教学相长的规律要求教师注意向自己的教育对象学习。人无完人，教师虽然闻道在先，但终究不能尽善尽美，更何况今时今日，学生接受信息的渠道多样化，发展中各有所长，教师就更加应该了解自己的学生，从学生身上吸取智慧。同时，教师以虚心的态度对待学生，发展师生关系的有利因素，使师生关系融洽，也给学生在处理人际关系时给予良好的模范榜样。遵循教学相长的规律，教师应该善于培养超出自己水平的学生，学生超过了自己的老师，社会才有可能进步。

四、师生关系的具体表现

（一）内容授受的工作关系

师生之间的工作关系是由双方各自的职责和任务所决定的，他们的最终目的是实现教育目标，完成教育任务。在知识上，教师是知之较多者，学生是知之较少者；在智力上，教师是较发达者，学生是较不发达者；在社会生活经验上，教师是较丰富者，学生是欠丰富者。教师对于学生有明显的优势，教师是传授者，学生是学习者。教师的工作任务是发挥这种优势，帮助学生迅速掌握知识、发展智力、丰富社会经验等。但这一过程并不是单向传输过程，它需要学生积极地、富有创造性地参与，需要发挥学生的主体性。

（二）人格上的平等关系

从社会学角度看，师生关系在更深刻的意义上是人和人的关系，是师生间思想交流、情感沟通、人格碰撞的社会互动关系。我们应该彻底消除封建主义的不平等师生观，充分认识到学生的独立社会地位和法律地位，建立社会主义的新型师生关系。人格上平等的师生关系是一种朋友关系，在这种关系下，学习效率最高。现代的师生关系倡导尊重学生的人格、平等地对待学生、热爱学生为基础，教师教授学生是以开放、平等、互助为其主要心态和行为特征的。教师热爱、关心、尊重和信任学生，既利用权威，又用自己的学识、才能和品德去教育学生。学生理解和尊重教师，师生之间交往较多，互相支持配合，关系融洽、密切，从而形成学生独立和健全的人格。

（三）心理上的促进关系

儿童、青少年将成长为怎样一个人，与家长、教师以及其他教育成员有着密切的关系。教师对学生的影响除了知识上和智力上，还有心理上的，这种影响是潜移默化的。教师的真正威信在于他的人格力量，他会对学生的人格心理产生终生影响。同样，学生不仅对教师的知识和教学作出反应，对教师的精神道德面貌也会作出心理反应，用各种方式表现他们的心理变化。这对从事教育工作的人来说是其他任何职业都无法比拟的挑战。在心理关系方面，师生之间会在教育过程的交往中形成相互认知和情感关系。因此，教师要善于处理在认知过程中的情感和理智的关系，使师生在良好的感情关系中保持正确的认知，著名的罗森塔尔效应就是一个很好的例证；而学生对教师的信任和爱戴也会增强学生的学习动机，提高学习效果。

五、良好师生关系的建立

师生关系作为学校生活中的一种最基本的人际关系，是教师和学生之间进行沟通和交流的最直接的途径。师生关系作为学生的学习环境和成长氛围的构成因素，对学生的影响是全面而深刻的。和谐融洽的师生关系体现了对学生的尊重、民主、平等，能促进学生的发展，从而达到最好的教学效果。建立良好的师生关系，既是素质教育的前提条件，又是教学改革的内容和任务。

（一）师生关系的建立过程

良好的师生关系的建立是一项复杂而精细的工作。一般认为良好的师生关系的建立要经过三个相互联系的基本阶段：

第一，初步建立阶段。在这一阶段，教师首先要给学生留下良好的印象，使学生自愿与教师进行交往，从而有助于良好师生关系的建立；其次，师生之间的交往应该广泛一些，不仅涉及知识经验的传授，也涉及思想和情感的交流与沟通，这是形成良好师生关系的重要条件。

第二，深化阶段。这个阶段是第一阶段的深入阶段。师生之间的正式和非正式交往可以深化师生关系的建立和发展。课堂教学活动是师生共同参与的活动，对师生关系的深化非常重要。对教师而言，随着教学活动的深入，他会逐步认识和熟悉每一个学生，教师在日常教学活动中应该利用自己的知识优势，建立良好的权威形象从而赢得学生的尊重。非正式的师生交往不具有强制性，有利于师生之间的情感沟通与相互了解。在交往过程中，教师除了要关注学生的学业之外，还应该注重学生的身心健康，适度表达对学生的爱心，这样才能沟通思想，了解真实情况。

第三，巩固发展阶段。师生关系逐步建立以后，进入巩固发展阶段。教师应该继续加强与学生的交往，客观评价每个学生，热爱学生，尊重学生。教师作为主导者，要不断更新自身观念，提高素质，不断健全和完善人格，使师生关系得以巩固发展。

（二）影响师生关系的建立和发展的因素

良好师生关系的建立需要外部因素和内部因素的共同作用，从外部因素来看，整个社会必须形成尊师重教的风气，同时大力发展经济使教师的待遇和地位等方面得到提高；从内部因素来看，新型的师生关系的建立取决于师生双方在教育教学活动中的相互尊重和共同努力。因此，师生关系的建立和发展受到多种因素的影响：

1. 相互认知的影响

在教学活动中，师生关系的建立和发展必须以相互认知为基础。教师的人格魅力和渊博的知识会给学生留下良好的印象，增强学生对人际交往的吸引力。学生从心理上接受了教师，就会积极主动地接受其给予的教育。

2. 师生个性特点的影响

教师的个性特征和教学行为在很大程度上取决于学生对教师的评价。师生关系的建立和发展受师生个性特点的影响，如果师生双方都有良好的个性品质，将有助于良好师生关系的建立与发展，否则，师生之间便会疏远甚至发生冲突。

3. 教师领导方式与态度的影响

师生关系的建立和发展在一定程度上受教师的领导方式和态度的影响。美国心理学家 R. Lippitt 与 R. K. White 将领导方式分为专横式、放任式和民主式三种。这三种不同的领导方式及其所表现的态度对师生关系的影响各不相同，而平等、民主、和谐的教学方式和气氛有利于师生关系的建立。

4. 师生交往时空的影响

师生关系的建立和发展还受到师生之间接触的时间、空间的影响和制约。增加与学生交往的时间并缩小与学生交往的空间有利于良好师生关系的建立和发展。如果教师缺乏与学生交往的积极性或者师生在交往过程中因为某些原因发生误解、冲突，则会阻碍良好师生关系的建立。

（三）良好师生关系构建的基本策略

师生关系总是建立在一定的社会背景之中，并受多种因素制约。但就教育本身而言，建立良好的师生关系要靠师生双方共同努力。教师在师生关系建立与发展中起着主导作用。要建立民主和谐、充满活力的师生关系，对教师来说应遵循以下三种策略：

1. 走进学生的生活，主动构建沟通的桥梁

沟通是21世纪提倡的交流主题，人与人之间如果缺乏了沟通，就像一潭死水。师生关系的构建需要师生共同伸出双手去建构和维护，这一方面需要教师做更多的工作，一般当教师主动搭建了交往平台，营造合适的气氛的时候，学生就容易走出自己的圈子，与教师产生互动。师生关系一般要经历生疏、接触、亲近、共鸣、依赖、默契阶段。在师生交往的初期，往往出现不和谐的因素，这就要求教师掌握主动性，经常与学生保持接触、交心；同时教师要掌握与学生交往的技巧，如寻找共同话题，一起参加活动，邀请学生做客等。只有这样，学生才会信任教师。

教师要与学生拥有共同语言，使教育影响深入学生的内心世界，就必须了解和研究

学生，包括了解学生的思想意识、道德品质、兴趣爱好、需要、认知水平等。大部分的教师都是关注学生的学习生活，对学生的课外生活没什么兴趣，然而要与学生建立良好的师生关系，特别应该关注学生的学习生活以外的一些事情，从学习生活之外入手，了解他们并及时与他们进行交流，使师生关系上升到朋友的层次，网络聊天工具不失为一个教师与学生进行频繁互动的平台。

2. 树立正确的学生观，捕捉学生的闪光点

热爱学生包括热爱所有学生，不能讽刺挖苦学生，要尊重学生的人格，保护学生的自尊心，维护学生的合法权益。教师要善于倾听，处理问题要秉着公正合理的态度，使学生心悦诚服。正确的学生观影响教师对学生的认知、态度和行为，进而影响学生的身体和心理的发展。正确的学生观来自教师对学生的了解，来自教师向学生的学习和对自我的反思。俗话说人无完人。教师的心应该能容下学生优缺点，主动发现他们的闪光点，并及时给予适时地表扬和鼓励，从而取得成功的欢乐和尊严。发现学生的每一个闪光点就给了师生关系一次拉近距离的机会。

3. 加强自我修养，增强人际吸引力

教师的素质是影响师生关系的核心因素。教师要使师生关系和谐，必须通过自己的合理理想、人生观和价值观、严谨的治学态度以及幽默风趣的个性特征来吸引学生。学生的尊师爱师都是由上述条件产生的。为此，教师必须加强学习和研究，经常进行自我反省，克服自己的缺点；培养多方面的兴趣和积极乐观的生活态度。作为教师应该学会给自己充电，做一个无边无际的大海，有着滔滔不绝的源头。特别是要掌握一定的教学艺术，在营造良好的氛围过程当中认真教学，使学生自主参与到学习过程中。

具备专业素养的教师，在学生的心目中往往具有很高的地位和很强的人际吸引力，这对师生关系的发展、教学的开展能起到积极的作用。作为一名教师应具有较高的职业素质、广博的专业知识和独特的人格魅力，这是对教师的最高要求。此外，教师学习有关师生关系发展的心理学理论，可以促进师生关系发展的进程。增加自身的修养，自觉地处理好师生关系，有助于教育教学质量的提高。

案例

让座风波

一次，学校组织学生包公交车去参观展览。汽车来了，同学们一下子占了所有座位，老师们上车后，有几个同学给王老师让座，可没有人给李老师让座。

事后，李老师就抱怨：“王老师对学生这么凶，中午学生来问问题，他告诉学生老师要休息，下午再来，要么就说‘我该下班了，明天再问’。可我却是有求必应，学生好歹不分，太让人伤心了。”

有的老师表示赞同，说学生不懂事。有的老师持反对意见，认为王老师的做法是教给学生尊重自己，李老师拿自己不当回事，学生就会把老师所做的一切视为理所当然。

（选自 www. meblog. cn/UploadFiles/2006 -12/1252150. . . 86k，2006 年 12 月 5 日）

分析

学生对案例中的这两位教师态度不同，产生这种问题的最主要的原因是教师，因为教师在师生关系的形成过程中，承担主导角色。教育的实质是个交往问题。师生之间进行着各种各样的交往。在教学交往中，交往媒介是知识和教学技能；在伦理交往中，交往媒介是师德师风；在非正式的交往中，交往媒介是心理规律，所以教师要以自己富有魅力的个性特征使师生间产生积极和谐的人际关系。教师的一言一行都被学生看在眼里，教师应注意自己的心情和仪表，使人看起来亲切自然，而又不失庄重。这种恰当的人际距离是教师必须要掌握的。这则案例中的李老师虽然对学生有求必应，但言行中有失庄重，你不能尊重自己，别人也不会尊重你，李老师如果在休息时间接待学生，就会让学生产生“鄙视”的心理，不仅对教师形象的树立不利，而且对学生的成长不利，更难以形成积极和谐的师生关系。

这则案例涉及的是师生关系问题，师生关系是学校中最重要的人际关系，良好师生关系的形成需要多方面的条件，一般来说，教师对良好师生关系的形成起着决定性的作用。一般认为在教育过程中，师生之间存在着工作关系和人际关系、组织关系和心理关系、正式关系和非正式关系。如果我们从更简约化的角度来看，也可以把教育活动中的师生关系分解为三个方面，即师生间的业务关系、伦理关系和情感关系[①]：①业务关系是指在完成教育教学任务的过程中，教师和学生分别充当一定的活动角色，组成师生双边的活动共同体，形成分工合作的角色关系。②师生间的伦理关系实际就是教师和学生之间的教学关系。伦理关系是教育活动中师生关系的重要方面。在教育中，教师和学生组成了一个特殊的道德共同体，各自要遵循一定的伦理原则，承担一定的伦理责任，也享有一定的道义权利，从古代的尊师重道、爱生忠诲到现代社会的尊师爱生、教学民主，都证明教育中师生伦理关系的客观存在。③情感关系是教师和学生之间在教育活动中自然形成的态度和情感上的联系。师生在教育中因信息交流而互相了解和评价进而形成情感关系，例如，教师通过对学生过去的了解以及课堂表现的观察而产生对学生喜欢或不满意等态度；学生也通过对教师言行举止的观察以及教育水平的评价而形成对教师尊重、亲近或敬畏、疏远等态度。情感关系是教育活动的自然结果，也是教育活动状况的重要衡量工具，并构成具体教育活动的重要心理背景。[②]

复习与思考题

1. 简述师生关系的类型。
2. 社会主义师生关系的基本特点是什么？
3. 你认为师生之间的理想关系应该是怎样的，如何建构？
4. 影响师生关系建立和发展的因素有哪些？请举例说明。
5. 如何建立良好的师生关系？

---

① 扈中平. 现代教育理论. 北京：高等教育出版社，2005. 178

② 曹长德. 教育学案例教学. 北京：中国科学技术出版社，2008. 133

第六章 课程

知识结构图

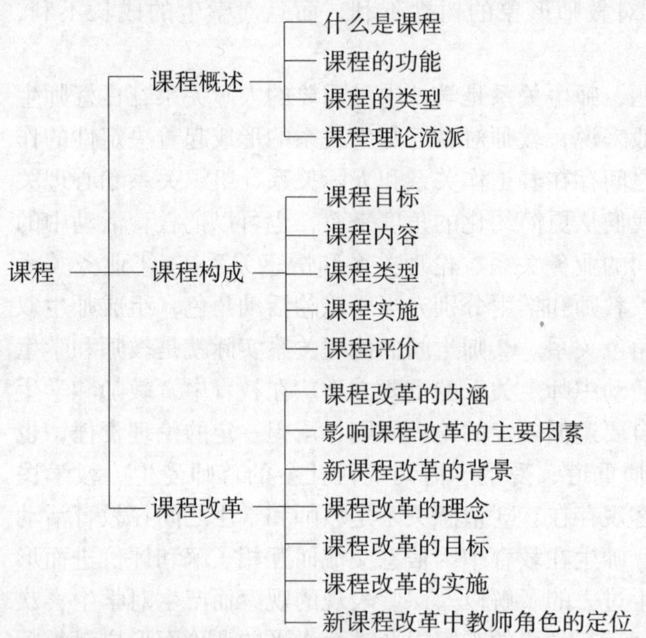

学习目标

1. 掌握课程的一般概念。
2. 理解制约课程的因素、课程的不同类型以及新课程改革的基本内容。
3. 了解课程改革目标和实施的方法论基础。

课程，从最基本的层面上来说，应该包括室内传授和室外活动，我国一直以来比较重视室内讲课的设计，而忽视课外的实践；重知识的传授，轻自身的发展。随着社会的进步，社会上出现了“综合实践型课程”一词，这种课程主张实现知识与技能的融合。许多国家的课程目标都越来越倾向于一致，即回归生活，以培养中小学生的综合实践能力和创新精神，增强学生的社会责任感为目的。美、俄、法等国都开设了这种类型课程，并经过多年的实践已走向常态化的状态，这有利于我们从中获得有益的启示，推进我国中小学课程的良性运转。我国新一轮基础教育课程改革也提出了科学民主、回归生活的课程生态观，并且取得了显著的成绩，但同时也面临外界的诸多质疑与诘难。本章在讨论基础课程本质与含义的基础上讨论科学民主的课程含义及内容，以期应对当前国际科学教育发展的主要趋势。新的形势、新的使命下也更要求教师牢牢把握课程的应有之意及实然的实践理论，用科学的理念重新武装自己，正确定位自己的角色。

第一节 课程概述

一、什么是课程

翻开各类教育著作，几乎没有不涉及课程的，但对课程的界定则仁者见仁、智者见智，并未达成共识，课程成了教育领域中含义最复杂、歧义最多的概念之一。要研究课程问题，必须对课程这一概念有一个最基本的认识。

（一）课程的词源分析

在我国，“课程”一词始见于唐代。唐朝孔颖达为《诗经·小雅·巧言》中“奕奕寝庙，君子作之”一句作疏：“维护课程，必君子监之，乃依法制。”但他所说的课程的含义与我们现在所说的课程的意思相去甚远。宋代朱熹在《朱子全书·论学》中多次提及“课程”，如“宽着期限，紧着课程”，“小立课程，大作工夫”等。虽然他只是提及课程，并没有作明确界定，但意思还是清楚的，朱熹所说的“课程”指功课及其进程，这与我们现在对课程的理解基本相似。

英国教育家斯宾塞1859年在《什么知识最有价值》一文中首先使用“课程”（curriculum）一词，意指教学内容的系统组织。“curriculum ”是从拉丁语“currere ”一词派生出来的，“currere ”的名词形式意为“跑道”（race－course），重点是在“道”上，这样，为不同类型的学生设计不同的“轨道”便成了顺理成章的事情，从而引出了一种传统的课程体系，课程就被理解为“学习的进程”（course of study）；“currere”的动词形式则为“奔跑”，重点是在“跑”上，这样，着眼点会放在个体对自己经验的认识上。①

（二）课程定义的多样性

课程的定义比较繁多，按我国学者施良方的分类，大致可以分为六种类型：课程即教学科目、课程即有计划的教学活动、课程即预期的学习结果、课程即学习经验、课程即社会文化的再生产、课程即社会改造。②

为什么课程定义多种多样？原因有两个：一是课程自身具有复杂性，二是课程研究者的出发点和研究角度不同。课程既非纯粹的客观事物，也不是彻底的观念形态；既有

---

① 冯文全．现代教育学新论．成都：电子科技大学出版社，2007.9

② 施良方．课程新论——课程的基础、原理与问题．北京：教育科学出版社，1996.3～7

被决定被制约的性质，又存在相当自主能动的特点。在人类的各种活动中，课程是客观与主观的统一、物质和精神相结合的复杂对象。由于课程自身的复杂性，人们可以从不同的层次和角度出发研究和认识课程。有人关注课程的根本理念，有人关注课程的实践过程；有人着眼于课程的整体结构，有人着眼于课程的具体内容；有人侧重于课程的性质，有人侧重于课程的功能；有人强调课程对社会的作用，有人强调课程对学习者发展的作用。

（三）理解课程定义应注意的要点

我们在研究和学习课程问题时应该如何理解课程定义呢？我们认为，历史上所出现的每一种定义都有它的社会背景、认识论和方法论基础，而且它们所指的课程可能并不在同一层次上。因此，我们在理解课程定义时应注意以下三点：

第一，历史性。每一种课程定义，像课程的问题一样，都是在特定的历史时期和特定的社会条件下出现的，理解课程定义不能脱离当时的社会历史条件。

第二，知识观。任何一种课程定义都涉及知识或认识的性质，注意考查每一种定义所隐含的某些认知论的假设。有些课程定义是客观的，不因人的意识转移，有些课程定义则隐含着知识的主动建构过程，是不断变化的。

第三，层次性。美国学者古德莱德认为存在着五种不同层次上的课程：理想课程、正式课程、领悟课程、运作课程 、经验课程。

每一种有代表性的课程定义都有一定的指向性，所以都具有某种合理性，都隐含着研究者的哲学假设和价值取向，但同时又具有某种局限性。对教育工作者来说，重要的不是选择哪种课程定义，而是要认识到各种课程定义所要解决的问题，以便根据实践的需要作出明智的决策。

（四）课程的表述

在我国教育学中，我们初步认为课程的定义可以这样表述：课程就是课堂教学、课外学习以及自学活动的内容纲要和目标体系，是教学和学生各种学习活动的总体规划及其过程。

二、课程的功能

课程究竟在教育活动中起着什么样的作用？这些作用对于个人和社会意味着什么？围绕着对这样一些问题的思考形成了关于课程功能的认识。

（一）课程的本体功能是培养人

课程是为了培养人而产生和发展的，培养人是课程的本体功能，一旦离开了这个本体功能，课程便不存在，课程的其他功能也就不复存在，因为其他功能都是通过课程培养人的活动实现的。

每一个人从出生到成为一名合格的社会成员都要经过一个社会化的过程，也就是被培养的过程。在古代社会，绝大多数社会成员的这一过程是在教育以外的社会生活中完成的，而到了现代社会，这样的一个过程越来越依赖教育和课程，课程将一定社会对人的要求具体体现在课程中，个体则在学习各种课程中形成价值观，发展能力，积累知识。个人在社会上的生存和发展能够达到什么程度，极大地受制于他所学的课程。可以说，关于课程的全部问题其实都是围绕着培养人这种本体功能展开的。

（二）课程的基本功能是传递和选择文化

课程除了培养人这个本体功能外，还有政治、经济、文化等功能，但这些功能并不是并列同行的，其中课程的文化功能是课程的基本功能。虽然课程最终会对社会的政治经济产生作用，但作为独立的教育活动，它本身并不直接参与社会的政治经济方面的活动，课程是在继承和传递文化的过程中存在和运行的。

在谈到人类文化的博大精深时，人们常用无穷无尽加以形容。一个显著的事实摆在眼前，承担着文化传递功能的课程，从古至今，从来没有穷尽过人类的历史经验。夸美纽斯说的“把一切知识教给一切人”的重大历史意义在于表明了一种追求和一种信念，但这不可能成为现实的课程，也从没成为教育上的事实。课程必须而且只能对人类文化进行选择，这是课程生成、建构乃至变化发展的根本机制。课程对文化的传递从来都是有所取舍的，就总体而言，课程传递的是社会文化中的精华，是真正具有价值的部分。实际上，课程的这种选择是人类文化得到筛选和过滤的过程，通过课程的选择，精华得以保留和继承，人类文化得到提纯和升华。

三、课程的类型

课程类型指的是课程设计的不同种类与方式，由不同的设计思想产生。课程设计者的课程观不同，所设计的课程也会有所不同。由于人们划分课程类型的标准不尽相同，课程类型名目繁多，主要包括以下四种：

（一）理论课程与实践课程

理论课程，是人类对知识经验的总结分类，通过一定的划分标准把这些经验划分为不同的学科门类，在总体逻辑上形成一个体系，而学生就是要掌握这种扎实的知识基础和严密的逻辑体系。理论课程的设计根基于人类活动的规律以及大脑活动规律。教师便是把这些庞大的知识体系梳理为一系列条理清楚的概念，以供学生们去背诵，去掌握，理论课程是人类所有创造实践活动的基础。

实践课程，又称“经验课程”，与理论课程相对，它打破了学科组织的界限，更倾向于启发学生的兴趣和能力，立足于学生的兴趣和经验而设计。实践课程重视儿童的兴趣需要，重视教材的心理组织，重视从活动中进行教学，对促进学生的积极学习有重大意义，不同的以知识积累为基础的实践训练具有不同的价值含义。然而，实践课程与理论课程的“搭配要合理，否则就会消化不良”，就可能影响学生对系统文化的掌握，从而挫伤学生参与实践的积极性。

（二）综合课程与分科课程

综合课程是指把若干相邻学科内容加以筛选充实后按照新的体系合而为一的课程形态，它主张打破传统学科界限，适应科学技术发展日益综合化的需要，有意识地运用两种或两种以上学科的知识观和方法论去考察或探究问题。

分科课程是相对于综合课程而言的，它强调各门课程各自的逻辑体系，教学以各个学科知识为中心分科进行。

（三）显性课程和隐性课程

显性课程是人们精心设计的目标明确、内容全面、计划周详、结构纷杂的课程，是文化传播的主体。它分门别类地把不同领域的人类文化知识系统地组织起来，在学校教育中起着十分重要的作用，是课程结构的主体，同时也是培养人才的主要依据。

隐性课程是指学生在学习环境中所学到的非预期的知识和观念，是计划表上看不到的课程，它具有涉及范围的广泛性、实施过程的潜在性、影响的持久性、结果的难量化性等特点。

（四）必修课程和选修课程

必修课程是指一个教育系统法定要求全体学生必须学习的课程，包含有民族、国家等方面的文化因素，它的特点就是强制性。选修课程是指一个教育系统里法定的学生可以按照一定规则自由选择学习的课程，它是为了适应学生的个性差异而设置的课程，一般包括必选课和任选课两类，必选课指在规定的范围内学生必须选的课程，任选课旨在拓宽学生的知识面，是发掘和培养学生爱好的若干课程。

四、课程理论流派

课程理论是指以课程问题为研究对象，以认识课程现象、揭示课程规律和指导实践为主要任务的一门教育学的分支学科，其研究范围主要有：概念、基础、价值、课程的目标和功能；课程的设计和开发；课程实施；课程的评价、课程管理、课程改革的理论和实践等。进行课程研究必须考虑学科、学生、社会三个因素，且由于不同时期、不同的人对这三种因素强调的程度不同，便构成了不同的课程主张或不同的课程流派。

其中，课程理论流派是课程研究者在不同的社会历史条件下对课程的问题作出的一些理解和思考，反映出课程研究者所坚持的世界观和方法论。同时，每一个课程理论流派在某种程度上对课程理论的认识都有某些趋同反映，一般有以下四个方面的表现：有独特的课程理论思想体系；有创始人或代表人以及他们的代表作；有产生的社会根源以及发展演变的过程；有实际成效和思想影响。每一个思想理论流派都在一定历史时期的课程思想领域发挥着重要的影响。从欧洲文艺复兴以来，西方教育界形成的课程理论流派主要有 11 种，其中以学科结构主义课程理论、社会改造主义课程理论、学生中心课程理论最具代表性和影响力。

（一）学科结构主义课程理论

它是以结构主义心理学为基础的课程观念，产生于 20 世纪五六十年代，代表人物是美国心理学家布鲁纳。这种理论强调基本概念和基本原理的教学，主张把人类文化遗产中最具学术性的知识作为课程的内容，并根据知识体系本身的逻辑来组织；以学科的结构作为课程的设计基础，主张采用螺旋式编制课程，以适应学生各年龄阶段心理发展的特点；课程实施方面，倡导发现学习教学法，鼓励学生进行知识探究，激发学习的主动性。学科结构主义课程理论不足之处在于：过分强调理论而忽视了实用的知识和基本的技能训练；过分强调发现式学习而忽视了系统的间接经验接受式学习。

（二）社会改造主义课程理论

它是以美国改造主义教育哲学为基础的课程观念，产生于20世纪30年代的美国，代表人物有美国的克伯屈和布拉梅尔德等。针对当时美国严重的经济危机导致社会动荡不安的现象，实用主义的学生中心论不能解决社会问题的状况而提出，属于进步主义教育运动的左翼势力。这种理论认为课程应以社会为中心，围绕当代重大社会问题来组织，把重点放在学生关心的改造社会和社会活动等方面；主张课程不是要使学生适应或顺从现今的社会，而是要致力于建立一种新的社会秩序和文化。

（三）学生中心课程理论

它是以人本主义心理学为基础的课程观念，产生于20世纪70年代的美国，代表人物有马斯诺和罗杰斯等，针对学科结构主义的“非人性化”而提出。这种理论认为课程的职能是要为每一个学生提供有助于个人自由发展的、有内在奖励的学习经验，课程的目标是实现人的潜能和满足人的需要，即自我实现，课程内容的组织需密切注意适合学生的生活、要求和兴趣，注重学习者心理发展与教材结构逻辑的整合；情感领域与认知领域的整合；相关学科在经验指导下的综合。课程实施采取非指导性教学法。学生中心课程理论在倡导人的自我实现、尊重人的价值的同时助长了反理智主义的发展，造成学生学历低下、纪律涣散。[①]

复习与思考题

1. 简述课程的概念。
2. 课程的类型有哪些？
3. 除了课文中所提到的三种课程理论流派，你还知道哪些？请一一叙述。
4. 课程有哪些功能？

第二节　课程构成

学校课程是经课程人员的设计而形成的。虽然课程的形成需要经过人工设计，但人们不能凭主观意识去设计课程，因为课程的构成具有客观性。课程内部固有的课程目标、课程内容与学习活动方式的组合以及在此基础上形成的多种课程类型和多种教材类型的组合都要以学习者身心和谐发展的要求为转移，这就是课程构成的基本规律。课程结构包括宏观、中观和微观课程结构，是课程构成的实质性体现。课程设计包括课程计划、课程标准和各类教材的设计，是运用课程构成规律进行课程构建的系统工程。

学校课程不是自在之物，是经课程人员的设计构成的，是人为的，也是为人的。从课程设计的角度看，课程由课程目标、课程内容、课程类型、课程实施和课程评价构成。

---

① 张英彦．教育学．安徽：合肥工业大学出版社，2008

一、课程目标

（一）课程目标的含义

课程目标由美国课程论专家博比特于 1918 年最早提出，是指课程本身要实现的目标和意图。它规定了某一教育阶段的学生通过课程学习，在发展品德、智力、体质等方面达到期望的程度，是确定课程内容、教学目标和教学方法的基础。20 世纪 70 年代以来，很多学者从不同角度对课程目标作了不同的理解和解释，但都理解为：课程本身要实现的具体目标和学生学习所要达到的结果是国家教育目的、教育目标以及各类学校的培养目标在教育过程中的具体化，课程目标与课程内容、课程实施和课程评价共同构成完整的课程编制过程。

（二）课程目标的特性

课程目标具有整体性、连续性、层次性和积累性的特点。整体性是指各类目标彼此之间相互关联，并非彼此独立；连续性是指较高年级的课程目标是较低年级的课程目标的连续发展和深化；层次性是指技能和情感目标需要在知识目标的基础上实现；积累性是指没有低年级课程目标的积累，就难以达到高年级的课程目标。

（三）课程目标的表述

不同价值取向的课程目标有不同的表达方式。泰勒等人主张“行为目标”的表述方式，认为课程目标是受教育者预定发生的行为改变；斯坦豪斯则主张用“过程目标”或“内容目标”来表述，即将课程目标表述为预先规定的学习内容、活动情景和过程。由于课程目标的价值取向不同，在制定课程目标时其具体要求也不一样，因此，当代课程目标的价值取向呈现多元化的趋势。

（四）我国与课程目标有关的概念

在我国教育领域，课程目标这一概念的使用是最近 20 年的事，它的含义与长期流行使用的教育方针、教育目的、培养目标、教学目标既有联系又有区别。

1. 教育方针

教育方针是指国家为了发展教育事业，在一定阶段根据社会和个人两方面的发展需要与可能制定的具有战略意义的总政策或总的指导思想，它具有行政性的权威，主要规定教育为谁服务，培养什么样的人等问题。

2. 教育目的

教育目的是培养人的总目标，关系到把受教育者培养成什么样的社会角色和具有什么样的素质的根本性问题，是教育实践活动的出发点，也是归结点。教育目的的核心是规定培养什么样的人，即把儿童培养成什么样的社会角色。不同的社会历史时期需要不同的社会角色，就决定了具有不同的教育目的。

3. 培养目标

培养目标是各级各类学校对培养对象提出的具体培养要求，而课程目标是课程本身要实现的具体目标和意图。

4. 教学目标

教学目标是教学中师生双方预期达到的学习结果和标准，是由学校或教师确定的一定教学阶段所要达到的教学要求，它包括学期目标、单元目标和课时目标。

由此可见，上述四者之间的区别主要是具体化和概括性程度的区别。教育方针、教育目的、培养目标是比较宽泛的笼统的目标，而教学目标则是比较具体的细化目标。四者之间的联系主要体现在一致性上，即都是为实现一定国家或社会的教育目标服务的，彼此之间相互依存、相互制约。

（五）课程目标确立的依据

一般来说，只有在对学生的特点、需要、社会的需求、学科发展的需要等各个方面进行深入研究的基础上，才有可能确定行之有效的课程目标。考虑到各种主体的需要，再加上各学科之间严密的课程逻辑关系，才会真正实现课程的最大价值。

1. 学习者

主要研究学习者的兴趣、认知、情感、社会化过程和个性养成等方面，将学习者的需要反映到课程目标当中，使课程的编制符合学生的特征需要。

2. 社会

主要包括对当代社会生活需要以及社会生活的未来需要的研究。将当代社会生活的需要确定为课程目标至少需要贯彻三个原则：民主性原则，即课程目标应体现社会民主和社会公平的原则；民族性和国际性统一原则，即课程目标应该将国际挑战性和保存民族文化、国家的需求与整个人类的需求统一起来；教育先行原则，即课程目标应超越当前的社会现实，走在社会发展的前头。

3. 学科

目的在于将学科领域的基本概念、逻辑结构、探究方式、发展趋势，即学科领域最基础、最具权威和影响力的知识系统地传递给下一代，以保证其延续性。所以，泰勒提出应将学科专家的建议作为课程目标的重要依据。但是在研究学科的过程中，我们需要考虑与课程目标联系最紧密的学科功能方面的信息，学科功能包括两个方面：一是这门学科本身的特殊功能，即为学生将来从事某一学科专门化研究奠定基础的功能；二是这门学科所能起到的一般教育功能，即通过学科学习促进学生整体发展的功能，以及满足个人生活和社会生活需要的功能。

（六）课程目标确立的方法与要求

1. 课程目标确立的方法

（1）筛选法。具体步骤为：①预定若干项涉及课程各个方面的课程目标。②书面征求有关人员对预定课程目标的意见和建议，允许他们补充其他的课程目标。③把预定的课程目标与补充的课程目标加以综合。④请有关人员根据汇总的课程目标依次选出最重要的课程目标。⑤根据统计结果确定名次靠前的若干项重要课程目标。

（2）参照法。在确定课程目标的过程中，参考过去的课程目标和其他国家的课程目标，并根据本国国情和教育状况确定符合本国国情的课程目标。

2. 课程目标的确立应注意以下三点：

（1）明确课程目标与教育方针、教育目的、培养目标、教学目标等的一致性关系。

（2）研究学生的特点、学科的发展和社会的需求。

（3）表述力求正确、清晰、通俗易懂。

总之，确立课程目标有助于明确课程与教育目的的衔接关系，明确课程编制的方向，为课程内容的选择和组织提供依据，课程目标可作为课程实施的依据和课程评价的基本准则。

二、课程内容

（一）课程内容的含义

什么是课程内容？这是课程理论不能回避的基本问题。关于课程内容的概念，国外课程理论中有较大的分歧。一种观点认为，课程内容是在教育机构范围内要向学生灌输的知识；另一种观点认为，课程内容是在一门课程中所教授或所包含的知识，也是指一些学科中特定的事实、观点、法则和问题等。我们认为，课程内容是一系列比较系统的直接经验和间接经验的综合。课程内容是根据课程目标从人类的经验体系中选择出来，并按照一定的逻辑序列组织编排而成的知识和经验体系。

（二）课程内容的选择

随着人类社会的发展，可以成为课程内容的东西越来越多，而学生的时间和精力又有限，因此，必须考虑课程内容的选择。课程内容是为学生社会化服务的，课程内容的选择必须考虑学生的身心发展规律和社会因素，社会因素中要充分考虑社会发展的需求和社会科学文化知识方面。

第一，必须以课程目标为主要依据。课程内容的选择必须合乎课程目标，在课程与教学的规划、设计、发展等过程中，课程目标和课程内容之间应该是一种复杂的动态关系。课程目标不仅指导课程内容的选择与组织，也是选择设计评价方法与工具的参考。

第二，必须适应学生的兴趣需要。课程内容无论如何选择、设计、实施，最终目的还是使学生的潜力得到最大限度的发挥。在内容的选择中，必须意识到，选择出来的课程内容如果不能被学生主动地吸收，就永远只是一种外在的东西，对学生的行为、态度和个性不会产生什么影响。相反，如果选择的课程内容能够注意到学生的兴趣和能力，并与之相适应，这不仅有助于学生掌握知识，而且有助于他们形成良好的学习态度。

第三，必须重视内容的基础性。基础教育的性质决定了课程内容的基础性，因为课程是为了学生的终生学习打基础。因此在浩瀚的知识系统中，应该选取那些具有普遍共同性，或具有起始性的知识，使学生都以它们为准备条件，并成为学生能力发展的必备知识。

第四，应该贴近社会生活和学生生活。每个学生都要在社会中生活，迟早要解决就业的问题，都要劳动，都要处理生活中形形色色的问题。而且，只有与社会生活、学生生活紧密联系的内容，才能真正成为学生兴趣所在，所以课程内容应该选择能真正回归生活的内容。

（三）课程内容的组织①

课程内容的设计是课程设计的核心。一般来说，课程内容是以课程目标为根据的，但课程内容的设计有内在的逻辑性，特别是在内容组织方面，存在不同的要求。课程组织除了应遵循连续性、顺序性、整合性这些普遍的逻辑意义之外，还应处理好以下逻辑组织形式关系。

1. 直线式和螺旋式

直线式是指把课程内容组织成一条在逻辑上前后联系的直线，前后内容不重复。螺旋式是指在不同阶段、单元或在不同课程门类中，使课程内容重复出现，逐渐扩大知识面，加大难度。直线式和螺旋式是两种基本逻辑方式，它们各有利弊，分别适用于不同性质的学科、不同年级的学生。对理论性较强，学生不易掌握的内容，以及对低年级的儿童来说，螺旋式较适合；对理论性较低的学科知识，操作性较强的内容，直线式较为适合。其实，即使在同一门课程内容体系中，直线式和螺旋式都是必不可少的，设计者要能很好地处理两者的关系。

2. 纵向组织与横向组织

纵向组织是指按照知识的逻辑序列，从已知到未知、从具体到抽象的先后顺序组织编排课程内容；横向组织是指打破学科的知识界限，按照学生发展的阶段，以学生个人最为关心的问题为依据，组织课程内容，构成一个个独立的内容专题。比较地看，纵向组织注重课程内容独立体系和知识深度，而横向组织强调课程的综合性和知识广度，但其也适合于不同性质的知识经验的相互区别的课程内容的逻辑组织形式，两者是不可偏颇的。

3. 逻辑顺序与心理顺序

逻辑顺序与心理顺序的问题，是传统教育与现代教育派在课程内容组织方面的分歧所在，这一重大分歧充分说明了课程内容的组织逻辑的重要性。逻辑顺序是指根据学科本身的体系和知识的内在联系来组织课程内容；心理顺序是指按照学生心理发展的特点来组织课程内容。现在，人们公认课程内容的组织要把逻辑顺序和心理顺序结合起来。在学生观方面，体现为学生的未来生活世界和现实生活世界的统一。以此为基础，在课程内容的设计上，根据学生认知发展的特征和学科本身的逻辑特征，编排成既区别于原有学科结构又区别于学生的完全经验复制式的课程内容体系。

总之，这些顺序是课程内容组织最基本的辩证逻辑，即使在同一门课程中，对不同性质和不同层次的内容来说，这些逻辑形式也是可以并存的。

三、课程类型

课程类型是根据课程设计的不同性质和特点形成的课程类别。随着教育实践的不断丰富、课程理论的发展与深入，许多课程学家从不同的研究角度以多种方式对课程进行分类。这里我们主要介绍以下三种课程类型：

---

① 郑高洁. 论课程内容的组织. 成都大学学报（教育科学版），2007（12）

（一）学科课程与活动课程

学科课程是以学科的形式组织教学内容的一种课程，它以人类对知识经验的科学分类为基础，从不同的分支学科中选取一定的内容来构成对应的学科，从而使教学内容规范化、系统化。活动课程与学科课程相对，又称“经验课程”，它打破了学科组织的界限，以学生的兴趣和能力需要为基础，立足于儿童经验而设计。

学科课程重视成人生活的分析与准备，重视知识的逻辑，强调训练，各学科依据育人的不同要求而设置，不同类别的学科具有不同训练价值。而活动课程重视儿童的兴趣需要，重视教材的心理组织，重视在活动中进行教学，对促进学生主动学习有积极意义，但如果活动课程比重太大，可能会影响学生对系统文化的掌握。

（二）综合课程与核心课程

综合课程是将具有内在逻辑或价值关联的分科课程内容以及其他形式的课程内容综合在一起形成的一种课程形态，例如，把物理、化学、生物、天文等学科合并为理科，综合社会生活中的环境问题而形成了环境教育课程。核心课程是以学习者的需要以及社会生活领域的问题或社会问题为核心，综合若干学科，由一个教师或教学小组通过一系列活动进行教学的课程，规定所有学生都要学习，这些学科被认为是普通教育的核心。

（三）国家课程与校本课程

国家课程即国家统一课程，是由中央教育行政部门负责编制、实施和评价的课程。校本课程即学校本位课程，是某一类学校或某一级学校的个别教师、部分教师或全体教师根据国家制定的教育目标，在分析本校外部和内部环境的基础上，针对本校、本年级或本班的学生群体编制、实施和评价的课程。

事实上，纯粹的学科课程或活动课程、综合课程或核心课程都是不存在的，实施单一课程类型的学校也是不存在的，现代学校课程仍是学科课程占优势，但呈现出学科课程、活动课程、综合课程和核心课程等多种类型课程相互补充的特点。

四、课程实施

一个新的课程方案出台后，其最终的方式是官方正式颁布课程政策文件，如课程计划、课程标准。若没有经过实施，就无法贯彻和落实课程方案，更无法达到课程设计中预期的课程目标。

（一）课程实施的含义

课程实施就是把课程方案付诸实践的过程，也可以说是把书面的课程转化为具体教学实践的过程。然而课程实施不是新课程方案的照搬，也不是一项事务、一种镜式反映，而是一个动态过程，实施过程中必然涉及实施者的课程理念和个性化，也涉及对课程方案的调整和补充。课程实施应成为有计划有组织的互动过程，一方面促进教师专业成长，另一方面发展学生的课程体验，最终指向预期目标的实现。

（二）课程实施的基本取向

目前教育学界普遍认同的课程实施取向是美国课程学者辛德尔、波林和扎姆沃特在富兰研究的基础上归纳出的三种课程实施基本取向：“忠实取向”（fidelity orientation）、

“相互适应取向”（mutual adaptation orientation）与“课程创生取向（curriculum enactment orientation）”。它们从不同方面揭示了课程实施的本质，适用于不同课程类型及范围。

忠实取向认为课程实施过程是教师在实践中忠实地执行课程计划的过程，衡量课程实施成功与否的基本标准是课程实施过程中预定课程计划实现的程度，实现程度高则课程实施成功，反之则失败；教师是课程专家所制订的课程变革计划的忠实执行者，是课程的“消费者”和传递者，对课程知识的创造和选择没有真正的发言权；课程变革是从计划的制订者到实施者之间的单项线性过程，强调课程变革的决策者和计划制订者对实施者的有效控制，无视作为学习主体的学生的需要，这显然不符合新课改所提倡的以人为本的教育理念。如果教师不能真正深刻地理解新的课程理念（如课程目标重点的转变、学习途径和方式的多元化、课程的综合化等），只是持“忠实取向”教授新教材，在课堂教学中按照“上面”希望的那样“依葫芦画瓢”，那么课程改革的意图就很难真正变成现实。

相互适应取向认为课程实施过程是课程计划与班级或学校实践情境在课程标准、内容、方法、组织模式诸方面相互调整与适应的过程，而非教育计划或技术在课程实践中的简单“装配”，它包括变革方案在目标和方法上的调整，参与者在需要、兴趣和技能方面的变化以及组织的适应；课程不仅包括体现在学习过程、教科书或变革方案中的有计划的具体内容，还包括学校和社区中由各种情境因素构成的谱系；不论课程是如何创造出来的，在实施过程中都必须不断地作出调整，不断调整以求相互适应是课程知识的一个基本特性；教师是课程变革方案主动的积极的“消费者”，教师对预定课程方案进行积极的、理智的改造，使预定课程方案适合具体实践情境的需要是课程实施成功的基本保证；课程变革是课程变革计划与具体实践情境之间的交互作用，课程变革的决策者、计划制订者与课程实施者之间需要相互理解、相互适应、相互改变并对变革意义有一致性解释；根据特殊情境的需要把“计划的课程”变为“修改的课程”，是课程实施成功的基本要求；具体实践情境之外的课程专家及行政人员与具体实践情境中的教师共同推动课程变革的进行。可见，相互适应取向兼容了忠实取向和课程创生取向的因素，是两者的中介，它在兼具另外两种取向的优点的同时也不可避免地兼具了它们的局限性，但却适合当前我国教学实际。

课程创生取向认为课程创生的过程是教师和学生持续成长的过程，教师和学生不是课程知识的接受者而是课程知识的创造者，是构建积极教育经验的主体，教师是课程的开发者；真正的课程是教师与学生联合创造的情境化的、人格化的教育经验，其性质是地道的经验课程；课程实施本质上是在具体教育情境中创生新的教育经验的过程，外部设计的课程被视为教师用于创生课程的一个资源，已有的课程计划只是供这个经验创生过程选择的工具而已；课程知识不是一件产品或一个事件，而是一个“不断前进的过程”，是一种“人格的建构”。课程变革包含“真正的重构”：人的思维、感情和价值观都必须变革，而不只是变革课程内容和资料。由于课程创生取向把课程变革、课程实施视为具体实践情境中教师与学生创造和开发自己的课程的过程，教师与学生个性成长和完善的过程，强调教师与学生在课程变革中的主体性和创造性，强调个性自由与解放，因而它是一种全新的、理想化的课程实施观，代表着未来课程改革的方向。

总之，课程实施的忠实取向因其过于机械已不适应新课程的需要；课程创生取向作为一种具有浓厚的理想色彩的课程实施观是我们所向往并为之努力奋斗的，但由于受各种主观和客观条件的影响，它还不能真正地运用于当前我国大多数的课堂教学；只有相互适应取向因兼容了忠实取向和课程创生取向的因素，又比较接近我国新课改所倡导的理念并适合当前的教育教学实际，故而应是较适合我国国情的课程实施取向。①

五、课程评价

（一）课程评价的含义与对象

课程评价是以一定的方法、途径对课程的计划、活动以及结果等有关问题的价值或特点作出判断的过程，它对课程开发的过程与结果进行评估，以确定课程开发是否合乎规范，学习活动是否正常开展，预期教育结果是否实现，学习和计划是否获得了成功。课程评价既是课程开发过程的一个阶段，也是渗透课程开发过程的一个重要因素。人们往往把课程评价与教学评价分开看待和处理，这是比较落后的传统观念和行为方式。课程评价包含着教学评价，评价的对象包括：学生学习评价、教师教学评价、课程材料评价、元课程评价。

（二）课程评价的功能

1. 评估的必要性

在一项课程计划拟订之前，应了解社会的需要以及教师对进修的需要、学生对某一时段和某学科的需要。

2. 课程诊断与修订

对正在形成中的课程计划进行评价可以有效地找出其优缺点及成因，为修订提供建议。

3. 课程比较与选择

对不同的课程方案进行评价可以比较其在目标设置、内容组织、教学实施和实际效果等方面的优劣，从整体上判断其价值，再结合需要评估就可以对课程作出选择。

4. 对目标达成程度的了解

对一项实施过的计划进行评价可以判定其结果，并通过与预定目标的比较对照判断其达到目标的程度。

5. 成效的判断

一项课程在实施后收到的成效，可以通过评价进行全面衡量，并作出判断。

（三）课程评价的类型

根据不同的标准，课程评价可以有多种不同的分类，常见的分类有：根据评价的作用和性质可分为形成性评价和总结性评价；根据评价与预定目标的关系分为目标本位评价和目标游离评价；根据评价关注的焦点分为效果评价和内在评价；根据评价人的身份

---

① 郑彩华．适合我国当前教学实际的课程实施取向探析．新课程研究（基础教育），2007（1）

分为内部人员评价与外部人员评价；根据评价方法分为量化评价和质性评价。①

美国基础教育课程评价一般有发展性评价、真实性评价、开放性评价三种类型。从整体上看，其评价强调州级评价制度的全面推广、重视对学生实验能力与技能的评价、注重评价的情境化、突出评价的多元化。该评价机制的优越性是不言而喻的，其中有许多值得我国借鉴的地方，但在如何对学生情感领域进行评价，如何摆脱教师在评价中的尴尬处境以及如何正确把握正面评价的度等问题上仍需进一步地探索和改善。②

课程开发过程结构具有广泛的适用性，它提供了一个国家、一个地区或一所学校的课程开发的完整过程及其基本环节。每一个国家、地区以及每一所学校均可利用这一模式来编制新课程；而学校里每一位任课教师可以利用它编制出一个自己所任科目或领域课程的更新计划，并设计实施教学的方式；再者，人们可以研制全校性的跨学科课程，如环保教育、社区服务、课外活动等，以及目前流行的研究性学习。

案例

大庆市二十八中的评价方式改革

黑龙江大庆市二十八中从2002年秋季新学期开始采用新的评价方式，这种方式使不同基础的学生都能得到鼓舞和激励。用标准分、趋向分取代了原始分，由静态评价到动态评价、由绝对到相对、由重结果到重过程，通过比较标准分使基础较好的同学，尤其是尖子生看到自己的学习优势，使其向更高的目标迈进。趋向分主要看一段时间内学生学习变化趋势，承认差异，区别对待，在很大程度上保护了学生的自尊心，增强了教师与学生的自信心。下面与部分师生、家长谈话的内容就是很好的说明：

王宁为同学说：“虽然我的学习成绩一直名列前茅，但是按趋向分排名却位居中游，原因是我的成绩与原来比没有什么变化，这样一来使我失去原来的优越感。从前我从来没认为我的学习会有什么问题，通过趋向分我才发现我和别人相比也存在着不足，这使我认真地研究了我学习方面存在的问题，争取在下次考试中提高自己的成绩。”

王岩同学说：“我是一名差生，一到考试我就怕，最怕的是年级排大榜，因为每次我都排在后面，每次都少不了妈妈的一顿骂、爸爸的一顿打。每到考试前我就紧张、担心，结果往往考得更不好。这次考试老师说不排名次，只比谁进步大。我不但没紧张反而感到非常高兴，结果趋向分我竟然排在了前面，还得到了进步奖！虽然我的学习成绩还不是很好，但是我却让大家看到了我的进步！爸爸妈妈不但没有打骂我，还给我做了一桌好吃的，我非常高兴！同时也使我有了学习的信心，我相信我下次排名还能排在前面。”

（选自左效举，赵万兴《打开束缚教学改革的一个枷锁——谈我校对学生学业成绩评价方式的改革》，《教学与管理》2002年第10期）

① 胡中锋．现代教育学．广州：广东高等教育出版社，2007.8

② 刘丽群，林洁．浅析美国基础教育课程评价的类型与特点．教育测量与评价（理论版），2008（3）

分析

案例体现了基层学校和一线教师在改变原有的评价方式方面进行的积极探索，这些评价方式或许还有许多值得商榷和改进的地方，但是观念的改变才是最重要的。在教育一线的学校和各位教师只有按照新的课程理念来培养和评价学生，才能帮助学生认识自我、建立自信并激发其内驱力，促使学生在原有水平上获得发展，实现个体价值，而教师在这一过程中亦能发现教与学的不足，使自己的教学水平不断得到改进。

复习与思考题

1. 课程构成包括哪些要素？

2. 什么是课程实施？

3. 课程实施的取向有哪几种？你认为在新课程改革中选取哪种课程实施趋向比较合适？

4. 简述课程评价的含义及其作用。

第三节　课程改革

改革开放以来，我国基础教育取得了辉煌的成就，基础教育课程建设也取得了显著成绩，但是我国基础教育总体水平不高，原有的基础教育课程已经不能适应时代发展的要求。为此，教育部为贯彻《中共中央国务院关于深化教育改革全面推进素质教育的决定》（1999 年）和《国务院关于基础教育改革与发展的决定》（2001 年）的精神，大力推进基础教育课程改革，调整和改革基础教育的课程体系、内容、结构，构建符合素质教育要求的新基础教育课程。此次改革为新中国成立以来第八次基础教育课程改革，课程改革的对象包括小学、初中和高中。

一、课程改革的内涵

通俗地说，改革是把事物中旧的、不合理的部分改成新的、能适应客观情况的过程。简言之，改革就是除旧布新。课程改革是将课程中陈旧的不合理的部分改变成新的能适应社会、文化、学生以及教育客观情况的特殊过程。

在当代新的大课程观背景中，所谓的课程改革，简单来说，就是在改变课程领域的价值命题的基础上彻底改变课程组织形式和组成部分的专门活动。首先，课程改革是以课程价值命题的改变为核心的，它包括对价值、人员、社会和文化以及究竟是什么构成了教育和美好生活的基本命题的改革。课程价值是课程领域赖以立足的基础，课程领域包括课程概念、课程基础、课程设计、课程编制、课程研制、课程规划、课程实施、课程评价、课程工程等。其次，课程改革必然要对课程形态或课程组织形式进行变革，这种变革可以是渐变式的，把分科课程形态变为分科与综合课程的结合，又或者把学科课程变为经验课程。最后，课程改革包括对整个课程图式的改革，即对课程要素或组成部分的全面性改革，变革的范围包括课程设计、课程目的、课程内容、学习范围和学习活动等。课程改革是整个教育改革的核心。①

二、影响课程改革的主要因素

课程作为教育的核心，虽然是由人主管建构的一个系统，但是社会发展、政治经济等因素都会影响课程的发展，而且课程是为学生服务的，所以学生的发展也会影响课程改革。

（一）政治因素

从历史发展的状况来看，政治因素对课程改革的影响最为深刻，较文化等其他因素来说更具有直接性，它会影响到课程目标的确立、课程内容的选择和课程的编制，且其对课程的影响并非全是积极的，也会产生消极甚至阻碍的作用。

（二）经济因素

经济因素对课程改革有直接的推动作用。由于科技的发展，社会化大生产要求提高劳动者的素质，所以学校课程学科门类增多，课程设置更加贴近科技发展的要求，经济领域劳动力素质的提高要求制约课程目标；地区的差异性要求制约课程改革；经济因素对课程的价值导向、课程目标和结构的优化都有重大影响。

（三）知识因素

课程内容的主要源泉是人类积累的浩瀚的科学文化知识，科学文化包含了不以人的意志为转变的客观内容，科学结构的演进又具有客观规律性，因此，科学文化知识也是制约课程改革的客观因素。

（四）学生因素

学校课程改革的发展不仅要考虑经济、政治、文化的发展，而且要充分考虑到学生的心理和发展状态，根据学生的智力、能力、潜力、倾向选择和组织相应的课程内容。

三、新课程改革的背景

（一）国际背景

20 世纪 80 年代以来，随着科技文化的更新加速，西方发达国家都意识到了基础教育对经济发展的重要性，为了充分发挥教育的作用，各国都从实际出发进行大规模的基础教育改革活动，课程改革作为其中最重要的部分受到各国政府和教育部门的关注。世界各国基础教育课程改革的主要趋势是：

第一，调整培养目标，使新一代国民具有 21 世纪社会经济科技发展所要求的素质。

① 冯文全. 现代教育学新论. 成都：电子科技大学出版社，2007. 9

第二，改变人才培养模式，实现学生学习方式的根本变革，使现代学生成为将来最有竞争力的公民。

第三，课程内容进一步关注学生经验，反映社会科技的新进展，满足学生多样化的需要。

第四，发挥评价在促进学生发展方面的作用，使每一个学生都具有自信心和持续发展的能力。

（二）国内背景

虽然我国在基础改革方面取得了辉煌的成就，但是纵观全球的教育变革，面对新世纪的变化和挑战，我国的基础教育改革存在明显的不足，主要表现为：

第一，培养目标不能适应时代的需要，更多地体现社会需求。即使明确提出要培养学生个性的健康发展，但在实际操作层面上，各门学科的目标大多是为升学的目的而确立的，目的是把学生培养成为学科知识的专家，这种培养目标忽视了学生的个性和创新能力的培养，过分强调知识和技能的传授。

第二，课程结构不合理。学科知识所占比重大，活动课程比重小；必修课程占主导地位，选修课的滞后抑制了学生的全面发展；分科课程占主导，并且学科间缺乏整合，综合课程仅在小学设置且比例较低；课程门类过多，课程量过大，各学科的课时分配不合理，造成学生负担过重。

第三，课程内容繁、难、偏、旧。难而偏的课程内容极大地增加了学生的负担，导致学生身心发展的不健康状态；陈旧的课程内容难以反映时代的发展，制约了未来人才的培养。

第四，课程实施重教、背。在传统的教育观念中，教师忠实而有效地传授课程内容，教学变成了教师教书、学生背书的过程，这种重结论轻过程的教学方式排斥了学生的思考，导致学生的主动性、独立性不断丧失。

第五，课程评价重选拔轻发展。我国基础教育课程评价长期以来过分强调甄别与选拔的功能，忽视改进和激励的功能。本是作为考察手段的考试变成学校教育追求的目的，导致应试教育根深蒂固，使学生丧失了学习与发展的机会。

第六，课程管理过于集中。新中国成立以来，我国一直是中央集权课程管理体制，现代课程不足以适应地方、学校和学生的多样化要求，国家课程和地方课程没有给学校课程开发留有充分的余地，束缚了学校和教师开发课程的权利，教师在一定程度上还是课程的执行者。

基础教育改革势在必行。从我国是人口大国这个实际出发，必须通过基础教育课程改革来实现人才培养的调整和转变，以提高全民素质，提高国际竞争力。

四、课程改革的理念

随着科学技术的迅速发展，世界教育的理念正在发生巨大而深刻的变化，对教育民主化、国际理解教育、回归生活教育、个性化教育、创新教育、教育的可持续发展等的强调，现代课程发展的基本理念也呈现出许多新的特点。与此对应，我国基础教育新课程的发展也包含了崭新的课程理念。

（一）全面发展的课程价值取向

本次课程改革的一个显著特点就是以学生为本，着眼于学生的全面发展，反对权威和精英主义。这种着眼于全面发展的课程价值取向要求学生的课程表现出一些新的特点：注重课程目标的完整性、注重基础知识的学习、注重发展学生的个性、强调学生道德品质和国际意识的培养。

（二）科学主义与人文主义整合

科学人文课程是科学主义课程和人文主义课程整合建构的课程，它以科学为主，以人自身的完善和解放为最高目的，强调人的科学素质与人文修养的辩证统一，致力于科学和人文精神的融合，倡导科学的人道主义，力争把学会生存、学会关心、学会理解、学会共同生活等当代理念贯穿到课程的方方面面。

（三）回归生活的课程生态观

学校课程重返生活世界，找回失落的主体意识，确立课程生态观是当代课程发展的一个重要理念，回归生活的课程生态观意味着学校课程突破学科疆域的束缚，向自然回归、向社会回归、向生活与人生回归；意味着理性与人性的完美结合，意味着科学、道德和艺术现实具体地统一。

（四）缔造趋向的课程实践观

此价值观强调在课程实施中要充分发挥师生的自主性、能动性和创造性，特别要求教师具有较强的课程设计能力，因为教师不仅是课程的实施者，也是课程的设计者。

（五）民主化的课程政策观

民主化意味着课程权力的分享，意味着课程由统一化走向多样化。我国一直重视中央对课程的统一决策，尽管曾经进行了课程多样化的改革尝试，但终究没有取得预期的效果。随着新一轮课程改革的启动，课程改革的一个重要目标就是保障和促进课程对不同地区、学校、学生的适应性，实行有指导的逐步放权，建立国家、地方、学校的三级课程管理模式。其中校本课程将成为很重要的一个部分。

五、课程改革的目标

《基础教育课程改革纲要（试行）》指出，基础教育课程改革要以邓小平同志“教育要面向现代化，面向世界，面向未来”和江泽民同志“三个代表”的重要思想为指导，全面贯彻党的教育方针，全面推进素质教育。

新课程的培养目标是使学生具有爱国主义、集体主义精神，热爱社会主义，继承和发扬中华民族优秀传统和革命传统；具有社会主义民主法制意识，遵守国家法律和社会公德；逐步形成正确的世界观、人生观、价值观；具有社会责任感，努力为人民服务；具有初步的创新精神和实践能力；具有科学、人文素养和环境知识；具有适应终身学习的基础知识、基本技能和方法；具有健壮的体魄和良好的心理素质，养成健康的审美情趣和生活方式，成为有理想、有道德、有文化、有纪律的一代新人。①

基础教育课程改革的具体目标是：

第一，改变课程过于重视知识传授的观念，强调形成积极主动的学习态度，在获得基础知识与基本技能的同时学会学习和形成正确的价值观。

第二，改变课程结构过于强调学科本位、科目过多、缺乏整合的现状，整体设置九年义务教育课程门类和比例，并包括综合课程，以适应不同地区和学生发展的要求，体现课程结构的均衡性和选择性。

第三，改变课程内容，加强课程内容与学生生活以及现代社会和科技发展的联系，关注学生的兴趣和经验，精选终身学习必备的基础知识和技能。

第四，改变课程实施过于强调接受学习、死记硬背、机械训练的现状，倡导学生主动参与、乐于探究，培养学生搜集、处理信息与获得新知识的能力、解决问题的能力和团队合作的能力。

第五，改变课程评价过分强调选拔功能的现状，发挥评价促进学生发展、教师提高和改进教育教学实践的作用。

第六，实行国家、地方、学校三级课程管理，增加课程对地方和学校的适应性。

六、课程改革的实施

《基础教育课程改革纲要（试行）》指出："基础教育课程改革是一项系统工程，应始终贯彻'先立后破，先试验后推广'的工作方针。"为此，教育部在《关于开展基础教育新课程实验推广工作的意见》中对新一轮基础教育课程改革实验推进工作进行了总体部署。按照这一部署，义务教育阶段新课程试验工作于2001年启动，首先是义务教育各学科课程标准及其实验教材在全国基础教育课程改革实验区开展试验；2002年秋季义务教育新课程体系（包括三级课程管理的运行机制、评价制度）进入全面试验阶段，根据各地的具体条件，原则上，各省（自治区和直辖市）在所属的每一个地级市可确定一个省级基础教育试验区（以县为单位），全国试验规模达到同年级学生的10%～15%，全国试验区达38个；2003年秋季，修订义务教育阶段课程设置方案、各学科课程标准、《地方课程管理指南》、《学校课程管理指南》和中小学评价与考试的改革方案，在全国范围内起始年级启用新课程的学生人数达到同年级学生的35%左右；2004年秋季进入义务教育阶段新课程的推广阶段，在此基础上，正式颁布义务教育阶段课程设置方案、各学科课程标准以及其他相关文件，在全国范围内，起始年级启用新课程的学生人数达到同年级学生的65%～70%；2005年秋季，中小学阶段各起始年级原则上都启用新课程。

高中新课改始于2003年，教育部于2003年印发《普通高中课程方案（实验）》和《语文等十五个学科课程标准（实验）》，并要求高中新课程实验于2004年秋季启动，海南、广东、山东、宁夏为首批试验区；2005年，江苏成为试验区；2006年秋季高中

① 邹群，王琦. 教育学. 大连：辽宁师范大学出版社，2009.5

课改试验的范围扩大到福建、辽宁、浙江、安徽、天津五省市，初步形成了东部沿海省市全面推进高中新课程试验的格局；2007 年秋季，全国又有北京、陕西、湖南、黑龙江、吉林等 5 省市高一新生接受新课程试验，至此，全国已有 15 个省市自治区成为新课程试验省份，约占全国高中总量的50%。[①] 2008 年，山西、江西、河南、新疆4 省加入实验。2009 年，云南、内蒙古、湖北、河北开始实施新课标，2010 年全国所有省都已启用普通高中新课程标准。

七、新课程改革中教师角色的定位

新的形势、新的使命要求教师要用新的理念重新正确定位自己的角色，演活自己的角色。在新时期新课程的教学中，一般认为教师应定位为如下角色：

（1）平等的合作者。教师和学生应是平等的合作者，要彼此尊重、互相信赖、互相合作。教师不仅要亲身走近学生，更关键的是教师的心要贴近学生，与学生一起交流，一起活动，共建和谐的教学氛围。

（2）谦虚的倾听者。新课程要求教师要善于倾听学生的发言；对学生自行解决问题的能力深具信赖感；能够由衷地接受学生所表现的情感；帮助学生从不良感受中转移，使其全部情感得以化解并宣泄；对学生透露的秘密予以尊重和保留。

（3）真诚的赏识者。教师要关注学生的每一点进步，帮助学生发现自己、肯定自己。赏识学生不能完全按自己的预先设计进行，要随机应变，发挥教育机制，关注一些小事，抓住教育契机。教师在教学过程中既要关注学生对知识的掌握和能力的提高，又要关注和赏识学生在学习过程中的优良行为，此外还要关注和赏识学生在情感、态度、价值观等方面的积极表现。

（4）得体的协调者。新课程倡导探究学习与学生综合能力的培养，这就需要打破学科壁垒，打破区域界限。教师要适应多种环境，协调各科目之间、家庭教育与学校教育之间等多种关系，协调者应具有宽广的情怀、热情服务的意识、交往的技巧。

（5）资源的开发者。新课程改革论认为新课程是由其他教学材料、教师与学生、教学情景、教学环境等构成的一种生态系统。课程不单是“文本课程”，更是“体验课程”，这意味着在特定的教育环境中，师生对给予的内容要有自身的理解，教师将给定的内容转化为自己的课程，从而有效传达给学生。

（6）有效的促进者。教师要重视营造一种和谐的氛围，帮助学生确定适当的学习目标，指导学生养成良好的学习习惯，创造丰富的教学情景，充分调动学生的积极性，为学生提供各种便利。

（7）教育的享受者。追求快乐的教育，就会享受教育的快乐。享受教育就要会思考，教师不能做机械的操作工，要力求主动的、创新的工作。

---

① 邹群，王琦．教育学．大连：辽宁师范大学出版社，2009. 5

案例

语文学“招聘”，政治教“理财”
——湖南新课改全面开课

2007年9月3日，所有湖南高一新生开始了一种全新的学习方式。高中新课程改革将从纸端化为教师的言传身教、学生的听说读写。

“假设电视台来选拔主持人，如何展示自己的朗诵才能?”这样的课堂作业将出现在高中一年级的语文课堂上，口语交际登上了学生语文课本。而投资理财、家政、驾驶等内容也将出现在高中课堂上。

有人说：“过去的课程是盒饭，好不好吃都一样。新课程就像自助餐，各取所需。”也有人担忧：课是改了，可如何调动学生的学习自主性？如何与高考的通道接轨？本报试图为您答疑解惑。

语文

招聘主持成为课堂作业

组织模拟招聘会和招聘中学生主持人这样的课堂作业将出现在高中一年级的语文课堂上。语文课再也不是简单的读写背诵了，口语交际登上了学生课本。

语文须修满10个学分

湖南高中课改语文课程选用的是人民教育出版社的教材，课程包括必修课和选修课两部分，学生只需修满必修课的10个学分便可视为完成了语文课程的基本学业。必修教科书的内容为阅读鉴赏、表达交流、梳理探究、名著导读四个部分，其中表达交流为新增的重要部分，包括写作和口语交际两个部分。

《论语》入选名著导读

第一册课本中的口语交际部分的重点是朗诵，具体要求是学生在班上组织一次电视台招聘中学生节目的业余主持人的模拟招聘会，由同学扮演考官来选拔主持人，“应聘者”则选一首自己最喜欢的现当代诗歌展示朗诵才能，不仅让学生体会到诗歌的魅力，更让学生在大庭广众之下锻炼自己的表演才能。

除此之外，每册课本还有两部名著导读，共10部中外名著。第一册入选的是《论语》和《大卫·科波菲尔》。

看小说成为选修课

语文的选修课程则设计了五个系列，分别是诗歌与散文、小说和戏剧、新闻与传记、语言文字应用、文化论著研读。这些选修课程各校可根据本校的课程资源和学生的需求选择设计模块。

记者在会场所在的长铁一中随机采访了几名学生，一半的学生对选修课中设置的小说与戏剧、新闻与传记最感兴趣，一名黄姓学生说：“以前看小说都是偷偷摸摸的，现在专门开了小说课，真是太让人高兴了。”

政治

教人炒股上了课本

“假如贺先生家有10万元闲置资金，请你结合各种股票、储蓄、债券、保险等投资手段帮他设计一套最满意的理财方案。”政治思想教材是内容变化较大的一门课。据悉，新的思想政治课共有经济生活、政治生活、文化生活、生活与哲学四个部分，所有内容都体现了市场经济的大背景。

据长沙明德中学一位政治老师介绍，以前的政治思想课内容虚的东西较多，离学生的生活太远，而现在加入了理性消费、投资理财、打工维权、依法纳税等内容，很多都是学生正在经历和将要经历的人生体验。

英语

一口气增加了1 500个单词

英语是所有学生和家长最关注的科目，而湖南英语新课改不仅将教材更换成英文的牛津高中英语，单词量还大大增加了。

雅礼中学英语组教师陈广文告诉记者，教材要求学生学会使用3 500个单词和400~500个习惯用语，比原教材一下子增加了1 500个单词。她说：“新课程标准对学生和教师的要求更高了，对阅读和自主学习的能力的锻炼也更突出了。”

教材主编、南京大学教授王守仁表示：“对接触词汇要求不能太高，学生看到能认识或知道大致意思就可以了。”

技术

家政、服装设计都要学

在技术部分的8个必修学分中，信息技术和通用技术各4学分。家政、汽车驾驶、家庭理财、服装设计都被纳入了选修课程。

技术课程是一门崭新的课程，虽没有前人积累的经验可供借鉴和参考，但因为列入教材的是各种与生活息息相关的内容，因此受到特别的关注。

综合实践

没有现成教材

综合实践课程分为三个部分：研究性学习活动、社区服务和社会实践，分别占15个、2个和6个学分。综合实践活动是一门全新的课程，承载着新课程的核心理念，这门课程没有现成的教材，没有可循的经验，且具体课时应依据具体情况来安排，原则上不主张过分集中，是新课程改革的难点和亮点。

（选自《潇湘晨报》，2007年9月4日）

分析

高中课改以上述全新的方式在全国逐步推广开来，这次课改借鉴了国外的经验，颠覆了以往的课程内容及其教学模式，给人以全新的感觉。对于一些课程如何教、如何考、如何评，在高考制度存在的前提下如何保证高考不考的科目按计划开设等问题，则需要教育工作者继续研究和探讨，教育主管部门也应探讨一套保障课改方案实施的质量监控体系，可以说课程改革的实施任重而道远。

复习与思考题

1. 什么是课程改革，课程改革包含哪些方面？
2. 简述影响课程改革的主要因素。
3. 我国基础教育课程改革的目标是什么？
4. 如何进行课程改革？从哪些方面进行？

第七章
课堂教学（一）

知识结构图

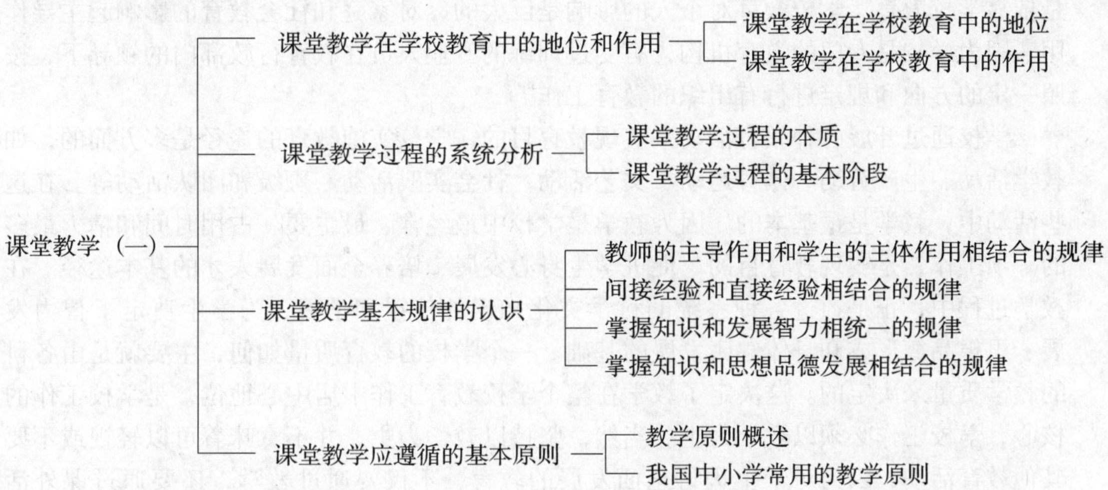

学习目标

1. 概念识记：教学过程、教学原则。

2. 重点掌握：教学过程的环节、教学的基本规律、中小学常用教学原则的含义及应用要求。

3. 难点理解：教学在学校教育中的地位和作用，教学过程的本质，教学规律、教学原则与教学规则的关系，制定原则的依据。

第一节　课堂教学在学校教育中的地位和作用

教学的概念和教育的概念一样充满争论，翻开各种教育学教科书与有关教学论的论著，这种纷争便一目了然。由于不同历史时期人们对教学活动的本质在认识上存在着差异，加之社会对教育活动所提出的具体要求不同，教学的概念随之有变化。

我国教育理论界给教学所下的定义是：教学是由教师的教和学生的学组成的双边共同活动。它是学生在教师有目的、有计划、有组织地指导下，自觉地学习和掌握系统的科学文化知识和基本技能，发展智力、增强体质，逐渐形成一定的思想品德素质以及审美能力，促使身心全面发展的一种教育活动。这是关于教学的规范性定义。

一、课堂教学在学校教育中的地位

学校是对学生进行全面教育的场所，是传授知识、培养人才的专门机构。教学只是学校教育工作的一部分，但是这一部分有着特别重要的地位。

学生接受教育的来源是多种多样的，可以通过学校、家庭、社会等途径，但主要还是依靠学校教育。学校教育对个人的影响是巨大的，对家庭和社会教育的影响起主导作用。因为学校是专门的教育机构，有受过训练的专业人员在教育行政部门的领导下，按照一定的方向和规定进行有组织的教育工作。

学校通过开展各种教育活动来实现教育目的，学校实施教育的途径是多方面的，如教学活动、生产劳动、体育运动、文艺活动、社会实践活动、班级和团队活动等。在这些活动中，教学是最基本的。因为教学是学校中最经常、最主要、占用时间和精力最多的一项工作，是实现教育目的、促进学生身心发展、培养全面发展人才的基本途径。在教学过程中，正是通过各种系统的科学文化知识的传授和学习，为学生奠定了智力发展、思想品德形成和身体健康发展的基础。一个学校的教育质量如何，主要就是由各科的教学质量来决定的。这决定了教学在整个学校教育工作中居中心地位，是学校工作的核心，学校工作必须以教学为主。当然，坚持以教学为主，并不意味着可以轻视或不要其他教育活动，因为对学生进行全面发展的教育，不仅要通过教学，还要通过课外活动、社会实践活动等。因此学校教学工作必须与其他各种教育活动相联系相配合，使学校的整个工作与活动都能有条不紊地进行，以全面提高学校的教育质量。

二、课堂教学在学校教育中的作用

（一）教学的社会作用

教学是一项反映复杂社会现象的社会实践活动，在促进社会发展和人类进步方面具有强大的作用。教学对社会发展具有促进作用。就其实质而言，教学活动是一种较深层次的社会现象在人类生活中的具体反映，它是整个人类社会活动必不可少的一部分，揭示了人类实际生活中的基本需求，对社会进步和发展同样不可缺少。教学作为教育活动的重要形式，它直接显示的就是人类对科技文化知识的传承和历史经验的流传记载，能够起到提高社会生产力发展水平、充实和丰富人们的精神文化生活的作用。从教学内容看，教学是解决个体经验和人类社会历史经验之间矛盾的强有力的手段，个人的发展总是会受到社会发展的限制，中间存在着难以调和的矛盾，而教学活动就是最直接最有效的解决这个矛盾的手段和方法。社会的发展和进步、人类知识博大精深需要人们不断地创造，知识的积累过程更是漫长，个体由于知识、能力及时间的限制，不可能面面俱到，所以对知识的获取，主要采用接受间接经验的方式，而教学是传递间接经验最有效、最经济的途径。一个国家或者民族的精神文化的发展和传递要求最普遍、最广大的群体都可以接受和获得，采取教学的方式就是为了达到这个目的。

因此，教学在推动社会历史发展，促进社会和人民生活的和谐进步，发展和创造国家传统文化等方面都起着重要的作用。

（二）教学对个体发展的作用

培养人是学校教育的最基本功能，而学校教育对人的培养是通过教学活动实现的。课堂教学活动对个体的全面发展不单是给学生传授知识，还可以给学生提供一个完整的教育平台，在促进培养学生自身能力方面具有巨大作用，同时，教学活动的开展要求国家教育部门主要是学校提供足够的人力物力资源，不断扩展学生的教育时间和教育空间，不断扩大学生的认识范围和知识水平。从此意义上说，教学对学生个体发展的促进作用是十分巨大，并且是必须的。

过去人们主张教学的基本作用是“使学生掌握基础知识和形成基本技能”，简称“双基”。从20世纪80年代起，人们开始强调“发展基本能力”，继而又强调“促进个性健康发展”。具体来说，课堂教学是通过完成以下任务体现其重要作用的：

1. 使学生掌握系统的科学文化知识和基本技能

向学生传授系统的科学文化知识和进行基本技能训练是课堂教学必须完成的基本任务。因为教学的其他任务只有在引导学生掌握知识和技能的基础上才能实现。

知识是人们对客观世界的现象、事实及其规律的认识，是人类社会历史实践经验的概括和总结。教学所传授的基础知识是指形成各门科学的基本事实和相应的基本概念、定理、公式、原理等，它具有较强的概括性和相对的稳定性。把人类社会长期积累起来的知识迅速有效地传授给新生一代，并把它内化为个人的知识和智慧是教学的基本作用之一。

教学不仅传授知识，使学生掌握系统的科学文化基础知识，还能使学生形成运用知识的基本技能。技能是指学生在已有知识经验的基础上，通过练习形成的执行某种任务的比较稳定的活动方式。技能一般分为智力技能和操作技能，智力技能主要指借助于内部语言在头脑中进行认知活动的方式，如阅读技能、计算等；操作技能也叫动作技能，是由一系列实际动作以合理、完善的程序构成的操作活动方式，如写字、踢球、游泳等。技能通过多次操作，可以发展成为技巧。基本技能指各门学科中最主要、最常用的技能，如语文和外语的阅读技能、口算和心算的技能、写作的技能、理化生学科的实验技能等。

在中小学课堂教学中，强调基础知识和基本技能的学习是我国广大中小学在办学条件比较差的情况下不断提高教学质量的成功经验所在。我们应狠抓“双基”，这不仅是完成教学任务的需要，也是体现中小学基础教育的特点和性质、全面提高素质的需要。

2. 发展智力，培养能力

在以系统的文化科学基础知识和基本技能武装学生的同时，要有计划、有目的地发展学生的智力，培养他们的能力，这也是教学非常重要的任务。这一任务的提出与当代科学技术的迅速发展和知识的快速更新等有密切联系。未来社会的发展不仅要求人们掌握丰富的知识，更需要具有较高的智力和能力。

智力，一般是指人们的认识能力，是认识活动中表现出来的稳定的心理特征，它主要包括注意力、观察力、记忆力、想象力和思维能力，其中以思维能力为核心。能力，从心理学角度来讲，主要指顺利完成某种活动所需的心理特征；从教育学角度来讲，主要指依靠知识和智力，通过实践形成和表现出来的身心力量。中小学教学应该注重培养学生的语言表达能力、动手操作能力、自学能力和创造能力。

科学知识是智力发展的基础，也是能力的组成部分，学生智力的发展和能力的形成是离不开知识和技能的掌握，这说明了智力发展和能力形成对知识的依存关系。但学习了知识并不意味着就发展了智力，形成了能力；智力可以在培养能力的过程中得到发展，智力的发展又为能力的提高提供了条件，因此在教学中要处理好三者之间的关系。

3. 使学生的身体健康发展，增强学生体质

体质即身体素质，主要指人在先天遗传和后天习得的基础上表现出来的体格、体能和对自然环境的适应能力等方面的相对稳定的特征。年青一代的体质是关系我们国家强弱和民族兴衰的大问题。由于青少年正处于身体迅速成长和发育的关键时期，这个时期身体发育如何、质量好坏将直接影响他们的学习和以后的工作生活，因此学校必须把发展学生的身体健康、增强学生体质放在重要位置。在学校里不仅要在体育教学中完成这一任务，同时也要注意在其他各门学科教学中培养学生的卫生习惯和健康意识。健康的体质是学生取得学习进步和个人发展的前提，教学中不可忽视，应该提倡和加强在这一方面的关注和投入。

4. 进行思想品德教育，为学生奠定科学的世界观、道德观、审美观和劳动观

在课堂教学中进行思想品德教育，是由课堂教学具有教育性的客观规律决定的，也是由社会主义教育的性质和目的决定的。中小学阶段正是学生的品德、审美情趣和世界观逐步形成和迅速发展的重要时期。学生在长期不断的学习中对自己所掌握的科学文化知识有一个选择性吸收的过程，在此过程中，学生的个人爱好和学习兴趣就会显现出来，同时也会对不同的事物产生自己独特的看法和理解，教学必须在向学生传输知识的同时对他们进行不间断的思想道德教育，这是对学生全面发展的自然要求，要让学生在成长的过程中形成科学的世界观、道德观、审美观、劳动观。教学的导向作用在学生的个人发展中起相当重要的作用，从某种程度说，甚至可以起到决定性的作用。

5. 发展个性，培养兴趣

现代教学关注学生个性的发展。个性是指个人稳定的心理特征，如性格、兴趣、爱好、特长和情感等。这些个性特征不是孤立存在的，而是交互联系、有机结合成一个整体并对人的行为进行调节和控制的。只有各种成分之间协调发展，人的行为才是正常的，个性才能健康发展。为此，要通过教学激发每个学生的主体能动性。课堂教学有责任和义务促进学生个性健康发展，为学生兴趣爱好的充分发展、内在潜能的充分发挥、良好性格的养成提供多种可能和条件。现代教学应以马克思主义关于人的全面发展学说为指导，协调发展学生知识、技能、智力、兴趣、爱好、情感、意志、性格等因素，促进学生个性的健康发展。

案例

班里转来了一位女同学，她走进教室的时候，同学们先是惊讶得面面相觑，而后捂住嘴埋下头嗤嗤地笑了起来，因为那女孩只有几绺稀疏的头发。女孩像只受惊的小鹿，手足无措地找到自己的座位坐下来。接下来的几天，一些同学把这个“丑女孩”当作了笑料。老师看在眼里记在心上。老师通过主动与女孩接触，发现这个女孩不仅心地善良，而且手特别巧。后来，老师通过办黑板报让大家见识了女孩漂亮的美术字和潇洒的图案设计；通过手工比赛让同学们发现了她精美的剪纸艺术；通过主题班会引导同学理解什么是真的美，什么是真正的关怀。渐渐地，同学们都喜欢上了这个“丑女孩”，而且发现女孩原来有一双很大很美的眼睛，女孩的脸上从此也有了快乐和自信的笑容。

（选自刘念泉《例谈学校人文教育的开展》，《教学与管理》2005 年第 9 期）

分析

学生初见生活中不曾经历过的人与事容易引起好奇和评价。女孩容貌的特点是外显的，容易引起孩子们的议论，并用平时的美与丑的观点去衡量。教师通过办黑板报、手工比赛、开班会逐步引导孩子们认识到美不仅仅是外显的形式美，还有更多的内涵，转而升华了对美与生活的体验。每个人都有优缺点，能够正确认识应该是一大进步，该教师采用有效的方法引导学生逐步深入认识，不但使孩子们受到良好的思想道德和审美教育，也使女孩的自信进一步增强。

学校教学中一个主要的任务和内容就是思想道德教育和对美的认识、欣赏、评价和创造。

在课堂教学中进行思想品德教育，是由课堂教学具有教育性的客观规律决定的，也是由社会主义教育的性质和目的决定的。中小学阶段正是学生的品德、审美情趣和世界观逐步形成和迅速发展的重要时期。教学必须在向学生传输知识的同时对他们进行不间断地思想道德教育，这是对学生全面发展的自然要求，要让学生在成长的过程中形成科学的世界观、道德观、审美观、劳动观。教学的导向作用在学生的个人发展中起相当重要的作用，在某种程度上说，甚至可以起到决定性的作用。

培养人是学校教育的最基本功能，而学校教育对人的培养是通过教学活动实现的。课堂教学活动对个体的全面发展不单是给学生传授知识，还可以给学生提供一个完整的教育平台，使得学生德、智、体、美、劳全面发展，同时教学活动的开展扩大了学生的认识范围，提高了学生的知识水平。从此意义上说，教学对学生个体发展的促进作用是十分巨大，并且是必须的。

复习与思考题

1. 试分析课堂教学在学校教育中的地位和作用。

2. 什么是教学？学校工作为什么要以教学为中心？

第二节　课堂教学过程的系统分析

一、课堂教学过程的本质

教学过程的定义有很多，一般认为，教学过程是教师有目的、有计划地引导学生掌握科学文化基础知识和基本技能，发展智力，逐步形成科学的世界观和优秀的思想品德的过程，是师生在共同实现教学任务的活动状态及其时间流程。

（一）教学过程是由教师的教和学生的学所组成的双向活动过程

学生在教师的教授和指导下不断吸收人类智慧积累的知识来扩展自己的世界观和充实自己的头脑，从而获得无限的创造能力，这个过程就是教学的中心工作并且由始至终都在进行。教师的教和学生的学，是构成教学活动的重要条件。在教学过程中，教师是起主导作用的因素，组织引导这个过程顺利进行；教师是教育方针政策的贯彻执行者，教师的工作就是利用各种方法和措施向学生传授教学计划中规定的教学内容；教师的本职工作就是要精通自己的业务，明确自身工作的重要性和特点，加强对学生的认知，协调教学任务、教学方法和学生之间的关系，保证教学工作的进行。从具体的教学活动来看，首先，学生是教育的对象，是他们体现了教师工作的特点和重要性，他们的学习成效就是教师工作的衡量标准；其次，学生又是学习的主体，他们具有接受信息吸收知识的能力，还能主动地参与到教学中去，如果没有学生的学习，教学工作是无法进行的，教学过程也是不完整的。所以，教学过程是教师和学生之间积极的双向活动的过程。

（二）教学过程是一种特殊的认识过程

教学过程是教师引导学生学习并且掌握人类长期积累起来的科学文化知识的过程，学生循序渐进地学习和运用知识的认识活动贯穿教学过程始终。

马克思主义认识论认为，人类的一般认识过程是从实践到认识、再从认识回到实践。就其实质来说，教学过程是人类认识活动的一种形式。学生的认识过程要通过一定的实践获得一定的感性认识，理性认识只能建立在一定的感性认识的基础之上，而且学生学习理论知识最终也要回到实践中去指导实践，做到“学以致用”，所以学生的认识过程，总的来说，符合人类一般认识过程的特点，受认识论的一般规律制约。但是，不可能所有的理论和概念都是从实践中获得，而且，有许多知识也是很难通过实践来获得感性认识，然后飞跃到理性认识的，如天体物理、数学定理、化学规律等，它们往往是以一个或若干个已知的概念、定理和方程式为前提，通过推理论证和无数次的实验而获得的。此外，学生在教学过程中获取的知识不可能立即在实践中应用，而是要在接受了这样的知识以后，遇到适当的场合和时机才可以运用。所以，教学过程又是一种特殊的认识过程，有其自身的特点。

1. 间接性

在教学过程中，学生的学习是以书本知识为主的。学生的认识过程不可能直接从现实生活里获得，他们需要以足够多的人类历史科学文化知识作为一个媒介，间接地认识现实世界。

2. 指导性

在教学过程中，学生的学习是在教师的指导下进行的。学生的认识活动目的比较明确，不是盲目的摸索，不同于科学家对未知事物的探索，它是在教师有目的、有计划地引导下进行的。

3. 简捷性

教学过程是一种科学知识的再生产，不是重复人类过去千百年获得这些知识的全部过程，而是走认识的捷径，学生可以用较短的时间得到人类长期积累起来的知识经验。

所以，教学过程除了遵循认识论的一般规律以外，还必须充分考虑学生认识活动的特殊性。只有这样，才能使教学过程进行得科学而有成效。

（三）教学过程是促进学生身心全面发展的过程

青少年处于最重要的长身体的时期，同时也处于主要的学习时期，在这个阶段里，他们不仅要得到身体的健康发育和智力的正常发展，还要发展情感、意志、性格等心理品质。因此，保证学生在这一时期拥有良好的健康状况对他们在教学过程里的学习有着巨大的影响力。

学生成才的一个重要因素就是教师在教学活动中充分调动学生的各种心理活动参与到学习中，保持积极向上的健康心态，使得教学过程变成教师和学生之间的双向互动。

现代教学要求在给学生传授知识技能的同时有意识有目的地开发学生的智力，从小培养学生思考、分析、解决问题的能力。这些心理过程的发展和完善也需要教师在教学活动里有目的、有计划地培训。另外，因材施教是我们一直以来就强调的教育学生的基本方式，学生在教学过程中会形成自己独特的性格特点，教师要特别注重使学生拥有自己健康的个性品质；不同的学生需要不同的场合和舞台来展示自己的特长和爱好，在具体的教学活动中必须要给学生提供这样的机会。

二、课堂教学过程的基本阶段

在教学中，学生掌握知识、技能的过程，一般来说包括以下六个阶段。每个阶段都是相对独立的，各自发挥着独特的作用，同时各阶段之间又是彼此关联与相互衔接的。

（一）激发学习动机

人的一切活动都是由一定的动机引起的。学生进行学习同样是受一定的学习动机支配。所谓学习动机是指推动个体进行学习活动和维持已引起的学习活动，并引导信息行为朝向一定的学习目标的一种内在的过程或内部心理状态，它是复杂的、多种多样的。

学生是学习的主体，学习活动总是在一定的思想、情感和愿望的影响下并在学习动机的支配下进行的。心理研究表明，学习动机与学习活动可以相互激发、相互强化，学习动机可以在学习活动中被逐渐地引发和形成，它一旦形成，就会贯穿学习活动的全过程。

要激发学生的学习动机，首先教师在教学开始时就应该通过提问、设疑、表演等手段来引起学生的学习动机，诱发和激起学生的求知欲望，使学生的求知欲望由潜伏状态转入活跃状态，调动学生思维的积极性和主动性，常用的方法有提问法、激情法、启题法、演示法等。其次，教师要注意学习目的和学习兴趣对学习动机的影响。学习目的是学生学习的间接动机，学生对学习目的认识越明确，学习的积极性就越高；学习兴趣是学生学习的直接动机，多数情况下直接动机更能推动学生学习，所以浓厚的学习兴趣能更有效地激发学生的积极性，教师要善于培养学生的学习兴趣。

（二）感知教材

书本知识是学生学习知识的主要来源，一般以抽象的理性知识为主，是对客观世界各种事实和表象的抽象概括，具体表现为概念、公式、定理等。学生要理解和掌握它们，必须要有一定的感性认识作为基础，如果学生的感性认识丰富、思维清晰，理解书本知识就比较容易，相反，如果没有必要的感性认识，单纯的书本知识会让学生无形中产生更多的困惑，因为书本知识太过抽象而增加了学生的理解难度。

学生感性知识的获得主要有两种途径：一种是直接感知，通过参观访问、实验实习等，使学生由直接感知获得对事物的感性认识和直接经验，为理解抽象的书本知识创造条件；另一种是间接感知，通过直观教具、教师生动形象的语言描述和学生对课本的阅读而获得的感性认识。这就要求教师在教学过程中要善于培养学生的观察力，并为学生指出观察学习对象的重要性。为了让学生的感性认识更加深刻，教师可以给学生布置明确的观察任务，让学生清楚知道哪些对象需要重点观察，哪些可以忽略不计。其次是观察的方法介绍，要让学生在观察中选择正确的观察方法。最后就是在观察结论得出以后，鼓励学生根据自己的理解和认识多从不同角度去分析问题，从而获得准确的认识。

（三）理解教材

感性认识是理性认识的基础。在教学中丰富学生的感性认识，目的是为了帮助学生理解教材，理解教材就是要领会书本上的理性知识，从而形成对客观事物本质及规律的认识；就是要启发学生、引导学生开展积极的思维活动，所以教师应该引导学生把感知的材料和书本上的知识联系起来，通过比较、分析、综合、抽象、概括、归纳、演绎等思维加工形成科学的概念，认识事物的本质，实现从感性认识向理性认识的飞跃。

在教学过程中，教师工作的重心通常放在提示学生思路、引导学生自己探索、教给学生思维方法、培养学生思维能力等方面，除了思维这一核心要素外，对学生观察力、记忆力、想象力的培养也是不可忽视的。

（四）巩固知识

巩固知识，就是把所学的知识经验牢固地保存在记忆中，这一阶段在教学过程中具有极其重要的作用。只有巩固已学的知识，才能有知识的积累，才能不断学习新知识，如果没有知识的巩固，人的知识经验将无法得到积累与传授，那么人类文明将无法延续与进步。知识的巩固和积累为我们提供了一个取之不尽用之不竭的宝库，让学习可以持续不断地进行和发展。

学生作为特殊的认识主体，以学习书本知识、接受间接经验为主，如果所学的知识和经验得不到及时的巩固强化，就会遗忘，不利于以后知识的学习和理解，也难以做到学以致用。巩固知识的工作应当从以下几个方面来做：

（1）要向学生提出明确而具体的记忆要求，让他们知道哪些应该熟练掌握，哪些只需一般了解。

（2）指导学生掌握记忆的方法，尤其注意将巩固知识经验与死记硬背区分开来，把意义记忆和机械记忆、有意记忆和无意记忆结合起来。

（3）使学生养成及时复习的习惯，复习时间的安排应该先密后疏。

（4）合理地分配用于记忆的时间，避免过于集中，并把尝试回忆和反复识记结合起来。

（五）运用知识

学生学习知识的最终目的是为了运用，把所学的知识运用于实际，使理论和实际很好地结合起来，既增加了学生学习理论知识的兴趣，又形成了一定的技能、技巧，把知识转化为能力。同时，知识的运用对学生进一步理解知识，牢固地掌握知识，提高分析问题和解决问题的能力，尤其在培养学生独立性和创造性方面都具有十分重要的意义。

理解知识和巩固知识是运用知识的基础，但是理解了知识不一定就会运用，牢固地掌握了知识不等于形成了技能、技巧。要使学生真正形成技能、技巧，就必须让学生在实践中得到锻炼和印证，否则永远停留在理论的阶段而不能成为解决现实问题的武器，因此教师在教学过程中要注意引导学生运用知识，培养他们的基本技能和技巧。

教师引导学生运用知识的形式是多种多样的，如完成一系列练习作业、实验或实习作业等，还可以通过社会实践等活动，其中练习作业是最经常的一种形式，但在使用时应注意练习作业的内容和方式的科学性，针对不同性格特点的学生还要采取不同的办法；学生也要掌握一定的科学方法来运用知识，不要只是做一些机械式的作业，让知识变成死板的模式。

（六）检查学习效果

学生学习效果的检查和评定是提高教学质量、改进教学方法的重要手段。课堂教学要保证教学目标的有效达成，就必须要对教学过程及其结果进行事实信息的收集和检查评价。教师一般通过观察、提问、书面作业、单元测验和试卷等方式获得有关的反馈信息，及时调控教学过程，改进教学方法，从而保证教学取得更好的效果。

总之，教学过程的每个阶段都有各自的特点和重要性，相互联系、相互渗透，使得教学过程组成了一个有机统一的整体。

案例

这是一位老师在执教人美版美术第一册《鼓儿响咚咚》的教学片断。

（教师运用现代化信息技术手段，一开始就通过投影大屏幕展现西北大汉擂大鼓的壮观场景）

师：你们看到了什么？

生：打鼓。

师：你们听到了什么?

生：(齐声) 腰鼓。

师：鼓能干什么用呢?

生：打、敲。

师：你们想不想听一听腰鼓发出的声音?

生：(齐答) 想。

(教师用手击鼓，发出咚咚的响声。接着，教师拿着腰鼓一一讲解：这是鼓身、鼓面，那是鼓带、鼓槌。)

师：你们想不想自己动手做一个能敲响的鼓?

生：(齐答) 想。

师：现在按小组(课前已经分好)讨论一下，用什么材料来做小鼓? 小组长分工，谁来做鼓身，谁来做鼓面。(老师话音未落，学生已经自己动手干起来了，用不着分工，也用不着商量，自己干自己的。)

分析

由于对传统灌输式教学的批判，在中小学中纯粹灌输式的由老师一包到底的教学方式已经不常见了，取而代之的是满堂问。

现代教学中，人们更倾向于认为教学过程是一种交往活动，即由教师的教和学生的学所组成的双向活动过程，这种交往活动是建立在问题基础之上的，问题成了师生互动和交往的中介和桥梁。然而并非所有的问题都能起到中介和桥梁的作用，具有师生互动、相互交流、相互启发的价值。就如上述案例所示，这种满堂问表面看起来一问一答，甚是热闹，师生之间得到了互动，实际上，课堂中充斥着那种不经大脑思考就可以脱口而出的问题，根本谈不上教育的价值，更不能称之为教师的教和学生的学所组成的双向活动教学过程。

另外，从本案例可以看出，课堂中的问题大多数都是由教师提出的。由此可见，教师在课堂上的主导地位稳固，教师完全控制着课堂教学的节奏，学生始终处于被动地位，整个教学过程缺乏有效的师生互动。

在教学过程中，教师的教和学生的学是构成教学活动的重要条件，既包括教师教的一面，又包括学生学的一面，两者相互依存、相互支持、相互渗透。教师是起主导作用的因素，他们组织引导这个过程顺利进行；学生是学习的主体，他们具有接受信息、吸收知识的能力，还能主动地参与到教学里的学习中去，如果没有学生的学习，教学工作是无法进行的，教学过程也是不完整的。所以，教学过程应该是教师和学生双向之间积极活动的过程。

案例

在教“杠杆原理”时，一位教师先出示概念，在学生理解这一概念的前提下引导学生发散思维，想一想在实际生活里，在什么情况下我们可以用到这一原理，然后用实验验证，最后让学生做适应性练习，从而得到更为深刻的体会和理解。另一位教师则先进行一项生活中常见的活动，让学生用扁担挑重物，再让他们自己做实验验证自己的猜想，看看在不同的情况下所得的感受有何反差，最后得出相关结论，这样做就是要让学生明白，在现实的生活中，我们的学习一样可以进行，而且学习就是在应用中才会更有意义。

分析

第一位教师的教学过程，重结论，轻过程。

这样做的弊病在于：将学习内容以定论的形式直接呈现出来，学生成为知识被动的接受者，把形成结论的生动过程变成现成的结论、现成的讲解，没有学生一系列的质疑、判断、比较、选择以及相应的分析、综合、概括等认识活动，结论难以感悟获得，也难以真正理解和巩固，更重要的是学生的创新精神和创新思维不可能培养起来。这种教学排斥了学生的思考与个性发展，不仅不能促进学生的发展，反而成为学生发展的阻力。这样的教学方法其实是在束缚和禁锢学生的自我判断和自我发现的精神，使学生在学习中会形成一种总要等待老师给出答案或者结论以后才会明白和接受的被动学习态度。

第二位教师在教学过程中，重结论，更重过程。

这样的教学方法有很多优点：其一，鼓励学生主动参与，通过观察、比较、判断、想象让学生感知知识的产生与发展过程，使学习过程成为学生发现问题、提出问题、分析问题、解决问题的过程，使学生学习的主体性、能动性、独立性得以不断生成、张扬、发展、提升。其二，学生是知识的发现者，学会的不仅是课本知识，还掌握了学习方法，养成了良好的学习态度和学习策略，乐于动手、勤奋实践，学生通过自身的体验和实践比较深刻地明白这一理论或者原理在生活中的真实应用，而在这样的实践过程里，可以更好地发展学生的创新精神和帮助学生不断培养他们的实践能力。

复习与思考题

1. 何为教学过程？如何理解教学过程的本质？
2. 课堂教学过程有哪些基本阶段？各阶段如何理解？
3. 如何理解教学过程是一种特殊的认识过程？
4. 如何理解教学过程是由教师的教和学生的学所组成的双向活动过程？

第三节　课堂教学基本规律的认识

任何事物都有它的客观规律，只有遵循规律办事才能获得成功。要想搞好教学工作，必须探讨教学规律，课堂教学规律是教学过程基本因素之间内在的、本质的、必然的联系，是教学工作的“向导”，只有认识和掌握了它，才能有效地提高教学工作的自觉性，克服教学工作的盲目性，从而使教学工作少走弯路或不走弯路；只有遵循了教学规律，才能使教学工作充分体现出它的教育目的和价值，成为学校实现教育目的，促进学生各方面素质发展的主要途径。

教学规律是复杂多样的，也是多层次的。要认识、掌握和驾驭教学规律，首先必须认识和掌握教学过程的基本规律。教学过程的基本规律主要有：教师的主导作用和学生的主体作用相结合的规律、间接经验和直接经验相结合的规律、掌握知识和发展智力相统一的规律、掌握知识和思想教育相结合的规律。

一、教师的主导作用和学生的主体作用相结合的规律

在教学过程中，教师和学生这两者之间的关系是各种关系中最基本的关系。如何处理师生在教学中的地位和关系问题一直是教育史上重要的理论和实践问题，以赫尔巴特为代表的传统教育派和以杜威为代表的现代教育派对此的看法各持一端。以赫尔巴特为代表的传统教育派认为，教师在教学中处于中心地位，向学生传授知识、进行教育主要依靠教师，教师是权威，学生应主要服从教师权威。与传统教育派相反，以杜威为代表的现代教育派认为学生是中心，强调要充分发挥学生的主动性，教师的作用和系统知识的传授都要放在次要地位。无论是传统的教学实践经验还是现代教学的实践经验，都充分证明他们各自的观念都是片面的，只有把二者密切结合起来，使其协调统一，才有利于提高教学质量。

教学过程是教师与学生双向互动的过程，双方都必须发挥主观能动性，但是两者所处的地位是不同的。

（1）教师在教学活动中起主导作用。在教与学的矛盾关系中，教师的教是矛盾的主要方面，并在教学中起主导作用。这有其必然性，因为教师是受国家委托专门从事教育工作的人，是教学过程的组织者和领导者，其职责是根据国家的教育目的、教学计划和教学大纲，有目的、有计划地通过“传道、授业、解惑”，将学生培养成为全面发展的有用人才。同时，“闻道在先、术业专攻”，教师受过专门的教育和训练，具有较高的思想政治觉悟、丰富的知识和生活经验，能了解学生身心发展的规律，懂得如何组织教学，教师的业务水平和组织活动的能力决定了教学过程中知识信息传递的质量和方式等。与教师相比，学生的身心发展极不平衡，知识、能力、经验都很有限，思想个性也不成熟，这些都需要教师的启发和引导。因此，教师有责任，也有能力主导教学过程，对成长中的青少年的身心健康发展负起责任，当然教学过程中，教师主导作用的发挥程度还有赖于教师本身素养水平的不断提高。

（2）学生在教学中处于主体地位。学生是能动的个体，他们不只是教学的对象，还是学习的主体。唯物辩证法告诉我们，任何事物的发展变化都是内外因相互作用的结果，外因是条件，内因是根据，外因必须通过内因才能起作用。教师的主导作用属于外因，学生的主观能动性属于内因，教师传授的知识和技能，施加的思想影响都必须经过学生的消化和吸收，才能转化为他们的本领和品德；教学过程中教师的教只有以学生的

主动学习为基础，才能取得预期的效果。一般来说，学生的学习主动性、积极性愈高涨，学习效果也就愈好。当然，学生主体性的形成和发展离不开教师的正确引导，学生的学习主动性是对教师主导作用的积极配合，背离了教师的主导作用，学生的积极性就会具有盲目性。需要注意的是，在不同的学习阶段，教师对学生主导作用的影响是有所不同的。因此，在对不同年龄阶段的学生进行教学时，对教师主导作用的要求也应有所变化。

（3）教与学是辩证统一的，不可偏废。在教与学、师与生的关系上曾出现过两种偏颇主张：一种是教师中心论，另一种是学生中心论。这两种观点都是违反教学过程的客观规律的。教师主导要与学生主体相结合才会产生积极有效的教学活动，因此在处理两者关系时，教师要防止“包办代替”和“放任自流”两种倾向，学生要注意防止“事事依靠”和“目无师长”的思想出现。此外，在教学过程中，教师和学生两者必须建立起深厚的情感基础，教师热爱、关怀学生，学生热爱、尊敬教师才有利于促进教学过程中的矛盾运动。教学实践经验也证明，师生之间建立起深厚的情感基础，学生在教学过程中就能成为最活跃的因素，并能发挥其学习主体的作用。

二、间接经验和直接经验相结合的规律

间接知识与直接知识的关系是教学过程中一对基本矛盾关系，反映了教学中传授系统的科学文化知识与丰富学生感性知识的关系、理论与实践的关系、知与行的关系。在教学中，学生以学习间接知识为主，间接知识与直接知识辩证统一地相结合是教学的客观规律之一。

所谓间接经验，主要是指书本知识，是前人总结出来的认识成果，属于理性认识。所谓直接经验，即个体自己获得的认识，属于感性认识。

（1）学生以掌握间接经验为主。教学过程的实质是教师引导学生掌握知识的过程，也是学生的认识过程，这种有计划、有组织的认识过程符合马克思主义关于人类认识的一般规律，即由具体到抽象、由感性到理性、运用已知探求未知、不断实践、认识，再实践、再认识。但是教学中学生的认识过程相对于人类一般的认识过程又有其特殊性，它主要是将前人总结的知识真理转化为学生的个体认识，省略了人类认识长河中那种循环往复、曲折的过程，加之教学的主要任务是用较短的时间让学生掌握人类已积累的大量的科学文化知识。所以，学生获得知识经验可以通过直接经验和间接经验两种方式，但主要是借助于间接知识，即通过系统的学习书本知识和听取教师的讲授来获得知识的。学生以学习间接的书本知识为主是符合学生认识特点的。学生学习的书本知识是概括化了的知识体系，是根据社会的需要从人类知识宝库中挑选和提炼出来的最基本的材料，经过科学编排，以教科书的形式呈现给学生的学习内容，它可以使学生不受个体的时间和空间的限制，从而大大提高了认识的起点。在教学中，教师根据编写的课本引导学生有目的、有计划、系统地学习，不仅优化了教学效果，使学生在规定的学习期限内获得大量的认识成果，而且和科学家独立探索的认识过程相比，学生的认识最大限度地排除了科学家在探索时可能出现的一切偶然性和盲目性，采用的是最经济有效的方法。

(2) 学习间接经验必须以直接经验为基础。教学过程是要把前人的认识成果变成自己的知识的过程。学生所学习的书本知识一般都是概念、原理、法则等，是一种尚未和实践相结合起来的偏理性的知识，是一种不完全的知识。学生要把间接知识转化为自己的东西，必须有一定的直接经验作基础，所以在教学过程中，为了便于学生把书本知识转化为自己理解的知识，教师要教导学生利用已有的感性经验，还要组织和引导学生亲自实践。学生的直接知识从何而来？一是可以通过直观教学为学生提供感性认识。教师经常采用生动形象的直观材料来增强学生的感性认识，为学生学习不易理解的概念、原理、定律和公式等抽象材料打好基础，进一步启发诱导学生把个人的感性经验、已有的知识与新知识逻辑地联系起来；二是通过组织学生参加学习性活动，如观察、实验、实习等，参加必要的社会实践活动，使学生获得某种直接知识。教师还可以引导学生把参观、调查、实验等实践活动所得的感性经验进行归纳总结，上升为抽象的、概括的理性认识。

(3) 教学中防止两种倾向。在教学过程中，直接经验和间接经验是相互联系、相互作用的。在处理间接经验与直接经验的关系时，要防止走向两种极端：一种是在传统教育观念的影响下只重视书本知识的传授，强调教师讲学生听，而不注意给学生感性认识，忽视引导学生通过一定的社会实践活动、独立操作去积累经验，探求知识，其结果必然导致注入式教学，造成学生在掌握知识上的一知半解。另一种是在实用主义教育观的影响下违反教学过程简约性的特点，过于重视学生个人的经验积累，强调学生通过自己探索发现和获得知识，忽视系统的科学知识的传授，滑入从做中学的实用主义泥坑，其结果是使学生难以掌握系统的科学文化知识。

总之，在教学过程中，学生以学习间接的书本知识为主，又必须把学习和掌握必要的直接知识作为学好间接的书本知识的重要条件。间接知识和直接知识相互联系、相互作用，以提高学生的学习效率和学习质量。

三、掌握知识和发展智力相统一的规律

关于掌握知识和发展智力的问题，近代教育史上的形式教育派和实质教育派曾经有过长期的争论。形式教育派认为教学的主要任务在于训练学生思维形式，知识的传授是无关紧要的，教学和发展智力是完全同步的；实质教育派则认为教学的主要任务在于传授对实际生活有用的知识，学生智力的发展不依赖教学过程，有它自身的完整系统，这个系统不受任何外部因素影响。显然两派的主张都是片面的，都违背了教学规律。课堂教学过程是学生发展的过程，要正确处理好掌握知识和发展智力的关系。

(1) 知识是智力发展的基础。作为精神形态的智力是不能够被移植的，它只能借助于某种手段间接地接受训练。我们认为在教学过程中，知识是智力发展的必要条件，智力的发展依赖知识和经验的掌握。知识很贫乏的人智力不可能发展得很好，因为智力不会凭空发展，必须以知识为基础。另外，学生学习的科学文化知识含有丰富的智力价值，既是人类知识长期积累的成果，又是人类认识智慧的结晶，它本身蕴藏着丰富的人类认识的方法。学生只有在掌握这些知识的过程中学会获取这些知识的认识方法，并把

这些知识和认识方法自觉地、创造性地运用到以后的学习和实际中去，才能顺利地认识客观世界，从而发展自己的智力，离开了知识，智力活动就失去了内容和对象。在教学实践中，教师应当教给学生系统的科学的规律性的知识，学生只有掌握了这样的知识才能举一反三，闻一知十，触类旁通，智力才能得到最大限度的发展。

（2）智力是掌握知识的必要条件。学生对知识的掌握依赖于他们的智力发展，学生智力的进一步发展会提高学生对知识的理解和掌握水平，有利于学生更快更好地掌握知识。唯有那些智力发展好的学生才有较强的接受能力，学习效率才高；而智力发展较差的学生在学习上往往有较多的困难。尤其是在科技迅速发展的今天，知识信息成倍增加，知识更新的速度越来越快，这就要求学校的教学任务除了传道、授业、解惑外，还必须发展学生的智力，从而使学生胜任学习，自觉地掌握当代科学知识。可见，发展学生的智力是顺利进行教学工作的重要条件，是提高教学质量的有力保障。

（3）教学中防止两种倾向。知识的掌握影响着学生智力的发展，学生智力的发展又影响着他们对知识的进一步吸收，传授知识与发展智力是相互联系、相互制约、相互依存的辩证统一关系，是教学过程中不以人们意志为转移的客观规律之一。我们反对教学中只抓知识教育，忽视智力的发展；同时也不主张脱离教材，另搞一套去发展智力。我们强调将掌握知识和发展智力有机结合起来，当代以美国布鲁纳为代表的西方新教学论思想和以赞科夫为代表的苏联新教学论思想都一致主张将掌握知识和发展智力统一起来，两者不可偏废。

（4）教学中注意掌握知识和发展智力的不同步。掌握知识和发展智力虽然关系密切，但两者之间的发展有时是不同步的。不是说掌握了知识，智力就自然而然地发展了，或者说，智力发展了，知识就掌握得多了。学生知识的多少不等于他们智力的高低，因为能力发展也与掌握知识的方法有关；当然，智力水平高也不代表学生知识丰富。教师在教学活动中也要注意进行启发性教学，创造一切条件来激发学生的求知欲望和认识兴趣，千方百计地调动学生学习的积极性和主动性。唯有如此，才能使学生在掌握知识的同时智力也得到充分的发展。

四、掌握知识和思想品德发展相结合的规律

教学过程不仅是教师传授知识的过程，也是学生形成世界观和与社会相适应的思想品德的过程。教学永远都具有教育性，这是客观存在的教学规律，并被古今中外教育家所认识，我国古代伟大教育家孔子说：“《诗》可以兴，可以观，可以群，可以怨，迩之事父，远之事君，多识于鸟兽草木之名。”教育史上提出并论证“教学的教育性”的命题的是19世纪德国教育家赫尔巴特，他认为教学如果没有进行道德教育，就只是一种没有目的的手段，道德教育（或品格教育）如果没有教学，就是一种失去了手段的目的。

在教学过程中，掌握知识和思想品德发展相辅相成，教师不仅要引导学生掌握知识，而且要使他们提高思想觉悟，做到既教书又育人。

（1）学生掌握知识是形成其思想品德的基础。人的思想观念不是生来就有的，而

是在后天的学习和生活中随着知识和经验的积累逐步形成的。科学文化知识作为教学内容，本身具有教育影响的价值。首先，它有认识世界的作用。在教学中向学生传授人类科学文化知识，让学生广泛地接触自然和社会的各种事物，认识自然和社会的发展规律，这不仅可以增长学生的知识才干，而且还可以帮助学生辨别是非，评价善恶，为树立正确的人生观和科学的世界观奠定基础。其次，通过传授文化科学知识有助于培养学生的优良品德。传授知识与思想品德教育从来就是结合在一起的，"文以载道"、"教书育人"是我国教学史上形成的优良传统。一般说来，任何知识体系都是建立在一定的方法论的基础上，渗透着一定的思想、政治、道德的因素，具有潜隐的教育性，但是学生掌握了知识并不等于提高了思想觉悟。要使教学中传授的知识能给学生以深刻的思想影响，不仅要使学生深刻领悟知识，还要善于引导和激发学生对所学知识的社会意义产生积极的态度，使他们在思想深处产生共鸣，受到熏陶和感染，形成自己的善恶观念、爱憎情感和价值追求。教学正是通过传授富有思想性的科学文化知识来培养学生的优良品德的。

（2）学生思想品德的发展可以促进学生积极地学习和掌握知识。良好思想品德的形成是学生掌握知识的方向和动力，有了正确的学习态度、明确的学习目的、强烈的学习动机和较高的思想觉悟，学生才会充分发挥他们学习的主动性、积极性，满腔热情地勤奋学习、勇克难关，所以教师在教学中要不断提高学生的思想觉悟，端正他们的学习态度，使他们树立远大的理想和抱负，把个人的学习与祖国的现代化建设大业联系起来，给学生以正确的方向和巨大的动力，推动他们自觉地、主动地学习，圆满地完成学习任务。

（3）教学的教育性也受师生关系的影响。教师在传授知识时总是以教师自身的观点、思想、情感来教育和影响学生；在师生的交往活动中，不管教师的主观愿望如何，教师的言行品德总是对学生有熏陶感染、潜移默化的教育作用。孔子特别重视身教："其身正，不令则行；其身不正，虽令不从。""教书"与"育人"总是结合在一起进行的。学生之间也有相互影响的作用，好的班集体是顺利进行教学、教育的重要条件和保证。

总之，教学的教育性是教学的外部规律与内部规律相结合的客观必然性，是不以人的意志为转移的客观规律。教师必须自觉地运用这一规律，保证社会主义学校教学政治方向性，做到"教书育人"。

案例

当我把九岁的儿子带到美国，送他进那所离公寓不远的美国小学的时候，我终日忧心忡忡。这是一种什么样的学校啊？学生可以在课堂上大笑，每天最少让学生玩两个小时，下午不到三点就放学回家了，最让我开眼的是根本没有教科书。那个金发碧眼的女教师看了我儿子带去的中国小学四年级的课本后，温文尔雅地说："我们可以告诉你，6年级以前，他的数学不用学了！"面对她充满善意的笑脸，我就像挨了闷棍，一时间真怀疑把儿子带到美国来是不是干了件蠢事。

……

不知不觉一年过去了，儿子的英语长进不少，放学之后也不直接回家了，而是常去图书馆，不时背回一大书包的书。问他一次借这么多书干什么，他一边看着那些借来的书一边敲着电脑键盘，头也不抬地说："作业。"这叫作业吗？一看儿子打的标题，我真有些哭笑不得——"中国的昨天和今天"。这样天大的题目，即使是博士都未必敢做，于是我严声厉色地问是谁的主意，儿子坦然相告：老师说美国是移民国家，所以让同学写一篇介绍自己祖先生活的国度的文章，要求概括这个国家的历史、地理、文化，分析它与美国的不同，并说明自己的看法。我听了，连叹息的力气也没有，我真不知道让一个10岁的孩子去运作这样一个连成人也未必能干的工程会是一种什么结果？只觉得一个10岁的孩子如果被教育得不知天高地厚，恐怕以后连吃饭的本事也没有了。

过了几天，儿子完成了这篇作业。没想到，打印出来的是一本20多页的小册子，从九曲黄河到象形文字，从丝绸之路到五星红旗，热热闹闹。我没赞扬，也没批判，因为我自己有点发懵，一是我看到儿子把这篇文章分出了章和节，二是在文章最后列出了参考书目，这是我读研后才运用的写作方式，而那时我30岁。

不久，儿子的另一个作业又来了，这次是"我怎么看人类文化"。如果说上次的作业还有范围可循，这次真可谓不着边际了。儿子很真诚地问我："饺子是文化吗？"为了不误后代，我只好领儿子一起查阅权威的工具书。费了番力气，我们总算完成了从抽象到具体又从具体到抽象的反反复复的折腾，儿子又是整晚坐在电脑前煞有介事地写文章。我看他那专心致志的样子，不禁心中苦笑：一个小学生，怎样去理解"文化"这个内涵无限丰富而外延又无法确定的概念呢？但愿对"吃"兴趣无穷的儿子别在饺子、包子上大做文章。在美国教育中已经变得无拘无束的儿子很快把文章作出来了，这次打印出来的是10页，又是自己设计的封面，文章最后面又列着那一本一本的参考书。他得意洋洋地对我说："你说什么是文化？其实特简单——就是人创造出来让人享受的一切。"那自信的样子，似乎他发现了别人没能发现的真理。后来，孩子把老师看过的作业拿回来，上面有老师的批语：我布置本次作业的初衷是让孩子们开阔眼界、活跃思维，而读他们作业的结果往往是我进入了我希望孩子进入的世界。问儿子这批语是什么意思，儿子说，老师没为我们骄傲，但是她为我们震惊。"是不是？"儿子问我。我无言以对，我觉得这孩子怎么一下子懂了这么多事？再一想，连文化的题目都敢去做的孩子还有什么不敢断言的事情吗？

……

儿子小学毕业的时候，已经能熟练地在图书馆利用计算机和缩微胶片查找他所需要的各种文字和图像资料了。有一天我们俩为狮子和豹子的觅食习性争论起来，第二天，他从图书馆借来了美国国家地理学会拍摄的介绍这种动物的录像带，拉着我一边看一边讨论。孩子面对他不懂的东西，已经知道到哪里去寻找答案了。

……

有一次，我问儿子的老师："你们怎么不让孩子背诵一些重要的东西呢？"老师笑着说："对人的创造能力来说，有两个东西比死记硬背更重要：一个是他要知道到哪里去寻找他所需要的比他能够记忆的多得多的知识；再一个就是他综合使用这些知识进行新的创造的能力。死记硬背既不会让一个人知识丰富，也不会让一个人变得聪明，这就是我的观点。”

（选自高钢《我所看到的美国小学教育》，《家庭科技》2009 年第 9 期）

分析

案例中的父亲在国内从来没有接触过这样的教育、这样的老师，所以一开始他怀疑、困惑，但儿子的成长经历又在改变着他，使他由怀疑到信服、佩服。那位美国教师也不是什么教育名家，但她的话足以让这位父亲感动，让我们震动：死记硬背，既不会让一个人知识丰富，也不会让一个人变得聪明。这使我们不得不进一步思考这样一个并不新鲜的问题：教学中传授知识和培养能力哪个更重要？

答案似乎也很明确：两者同样重要。教师在教学中既要向学生传授系统的科学文化知识，又要注意发展学生的智力、培养认知能力。但现在的问题是：我国的教育太注重认知结果的教学了，我们相信已有的知识都是千真万确的，相信用已有的知识武装自己的头脑就足够了，而通过认识过程培养其能力的教学任务则被挤到了一个小小的角落，稍不注意就被忽视了。学生不能质疑，不能异想天开，他们只需埋头苦读即可，而究其根本，是我们的考试选拔制度和评价制度。但是，我们现在所处的是知识和信息更新速度日新月异的时代，有限时间内无法学到可以享用终身的知识，而且这个时代对人的创造力的要求远大于对掌握知识多寡的要求。能知道如何寻找、建构更多知识并能够综合使用这些知识进行新的创造比死记硬背强上百倍！因此，在信息时代，我们不仅希望学生掌握知识，更希望学生掌握分析知识、选择知识和更新知识的能力。简而言之，智慧比知识更重要，过程比结果更重要，知识是启发智慧的手段，过程是结果的动态延伸。教学从重结果变成重过程，才能把知识变成智慧。

本案例反映了教学中的掌握知识和发展智力相结合的规律。

复习与思考题

1. 课堂教学的基本规律有哪些？试联系实际加以分析。
2. 如何认识直接经验和间接经验之间的关系？
3. 教学过程中掌握知识和发展智力是什么关系？
4. 为什么说在教学过程中学生是学习的主体？它与教师的主导作用有什么关系？

第四节　课堂教学应遵循的基本原则

一、教学原则概述

（一）教学原则的概念

教学原则是教师和学生在教学工作中自觉地遵循教学规律，为完成教学任务所必须遵循的行为要求和准则，是根据一定的教学目的与任务，遵循教学过程的规律而制定的对教学的基本要求。它不仅是一个重要的教学理论问题，也是重要的教学实践问题，既指导教师的教，也指导学生的学，在整个教学过程中不断重复和应用，贯彻教学过程的各个方面和始终。

教学原则与教学规律既有联系又有区别。教学规律是制定教学原则的客观依据和基础，科学的教学原则是教学规律的具体体现和反映。教学规律即教学内部所蕴含的各种矛盾之间的本质联系，教学原则是依据教学规律对教学活动所提出的基本要求和行动指南。只有教学原则正确地反映了教学规律，教师在教学中又很好地贯彻了教学原则，教学才能取得成效。

教学原则是借助一定的教学规则实现的，教学规则是人们提出供教师和学生在教学活动中共同遵守的教学制度或规章。教学规则是教学原则的组成部分和具体细节，它主要阐明每个原则的某一方面的具体贯彻要求，两者是整体与部分的关系。

（二）制定教学原则的依据

教学原则不是任何人随意提出的，而是有一定的客观依据的。制定教学原则的依据主要有以下几个方面：

1. 教育目的和任务

教育目的和任务是教学的出发点和依据，也是教学活动的归宿。它们规定了教学活动的发展方向和预定的结果，指导和支配着课堂教学活动的各个方面。我国的教育目的是培养德、智、体、美、劳全面发展的社会主义建设者和接班人，教学的任务是既要引导学生掌握科学文化基础知识和基本技能，发展学生的智力、体力和创造才能，又要培养学生的社会主义品德和审美情趣，奠定学生的科学世界观基础。因此，我国的教学原则应该体现社会主义教育目的和教学任务的要求，使之成为实现教育目的的保证。任何教学原则的确定必须遵循和反映教学目标。

2. 教学的客观规律

教学原则虽然是人们主观制定的，但同样也是教学过程客观规律的反映。只有反映了客观规律的原则，才能对教学实践工作进行正确的指导。所以，对教学规律的认识越全面，也就越有助于制定科学的教学原则。但由于教学原则与教学规律的关系很复杂，因此规律与原则不是一一对应的关系，根据一条规律可以提出好几条教学原则，而有的教学原则也反映着不同规律的要求。

由于教学原则是人们根据对教学规律的认识而制定的，那么不同时代和不同的教育家对教学原则会有不同的看法。因此，它受到人们认识的制约，具有时代的特点。随着科学技术的进步，人们对教学规律的认识不断深入，教学原则将不断完善和发展。

3. 学生身心发展的规律

学生是教学的对象，又是学习的主体，只有适合学生身心发展规律的教学才能促进学生的发展，教师只有根据学生各个年龄阶段身心发展的客观规律施教，实事求是，因势利导，才能卓有成效。

青少年的身体和心理发展是有阶段性特点的，每一阶段都有相应的年龄特征，不仅反映在生理发展方面，更重要的是反映在心理发展方面。由于各年龄阶段学生的思维发展水平不同，因而他们的理解程度和接受能力也就有所区别，而且青少年学生的身心发展是与遗传、环境和教育等基本因素密切相关的，处于一定年龄阶段的青少年学生既有共同的年龄特征，又有不同的个性特征。因此，我们在制定教学原则时还必须以学生的身心发展规律为依据。

4. 教学实践经验

教学原则是教学实践经验的概括和总结。人们在长期的教学实践中不断总结出一些成功的经验或失败的教训，对这些经验和教训反复分析，不断认识深化，由感性认识上升到理性认识，经过概括总结、研究探讨而发现教学规律，据此而制定教学原则。在教育史上，许多教育家在总结教育实践经验的基础上提出了许多至今仍有价值的教学原则，例如，孔子在长期教学实践中总结出“因材施教”、“启发诱导”的原则；朱熹总结出了“循序而渐进，熟读而精思”的读书指导法等。这些教育史上有益的经验是我们制定教学原则时应借鉴和吸取的。

教学实践经验不仅是制定教学原则的依据，也是检验教学原则是否正确的唯一标准。

今天，教学原则的研究不断深入，不仅进一步充实与完善了传统的教学原则体系，而且还根据哲学、心理学、系统论、控制论等理论提出和构思了新的教学原则体系。

总之，制定教学原则应以教育目的与任务为指导思想，以教学实践经验为基础，以教学过程的客观规律以及学生的年龄特征和个性特征为主要依据。这样，才能使教学原则更加科学化，才能充分发挥教学原则对教学实践的指导作用。

二、我国中小学常用的教学原则

关于我国中小学的教学原则体系，目前，我国教学理论界尚不统一。综合各种版本的《教育学》和《教学论》，笔者认为我国中小学教学原则体系应包括以下七个教学原则：即科学性和思想性相统一原则、理论联系实际原则、直观性原则、启发性原则、循序渐进原则、巩固性原则、统一要求和因材施教原则。

（一）科学性和思想性相统一的原则

科学性与思想性相统一的原则是指教学要以马克思主义思想为指导，要求教师不仅要向学生传授反映客观实际的真理性知识和实际有用的知识技能，使教学内容具有严密的科学性，还要对学生进行思想品德教育，并使两者有机地结合起来。该原则是我国社会主义教育目的的要求，它体现了我国教育的根本方向和质量标准。

科学性与思想性相统一的原则，也是教学的教育性规律的反映。我国自古以来就有教书育人的好传统，今天，教学的科学性和思想性更是密不可分，教学的科学性是思想性的基础，思想性是科学性的保证。坚持科学性和思想性相统一的原则有利于正确处理掌握知识技能与提高思想品德的辩证关系，使学生既学会做事，又学会做人。要做到科学性和思想性统一，就要求：

1. 保证教学的科学性

在教学中，教师传授给学生的知识、运用的方法都应当是科学的。教师必须要保证所传授的知识是正确的、准确的、反应客观真理的；教学方法、教学手段要熟练掌握，灵活科学地运用；要让学生掌握科学的学习方法，形成科学精神。

2. 根据学科的性质和特点，掌握教学内容的思想性

思想性是科学知识的内在属性，而各学科知识主要是通过对教材的讲授和学习来体现的，不同的课程、不同的教材有不同的侧重。各科教学要根据教材，从本学科自身的性质和特点出发，有所侧重，学科之间相互补充，从而构成一个完整的立体教育网络。教师要善于分析和挖掘教学内容中的思想教育素材，在此基础上进行思想教育。由于各门学科的性质和内容不同，所以应根据它们各自的特点来进行思想教育：既要防止对学生进行单纯的知识传授，忽视必要的思想教育，也要防止偏离本学科教学任务、脱离教材内容而生拉硬扯地进行说教或是牵强附会的道德训话，这种说教和训话对学生的发展不会产生任何积极的影响。

3. 在教学活动过程中进行思想教育

无论在课内还是在课外，无论教学活动还是学习和研究活动，无论是教学的哪一个环节，都要重视对学生进行人生观和道德品质的教育。这就要求在教学中，教师除了通过教学内容讲授的方式进行思想品德教育外，还要通过教学活动的各个环节，如作业、辅导、检查、评定等方式对学生进行思想品德教育。

4. 教师要不断提高自己的专业水平和思想修养

教师的人格精神对学生起直接作用。在课堂教学中，教师的思想政治倾向，科学文化知识的素养，实事求是的科学态度，一丝不苟、精益求精的治学精神，循循善诱的教学方法都会对学生的学习效果、思想品德的形成起潜移默化的影响。因此，教师必须不断地充实与更新，提高自己的思想水平和业务水平，才能确保教学的科学性和思想性的统一。

（二）理论联系实际原则

理论联系实际原则是指教学要以学习基础理论知识为主导，并从实际出发，把理论知识讲授与实际结合起来去理解、运用知识，从而培养运用科学知识分析问题、解决问题的能力，使学生学懂会用、学以致用。

该原则是辩证唯物主义认识论中“知行统一”观对教学的要求，也是学生认识活动规律的反映。这一原则的提出体现了我国教育目的的要求：既要重视学生理论知识的学习，又要重视学生实际操作和应用知识的能力的培养。教学以传授书本知识为主，客观上容易脱离实际，只有认真贯彻理论联系实际的原则，把知识的讲授与生动的实际结合，把学习知识与运用知识结合，才能解决好间接经验与直接经验、理性认识与感性认识、学与用的关系，使学生在体验中深刻地理解知识，牢固地掌握知识，灵活地运用知识，形成相应的技能、技巧。要做到理论联系实际，就要求：

1. 重视书本知识的教学

理论联系实际必须注重理论知识的学习。学生主要是通过掌握教材中的系统理论知识得以发展。没有理论就谈不上联系实际，联系实际的目的在于使学生更好地掌握理论知识，因此教师要严格按照教学大纲和教科书的规定以及知识的逻辑结构组织教学，确保学生系统全面地掌握应学习的各门学科的基础知识和基本技能，这是在教学中做好理

论联系实际的前提和基础。为了帮助学生掌握各科书本知识，教师一方面要启发引导学生钻研书本知识，一方面则要广泛联系实际，要联系科学知识在生产建设和社会生活中的运用实际，联系当代最新科学成就的实际等。

2. 教学要密切联系实际

在教学联系实际中，一方面是联系所学知识在生产和生活中运用的实际，使学生认清所学知识的价值；另一方面是联系学生的实际，即所联系的实际是在学生的生活经验里已经有的，或部分已有的，至少是学生可以理解的。当然，有些实际虽然未曾进入学生生活经验，但却很重要，必须联系，这就要运用演示、参观等方法，先使它进入学生生活经验，然后再联系。

3. 根据教学的要求，适当组织学生参加必要的实践活动

教学中，只有认真引导学生运用知识于实际，才能巩固和深化所学知识，掌握技能，获得比较完全的知识，这就要求教师在教学中组织学生参加多种形式的实践活动，如练习、实验、实习、参观、生产劳动、社会活动等，把书本知识和适当的实践活动结合起来，给学生更多运用知识解决实际问题的机会，培养他们的创造才能。学生不仅可以通过实践来验证书本知识，学习运用知识，还可以丰富直接经验，补充学习书本知识的不足。

4. 补充必要的乡土教材

这是使学校教学与社会生活相联系的重要措施。学校和教师可根据学校所在地方的地域特色以及学校的特点编写校本课程，充分体现教学与实际联系、教学回归生活的教学新理念。因此，在使用统一教材时必须适当补充乡土教材，使教学不脱离地区实际，能为地区经济建设服务。

（三）直观性和抽象性相统一的原则

直观性和抽象性相统一的原则是指教师运用各种直观手段，引导学生充分感知所学的对象，使学生获得生动鲜明的表象，丰富学生的直接经验和感性知识，从而比较全面、比较深刻地掌握知识，并使认识能力得到较好的发展。该原则反映的是教学中理性认识与感性认识，即概念与事物及其形象之间的矛盾关系。

直观性和抽象性相统一的原则是依据学生的认识规律提出来的，学生掌握书本知识需要以感性知识为基础，直观可以使知识具体化、形象化，为学生感知、理解、记忆知识创造条件。该原则也是根据学生的年龄特征和思维发展的要求提出来的，因为学生思维的发展都是从具体、形象思维开始的。教学中的直观性原则就是通过自然本来的实物、现象或它们的复制品，如标本、模型、图画、图表等直观教具来增强学生感知基础。

在教学中遵循这一原则能促使学生的具体感知和抽象思维相结合，有助于丰富教学内容，增强感知环节，减少学生掌握抽象概念的困难，使学生易于理解和牢固掌握理论知识；有助于培养学习兴趣，激发思维活动，发展学生智力；也有助于加强理论与实际的联系，增强教学的形象性，提高教学效果。要做到直观性和抽象性统一，就要求：

1. 要明确直观的目的和要求

教师在运用直观教学时要注意直观手段可运用于教学过程的各个阶段，但它只是手

段，目的是通过直观更好地完成教学任务，所以不要滥用直观，防止为直观而直观。教师在进行直观教学时一定要根据教学任务、教学内容的要求和学生的年龄特点及知识水平恰当地选择各种直观教具；当所传授知识是教材的重点、难点，并且知识比较抽象，而学生又缺乏这方面的感性经验时，教师就可以有选择地运用直观手段。

2. 恰当选择和运用直观手段

直观教材的种类繁多，一般可分为三类：一为实物直观，包括各种实物、标本、实验、参观等；二为模像直观，包括各种图片、图表、模型、幻灯片、录像带、电视、电影、多媒体和网络等；三为语言直观，教师语言的生动形象，并借助于手势、语调和表情等。

在选择和应用直观手段时，教师要根据多方面的因素综合考虑。例如，根据教学内容的特点、学生的年龄特点、直观材料的特点、教师自身的素质等适当选择直观教材。一般来说，要针对内容的重点、难点来选择和运用，低年级直观手段多，且偏重于实物、模像；高年级倾向于语言直观，而且实物、模像的手段不宜太多。在不同学科、不同内容的教学中，直观的手段也应有所不同。

3. 直观手段的运用必须同教师的讲解结合起来

语言的直观运用可以摆脱实物、图表等直观所需要的时间、地点、设备和其他条件的限制。教师的语言讲解不仅能强化直观教具的感染力，还可以对教具表现不出的部分加以补充，同时在直观与讲解结合的过程中，教师语言讲解能够集中学生的注意力，指导学生进行分析、综合、抽象、概括和推理等思维活动，发展学生的抽象思维，把学生观察到的片面的、零碎的感性认识加以归纳，提炼出事物的本质特征。

直观手段的运用成效与教师的语言讲解指导有很大关系。因此，教师要善于运用生动形象的语言取得直观效果。

4. 从运用直观形象过渡到摆脱具体形象

直观只是手段，而不是目的，使用直观教具必须有意识地使学生以后不需借助教具也能再现有关表象，能摆脱具体形象而进行抽象思维活动，而且并非一切场合都要把直观和实践活动看作教学的出发点。在学生已获得了形成某个概念的足够的感性材料的情况下，教学不必从演示直观教具开始，而且，教学还可以在学生已有概念的基础上形成新概念，所以，教学应合理灵活地安排直观与抽象。

（四）启发性与学生积极主动性相结合原则

启发性与学生积极主动性相结合原则是指教师在教学中承认学生是学习的主体，通过激发学生的求知欲，形成学习动机，充分调动学生学习的主动性、积极性，引导他们独立思考，积极探索，自觉地掌握知识，提高分析问题和解决问题的能力。

该原则符合辩证唯物主义内因与外因相互作用的观点，符合学生的认识规律。学生学习是一种在教师指导下的高效、迅速的认识活动，这种对客观世界的认识不是消极被动的，而是在积极主动的活动中完成的。只有通过他们自身的认真思考，对所学的知识进行分析、比较、综合、概括，才能真正地掌握。所以，教师必须要启发引导学生，调动他们的积极性和自觉性，促使他们融会贯通地掌握和运用知识。

我国古代大教育家孔子在他长期教学实践中就很重视“启发”原则。他经常鼓励学生好学善问，不在学生没有思考的情况下进行教学；在回答学生问题时，往往不作正面回答，而是用反问法，以发展学生的推理能力，让学生自己得出正确的答案。《论语》里记载了孔子的教学原则："不愤不启，不悱不发。举一隅不以三隅反，则不复也。"后来，《学记》也提出"君子之教，喻也"，倡导"道而弗牵，强而弗抑，开而弗达"，明确指出教师的作用在于引导、启发，而不是强迫、代替。我国古代教育关于启发性教学的要求和调动学生学习主动性的主张是十分宝贵的。西方教育史上，最早具有启发教育思想的是古希腊的苏格拉底，他把启发式谈话法称"产婆术"，主张通过提问和对话，激发诱导学生自行得出结论。

启发性与学生积极主动性相结合原则是在继承有关启发教学的优秀遗产的基础上，根据学生的认识规律，在现代心理学和教学实践经验的基础上提出来的。事实证明，在教学中贯彻启发性原则能够把教与学紧密结合起来，调动教师和学生两方面的积极性，促进学生更好地理解知识和培养分析问题、解决问题的能力。要做到启发性与学生积极主动性相结合，就要求：

1. 充分调动学生学习的主动性

调动学生学习的主动性是贯彻该原则的首要问题。学习主动性是学生学习的内在动力，如果没有这种内在动力，而是靠外力来强迫命令，这样的学习是难以持久的，而要启发学生学习的主动性，最主要的任务就是激发学生的学习动机，学习主动性正是学习动机、学习目的在态度上的外在表现，它直接影响着学生学习自觉性、积极性的发挥。学生的学习动机是由社会、家庭、学校等多方面因素影响决定的，其中最现实、最活跃的成分是认识兴趣，或叫求知欲，这是学生学习的重要因素。在教学中，教师要根据教学内容和学生年龄特点，采取不同的教学方法激发学生学习兴趣，使他们具有强烈的求知欲望，还要注意把学习的一时兴趣与学生的奋斗目标、祖国的需要等联系起来，培养学生具有远大的学习目标、高度的学习责任感，使他们保持持久的学习热情。

2. 启发学生独立思考，发展学生的思维能力

启发的关键在于激发学生的思维活动。学习是一项复杂的思维活动，是一个在教师指导下不断地提出问题、分析问题和解决问题的过程。为了能发展学生的思维能力，教师要善于联系教材与学生实际，提出富有启发性的问题，以激发学生思考。思考的过程实际就是分析、比较、综合、抽象、概括的过程，就是思维能力的发展过程。通过学生独立思考、集体议论、相互补充，然后水到渠成地导出结论。教师应注意提出的问题要能切中要害，发人深省，要起到一石激起千层浪的作用；在启发学生思考的过程中要有耐心，给学生以充分时间；当学生遇到困难时，教师可以进一步启发、引导，但如果教师提出的问题太简单、太大、太深、太抽象，或问题提得不明确，都会造成启而不发；教师还可以通过复习、测验、考试、作业等引导学生多思、善问，培养学生独立思考、认真钻研的习惯。

3. 鼓励学生提问题

很多教育家都提出了"学须善疑"的思想，南宋的朱熹曾说："读书无疑者，须教有疑，有疑者却要无疑，到这里方是长进。""思源于疑"是指思维活动的开展离不开一定的问题，没有问题，就没有思考的必要。所以，教师要鼓励学生钻研教材，围绕所

学内容提问题，并逐步引导他们善于提出有质量的问题。爱因斯坦说："提出问题比解决问题更重要。"在贯彻启发性教学原则时也同样是提出问题比解决问题更重要。

4. 培养学生自学能力

学生学习缺乏积极自觉性的原因很多，其中一个很重要的原因就是读书不入门、学习不得法、缺乏自学能力。过去教师的任务是把学生教会，而现在不仅要引导学生理解知识，自觉地运用知识，还要教会学生懂得怎样学习，掌握学习方法，理解学习过程，交给学生打开知识宝库的"金钥匙"。教会学生学习的中心问题是要切实领导好学生的思考过程，发展学生逻辑思维和独立获取知识、运用知识的能力。教师要根据教学内容和任务的不断变化改进教学方法，善于给学生引路，引导他们探索知识、独立思考、发现和解决问题。

5. 发扬教学民主，生动活泼地进行教学

教学民主是启发式教学的重要条件，建立良好的师生关系是贯彻启发性原则的重要保证。教学民主即师生关系民主、平等、融洽。教师对学生严格要求，又要处处关心爱护，要允许而且鼓励学生提出问题，说出不同见解；善于引导和帮助学生解决疑难问题，对有困难或一时学习落后的学生要关怀帮助，不要挖苦、讽刺，这样学生就会心情舒畅地积极参与到教学过程中，对提出的问题进行讨论和思考，积极主动地学习，使整个课堂气氛轻松、愉快，教学生动、活泼，教学就能获得最佳效果。

（五）系统性和循序渐进相结合的原则

系统性和循序渐进相结合的原则是指在教学过程中，要按照学科内部的逻辑系统和学生认识发展顺序有计划、有系统地进行教学，使学生系统地掌握基础知识、基本技能，形成严密的逻辑思维能力。

该原则是科学知识发展的客观要求，也是学生身心发展规律的反映。因为任何科学知识的发展都有严密的逻辑结构，各门学科的体系虽然不完全等同于相应的科学，但就其结构来说，同样是十分严密的，是有序可循的。中小学所开设的各门学科的知识都是以相应的科学体系为基础的，同时考虑教学的要求，具有严密的逻辑系统。从学生认识的规律来看，学生的认识是从不知到知、由具体到抽象、由简单到复杂、由现象到本质不断提高的过程，因此教师在教学中，必须依照这些顺序循序渐进地引导学生掌握知识，发展技能。学生要掌握学科的系统知识，就必须理解学科的逻辑顺序，掌握基本结构，难易颠倒或杂乱无章会造成学生学习的困难。故教学必须按照学科的逻辑系统，使学生认识逐步深化。

循序渐进是一条古老的教学原则。《学记》要求"不陵节而施"，提出"杂施而不孙，则坏乱而不修"，朱熹又进一步提出"循序而渐进，熟读而精思"，明确提出了循序渐进的教育要求。在国外，夸美纽斯主张"应当循序渐进地来学习一切，在一段时间内应当把注意力只集中在一件事情上"，另外，乌申斯基、布鲁纳等都强调系统知识的学习。要做到系统性和循序渐进相结合，就要求：

1. 按照教学大纲和教材的逻辑系统进行教学

按教学大纲和教科书的体系进行教学是贯彻这一原则的重要前提，教师不能随便增删教学内容，因为会破坏知识的系统性和完整性，这就要求教师必须熟悉和掌握教材的逻辑系统及其各部分之间的有机联系，注意新旧知识的衔接，尽量使新教材与学生已有的知识联系起来，使学生掌握知识体系，明确问题的内在联系。

2. 抓主要矛盾，解决好重点与难点的教学

循序渐进并不意味着教学要面面俱到、平均使用力量，而是要求区别主次、分清难易、有详有略地教学，这样才能提高教学质量。

突出重点和难点是教师提高教学质量的保证。重点是课本知识体系中最基本的部分，是相对于知识体系而言的。抓好重点就是要把基本概念、基本技能当作课堂教学的重点，把较多时间和精力放在重点上，围绕重点对学生进行启发诱导，开展对话、议论、讨论，进行作业及其评议，以保证学生正确掌握基本概念和基本技能。难点是指学生难以理解的内容，是相对于学生的接受能力而言的。难点不一定是重点，不同的学生有不同的难点，每个难点都有不同的形成原因，因此必须针对学生的具体情况来突破教学中的难点。教师应在课本的重点和难点的分析、确定、准备、教学和评价上多花时间和精力。只有善于突出重点、分散难点，才能保证系统知识的教学。

3. 教学要有一定的难度和速度

一般来说，教学要按照学生的认识顺序，由浅入深、由易到难、由简到繁、由已知到未知地引导学生掌握知识、技能。学生的学习有很大的潜力，教师要充分看到这一点。我国学者汪刘生认为："教学内容太容易会使学生不动脑筋，没有学习兴趣，阻碍学生的发展；太难会加重学生的负担，挫伤学生积极性，造成大多数学生学习质量下降。只有适当增加教学内容的广度、深度、难度，适当加快教学的进度，才能加强教学的发展功能，给学生的发展以强有力的影响。"① 但这种要求也不是越难越好，越快越好，而是要符合学生的"最近发展区"，激起学生的求知欲和积极性。

4. 把循序渐进原则贯彻于教学的全过程

一切教学活动都要系统连贯，要把循序渐进原则贯穿于教学的全过程。不仅要在讲授新课中循序渐进，而且实验实习、作业练习、复习巩固、技能技巧的训练、检查、考试等都要注意贯彻该原则。总之，教师要逐步提高教学要求，不要搞突击，不赶速度，不跳跃前进。

（六）理解性和巩固性相结合的原则

理解性和巩固性相结合的原则是指在教学过程中，教师引导学生在理解的基础上牢固地掌握所学的知识和技能，能长久地保存在自己的记忆中，并能根据需要迅速再现和运用，为学习新知识、发展创造性思维奠定基础。这一原则主要解决教学中获取新知识与保持旧知识之间的矛盾。

理解性和巩固性相结合的原则是由教学活动中学生的认识特点决定的。首先，学生学习以书本知识为主，获得的是间接经验，是别人的感受和思想，不是他们亲身实践得来的，如果没有巩固的环节就容易遗忘；同时科学知识的系统性很强，新知识的学习要以原来的知识经验为基础，如果不能牢固地掌握所学知识，新知识的学习就不能顺利进行。其次，学生学习时需要把别人的感受内化为自身的思想、情感，这种内化以理解为

---

① 汪刘生. 教学论. 合肥：中国科技大学出版社，1996

基础，只有理解深刻，才能记忆牢固，同时牢固而清楚的记忆有助于对新知识的理解。另外，学生学过的知识、技能一定要理解深刻、熟练掌握，才能在未来的生活和工作中具有普遍而强有力的适应性。因此，巩固性原则在教学活动中具有重要意义。

历代教育家十分重视知识的巩固问题。孔子主张“学而时习之”、“温故而知新”，朱熹提倡“熟读精思”，夸美纽斯更是有过形象的比喻：“如果只顾知识的传授而忽视巩固，就好像水泼在米筛上，最终将一无所获。”要做到理解性和巩固性相结合，就要求：

1. 教师讲授知识要清晰而深刻，引导学生深刻地理解知识

教师讲授知识的开始就是理解和巩固知识的开始。理解是巩固的前提，理解的东西比尚未理解的东西容易被记住，有规律有条理的东西比杂乱无章的东西容易被记住。学生要巩固知识，首先要对教材有清晰的感知、深刻的理解，因为感知、理解是记忆的前提，感知得愈清晰、明确，理解得愈透彻，记忆就愈牢固。要使学生深刻理解所讲授的知识，就要求教师讲课生动形象、主次分明、条理清晰、重点突出、逻辑严密，给学生留下鲜明深刻印象，使学生对教材感知清晰，理解透彻，为巩固知识打下基础。

2. 组织好学生的复习，减少遗忘的发生

心理学研究表明，识记材料之后就是遗忘的开始，减少遗忘发生的基本方法就是复习。复习就是重温已学过的知识，它可以使知识在记忆中强化、熟练，加强学生对知识的理解，做到条理化和系统化，提高运用知识的能力。复习的种类有：学期开始的复习，日常复习，阶段性复习，总结性复习等。但是，复习不等于简单重复，其效果取决于正确的组织。

无论采用哪种方式，为了组织好学生复习，教师都要向学生提出明确的目的和记忆任务，并采用科学的复习方法；在组织复习中注意复习的及时性、分散性和频次性。

3. 通过练习、运用来巩固知识

练习、运用是巩固知识的重要途径。积极运用所学知识来解决实际问题，从而巩固已有知识，这种办法与复习相比，是一种更为积极的巩固。教师组织各种形式的作业是为学生创造运用知识的机会，加强基本技能的训练，在实践中理解知识、巩固知识。因此，在教学中，教师要重视作业的布置、检查、批改和讲评等工作，使学生通过多读、多想、多练等方法，反复思考与练习，达到巩固知识的目的，掌握基本的技能技巧。

4. 掌握科学的记忆方法

教师在教学中要把主要精力放在帮助学生对知识的理解和融会贯通上，发展学生的意义识记能力，要使学生懂得在理解的基础上记忆，在记忆的基础上加深理解。在教学过程中，我们既要反对那种不求理解的死记硬背，又要反对只求学生理解而不加强学生记忆力训练的做法，特别是在信息社会，记忆力训练具有特别的意义。要把理解记忆和机械记忆相结合，把培养思维能力与记忆力相结合，还要让他们学会分散记忆与集中记忆相结合使用。鼓励学生根据自已的学习特点，摸索出适合自己的记忆方法，同时要增强记忆信心，加强记忆的情感作用。

（七）统一要求和因材施教相结合的原则

统一要求和因材施教相结合的原则是指教学既要面向全体学生，保证统一规格，又

要从学生的实际情况出发，照顾个别差异，有的放矢地进行教学，把集体教育与个别指导结合起来，实施个性化的教学，使每个学生的才能和个性特长都能得到充分的发展。

要做到统一要求和因材施教相结合的原则，就要求：

1. 教学要有统一的基本要求

统一要求是学校培养学生的基本规格，是各科教学所必须完成的主要任务，这是使教学达到国家所规定的基本要求的重要保证。教师要在教学过程中严格按照课程标准和教材的统一规定和要求教学，还要教育学生处理好学习各门功课与发展个人特长的关系，使他们学好国家开设的各门功课。有了统一要求，教学才会有共同的标准规格，才不会降低水平。

2. 深入了解学生实际，针对学生的特点进行有差别性的教学

深入细致地了解学生是教师成功进行教学的基础和前提，使教学真正做到有的放矢。教师通过调查研究，既要了解全班学生的知识水平、接受能力、学习态度的一般特点，又要较为具体地知道每一个学生在兴趣、特长、注意、记忆、能力等方面的情况，这为教师的教学提供了依据。教师要在了解的基础上确定教学内容的重点和深度，考虑教学方法，在集体教学中兼顾个别学生，从而采取不同的措施教育不同的学生。对反应迟钝的学生，要激励他们积极思考；对过度自负的学生，要适当压压他们的傲气；对自卑心理较重的学生，要帮助他们找到自己的闪光点，鼓励他们抬起头来走路，树立信心，等等。

3. 教学要面向多数，兼顾两头

我国目前学校教学的组织形式是班级授课制，教学首先是面向全体学生。这种教学组织形式、教学活动主要是建立在大多数学生的知识程度和发展水平的基础之上，所以教学的深度、广度是大多数学生经过努力后能够接受的。但在面向多数的同时，我们还必须照顾到学生的个别差异，尤其是要兼顾那些超越班级水平的学生和跟不上班级水平的学生。对那些“吃不饱”的尖子生和“吃不了”的后进生，教师在课堂上可以适当地提出不同的教学要求，对尖子生提出高一些的要求，打破原来的教学计划，扩增学习内容，适当加快速度，充分发挥他们的潜力，对他们的缺点不能迁就，要及时帮他们改正；对后进生，教师要给予信任和帮助，适当补课，认真进行辅导，及时鼓励，帮助他们改正缺点和错误，并善于发现他们身上的积极因素，因势利导。加强因材施教，一方面教育转化好后进生，使之跟上全班，以保证整体的质量；另一方面抓好尖子生的培养，帮助他们更扎实、更深刻地打好基础，挖掘他们的潜能，使之得到更大的发展。

从上述七个教学原则总结所得，我国中小学教学理论研究吸取了古今中外的教学实践经验，再结合我国教学实践的经验和教训，有力地证明了此原则体系确实对我国教学实践起着有益的指导作用。尽管该体系有待完善，但就目前而言，我国教学论研究者普遍认为此原则适用于我国普通教育教学实践。在实际的教学中，广大教师应把上述几个教学原则看成是一个相互联系有机统一的整体，善于把它们综合起来全面地加以贯彻应用，并且不断地在全新的教学活动中将上述原则进行总结、推广、发展，取得教学活动的更好成绩。

案例

和往常一样，提着录音机换好舞蹈服我就上楼了。每周四，我都会带孩子们去舞蹈房训练。刘校长给我打过招呼，说今天会有一位新同学，听说以前学过舞蹈。

舞蹈教室里，孩子们已经习惯了自己做一些常规训练，压腿，开肩。看着她们自觉主动地去练习，我从心里感到高兴。点名，排队，在一系列的程序过后我们就开始了常规的训练。"压腿。"随着我一声令下，舞蹈课就这样开始了。音乐响起，孩子们跟着拍点起伏有序地运动着。突然在最后一排的角落，我看到一个小朋友呆呆地站在那一动不动，她就是新来的小涵。"她在干什么？"我心里发起牢骚。我走过去问她："你怎么不动？""我不会。"她说得那么理直气壮。我有些生气，以前不是学过舞蹈吗，怎么常规训练都不会？但我还是帮她把腿放在把杆上。她笨拙的动作引来了同学们一阵阵笑声，她站在那里怎么也不肯动了。我问她："你不是学过舞蹈吗？怎么不做？"她怎么也不肯说话，我拿她也没了办法，就任她坐在旁边的地板上，满心疑问地把课上完了。

第二天，我想找她单独谈谈，想彻底了解一下她，但她不在，正好碰到了她的数学老师高老师，他知道我的来意便和我闲聊起来：小涵是个很认真的孩子，但是脾气有点倔，自尊心特别强，什么事都要争个强。她爸爸妈妈对她比较溺爱，所以她也没吃过什么苦。听到这里，我已经明白了她那天为什么不肯动了，是因为其他同学的笑声让她觉得丢了面子，加上练基本功又是很痛苦的事情。

知道了这些，我心里就有数了。第二天，我找到了小涵，直截了当地对她说："我已经跟你班的老师谈过了，知道你学习很好，每科成绩都不错。其他老师都很喜欢你。本来我对你的期望很高，可是周四你的表现……唉……"我没有再说下去，只是一声长长的叹息。她看看我，没有说话。

又是周四，和往常一样，提着录音机换好舞蹈服我就上楼了，只不过今天多分期待，我想看看小涵今天的表现。和往常一样，开始了常规训练，我看着她有些不自然，在这个时候我故意表扬了她前面的小圆，"小圆不错，动作很快。"我只是想激起她好强的脾气。这招还真灵，她看看我，毫不犹豫地把腿架到了把杆上。我心里暗喜，也表扬了她动作快，听到自己得到肯定，她练得更有劲了，虽然动作还很生疏。

现在，她来我们舞蹈队快三个月了，在三个月里她有了很大的进步。有一天，她妈妈开心地打电话告诉我她会自己在家练习了。对她我只有鼓励，因为我知道她是个"响鼓"，不用"重锤"，想起这三个月，我对她说过最重的话，可能就是那一声长长的叹息……

分析

读完这则来自教学一线的真实案例，我首先想到的是因材施教。孔子教学，各因其材。孔子弟子甚杂，在他的三千弟子中，高低贵贱各有之，但孔子皆正身以矣，欲来者不拒，欲去者不止。孔子培养出很多人才，成功的原因之一就是因材施教，根据每个学生具体的情况实施具体的教学对策。

每个学生的身心发展既有共性，也有个别差异。教师要深入学生心灵世界中去，对学生的性格、气质、知识水平、家庭背景等都要做深入了解，在此基础上才能有的放矢地采取有效的教育对策。在本案例中，这位舞蹈老师通过访谈，了解到小涵是个很认真的孩子，但是脾气有点倔，自尊心特别强，什么事都要争个强。对性格有点倔的学生不宜用一些简单粗暴的方法，譬如说简单而特别严厉的批评惩罚等，对自尊心强的学生应给予适当的表扬和激励。

这则案例还揭示了一个更为重要的教学原则。在教与学中，学习动机的培养和激发特别重要，这位舞蹈教师就善于培养和激发学生的学习动机。学习动机的培养和激发策略有许多，其中有一点不容忽视，那就是在教育教学中要多用正强化，慎用负强化。这位舞蹈教师觉得对小涵这样的学生没必要“重锤”，最重要的还是那声叹息，就说明了这个道理。

复习与思考题

1. 试述教学原则与教学规律、教学规则之间的联系与区别。
2. 简述教学原则制定的主要依据。
3. 结合个人体验和教学实际，谈谈如何贯彻启发性教学原则。
4. 如何贯彻科学性和思想性统一的原则？
5. 如何贯彻系统性和循序渐进相结合的原则？
6. 中小学常用的教学原则有哪些？各教学原则在运用中应该注意哪些要求？

第八章
课堂教学（二）

知识结构图

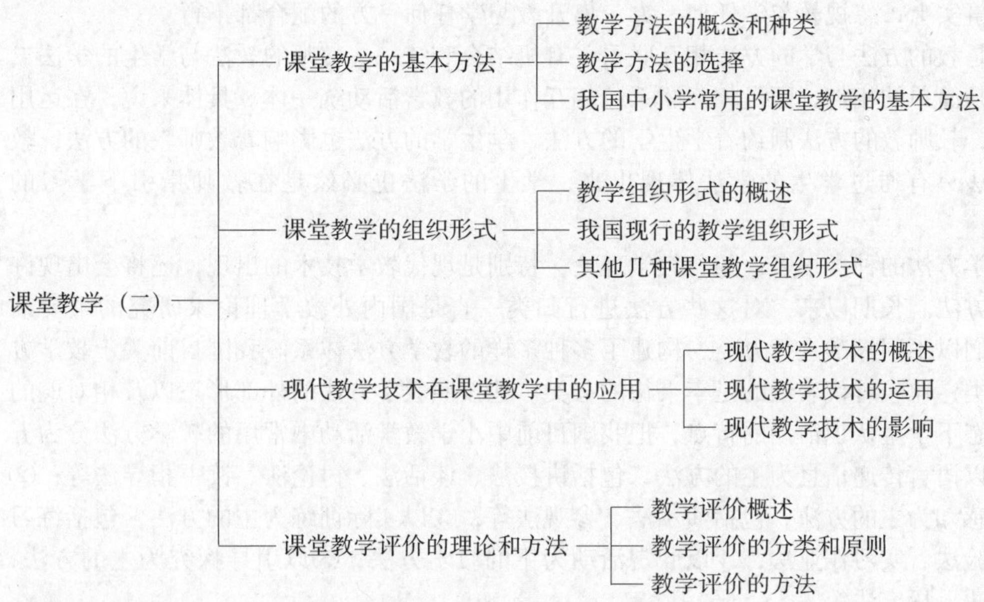

学习目标

1. 概念识记：教学方法，教学组织形式，现代教学技术，教学评价。

2. 重点掌握：教学的基本方法，课堂教学的优缺点，现代教学技术的运用，教学评价的方法。

3. 难点理解：教学方法选择的依据，教学组织形式的主要分类标准及主要类型，教学辅助形式的特点和作用，现代教学技术的意义和影响，教学评价的分类。

第一节　课堂教学的基本方法

教师要教好学生，提高教学质量，就必须在正确的教学思想指导下，根据教学目的、任务和内容以及各学科的特点，掌握科学的教学方法理论，改革传统的教学方法，在教学实践中创立自己的教学方法，形成独特的教学风格。

一、教学方法的概念与种类

课堂教学方法是指教师和学生在教学过程中，为实现教学目的、完成教学任务而采取的教与学相互作用的活动方式的总称。这一定义主要体现以下两个方面：

一是教学活动的双边性。教学活动是教师的教和学生的学相互联系、相互作用的双边活动。它主要解决教师“怎么教”和学生“怎么学”的问题，因此，教学方法应包括教师的教法和学生的学法。如果只单纯反映教师的活动，会使教学陷入灌输和注入的境地。事实上，忽视教与学任何一方，离开教与学任何一方的配合都不行。

二是教的方法与学的方法相互联系，有机结合和统一。教师的教法与学生的学法二者绝不是简单的相加，而是相互联系、相互作用的教学活动统一体。具体来说，在运用过程中，教师教的方法制约着学生学的方法，学生学的方法也影响着教师教的方法；教师的教法只有通过学生的学法体现出来，学生的学法也必然是在教师指引下学习的方法。

教学方法的种类很多，随着教学理论，特别是现代教学技术的出现，还将会出现许多新的方法。长期以来，对这些方法进行归类一直是国内外教学理论家研究的重要话题，他们以不同标准进行分类，构建了多种多样的教学方法体系。我国目前关于教学方法的分类，比较有代表性的是李秉德的分类。他按照教学方法的外部形态以及相对应的这种形态下学生认识活动的特点，把我国目前中小学教学活动中常用的教学方法分为五类：①以语言传递信息为主的方法，包括讲授法、谈话法、讨论法、读书指导法等；②以直接感知为主的方法，包括演示法、参观法等；③以实际训练为主的方法，包括练习法、实验法、实习作业法；④以欣赏活动为主的教学方法；⑤以引导探究为主的方法，如发现法、探究法等。[①]

教学方法是教学工作中的一个重要组成部分。它直接关系着教学工作的成败、教学效率的高低和把学生培养成什么样的人。因此，教学方法问题解决得好坏，就成为能否实现教学目的、完成教学任务的关键。[②] 教学实践证明，教师如果不能科学地选择和恰当地运用教学方法，不能根据教学条件的变化对教学方法进行相应的改革，会导致师生消耗大量时间和精力却教学效果差，给教学工作造成损失。所以，教师在教学过程中应正确理解、选择和运用教学方法，这对提高课堂教学效率，实现教育目的，完成教学任务具有重要意义。

---

① 李秉德．教学论．北京：人民大学出版社，2001. 187

② 夏瑞庆．教育学．合肥：安徽大学出版社，2003. 144

二、教学方法的选择

（一）选择教学方法的意义

关于教学方法，古今中外积累的种类是十分丰富的。随着我国教学改革的不断深入，也将会陆续出现许多新的教学方法。因此，在实际教学中，教师能否正确选择教学方法，成为影响教学质量的因素之一。实践证明，教师在选择任何一种教学方法时，如果能够综合考虑教学的各种因素，如教材、学生情况、教学条件等等，选取适当的教学方法，并能合理地加以运用，就会取得更好的教学效果；相反，如果教师毫无选择地使用教学方法或错误选用教学方法，就会给教学活动造成不良的影响。因此，教学活动的成败在很大程度上取决于教师是否能恰当地选择教学方法。所以，每个教师都必须学会科学地、恰当地选择教学方法。

（二）选择教学方法的依据

“教学有法，而无定法；教无定法，贵在得法。”面对多种多样的教学方法，哪种教学方法是在教学情境中最适合、最恰当的？这些方法如何有机结合，才能达到最佳效果呢？这些问题在很大程度上决定着教学目标的实现，那么在实际教学工作中，教学方法的选择标准也就显得极其重要。一般来说，选择教学方法标准的依据有以下几个方面：

一是依据教学的目的和任务。教学方法是实现教学目的的手段，是为教学目的服务的。每个教学阶段，甚至每堂课都有特定的教学目的和任务，教学目的和任务不同，教师选用的教学方法也应不同。教学的目的和任务如果是向学生传授新知识，教师就应该选择语言传递信息的方法；如果是形成和完善技能、技巧，就要选择以实际训练为主的方法；如果一节课要完成多重任务，则应选择多种方法，使之相互配合。

二是根据教材内容的特点选择方法。一般来说，不同学科的教学内容具有不同的性质特征，同一学科不同章节的教学内容也具有不同的特点，这都需要教师采用适合教学内容性质特征的教学方法，比如语文、政治、历史等课程多采用讲授法；理化生等常把讲解法与实验法相结合；音体美等课程多注重练习法等。就每门课程的教学内容来讲，它们又有各自的特点和要求，在教学过程中，它们又总是和学生掌握该内容所必需的智力活动的性质相联系，所以有些部分可以用讲授法，有些部分可以用讨论法，有些部分可以用练习法或实习法。总之，必须根据教材的性质和具体内容的特点，选择适当的教学方法。

三是依据学生的实际特征选择方法。这里所说的学生的实际特征包括学生的心理特征和知识基础特征。教师的教是为了学生的学，教学方法要适应学生的基础条件和心理特征，不同年龄阶段的学生，身心发展特征和知识基础都不相同，这无疑也是选择教学方法要考虑的重要因素。学生的实际特点直接制约着教师对教学方法的选择，这就要求教师能够科学而准确地研究分析学生的上述特点，有针对性地选择和运用相应的教学方法。所以，选择教学方法时，教师要考虑学生在智力、能力、学习方法、学习态度等方面的准备水平，选择那些能促进和发展学生学习独立性的方法。例如中学生，与小学生相比，其独立学习的能力增强了，因此，教师除了让他们进行接受性学习之外，还应更多地注意引导他们独立地开展实验、练习和实习活动，以探索真理，获取真知。

四是依据教师本身的素质选择方法。由于教师的个人经验、兴趣爱好、能力、性格、气质等各不相同，在选择和运用教学方法时也就各有偏重。教师要根据自身的特点和专业素质，选择适合自己的、完全被自己所理解和掌握，并且可以发挥作用的教学方法。一般来说，教师往往使用那些掌握的比较好的教学方法。如有的教师形象思维水平高，可以选择以语言传递信息的方法，利用生动形象的语言把问题和事实描绘得生动具体，然后根据所讲事实，由浅入深地讲演道理；而有的教师善于运用直观教具，就可多选择以直接感知为主的方法，在直观教具的配合下能有效地讲解理论。其实，不管任何一种方法，都有其优缺点。所以，教师在选择教学方法时，应根据自己的实际情况，扬长避短，采取与自己条件相适应的教学方法。同时，教师应在发展中不断提高自身素养和水平，丰富和改造现有的教学方法，逐步形成具有个性特征的教育艺术风格。

五是依据各种教学方法的职能、适用范围和使用条件选择方法。不同的教学方法具有不同的适用范围和条件，同时又有各自的优点和局限性。某种方法对某一具体情境是最佳的，在另一情境中却未必是；在某种情况下是低效的，在另一种情境中可能是高效的。例如，传授新知识的谈话法是以学生的知识准备和心理准备为前提条件的，离开了这个条件，用谈话法去传授新知识是困难的；讲授法虽能保证学生在短时期内获得大量的系统的知识，便于发挥教师的主导作用，但是它不容易发挥学生的主动性和独立性；探索法、研究法对发展学生的智能，培养学生独立的学习能力起着积极作用，但是，它又受时间等条件的限制，必须与谈话、讲解等其他方法配合使用才能收到良好的效果。因此，选择教学方法时，教师应认真分析各种教学方法的优缺点，把握其适应性和局限性，或有侧重地使用，或进行优化组合，不可盲目地选用教学方法。

六是依据教学时间和效率的要求选择方法。教学方法的主要目的之一，就是为了保证教学工作顺利、有效地进行。但是，不同的教学方法所需要的教学时间也不一样，而课时及每节课的时间是一定的。因此，教师在保证达到最佳教学效果的前提下，还应根据课时安排选择不同的教法，做到既能充分利用时间，又能保证完成教学任务。所以，在实际教学中，教学方法使用效率的高低也成为一个重要的选择依据。好的教学方法应该是能在规定的时间内顺利完成教学任务，实现具体的教学目标，同时能使教师教得轻松，学生学得愉快。

七是依据学校的教学条件选择方法。教学方法的选择，在客观上也受到学校的教学条件如教学设施、仪器设备和具体环境等条件因素的影响，如果这些条件不具备，就会限制某些教学方法的运用。如：实验法、直观法、探索法等。所以，教师不能仅从理论出发，还应从学校的教学条件实际出发。

总之，教学是一种创造性活动，选择教学方法要根据各方面的实际情况统一考虑。只有经过全面、具体、综合地考虑，才能保证在一定条件下充分体现教学规律，充分发挥教师特长，最大限度地调动学生主观能动性，从而确保教学过程的优化。没有一种教学方法是适合所有教师和学生的，也没有一种教学方法是适合所有教材和教学的。因此，每位教师都应创造性地选择适当的教学方法，在具体的教学实践中不断探索、不断革新，才能彰显出属于自己的独特教学艺术与风格。

三、我国中小学常用的课堂教学的基本方法

（一）以语言传递信息为主的方法

以语言传递信息为主的教学方法，是指通过教师运用口头语言向学生传授知识、技能以及学生独立阅读书面语言为主的教学方法，主要包括讲授法、谈话法、讨论法和读书指导法。

1. 讲授法

讲授法是教师运用口头语言向学生系统地传授知识、发展学生智力的方法。它是一种古老的、传统的教育方法，也是迄今为止在世界范围内应用最广泛、最普遍的方法，其他方法多与之配合使用。从教师教的角度看，它是一种传授的方法；从学生学的角度讲，它是一种接受性的学习方法。在实际的教学过程中，讲授法又可以表现为讲述、讲解、讲读、讲演等不同的形式，这些形式又各有自己的特点。

讲述，即教师用生动形象的语言向学生具体叙述、描述事物和现象的方式，在语文、政治、历史等文科教学中应用最广。讲解，是教师对某个概念、原理、公式、定理等加以解释、论证的方法，在数理化等自然科学中应用较多。讲读，是讲与读交叉进行，有时还加入练习活动的方法，既有教师的讲与读，也有学生的讲、读和练，是讲、读、练结合的活动，主要用于语文、外语教学之中。讲演，是指进行系统全面地描述事实，深入分析、论证，并得出科学结论的一种方法，这种方法多用于中学高年级的教学活动中。

这几种形式之间没有严格的界限，经常在教学中穿插结合使用。讲授法可以使学生在较短时间内获得大量、系统的知识，有利于发挥教师的主导作用。但是，假如应用不当，就不利于学生积极、主动地学习，所以，教师要充分考虑到学生听讲的方式，使教师的作用与学生的自觉性、积极性紧密结合起来。否则，就容易导致注入式的讲授。

应用讲授法的基本要求有：

（1）讲授的内容具有科学性、系统性和思想性；讲授的概念、原理、观点等必须正确，对学生有积极的思想教育作用；在讲授过程中，要层次分明、重点突出，要全面、系统、循序渐进。

（2）讲授语言要简练、清晰、准确、生动、形象，说话时要通俗易懂，深入浅出；遵循语言规范；速度、音量恰当，语调要做到抑扬顿挫。

（3）讲授过程要注意启发学生积极思考，防止注入式讲授。讲授法以教师活动为主，易使学生处于被动状态，所以，讲授必须调动学生学习的积极性、主动性，启发学生的思维，探求新知识，掌握新内容。

（4）恰当地运用板书和直观教具。板书和教具是教学的辅助手段，在讲授过程中教师恰当地使用，可以补充口头语言的不足，有助于提高讲授的效果，集中学生的注意力，增强学生的理解和记忆。

2. 谈话法

谈话法又称问答法，是教师根据一定的教学目的、教学要求和教学内容，依据学生已有的知识经验向学生提出问题，激发学生积极思考，引导学生自己得出结论，从而获得知识的一种教学方法，它是一种历史悠久、行之有效的方法，最早使用谈话法的是我国古代的孔子和古希腊的苏格拉底。谈话法一般分为以下三种形式：传授新知识的谈话、复习巩固知识和检查知识的谈话、指导和总结性谈话。无论哪种形式的谈话，都要设计不同类型的问题，开展不同形式的谈话活动，调动学生的积极性，这是发挥谈话法作用的关键所在。

谈话法的优点在于师生通过语言进行双向的交流，便于激起学生的思维活动，促进学生的独立思考，唤起和保持学生的注意力和兴趣，也有利于学生口头表达能力的锻炼和提高。同时，教师通过谈话可以直接了解到学生对知识的掌握情况，既可以获得教学的反馈信息，改进教学，提高教学质量，又可以照顾到个别学生的特点，因材施教。当然，谈话法也有其不足之处，需要的时间较多，很难照顾到每一个学生。因此，谈话法经常与其他方法配合使用。

谈话法的基本要求有：

（1）教师要充分做好准备。为了有效地谈话，教师要根据教材的内容、教学对象的特点，明确要提出哪些问题，按什么顺序提出，需要多长时间，学生可能会如何回答，如何启发、引导学生获得结论等，教师在备课时应当作细致的考虑并拟定出提问的提纲。

（2）所提问题要明确具体、难易适度。教师所提问题要切合学生理解能力和知识水平，从易到难，由浅到深，不能模棱两可、含糊不清，也不能深奥难懂、故弄玄虚，并尽量多留一些时间让学生思考。

（3）谈话要面向全体学生，克服谈话法的不足。要使全班同学都积极思考所提出的问题，并尽量让多一些学生来回答，回答机会要均等。同时，教师要尽可能让回答问题的学生具有代表性，如选择不同层次的学生。

（4）善于启发诱导，归纳总结。教师要注意引导学生根据问题之间的线索，进行比较、分析、综合、归纳、概括，最后得出正确结论。在谈话最后阶段，教师应当用规范而科学的表述对学生通过谈话所获得的知识加以概括总结，使学生的知识系统化、科学化。

（5）谈话要平等民主、气氛融洽。谈话过程中，教师要尊重学生，充满热情，要鼓励学生提问，发表自己的看法和不同意见，培养学生提出问题和回答问题的能力和习惯。

3. 讨论法

讨论法是指根据教师提出的问题，学生以全班或小组为单位，围绕中心问题各抒己见，通过证论或辩论活动相互启发、相互激励、相互学习，从而获得知识或巩固知识的一种教学方法。讨论法可以分小组进行，也可以在全班进行；可以在课内进行，也可以在课外进行。在课堂教学中开展讨论时，参与讨论的学生需要对所要讨论的问题具有一定的基础知识和生活经验，有一定的独立思考能力和理解能力，因此，这种方法通常在中学高年级教学中采用。

讨论法是学生之间的相互交流、相互交锋，能更好地发挥学生的主动性、积极性，有利于培养独立思考能力、口头表达能力和创新精神；而且由于全班学生都参加，且大家年龄和发展水平相当，容易激发学生的学习兴趣，提高学习情绪，还可以集思广益、互相学习、互相启发，使学生们取长补短，共同进步，同时也有利于培养学生的合作精神。但是，讨论法受到学生所学知识、经验和能力的限制，难免会在讨论中脱离主题而流于形式。

讨论法的基本要求有：

（1）讨论前，师生要做好准备工作。教师要选择好所要讨论的题目和内容，提出的问题应当是教学内容中比较重要的事实、观点、原理等，要难易适度，有争议性、探讨性。教师提出讨论要求后，要指导学生进行收集和阅读有关资料或者进行必要的调查研究，做好发言准备。

（2）讨论中，教师要引导、鼓励学生大胆发言，既要让学生自由发表看法，又要注意引导学生围绕中心问题逐步深入展开讨论。教师要耐心倾听，适时、适量地介入讨论，对遇到的问题及时点拨，保证讨论不离题，克服讨论法的不足。

（3）讨论后，教师要做好小结，也可以引导学生自己概括出问题的结论。对疑难或者有争议的问题，教师要阐明自己的看法，同时允许学生保留自己的看法，以便进一步学习。

4. 读书指导法

读书指导法，又称阅读指导法，是教师指导学生通过阅读教科书和课外读物获得知识、培养良好阅读习惯和能力、提高自学能力的一种教学方法。学会读书是学生必须掌握的基本技能之一。读书指导法的特点是既强调学生的“读”，又强调教师的指导。学生阅读的书籍包括教科书、参考书和其他课外读物，教师应积极指导学生预习、复习、自学教材和阅读课外书。

在实际教学中，教师对学生的阅读指导必须从指导阅读教科书开始，因为教科书是学生在学校中获得知识的主要来源。教师还要指导学生阅读课外读物，这样不仅能够加深理解和巩固课内学习的知识，而且可以扩大知识面，满足学生的兴趣、爱好，发展特长。虽然各门学科的性质不同，对学生阅读指导的具体方式不同，但都应该注意加强对学生的预习和复习活动的指导，也应注意在各科内容的讲授过程中加强对学生阅读的指导。

读书指导法的优点在于：学生通过自己阅读书籍，不仅能更好地领会、消化和巩固知识，扩大知识领域，丰富精神生活，提高思想认识，发展自己的智力和能力，还能培养学生读书的能力，对提高学生的自学能力也有重要意义。

读书指导法的基本要求有：

（1）指导学生阅读教科书。教师要采用多种方式指导学生阅读教科书，如课前预习、课上细读、课后复习；要教会学生运用各种工具书，以帮助学生更好地阅读教科书。

（2）指导学生选择课外读物。课外读物应慎重选择，以免对学生产生不良影响。

教师在进行指导时，可以根据教学的要求和学生的兴趣爱好确定一些必读书目，或者提供一些书目让学生自己选择，引导学生阅读健康、科学、适合自己年龄特点的书。

(3) 指导学生读书的方法。要引导学生掌握不同的阅读方法，使学生把精读和泛读结合起来；找到适合自己的阅读方法，养成朗读、默读和快速阅读的能力；还要学会寻找参考书，使用工具书，学会做读书笔记，在阅读中做批注、做摘录、列提纲和写心得，养成良好的读书习惯。

(4) 组织学生交流读书心得。教师不仅要帮助学生制订阅读计划，也要在学生阅读的基础上，适当组织学生开展读书活动，如办学习园地、读书报告、座谈会等形式交流心得。

(二) 直观感知的方法

直观感知的方法是指教师通过对实物或者直观教具的演示和组织学生进行教学性参观等方式，引导学生利用直观感知来获得知识的方法。这类教学方法具有形象性、具体性、直观性和真实性的特点，但是只有与以语言传递信息为主的方法合理地结合使用，才能保证教学效果的提高。

1. 演示法

演示法是教师在课堂上通过展示各种实物、直观教具，或进行示范性实验，或采用现代化视听手段等让学生通过观察获得感性认识，以全面领会知识、发展思维的一种教学方法。这种方法在中小学各科教学中被广泛采用，但演示法只是一种辅助性教学方法，要与讲授法、谈话法等教学方法结合使用。

随着自然科学和现代化技术的发展，演示手段和种类日益增多。在我国中小学中，根据演示材料和方式的不同，可分为实物、模型和标本的演示；图片、图画、地图的演示；实验的演示；幻灯、录像、录音、教学电影的演示；音乐、体育、劳动课教师的示范性动作或操作演示等。

实践证明，演示法直观性强，不仅能够使学生获得丰富的感性认识，为学生学习新知识提供丰富的感性材料，把书本知识和实际事物联系起来，帮助学生更好地理解所学的知识，而且能集中学生的注意力，激发学习的兴趣，发展学生的观察力和思维能力，提高学习的效果。

演示法的基本要求有：

(1) 演示前，教师要根据教学内容的需要，制作好演示教具，做好演示准备，特别是实验的演示，应先试做一遍，以保证课上演示成功。

(2) 演示时，注意演示效果。教师要尽量使全班同学都能观察到演示活动，要尽可能使学生运用多种感官去充分感知演示物。还要重点突出，正确演示，引导他们注意演示对象的本质特征和主要方面，不要把注意力分散到细枝末节上去。

(3) 演示要与讲解、谈话等方法相配合。通过教师语言启发，使学生的注意力不是停留在事物的外部表面特征上，而是在感知过程中，正确地进行分析、综合和抽象，把感知和理解结合起来，从而获得明确的结论。

(4) 演示要适时适度。应当在使用时才展示直观教具，过早地拿出来，会分散学生的注意力，削弱新颖感，降低演示效果；演示后，应及时收藏好演示物。每堂课的演示不宜过多，不能为演示而演示。

（5）演示后，教师要及时地引导学生分析讨论演示中他们所观察到的有关内容。如果是实验演示，可以要求学生讲述和解释实验现象，师生共同进行评议。

2. 参观法

参观法是教师根据教学的需要和要求，组织学生到校外的工厂、农村、自然界或其他社会场所，通过对实际事物和现象的观察、研究而获得知识或巩固验证已学知识的方法。参观是教学的一种特殊形式，根据参观的目的可分为以下三种类型：一是准备性参观，即讲授新课前组织的参观。教师在讲授某一课题之前，先组织学生去参观有关的项目，目的是给学生学习新课题积累必要的感性知识，引起学生学习新课题的兴趣，为顺利学习新课题奠定基础。二是并行性参观，即参观与学习教材同时进行。在学习某一课题的进程中组织的参观，目的是使学生把书本理论知识和实际很好地结合起来，以加深理解所学的知识，并且积累学习所需要的直接知识。三是总结性参观，即学生学完新课后组织的参观，目的是帮助学生巩固和加深课堂上已经学过的知识。

以大自然、大社会作为活教材能打破课堂和教科书的束缚，使教学与实际生活、生产密切地联系起来，激发学生的求知欲，使学生学到许多活的知识，扩大学生的视野，能使学生在接触社会中受到教育。但是，参观法难以组织和管理，还存有安全隐患。

参观法的基本要求有：

（1）参观前，要充分做好各项准备工作。教师要根据教学的要求明确参观的目的和对象，考虑参观的形式和方法，认真做好联系工作，制订参观计划，并预先向学生说明参观的目的、要求和任务，以及参观的注意事项。

（2）参观过程中，教师要对学生进行耐心、具体的指导。要引导学生认真听取介绍和解释，把注意力集中在观察主要事物和现象上，使他们对此获得深刻的印象；要注意启发学生提出问题，并进行必要的解释和解答；要指导学生收集有关材料，适当做些记录。整个参观过程也都应注意纪律教育和安全教育。

（3）参观后，要及时进行总结。教师要检查学生参观计划的完成情况，让学生把收集到的材料进行归纳整理，或做书面报告，或织织小型展览会、讨论会展示参观成果、交流参观心得。

以直接感知为主的参观法、演示法都以指导学生观察，培养学生观察能力为核心，这是教师在运用此类方法时应关注的重点。

（三）以实际训练为主的方法

以实际训练为主的教学方法要求学生动手动脑进行练习、实验、实习等实践活动，使学生掌握、巩固和完善知识，形成技能和技巧，发展能力。这类教学方法主要是以学生的实践活动为特征，旨在培养学生的操作能力和实践能力。在教学过程中，以实际训练为主的方法包括练习法、实验法和实习作业法。

1. 练习法

练习法是指在教师指导下，学生通过反复地训练实现巩固知识和运用知识、形成技能技巧的方法。练习法的特点是技能技巧的形成以一定的知识为基础，具有重复性。在教学中练习法被各科教学广泛地采用，由于学科性质、目的和任务不同，练习种类也有所不同。按练习的目的可分为预备性练习、训练性练习和创造性练习；按练习的内容可分为心智技能练习、动作技能练习；按练习的形式可分为口头练习、书面练习、操作练习等。

练习法的一般步骤是：第一，提出练习的目的、要求和任务；第二，学生独立练习，教师个别指导；第三，进行检查、分析和总结。

练习法是学生学习过程中一种主要的实践活动，它不仅能使学生巩固所学的知识、形成技能技巧，而且能训练学生实际运用知识的能力，培养学生克服困难、独立工作的品质和习惯。它是各科普遍运用的一种教学方法。

练习法的基本要求是：

（1）要让学生明确练习的目的和要求。教师要向学生讲明练习的目的、要求和意义，学生只有了解了练习的原因和要达到的要求，才能避免盲目性，提高他们练习的自觉性、积极性，激励他们达到高度的技能、技巧。

（2）使学生掌握正确的练习方法。教师要对练习方法进行讲解与示范，对学生练习的方法、步骤等不要规定得太死。在练习内容上要有系统性和连贯性，由简到繁、由易到难、由模仿到独创，循序渐进，逐步加深。练习方式要力求多样，如口头的、书面的、单项的、综合的、独立的、模仿的等，教师要根据实际情况，灵活运用，以保持学生练习的兴趣，并培养其思维的灵活性。

（3）使学生科学地分配时间。练习过程要有计划，要科学地分配练习时间和练习次数，一般说，适当分散练习的效果好于过分集中练习的效果，练习的时间间隔要由密到疏。练习的难度要适中，太难了，学生会丧失信心；太容易，达不到练习的目的。分量要适宜，分量太少不利于基础知识的巩固与基础技能的掌握；分量太多，又会加重学生负担。

（4）要及时检查，评定练习质量。教师要让学生知道每次练习的结果，并及时进行反馈和调节，这样可使正确的得以巩固，错误的得以纠正。同时，要培养学生对练习的情况及时自我检查、自我评定，并主动纠正错误的良好习惯。

2. 实验法

实验法是在教师指导下，利用一定仪器设备，在一定条件的控制下引起某些事物或现象的发生和变化，使学生在观察、研究和独立操作中获取一定的感性知识，形成技能技巧的方法。演示法和实验法的区别在于，前者由教师进行示范操作，后者由学生自己动手操作，教师只从旁给予点拨。实验法在自然科学的教学中，越来越普遍地得到应用。

实验法可在教学过程的各个阶段进行。学习理论之前的实验，即感知性实验，目的是为获得感性知识，为学习理论打好基础；学习理论之后的实验，即验证性试验，目的是为验证理论，并加深对理论的理解；复习阶段进行的实验，即巩固性试验，目的是为帮助学生复习巩固已学过的知识。

实验法的一般步骤是：第一，提出实验目的和任务；第二，规定试验操作步骤；第三，学生动手实验，教师个别指导与检查；第四，进行小结，作出结论。

随着现代科学技术和实验手段的迅速发展，实验法的作用也越来越大。通过实验不仅可以使学生加深对概念、规律、原理、现象等知识的理解，而且能发展学生的观察力、思维能力和动手操作能力，培养他们探索、研究、创造的精神和严谨的科学态度，更有利于学生主体地位的发挥。

实验法的基本要求是：

（1）编制好实验计划。教师应依据教学大纲要求，在学年和学期开始时编制好实验计划，其内容包括：实验题目、实验目的、各个实验的操作步骤、所需仪器设备、材料和用品、实验地点、组织形式等。

（2）做好分组工作。学生实验可采取小组和个别两种方式进行，但由于客观条件的限制，往往难以保证实验仪器人手一台，一般情况是需要合理分组的，每组人数不宜过多，一般以两至四人为好，否则很难保证每个学生都有动手操作的机会。如果设备不足，可以轮换进行。

（3）实验前做好准备。在学生进入实验室前，教师应将一切实验用品准备就绪，对本次实验所需的仪器、设备和材料等要做好检查，了解实验设备的性能，最好教师先试做一次，以保证实验教学顺利进行。学生在实验前要学习实验的内容，了解实验的原理和过程。

（4）实验中做好具体指导。实验开始，教师向学生说明实验的目的、操作步骤和注意事项。实验时，教会学生正确地进行观察测试和做记录，同时教师要在各实验桌之间巡回指导，当学生遇到困难或操作不当时，要给予必要的指点和帮助，保证学生的操作安全、正确，但不可越俎代庖。

（5）做好实验总结工作。每次实验结束后，教师可指定学生报告他们的实验进程和实验结果，然后作出明确结论，指出实验进行中的优缺点，明确改进方案，并指导学生写好实验报告。

3. 实习作业法

实习作业法又称“实习法”，是指教师根据教学大纲的要求，组织学生在校内外一定的场地运用已有知识进行实际操作或其他实践活动，以获得一定的知识和技能技巧的方法。[①] 这个方法在自然学科和技术学科中占有重要地位。实习种类繁多，按场所分，有课堂教学实习、校内外工厂实习、农场和实验园地实习等；按学科分，有数学学科中的测量实习作业，物理、化学学科中的生产实习作业，生物学科中的植物栽培、动物饲养实习作业，地理学科中的地形测绘作业，劳动技术课的生产技术实习等。

与练习法和实验法相比，实习作业法的实践性、综合性、独立性、创造性更强，这有利于促进教育与生产劳动相结合，能够培养学生运用书本知识从事实际工作的能力，做到理论联系实际，所以对培养社会主义建设人才具有重大意义。

实习作业法的基本要求是：

（1）实习作业前，要使学生明确实习的目的和要求，并依据教学大纲的规定订出实习计划。教师应向学生讲清有关的理论知识和操作规则，联系好实习单位和场所，做好学生的分组工作。

---

① 夏瑞庆．教育学．合肥：安徽大学出版社，2003. 147

（3）实习作业中，教师与实习部门合作加强指导，不仅要介绍具体操作方法和规程，做示范性操作，还要补充一些专门的知识，检查实习效果，查漏补缺，及时帮助学生克服困难。同时，要注意教育学生遵守劳动纪律，爱护公共财物等。

（4）实习作业结束后，教师要对学生的实习活动进行总结、评定，指导学生写好实习作业报告。

（四）以欣赏活动为主的教学方法

以欣赏活动为主的方法是指教师在教学中创设一定的情境，或利用特殊教材内容和艺术形式，使学生通过体验客观事物的真善美，陶冶性情，培养正确的态度、兴趣、理想和审美能力的方法。[①]

以欣赏为主的方法又可简称为欣赏法，其主要特点是通过各种欣赏活动，使学生在认识所学事物的价值后产生出积极的情感反应。在教学中，不少教师往往只注重知识技能的传授和训练，而忽视理想、态度、兴趣和欣赏能力的培养，而这些方面在人的成长中又具有很重要的作用。学生只有树立崇高的理想，形成正确的态度和兴趣，具备对美的欣赏能力，才能保证他们所学的知识和技能可以对社会发挥积极作用。因此，现代教学理论和实践强调教学中以欣赏活动为主的教学方法的运用。

在中小学教学中，各科教学对学生的兴趣、态度、理想等都会产生影响，但由于学科性质的不同，欣赏法也表现出不同的类型。在教学中比较常见的欣赏有三种：①艺术美自然美的欣赏，如对音乐、美术、文学作品和大自然的欣赏，有助于培养学生审美能力，丰富学生的精神生活。②道德行为的欣赏，如对政治、历史、语文等教材中有关某个人物或某件事所表现出的道德品质或社会品德的欣赏，有助于培养学生高尚的理想和情操。③理智的欣赏，如对科学研究中追求真理、严密论证、发明创造、探索精神的欣赏，有助于培养学生浓厚的求知兴趣、科学态度和缜密的思考能力。[②] 由于各学科性质和内容的不同，欣赏活动的途径也不同，通常有观察、聆听、模仿、联想、比较等。教师可利用多种机会，通过这些欣赏活动培养学生的鉴赏能力。

一般来说，欣赏法在教学过程中应作为和其他方法配合的辅助性教学方法。这种方法和其他方法有机结合，能大大激发学生自觉、愉快的学习动机，形成有益的兴趣和强烈的求知欲。在音乐、美术和文学作品教学中，欣赏法是一种常用的、主要的教学方法。

欣赏法的基本要求是：

（1）引起学生欣赏的动机和兴趣。在欣赏之前，教师可以通过讲述作品的创作背景、作者生平及与作品相关的一些故事等引起学生的欣赏动机和兴趣。

（2）激发学生强烈的情感反应。在欣赏教学中，教师要善于利用各种情境，给学生暗示，激发他们的情感反应。同时，要注意发挥学生的想象力，想象力越强，越容易产生情感反应。

（3）注意学生在欣赏活动中的个别差异。由于学生自身的知识、经验、阅历、能

---

① 张汉昌，赵菡. 开放式课堂教学百法研究. 开封：河南大学出版社，2001：132

② 李秉德. 教学论. 北京：人民教育出版社，2001. 198

力、兴趣和爱好不同，所以他们的欣赏能力和水平也各不相同，这就要求教师在设计欣赏活动时要考虑到学生的实际欣赏水平，对水平低的学生要进行个别辅导。

（4）指导学生的实践活动。学生对欣赏对象有了强烈的情感反应后，就会有想要更进一步学习和探究的愿望，在这时候，教师要及时指导，使学生们身体力行，进行实践，从而把审美情感、道德情感、理智情感内化于自己的言行中。

（五）以引导探究为主的方法

以引导探究为主的教学方法，是指学生在教师组织、引导下，通过独立的探究活动，自主解决问题，从而获得知识、发展能力的方法。

探究法有助于发挥学生的积极性、独立性，进而培养学生的研究意识、创新意识，发展学生的探索能力和创新能力。在这类方法中，教师要有意识地让学生拥有较大的活动自由，并且使自己作为成员参与到学生的探究活动中去。但这并不意味着可以离开教师的指导，相反，由于学生探究活动的复杂化，要求教师的指导更加细致和全面。

引导探究为主的教学方法主要是发现法。发现法，又称探索法、研究法，是在教师指导下，学生独立地利用教材和其他学习材料，通过自己的探索、观察、研究、思考等发现所要学习的基本原理并培养提出问题、解决问题、发现和创造的能力的教学方法。

这一方法是美国心理学家布鲁纳倡导的。它的指导思想是在教师指导下，以学生为主体，让学生自觉地、主动地探索，认识掌握解决问题的方法与步骤，研究客观事物的属性，发现事物发展的起因和事物内部的联系，从中找出规律，形成自己的概念。

发现法的基本过程是：①创设问题情境，明确研究课题。②学生利用有关材料，提出假设和答案。③从理论上或实践上检验、验证假设，学生中如有不同观点，可以展开争辩。④对结论进行补充、修改和总结。

发现法的优点是：第一，它满足学生的好奇心、求知欲等心理特点，能够激发学生学习兴趣，调动学生学习的积极性、主动性；第二，有助于提高学生独立思考、分析问题、解决问题的能力，发展学生创造性思维和积极进取的精神；第三，对获得的知识理解得更深，记得更牢。这种方法的缺点是：不能充分发挥教师的主导作用；花费时间多，不经济；不利于学生掌握系统完整的知识体系；需要学生具有较高的知识经验和思维发展水平，它仅适用于高年级学生和自然科学的教学；对教师的素质要求也较高。

发现法的基本要求是：

（1）合理确定研究发现的课题和过程。教师要依据教学要求、内容和学生知识、能力等方面的实际，把教材中的某一知识点或问题确定为研究课题，然后具体安排发现过程，创设问题情境，激发学生质疑。教师提出研究的问题不要过大、过难，应是学生力所能及的，否则不能达到探究的目的。

（2）严密组织教学，积极引导学生的发现活动。在发现法中，学生的独立探究要与教师的指导很好地结合起来。教师除了为学生设计问题情境，提供研究素材外，还应该对学生进行积极引导，拓展思路。当学生在探究中遇到困难和问题时，要给予启发、引导，使学生的思维活动不断深化，以尽可能少的时间获得最好的学习效果。

（3）创设有利于学生探究发现的良好环境。学校和教师不仅要在活动场所、教学设备、学习时间等方面给学生的探究发现活动提供良好条件，还应该创设一种互相尊重、好学深思、勇于探索和团结合作的良好氛围。

上文对我国常用的教学方法作了介绍，但各种具体的教学方法都有其优点和局限性，只有互相联系，互相配合，才能在教学中发挥出极有效的作用。教师在实际教学中必须结合具体的客观条件和自己的主观情况，周密计划，选用并组织好具体教学方法的实施程序，才能取得优良的教学效果。

案例

师：我们今天学习新课《黄河象》（板书课题：黄河象）。说到大象，我国哪儿生产大象？世界上还有哪儿产大象？

生：在我国云南热带丛林里有大象，还有与我国临近的缅甸、柬埔寨、越南也都有大象……

师：你是怎么知道这些知识的？

生：我在书上看的。

师：嗯，很好。咱们多看书，就能知道很多知识。（稍停）我们讲的这头黄河象，是200万年以前的古生物。它是什么样子呢？咱们先看看书上的图，请把书翻开。（学生把书翻开）

……

你们看，这具黄河象的骨架多大呀！为什么它叫黄河象呢？因为这具大象的骨架是在黄河流域发现的，所以叫黄河象。据科学家的鉴定，这头象距离我们现在有200万年了。我们今天来了解200万年前的古生物，不禁会想：这黄河象的骨架是怎么来的？黄河象生前是什么样子？它是怎么被发掘出来的？这篇课文里讲得很清楚，很有趣，咱们好好学，这些问题都会解决的。

在学这篇课文之前，同学们都预习了。有些同学预习得非常认真，比如×××、××……这些同学值得表扬……大家肯动脑筋了。有些同学读得比较仔细，把老师课堂上教给你们的学习方法用在预习中了。有些同学读到重点句子、重点词时，就在书上写写画画，这个方法很好。不足之处是有些同学比较多地注意字词，比较少地自学文章内容……再有一点是，我要求大家在学完字词后，要反复多读课文，但是我们做得还不够，以后预习时要注意。下面根据预习情况，我们先来学习课文的字词（挂字词图）。谁来念？

生：颌，下颌。

师：对，下颌。你看看书上的大象图，大象的哪个部位是下颌？

生：大象牙的下边那一块就是下颌。

师：下颌指什么部位，刚才他说对了，大象牙的下边，就是下巴（指另一个字）。

生：椎，尾椎。

师：尾椎，很小的一点儿，要仔细在图上找才能找到，×××，你来找找。

生：在大象两条后腿后边，有一个像小尾巴的东西，就是尾椎。

师：两条后腿之间，耷拉下来的那块骨骼就是尾椎。

师：图上画的是一具完整的大象骨架。这具骨架是200万年以前那具大象原来的骨骼吗？

生：不是的。

师：那是什么？

生：是骨头的化石。

师：对了，是骨头的化石。古代生物的遗体或一些遗物埋在地下，经过很长很长的时间，这些东西慢慢起了变化，最后变成像石头一样硬的东西，这种东西就叫化石。化石的用处可大啦，科学家们通过对化石的分析就可以研究出这些生物是怎么慢慢发生演变的，进而知道这个地方的地层是怎样变化的。我国挖掘出来这么完整的举世罕见的一具黄河象古化石，这对进行科学研究和古生物研究是非常有价值的……

奥苏伯尔所说："讲授法从来就是任何教学法体系的核心，看来以后也有可能是这样，因为它是传授大量知识唯一可行和有效的方法。"

分析

本案例是讲授法的典型运用。讲授法的含义是指教师通过语言系统连贯地向学生传授知识的方法。从表现形式看，这一课的教学是一种师生问答式的，但从实质上看，这一课教学占主导地位的是教师的讲授。因为教学要求的提出、对学习动机的激励、对学生思路的引导等等方面，如果离开老师的教授是无法实现的。

本案例中的几个亮点，值得我们学习和探讨。

（1）教师首先提问"一说到大象，我国哪儿生产大象？世界上还有哪儿产大象?"，这是教师有意唤起学生已有的知识观念，启示思考，导入新的讲授内容。

（2）运用了奥苏伯尔先行组织者的理论。教师运用丰富的语言介绍了黄河象，并提出了几个问题（案例中教师第三次讲解"……咱们好好学，这些问题都会解决的"），这不仅可以引起学生的学习兴趣，而且还会起先行组织者的作用，指导着学生对课文的阅读和理解。

案例结尾，教师用简练、概括的语言说明了古化石的形成、意义和价值，这有助于对课文的进一步学习和理解，在一定意义上起着组织者的作用。

（3）及时的表扬可以增加学习动机，对学习将会产生激励作用。如案例中"有些同学预习得非常认真，比如×××、××……这些同学值得表扬。"

（4）指导学生学会预习，讲究预习效果。教师的语言"……再有一点是，我要求大家在学完字词后，要反复多读课文，但是我们做得还不够，以后预习时要注意"。指导预习是读书指导的一个重要方面，有助于培养学生的阅读能力和自学能力，是学习方法指导的一个组成部分。

（5）结合插图学字词，这种做法使学生容易理解所学内容。见案例中"生：颌，下颌……师：两条后腿之间，耷拉下来的那块骨骼就是尾椎"。正如赫尔巴特所说，"讲授应当起这样的作用，仿佛学生在直接的现场看到和听到所讲述和描写的事物。"

通过预习，学生对插图的内容有了初步的印象，在认知结构中对黄河象的骨骼化石已形成一定的表象。这表象作为认知结构中已有的适当观念，对学习相关的生字新词，起着固定点的作用，对理解课文内容也起着同样的作用。

“下巴”是学生所熟知的一个词，通过它可以牢牢地把新词固定在认知结构中，两者建立起实质性的和非人为的联系。

案例

师：假如我站在这里当作太阳，请一位同学手捧地球仪学地球围绕我这个太阳公转。

生A：（捧着地球仪绕着老师随便地转一圈）

师：大家思考一下，同学A转得对不对？哪个同学再来转一下。

生B：（捧着地球仪，一边使地球仪由西向东自转，一边围绕老师逆时针公转）

师：同学B纠正了同学A的一些错误，是否完全转对了呢？请同学讨论一下。

（同学们争论顿起，有的说对了，有的说还有问题）

生C：（捧着地球仪，一边由西向东自转，并稳定地轴方向不变，围绕教师逆时针公转，转的速度也较均匀、确当）

师：同学C转动与同学B有什么不同呢？

（大多数同学显出恍然大悟的样子，但也有同学小声嘀咕说没有不同）

师：请C同学来说明一下。

生C：……

师：下面再请同学A转一下。

生A：（纠正原来错误，把握转动的特点操作了一遍）

布鲁纳在其论著《发现的行为》中阐述了发现法的内涵，指出：“发现，不论是在校儿童凭自己的力量所作出的发现，还是科学家努力于日趋尖端的研究领域所作出的发现，按其实质来说，都不过是把现象重新组织或转换，使人能超越现象再进行组合，从而获得新的领悟而已。”①

分析

本案例是发现教学法在地理教学中的应用。

发现教学法最早可追溯到古希腊苏格拉底的“产婆术”教学法，后经卢梭、第斯多惠、杜威等教育家继承和发展，在20世纪60年代由美国教育家布鲁纳对其进行了较为系统的论证。本案例中教师鼓励学生积极思考、分析地球转动的特征，培养学生对比、归纳的能力，让学生自己从实际的演示中发现地球转动的特征和规律。

但我们也发现，教师引导学生演示地球公转的过程中，有一些学生观察不够细致，导致实际操作时丢三落四，错误百出。其实，我们经常可发现有这样的学生，他是有关

---

① 瞿葆奎．教育学文集·教学（上册）．北京：人民教育出版社，1988. 585

动作技能方面的书面练习的答题高手，但直接操作却是生手。另外，学生熟悉了由形象化到抽象化的认知过程，一旦要求将抽象化转为形象化的东西，学生思维就受阻了，这是素质教育所面临的亟待解决的问题之一，需要改变长期以来重知识轻实践的教育观念，切实加强学生的实践和动手能力的培养，需要广大教师真正让学生多参加实践活动，彻底避免学生眼高手低。

复习与思考题

1. 何谓教学方法？教学方法选择的依据是什么？
2. 中小学常用的教学方法有哪些？简述运用各种方法的基本要求。
3. 试述以探究为主的教学方法的步骤和基本要求。
4. 试述在课堂教学中运用直观感知的方法教学时应注意的事项。
5. 试述讲授法在课堂教学中的运用。

第二节 课堂教学的组织形式

一、教学组织形式的概述

（一）教学组织形式的含义

教学组织形式是指在教学活动中，为了完成一定的教学目标和教学任务，教师和学生按一定的要求组合起来进行活动的结构。具体地说，教学组织形式主要涉及和解决以下问题：为了提高教学效率，教师如何把学生组织起来，通过何种方式使教与学紧密联系，如何合理地利用时间、空间及其他教学条件来展开活动、接受教学内容，从而有效地实现教学目标，完成教学任务。

教学是有计划、有组织的活动，任何教学活动都是通过一定的组织形式有条不紊地进行的。教学组织形式是实现教学内容、完成教学任务的工具和手段。依据马克思主义内容决定形式，形式又反作用于内容，形式具有能动性的基本原理，教学组织形式主要受教学目标、教学内容和学生的差异的制约。同时组织形式也对教学本身产生重大的影响，主要表现为：教学组织形式是教学目标得以实现的基本保证，是传递内容的实现形式；教学组织形式直接影响教学质量的高低；教学组织形式直接制约教学效率和教学规模；教学组织形式对学生个性的形成和情感的发展产生重要作用。

（二）教学组织形式的发展

教学组织形式具有相对稳定性，但也并非一成不变。教学组织形式具有社会制约性，它是随着社会经济、科技的发展，依据社会对人才培养的要求及教学条件的变化而不断发展变化的。

在生产力低下和以个体经济为基础的古代社会，世界各国普遍采用个别教学的形式，其特点是教学时教师只同个别学生发生联系，它是古代社会教育教学的基本组织形式。欧洲文艺复兴之后，随着资本主义生产的发展和文化科学的进步，社会对人才的培养提出了新的要求，个别教学不论在培养人才的质量或数量上，都不能适应社会的需求。于是，在16世纪欧洲一些国家出现了按学生年龄和程度编班授课的组织形式，即班级授课制。17世纪，夸美纽斯在总结实践经验的基础上，从理论上对其加以论证和阐述，班级授课制很快被各国普遍采用。我国最早采用班级授课制的是1862年清政府在北京设立的京师同文馆，1901年清政府废科举兴学堂，班级授课制在我国得以普遍推广。但由于其固有的弱点，人们一直在尝试对它进行改革。19世纪末20世纪初，针对班级教学的缺陷，出现了以改革班级授课、适应学生个别差异为特点的新的教学组织形式，如道尔顿制、设计教学法、文纳特卡制。20世纪50年代以来所涌现的当代的教学组织形式有分组教学制、特朗普制和开放课堂，它们同个别教学一并成为班级授课的辅助形式。

（三）教学组织形式的分类

根据不同的标准可以对教学组织形式进行不同的分类，通常是根据教学单位的规模和师生交往互动的程度来划分教学组织形式。按照教学单位的规模大小，可分为个别教学、小组教学、班级授课（小班教学、大班教学、合班教学）；按照师生交往的程度划分，可分为直接的教学组织形式（包括个别教学、小组教学、班级授课等）和间接的教学组织形式（包括个别学习、伙伴学习、合作学习、广播电视教学、计算机教学等）。根据其他标准划分的教学组织形式还有：固定课时制和灵活课时制；年级制、不分年级制、弹性升级制；单式教学、复式教学；包班制（一班一师）、分科科任制（数名教师各负责一定科目的教学）、小队协同制（由多名教师及教辅人员协同负责教学）；课堂教学和课外教学，等等。①

还可以按组织形式的核心要素的不同来进行分类：①学生的组织，如个别教学、群体教学、班级教学、分组教学和开放教学；②教师的组织，如包班制、科任制和小队教学；③空间的组织，如课堂教学、课外活动和现场教学；④时间的组织，如学年、学时和课时。

二、我国现行的教学组织形式

（一）教学的基本组织形式——班级授课制

班级授课制又称“课堂教学”，是把学生按照年龄和知识水平程度编成有一定人数的班级，教师根据国家统一规定的教学内容和教学时数，按照学校制定的课程表进行分科教学的一种教学组织形式。这种教学组织形式是学校教育适应现代化大生产的产物，随着各国教学实践的发展和完善，已相对稳定下来，成为现代学校教学的基本组织形式。

1. 班级授课制的特征

以教学班为基础，以教室为教学活动主要场所的班级授课制具有以下特征：

（1）学生相对固定。一般按年龄和文化程度进行编班，通常每班由30～50个年龄

① 黄甫全. 课程与教学论. 北京：高等教育出版社，2002. 492

和文化程度相同或相近的学生组成。

（2）教师相对固定。学校按教师的业务专长和工作能力等实际条件进行分工教学，教师对所教学科全面负责。

（3）时间相对固定。教学在规定课时内进行教学，每门学科每周安排的课时一般由国家的教学计划作出规定。各班课程表规定了每周的教学安排，课与课之间安排一定的休息时间。

（4）内容相对固定。课堂教学内容是统一规定的课程标准和教材，并且是多科教学，交叉授课。教学分科进行，每节课一般用于某一特定学科教学，由某一科任教师组织。

（5）场所相对固定。课堂教学的教室、实验室等都有相对固定的场所，甚至大部分学生的座位也是相当固定的。

班级授课制之所以能成为教学的基本组织形式，是因为它具有其他组织形式无法取代的优点：

（1）有利于提高教学工作效率。这种组织形式是按学生年龄和文化程度编班，由教师根据统一要求有组织、有计划地对全体学生进行教学，所以它能够使较多的学生在同一时间内系统而有重点地掌握人类长期积累起来的知识经验，可以在较短时间内大面积地培养人才，是一种经济有效的教学组织形式。

（2）有利于发挥教师的主导作用。在班级授课制中，教师按照自己的专业特长担任一定的教学工作，有利于发挥教师优势，保证有足够的时间和精力钻研业务，提高教学质量。再者，学生是在教师有目的、有计划、有组织的指导下进行学习的，能够充分发挥教师的主导作用。

（3）有利于发挥集体的教育作用。班级授课制是分班进行教育的一种集体组织形式。由于学生的学习内容相同、程度相近，大家可以互相激励、相互启发和帮助，培养团结互助的精神，求得学习上和思想上的共同进步与提高。

（4）有利于维护师生健康。班级授课在排课时，对不同学科进行了科学合理的搭配，也有严格的作息时间，使师生劳逸结合，保证了他们身心健康发展。

（5）有利于提高教学质量，完成教学任务。课堂教学有统一内容、统一进度和要求，能够保证学生学到系统完整的科学文化知识，按时完成各方面的教学任务，提高教学质量。

2. 班级授课制的缺点

尽管班级授课制有许多优越性，但是它也不是一个完美的组织形式，也有一定的局限性。主要表现在以下几个方面：①由于班级授课是面向集体展开教学活动的，难以照顾到学生之间实际存在的个别差异，很难有效地因材施教，优等生难以得到充分发掘其潜能的机会，能力低的学生也得不到特殊的帮助。②这种形式强调教师在课堂教学中的主导作用，使学生学习的独立性和自主性受到限制，而处于被动地位，不利于充分发挥学生的主体性。③让学生在固定的教室学习书本知识，容易产生理论脱离实际的现象。④教师必须按照规定的时间、课时来分割教学内容上课，这使教学显得比较机械，缺乏灵活性。

正由于班级授课制具有诸多优点，才能使其成为大多数国家教学的基本组织形式；也正由于其固有的局限性，近年来人们才不断地对其提出批评并寻求克服其缺陷的途径和方式。

（二）教学的特殊形式

复式教学是一种特殊的小组教学组织形式，它把不同年级的学生安排在一个教室里，由一位教师在同一节课上分别给不同年级学生进行不同内容和任务的教学。这种形式仍保留了课堂教学的基本特点，不同的是教师在一节课内通过直接教学和自动作业交替的办法，巧妙地同时安排几个年级的活动。当教师给一个年级上课时，其他年级的学生根据教师的指示进行预习、复习、练习其他作业。前者称之为直接教学，后者叫作自动作业。

复式教学适用于同年级学生人数少、教师少、校舍和其他教学设备缺乏的农村、偏僻山区等地区，它解决了这些地区儿童的入学问题，对加快普及初等教育，节省人力、物力、财力，促进农村文化建设都具有重要的意义和作用。从我国的国情分析，这种教学组织形式仍将存在相当长的一段时间，并将作为一种不可缺少的特殊形式而得到重视。教学实践证明，尽管复式教学的教学难度较大，但如果教师组织得好，教学效果还是不错的。但它也存在许多先天的缺陷：教师的直接教学时间少，不同年级学生之间会互相干扰，教学秩序不易维持，学科较多，教师负担过重等。因此，对复式教学进行合理地组织与安排就显得尤为重要。

教师在组织复式教学中，要注意以下几个方面：在编排复式班时，要考虑尽量减少不同年级之间的干扰；复式教学最好采取“同堂异科”；在每节课中，学生的自学时间和自动作业时间占有很大的比例，所以教师要加强对学生自学的指导，着重培养学生的自学能力；可以培养小助手，协助教师工作。

（三）教学的辅助组织形式

1. 现场教学

现场教学是指根据一定的教学任务，教师组织学生到与课题有关的能够直接提供学习材料和条件的现场，在有关人员的协同下，通过学生的观察、调查和实际操作进行教学活动的一种教学组织形式，它不同于一般的实习和见习课。实习和见习课是指学生运用已学过的知识去观察研究事物，或进行操作练习，借以加深理解，形成技能技巧，带有运用知识的性质；现场教学则完全是有计划有目的地讲授新课，学习新知识，除教师外，也可以请有实践经验的科技人员进行讲授。

现场教学强调理论联系实际，具有生动、形象、具体、直观的特点。它打破了课堂空间的局限，能把书本知识中说明的现象及其发生、发展、运动变化的本来面目呈现给学生；将学生带到自然、生产或社会生活现场，有助于学生把当地、当时的自然现象和社会现象与书本知识紧密联系起来，增强了教学的直观性，可使学生获得更多的感性材料，学到实际有用的知识；让学生亲自动手实际操作，培养学生的动手能力和综合运用知识的能力；现场教学一般通过教学参观、教学实习等方法进行，容易诱发学生的好奇心和新颖感，激发学习的积极性，调动学生学习的主动性、自觉性；能帮助师生接触社会，接近工农，了解社会主义现代化建设的成就和实际，从中受到思想政治教育。

进行现场教学，首先要根据教学计划的目的和要求，事先拟订好教学计划和教学重点，要从学科内容的特点出发，视实际需要而定，不可盲目进行。需要且适宜于结合现场进行教学的一般是生物、物理、化学等学科的某些内容。其次，要慎选现场，做好组织准备工作，根据课程标准、教材内容的要求，结合学生的年龄特征，选择能够实现教学目的的比较典型的现场。再次，教师要从各方面做好充分准备，创设一切必要的物质条件，事先向主讲人介绍教学要求和学生情况，使讲授更具针对性。同时还要注意在现场教学中对学生的引导。

现场教学和课堂教学有紧密的联系，但是需要注意的是现场教学仅仅是课堂教学的一种辅助形式，是课堂教学的补充、继续和发展，不能把它作为教学的主要形式，毕竟学校教学的主要任务是传授间接知识，所以，要根据教学的任务来确定是否需要进行现场教学，而且组织的次数不能过多，要注重实效。

2. 个别教学

目前，个别教学是班级授课的另一种辅助形式，这种形式一般是指教师因人而异地指导每个学生的学习。教师可以根据学生的具体情况和实际需要，通过个别答疑、补充讲解、自学辅导、补充阅读材料等方式进行个别教学，另外随着现代化教学技术的广泛应用，教师也可以借助现代化手段进行个别教学。

个别教学作为世界上最古老的一种教学组织形式，至今仍有它存在的价值，它有利于教师依据每个学生的实际情况来掌握学习的速度。同一个班级的学生存在一定的个别差异，面向全体学生进行的课堂教学势必不能满足一些学生的需要，一般来说，课堂教学主要适合大多数中等学生，这就要求教师必须注意针对每个学生的具体情况进行个别教学，使优秀的学生能施展他们的学习潜能，发展他们的智力和个性，还能帮助后进生及时补上已存在的缺陷，尽快地完成学习任务。个别教学的不足之处在于，教师只能教一个学生，很不经济；学生只限于和教师单独相处，没有和同伴竞争与合作的机会。所以，尽管个别教学能针对学生的具体情况解决学生的实际问题，但是我们不能本末倒置，而是在课堂教学的基础上适当使用个别教学，弥补课堂教学的不足。

各种教学组织形式都有其优点和局限，如何根据教学的内容、任务和条件选择最合适的教学组织形式是教学成功的一个重要保证，为此我们要掌握各种教学组织形式的要领，根据教学内容和任务的变化，根据学生的不同特点，灵活选择、交替使用不同的教学组织形式，或者整合不同的教学组织形式应用于同一课堂或同一学科中，从而促进学生的全面发展与因材施教的真正结合。

三、其他几种课堂教学组织形式

班级授课制自其产生以来，在提高教学效率方面发挥了巨大的作用。然而，班级授课制也存在一些缺陷，如不利于因材施教，不利于学生主体性的发挥等。因此，许多教育家从自己的教育理念和实践情况出发，不断对教学组织形式进行新的探索、改革。在这种情况下，出现了多种多样的教学组织形式，主要如下：

1. 贝尔—兰喀斯特制

贝尔—兰喀斯特制，又称为导生制，产生于18世纪末19世纪初的英国。因其创始人是牧师贝尔和教师兰喀斯特，故称为贝尔—兰喀斯特制。这种教学组织形式是在工场手工业向大机器生产过渡的过程中，为了满足生产需要并榨取工人更多的剩余价值，资本家不得已给工人以最初级的教育，即由教师教年龄大的学生为主，再由学生的优秀者"导生"去教年幼或学习差的学生。在导生制学校中，一个教师在导生的帮助下可教数百名学生。

这种教学组织形式的特征是：在班级中，教师把教学内容传授给一部分导生，再由导生转授给其他学生，一个教师在导生的帮助下可教数百名学生。这种教学形式，已经具有班级授课制的雏形，对丰富和发展班级授课制具有积极的作用，是英国"双轨制"教育体制的具体体现。但由于教学质量较低，这种形式很难满足大工业生产对学校教育质量的要求。

2. 设计教学法

设计教学法是一种实用主义教学制度，由杜威的学生，美国实用主义教育流派的著名人物克伯屈创立的一种教学组织形式和方法设计。1916年首先在哥伦比亚大学师范学院试行。克伯屈主张由学生自发地决定学习目的和内容，他认为设计教学法是一种在社会环境中进行的有目的的活动。在这一方法中，学生可以自主决定自己的学习目的和内容，自己设计、实施学习活动，并从自身的活动中获得知识和解决实际问题的本领。设计教学法废除班级授课，摒弃教科书，打破学科界限，从实际生活中获取学习材料，实行以问题为主的单元学习。教师的任务在于利用环境来激发学生的学习动机，帮助学生选择活动所需要的材料等。

克伯屈强调有目的的活动是设计教学法的核心，因此，根据教学活动目的的不同，他将设计教学法分为四种类型：一是生产者的设计，也称为建造设计，这种设计是以生产某物或实现一个观念、计划为主要目的；二是消费者的设计，也称为欣赏性的设计，其中主要的目的是欣赏；三是问题设计，主要是解决某种理智上的困难和障碍；四是练习设计，目的是获得某种程度的技能和知识。克伯屈认为，这四种设计的分类并不是固定的，一个具体的学习单元经常包含两个或两个以上的设计。

克伯屈从杜威的"思维五步法"中引出了他的设计教学法的四个步骤：① 决定目的，即学生根据自己的兴趣和实际生活需要，提出学习目的；②拟订计划，即制订出实现这个目的的学习计划；③实行计划，学生利用材料把计划付诸实行的过程；④评定结果，即对该项工作的学习结果进行评定。这四个步骤不是一成不变的，教师在教学时，可以根据具体情境从任何一个步骤开始。

设计教学法重视学生在教学活动中的地位，能引起学生的学习兴趣和激发学生的学习动机，充分发挥了儿童的主动性和积极性。它强调儿童通过活动来学习，加强了教学与儿童实际生活的联系，有助于培养学生独立发现问题，解决问题的能力。但是，它降低了教师的作用，破坏了知识内在的系统性，不利于学生获得系统的科学知识，结果是昙花一现，没有长久的生命力。

3. 道尔顿制

道尔顿制是由美国教育家帕克赫斯特女士于1920年在马塞诸塞州道尔顿市立中学开始施行的一种典型的自学辅导式的教学组织形式，其具体做法是取消以班级为单位的集体教学形式，成立各科作业室，这些作业室兼有教室、自习室、实验室、图书馆之功能，按学科分配设置，不设固定班级；教师把学习内容制定成分科目的作业大纲，规定应完成的各项作业；学生从教师处接受作业并与教师订立学习公约，即学生按照自己的兴趣自由支配时间在各作业室自学；作业室配有一位该科教师作为顾问，学生之间可以相互讨论，必要时也可请作业室专任教师指导，但教师只起咨询作用，学习的进程由教师和学生记入学习进度表内，进度快的学生可以提早更换公约，毕业年限也因之缩短。

道尔顿制能弥补班级教学的局限，有利于培养学生的学习能力，发展专长。但道尔顿制本质上仍属于手工业式的个别教学，不利于大批地培养学生，也不利于学生多快好省地获取系统的科学知识，要依赖学生高度的自觉性，尤其是否定了教师的主导作用，也难以保障教学活动的效率。因此，它很快烟消云散，又被班级授课制所取代。

4. 文纳特卡制

文纳特卡制是美国教育家华虚朋于1919年在芝加哥市郊文纳特卡镇公立学校实行的一种个别教学和集体教学相结合的组织形式。按照这种教学组织形式，课程分两部分，一部分按学科进行，由学生个人自学读、写、算和学习历史、地理方面的知识和技能；另一部分是通过音乐、艺术、运动、集会以及开办商店和组织自治会来培养学生的“社会意识”，前者通过个别教学进行，后者通过团体活动进行。这一形式的特点是：第一，按单元进行学习，各单元都有明确的学习目标和具体的学习内容；第二，每个单元结束后，经测验诊断，接着学习新的单元，不受其他同学的牵制；第三，教师可以随时到学生中间对学生进行个别指导。

与设计教学法和道尔顿制相比，这种教学组织形式既注重书本知识的学习，也重视学生能力的培养，兼顾到了教师和学生在教学中的作用。所创用的小步子教学的原则对程序教学影响也很大。

5. 分组教学

19世纪末20世纪初，分组教学流行于西方，后被认为是教育上的不平等、不民主而受到批判，并造成社会矛盾，所以被冷落了一段时间。1957年苏联人造卫星上天，使美国等一些发达国家增强了加速培养尖端人才的紧迫感，如美国通过了《国防教育法》，成立天才教育办公室。在这种形势下，能力分组教学又重新兴起。分组教学是按学生的学习能力或成绩把学生编成程度不一的班组分开教学，是一种选择法教学形式，它的选择性表现在按学生的学习能力和成绩把他们编成弱、中、强班，选择的依据是对学生的观察和考试。学生编班后，经过一段时间的学习，学习有进步还可以调班。目前实行的分组教学大致分为两种类型：外部分组和内部分组。外部分组是变传统的按年龄编班为按学习能力或学习成绩编班，内部分组是在按年龄编班的班级内按学生能力或学习成绩编组。

这种教学组织形式能够从学生的实际出发，根据学生的学习能力或水平差异进行分层教学，便于教师组织教学，能够适应不同层次学生的学习准备和学习要求，有助于因材施教，提高教学质量。但是学生之间绝对相同的情况是不存在的，能力是影响学习成绩的因素之一，兴趣、动机、努力程度等也会影响学习成绩，不能从根本上解决学生能力分化的差异问题。再者，按学习能力和成绩分组教学，不利于学生个性的健康发展，能力强的学生容易骄傲，能力差的学生容易受到歧视，易产生自卑感；同时，由于不同水平间的学生不能相互交流、相互学习，学习差的学生发展的机会受到了限制。

6. 特朗普制

特朗普制由美国教育家劳伊德·特朗普在20世纪50年代创立。它把大班上课、小班讨论、个人自学结合在一起，以灵活的时间单位代替固定统一的上课时间。大班课把两个或几个平行班结合在一起，由优秀教师采用现代化教学手段统一上课；之后上小班课，由15~20人组成一个小组，研究大班课上的教学材料，进行讨论；然后由学生个人独立自学、研习、作业，一部分作业由教师制定，一部分由学生自选。教学时间分配大致为：大班上课占40%，小组研究占20%，个人自学占40%。

这种教学组织形式兼容了班级授课、分组教学与个别教学的优点。由于学生有一定的时间自学、讨论和独立研习，使其主体作用得以充分体现，既培养了学生的独立思考、独立研究的能力，又有助于学生合作学习态度的培养，是中学高年级和大学中值得推广的教学形式。采用特朗普制进行教学，教师起着重要的指导作用，尤其是优秀教师的作用得到充分发挥。

上述各种教学组织形式的出现，都是在一定的历史条件下为了满足某一客观需要或为了解决某一矛盾而提出来的，因此，这些组织形式都包含了不同程度的合理因素，但也存在着它们自身的局限和缺陷。

由于社会生产力迅速发展，科学技术飞速进步，对教学组织形式也提出了许多新的要求，教学组织形式仍将不断进行改革。当前，国外教学组织形式的改革有两种趋势：一是教学单位日趋小型化。西方国家都在缩小学校班级的规模，大多将班级人数控制在20人左右，以使教师有余力对每个学生进行更具体的指导；二是教学形式日趋多样化。在保持班级授课制为基本组织形式的前提下，采用班级教学、分组教学和个别教学相结合的方法，互相取长补短，以保证教学活动的高效率。

案例

高老师今天收到一封学生的来信，信中这样写道："高老师，我今天很高兴，因为你终于给我回答问题的机会。这可是我上初中获得的第一次机会啊！虽然这是你不经意的一次提问，但我心里有说不出的喜悦。就在这一次，老师，你终于注意到我的存在，我有了发表意见的机会……我想真诚地对你说一句："高老师，喊响每一个同学的名字吧！"

分析

新课程认为教学过程应是师生交往、积极互动、共同发展的过程，关注每一位学生的发展，“一切为了每一位学生的发展”是新课程的核心理念，而该案例中的老师恰恰违背了这一观点。由此也可以看出传统课堂教学存在着以下的一些缺点：

（1）重认知轻情感。以学科为本位的教学只注重学生对学科知识的记忆、理解和掌握，而不关注学生在教学活动中的情绪生活和情感体验。

（2）重教书轻育人。它忽视学生在教学活动中的道德生活和人格养成。

（3）传统的教学重结论轻过程。它只是一种形式上走捷径的教学，无法展示学生聪明才智，使学生形成独特个性。

（4）传统的教学是精英教育，目的是培养优秀学生。重视那些被认定为是“有发展前途”的学生，把更多的机会让给那些学生，忽视了其他学生的发展。

新课程新理念是：强调培养学生的创新精神与实践能力，改变学生的学习方式，增强探究式学习的比重。

新课程强调“学习方式的转变”，从根本上说就是要从传统学习方式转向现代学习方式。现代学习方式从本质上讲是以弘扬人的主体性为宗旨，以促进人的可持续性发展为目的，由许多具体方式构成的多维度、具有不同层次结构的开放系统，能创造性地引导和帮助学生进行主动的、富有个性的学习。

案例

S小学采取的是小班教学方式。该校长称小班化教学纯粹是“没有办法的办法”。S小学的现状是：6个年级126个学生。2001年，3年级没有招收到一个学生，校长不得不顶着烈日，带领着老师奔走在各小区间，动员家长将孩子送到S小学。

据了解，S小学师资队伍严重老化，教师平均年龄在40岁以上。许多教师几十年形成的教学习惯难以跨越小班化教学这道坎。合作化教学、互动式教学、愉悦式教学等新的教育理念在许多教师的头脑中是没有概念的。很多教师固守着呆板滞后的教学阵地，课程编排、教学方法未变，小班化教学流于形式。

分析

近几年来，随着基础教育改革的纵深发展，一时间小班化教学成为许多学校追捧的热点。小班化教学是在一定的教育价值论的支配下实施的小班化教育的一个动态演变过程，其核心问题是教育观念的革命性变化，即班级规模并不是小班化教学的本质特征。但由于班级学生数量少，学生将有更多机会处于教学活动的中心地位，有更多的时间接受教师的个别指导，无论从教学组织形式、教学方法，还是从学生评价等方面，都与传统的大班化教育有明显的不同。在不少学校津津乐道于小班化教学的种种优点时，实施过程中出现的种种矛盾和诸多误区也引起了人们的广泛关注。

小班班额是小班化教育的前提之一，但小班班额不等于小班化教育。小班班额只是为学校全面实施素质教育提供了一种潜在的可能性，它真正优势的显现必须在转变教师教育教学观念、改变教学组织方式和构建新型师生关系的条件下，配合班级规模的缩小才能实现。小班化教育只有让教育教学从形式到内容、从观念到技术发生一系列革新之后，才能真正促进每个学生全面而富有个性的发展。

案例中S小学为掩盖招生困难的尴尬，把实行“小班化教学”作为一个暂时性、过渡性的策略，表面上实行的是小班化教育，隐含在班级规模缩小后的却是守旧的教育观念、教学方法、师生关系，小班化教育的本质特征被过滤掉了，小班化教育只是徒有其名而已。

实践中，除了类似于S小学这种条件薄弱、招生困难的学校之外，还有许多招生条件不错的学校为了在与其他同类学校竞争中取得优势，也打出了小班化教学的招牌以吸引更多的生源，而实际教育教学中无非只是把班级人数减少了一些而已，这样，小班化教学就只能流于形式。

复习与思考题

1. 简述教学组织形式的发展。
2. 为什么说班级授课制是教学的基本组织形式？它有何优缺点？如何改进？
3. 简述各种教学辅助形式的特点和作用。
4. 什么是复式教学？复式教学的实施应注意哪些因素？
5. 试述国外其他几种教学组织形式的特点。

第三节　现代教学技术在课堂教学中的应用

一、现代教学技术的概述

教学手段是师生为完成教学任务、提高教学效率所采用的传递信息的工具、媒体或设备。教学手段是社会生产方式和学校教学方式发展到一定阶段的产物，是以一定的生产力水平和科学技术水平为基础，并且和一定的教育发展状况相适应的。

现代教学技术是指在教学过程中科学地运用幻灯、录音、录像、广播、电影、电视、语音实验室和电子计算机等先进的技术设备作为教学手段，以多媒体教学、网络资源开发和应用人造卫星等作为主要标志的综合性教学方法。

教学手段现代化是教育发展史上的又一次革命，是整个教育现代化的一个重要标志。

（一）教学技术的历史发展

在人类教育活动的早期，限于经济和科技水平的低下，当时所采用的教育技术单一、简单，教学运用的教学手段主要依靠的是主体本身的器官，主要是口语，并辅之以面部表情、手势动作等方法进行教育活动，语言技术是当时最主要的教学技术手段；教学的一般模式是口耳相传、以身示教；学生主要是通过听讲、模仿、练习进行学习。具有代表性的有古希腊时期苏格拉底的论辩式教学，我国春秋时代孔子的启发教学等。

文字的产生使人类教育产生了质的飞跃，使得早期教育的载体在语言之外增加了文字，文字作为一种强有力的教学手段便应运而生。印刷技术的发明与应用又使人类的教学技术向前迈了一大步。它使文字传播技术产生革命性飞跃，并引发了以书籍为对象的教学方式；改变了知识的传播方式，以书籍的形式进行交流、学习，使得知识可以跨越地域空间的限制。教育载体的扩充极大地丰富了人类的教育活动，此时教学技术在教学内容方面的应用主要表现在韵律化和直观化上，如我国古代教材中的经典《三字经》、《百家姓》、《千家诗》、《千字文》等。

早期的教学技术手段，以智能化形态占主导地位。随着科学技术的缓慢发展，促使教学技术开始以物化形态并作为教具出现。直观教具的出现使教学技术更加丰富多彩了。例如，我国古代天文学家张衡在西汉时制作了一个浑天仪，使人们具体形象地看到了天地关系，使浑天学说得到社会的广泛承认；东汉时他又制造了世界上第一台地震仪，成为人们学习地震知识的教学用具。印刷书和教具的广泛使用也促进了班级授课制的产生。捷克教育家夸美纽斯提出并论证了班级授课制，使其得到了广泛的重视和运用，并相应采用了图像、图表、标本等直观性教学手段教学。夸美纽斯不仅从理论上论证了实施直观原则的必要，还编写了《世界图解》来证实他的这一原则，被西方学者称为使用直观教学手段的开端。瑞士教育学家裴斯泰洛齐的“算术箱”和德国教育家福禄倍尔的“恩物”也是比较典型的例子。

19 世纪末 20 世纪初，教学技术发展迅速，许多国家在教学技术方面有了长足的发展。19 世纪末到 20 世纪 50 年代，这个时期的教学媒体主要有幻灯、唱片、广播、电影、有声电影和有声幻灯片等，教育工作者从教学实践的研究中总结了一系列的视听教学方法，并提出了相应的理论上的依据。从 20 世纪 70 年代起，计算机不仅是计算工具，而且和程序教学结合，成为辅助教学和管理教学的重要手段。20 世纪 90 年代以来，计算机技术日新月异，计算机网络技术以令人惊讶的速度向全球渗透，网络化教育正改变着教学的方方面面，出现了电子空间学校、多媒体网络教室、计算机远程教学、网络课程和网络教学等新的教学形式。

（二）现代教学技术的意义

现代教学技术的优越性是由它本身功能所具有的特点决定的。首先，和传统的教学方法相比较，它没有时间、空间、微观、宏观的限制，对具体的教学内容中涉及的事物、现象、过程，全部可以形象地出现在课堂上。学生根据已掌握的信息，再通过形象直观的展示，更好更准确地把握住了事物内在的特点，作出判断和结论，在这样的条件下获取的知识和能力，对学生来说将是他们认识世界改变世界的最佳途径。其次，现代化的教学手段可以为学生多方位多角度地提供观察事物、思考问题和分析问题的渠道，而不再是从前只凭借传统的方式方法让学生去认识世界，获取已经很抽象甚至难以理解的内容，那样的后果很可能就是学生一知半解或者理解错误。现代化的教学技术既让教师的教学变得形象生动趣味十足，也让学生的学习变得兴趣倍增，教学效果自然事半功倍。

根据现代教学技术的科学化和多样化，以及它所具有的特点，我们很容易得出这样的结论：它比传统教学方法更加适应时代的发展和要求，它拥有传统教学无法比拟的优势。现代化的教学手段在实际的教学活动中的具体作用体现在：

第一，有利于提高教学质量和教学效率。现代化教学手段在具体的课堂教学中，可以加快教学速度，降低教材难度，扩展学生对教材的理解深度。这些特点可以使教学的质量与效率得到显著的提高，学生也会借助这样的资源而更快地理解和接受教材所蕴涵的意义。

现代化教学手段所具有的丰富的表现力使得教材本身变得更加生动形象而且更为直观，利用高科技的声音和光学设备以及其他仪器可以直接表现所学内容的内在，这样更加容易引起学生的兴趣和注意力。很多科目，如物理，化学，生物等，学生在课堂上就可以轻松地理解，这样的效果当然会比传统的书面教育要好。再加上现代化的教学手段本身可以不受时间和空间的限制，对于一些难度大、专业性特别强的教材，教师利用设备和仪器可以灵活地根据教学的实际需要对教材进行适当的修改，让复杂的知识变得相对简单。再者从心理学的角度上说，学生因为这种先进的教学方法和先进的教学设备仪器，自然对知识有全面详细的理解，比起传统的教学方法在教学质量和教学效率上的提高，是明显且具有绝对的心理学根据的。

第二，有利于扩大教学规模。现代化的教学手段不仅包含先进的科学仪器与设备，而且还包含了无线电广播、电视、计算机网络等媒体，这样的改变就让传统的教室变得不再那么必不可少，拉近了现实中的距离，降低了传输信息的难度。从另一个角度上说就是只要有电视机、计算机设备等就可以形成课堂，这样的教学手段也可以节省师资和学校，教学上的远距离课堂只要形成足够的规模，就能对我国加快普及教育发展教育发挥重要作用。

第三，有利于推动教学改革。现代化教学技术在教学领域中不断扩大应用范围和提高普及率，逐渐改变了人们长久以来的传统教学概念，可以更容易地在思想上适应和接受现代化教学手段，把传统的教学模式从固定的重视教、重视传授知识转变成教和学对学生是一样的重要，知识的传授和学生个人动手实践的能力也得到有力的加强。同样，教学手段也因为多种教学设备和仪器的运用，摆脱了从前单一的教学模式。由此而进行的教学方面的改革也就顺理成章地更加合理化、科学化。

二、现代教学技术的运用

（一）常用的现代教学技术

1. 幻灯机

它的特点是制作简单，应用广泛，易于推广。

主要类型有：反射投影机（投影仪），供教师直接书写投影，也可放映一般幻灯片，是一种使用方便的视觉形象器材；实物反射幻灯机，它通过强光源照射在实物上，反射光通过透镜成像再映出来，教学需要用的图片、图像、资料及扁平的物体，都可以在机内进行反映；显微幻灯机，它是由一个显微镜和一个光源箱组合而成的，一般运用于生物学科教学。

幻灯机是一种非常普及的现代化静止视觉媒体。幻灯机的教学功能是：可以提供大量色彩鲜明、真实、生动的视觉形象，能充分表现事物细部，有利于加深学生对所学内容的印象；能与传统教学方法密切结合，可根据教学需要对放映和解说速度加以控制。在教学中运用投影仪的优点是：讲解时，教师可面对学生，便于教师直接掌握课堂信息的反馈和师生之间的交流；使用投影仪的同时教师可使用其他教具进行教学；可以提供视觉形象，增强对教学内容的感知，加深理解。

2. 录音机

它的特点是可以录音、重放。

主要类型有盒式、盘式两种，新的性能还有自动录节目、自动关机、自动循环放音等，是一种广泛使用的听觉器材。

录音机能将声音记录下来，以备随时使用；能把记录的声音反复多次使用而且可以控制播放时间；能够将记录的声音长时间保存。利用录音机教学有以下几个优点：可以协助教师有效地组织课堂教学，改进教学效果，如利用录音进行课文范读、听力训练、音乐欣赏等；能帮助学生在学习中获得自我反馈。

3. 电影机

目前使用的电影机主要有 8 毫米（用于小教室）、16 毫米（用于大教室）和 35 毫米（用于放映厅）三种。新的放映机具有停住、慢放、倒转等功能，可以满足不同教学需要，是一种声像结合的教学设备。

教学电影在教学工作中的作用主要有四点：能直观形象地表现教学内容；提供活动的图像可不受时间因素的限制；可以放大或缩小原有事物的尺寸；可以把古今中外、远方近地、错综复杂的事实搬到教室观看，能节省时间，发展学生的观察力、想象力和理解力。

4. 录像机

其特点是把图像和声音同时记录在磁带上，录放方便，并可将所录制的声像长期保存和使用，还可改录和重录。它是一种比较理想的视听教学设备。

5. 电视机

电视分为两类：一类为闭路电视，用电视摄像机作现场教学转播，可以几个教室或全校同时收听收看；一类为开路电视，一般用于成人教育。目前的卫星电视覆盖面很广，是能为大量的学习者服务的现代化教学设备。卫星教育电视系统受到世界各国的重视，它为人类教育的普及化、自主化、个别化、终身化提供了最有效的条件和保证，在很大程度上推进了全球教育事业的发展。

6. 语言实验室

语言实验室一般是外语学习专用教室，每个学生有一个隔音座位，并配有耳机、话筒、录音机等，有的还有电视屏幕，通过选择键和有关线路与控制台联系。控制台相当于教师的讲台，装有耳机、话筒、录音机、控制隔音座位的线路和各种放映设备（幻灯片、电视机、电影机）的开关。教师通过控制台对学生进行教学。

7. 电子计算机

电子计算机的种类很多，教学使用的主要是通用的计算机。计算机在教学上的应用，分为两类：一类是用计算机管理教学，如运用计算机帮助教师进行测验设计和评分，管理教学计划，调配教学物资等；另一类是用计算机辅助教学，如帮助教师传授知识、训练技能、发展学生的智能等。VCD和DVD是运用现代计算机技术和数码技术发展起来的教学媒体。载有教学信息和教学资料的VCD和DVD光盘信息量大、寿命长，能提供干净清晰的图像和鲜艳逼真的色彩以及与之相配合的声音信息。

（二）运用现代教学技术的要求

1. 现代教学手段与传统教学手段要有机结合

现代化教学手段的巨大优越性是与传统教学手段相对而言的。有人认为传统教学手段是陈腐的、落后的，应被现代化教学手段代替。这种认识是错误的、有害的。从经济力量、技术力量及师生条件等方面考虑，传统教学手段不仅不会过时失效，而且有些还在教师恰当而巧妙的运用之下，比现代化教学手段还要好。有些教师讲课语言的生动性、概括性、强烈的感染力以及板书的高度艺术性等都是任何现代教学手段所不能代替的。

现代化教学手段和传统教学手段各有其优缺点，在教学中它们应该是长期共存、互相补充、并行不悖的，这是教学的客观要求。

2. 教师指导和现代教学技术要紧密配合

早在开始运用现代化教学技术进行教学之时，就有人认为，现代化教学手段可以代替教师，于是就出现了“教师失业论”。这种观点是错误的、有害的。尽管现代化教学技术有诸多优越性，可以承担教师的部分工作，但是永远不能代替教师与学生面对面的教学活动，尤其不能代替教师的言传身教。教学技术只是作为一种工具被教师运用，为教学服务。在人际关系上，教师始终起着主导作用。因为教学的软件需要教师编制，教学的媒体需要教师选用，教学的进程需要教师控制，学生的学习需要教师指导，因此，计算机不仅不能取代教师，而且给教师提出了更高的要求。

3. 教学目的和计划要具体明确

运用现代教学技术，要有明确的目的，防止盲目滥用；要根据一堂课的教学目的和任务去选用，要有助于发挥教师主导作用和调动学生学习的主动性、积极性，并要组织好学生的视、听和操作活动；要把运用现代化教学技术纳入到整个教学计划之中，精心设计教学过程，确定各种教学手段运用的步骤、时间和方法；教学前要写出详细的课时计划，并严格按照计划组织教学。

三、现代教学技术的影响

现代教学技术因其具有直观性、形象性、生动性、交互性的独特优势，弥补了传统教育手段的不足，而且它能化虚为实、化静为动、化抽象为具体，直观地再现各种事物和影像，得到越来越广泛的运用。现代教学技术给传统教学带来的影响是有目共睹的，使教师、学生、教学内容、教学方法和教学模式等方面发生了诸多变化。

（一）现代教学技术对教师自身的影响

现代教学技术可以代替教师的部分职能，这对教师产生了极大的冲击。但是，它永远也不能代替教师在教学中的角色，相反，教师的作用显得更加重要了。

1. 对教师角色的影响

传统教育强调教师的主导作用，教师是知识的传递者、拥有者，教学内容的选择，教学方法、策略的制定，教学过程的控制等均由教师自己决定。随着现代教学技术的飞速发展和普及，学生很容易从外部获得信息和知识，教师不再是学生获取知识的唯一源泉，也就是说，教师的角色由主导者转化为教学的设计者、学习的指导者和促进者。教师的主要职能已经从“教”变为“导”——引导、指导、诱导、辅导和教导，设计、搜寻并帮助学生获取相关教学资源、教学材料，以支持学习者主动探索并完成对所学知识的意义构建。教师的作用主要在于激发学习者的学习兴趣、努力促进学生将当前所学内容、所反映的事物与自己指导的事物联系起来，通过各种方法帮助学生构建当前所学知识的意义，并用网络促进沟通、交流，以实现跨区域、机构、学科和个体间的协作。教师的角色向着多元化和综合化的方向变化，特别是在一些新的学习方式下，教师能否根据学习的需要来合理分配和扮演角色并承担相应的任务，已成为制约这种学习方式成败的关键所在。

2. 对教师素质的影响

教师的角色发生了变化，但这并不是说现代教学技术使教师地位发生退化，而是对教师的要求更高了。现代社会是一个完全的信息社会，不仅新的知识信息大量涌现，而且新旧知识更替的速度加快，周期缩短，要求教师能更快地获得和掌握相关的知识和信息。而且由于现代教学技术的介入，新的教学理论也随之产生，教师要能及时吸收和消化，进而运用于教学。现代教学技术的应用使得教师必须积极提高自身的理论修养，必须提高自己的信息技术水平，有效地帮助学生充分利用现代学习资源。教师的权威将不再建立在学生的被动与无知的基础上，而是建立在教师借助学生的积极参与以促进其充分发展的能力之上。

（二）现代教学技术对教学内容的影响

教学内容是教学过程中传递的教学信息，是学生获取知识、培养技能、发展能力的主要源泉。现代教育技术的发展使得教学内容在外在形式和内在结构两方面都产生了变化。

1. 教学内容外在形式的变化

传统的文字教材中，教学内容主要是描述性的文字和补充说明性的图形图表，无法用声像甚至动画来表现教学内容。近年来，随着电化教学的开展，出现了一些音像教材，如投影、幻灯、录音教材等，尤其是大量计算机教学软件（即电子教材）使信息不再只是单一的图形图表，而是文本、图像、动画的有机组合，画面也不再只是静止或运动，而是可分散可合成，听觉和视觉的结合也更为紧密。这不但为学生提供了更多的学习内容，而且形象地、有效地帮助学生记忆、理解和思考，增加课堂教学容量，有效提高教学效率，获得较佳的教学效果。

2. 教学内容的内在结构的变化

教学内容的内在结构就是学科知识结构的组织设计。传统的文字教材及其辅导材料的结构和顺序都是以教为主，是一种教授材料，学生利用它学习，自由度不大，灵活性不强，且难以促进已有知识结构向新知识结构的有效迁移。现代教学技术通过多媒体现代技术，可在教学内容的组织安排上更强调学生主动参与来构建知识结构；把信息的组织形式与其内容呈现的多样性、复杂性结合起来，为学生提供了一种动态的、开放的结构化认知形式；既包括了学科的基本内容，又包括了学科内容间的逻辑关系；既注重知识的形成过程，又注重知识的结构，使教学内容的统一性与灵活性得到了完美的结合。①

（三）现代教学技术对教学实施模式的影响

传统教育模式受传统教育理论与思想的支配，受教室、课堂、校园三者空间和范围的约束，因而具有很大的局限性。传统教学模式的特点是以教师为中心，教师在讲台上讲，学生在下面听，全盘灌输，而作为认知主体的学生则很被动，积极性难以有效发挥。现代教育技术从根本上打破了这种局限，它利用计算机多媒体和网络技术对教学系统进行设计、开发、运用与管理，为先进的教学理论应用于教育教学提供了强有力的技术支持，改变了传统教学模式。现代教学技术运用现代教育思想、教育理论，创造了一种开放式的教育环境，提供了丰富的教育资源，使教与学双方自由结合，改变了教与学的关系，极大地提高了学生学习的兴趣、效率和能动性，对传统的教育模式产生了深远的影响。目前，多媒体组合教学的课堂教学模式和基于多媒体计算机的多媒体 CAI 模式在教学中已开始应用。随着时代的发展，基于因特网的网络教学模式和基于计算机仿真技术的虚拟现代化教学模式也将在教学中发挥很好的作用。

（四）现代教学技术对教学组织形式的影响

传统的教学以学校、班级的形式进行密集型课堂教学，师生面对面，知识信息的传递在同一时空条件下，虽然这种形式的效率比以前的个别教学要高得多，但它无法适应人的个性和特点。现代教学技术打破了传统的学校、班级的概念，使教学能够突破传统的教室、校园的束缚，借助广播电视、网络通信等方式，实施远距离教学，建立起一种开放型的教育环境。教师和学生可以不受时间及地理环境的限制，通过网络同世界各地的教师、学生、专家甚至学术机构进行对话、研讨问题，也可以通过联网的图书馆查询文献资料，共享信息资源，甚至可以通过网络来完成学业。② 随着信息技术的发展，远程教育已经成为一种新的教育形式。通过远程教育网，终身教育成为可能。

综上所述，随着现代教育技术在教育实践中的广泛应用，教育技术在推动教育教学改革和发展中的巨大作用将日益显现。我们要应用现代教育技术推动教育教学改革，以实现培养适合社会与时代需要的高素质创新人才的目的。

案例

2001 年 10 月，海滨中学的吴阳阳老师上了一堂别开生面的生物课。在学习《根对无机盐的吸收》这一节课时，学生利用教师提供的软件在多媒体计算机上尝试"种"一株"植物"。他们按照自己的想法用鼠标点取不同的"肥料"加在"植物"上，得

① 毛雪飞. 现代教学技术对教学几要素的影响. 平原大学学报，2002（2）. 64～65
② 毛雪飞. 现代教学技术对教学几要素的影响. 平原大学学报，2002（2）. 65

到计算机显示的各种表现的“植株”。在教师的指导下，经过不断地调整，他们在计算机上终于“种”出了一种“健壮的植物”。

分析

以计算机为核心的现代信息技术的发展为教育教学中的师生活动提供了强大的技术支持，使他们有可能将信息技术有机地统合在各学科的教学过程中，使信息技术和教学内容、课程资源以及课程实施融为一体，这样有利于激发学生的求知欲，优化学生的认知结构，培养学生良好的思维品质。案例表明，在多媒体网络教学中，学生可以利用教师提供的课件，通过“人机对话”进行自主探究研究。当我们需要虚拟有毒、有害、危及生命的情景时，当我们需要浓缩地球演变的历史、事物发展的逻辑脉络时，多媒体课件所实现的不仅仅是一种“模拟”或者“跨越”，它同时还会激起学生对生命价值和意义的尊重，不仅如此，多媒体计算机具有的交互性还有利于激发学生的学习兴趣以及主体作用的发挥。

实验心理学家赤瑞特拉通过大量的实验证明：人类获取的信息83%来自视觉，11%来自听觉，还有3.5%来自嗅觉，1.5%来自触觉，1%来自味觉。他又通过另一个实验证明：人们一般能记住自己阅读内容的10%，自己听到内容的20%，自己看到内容的30%，自己听到和看到内容的50%，在交流过程中自己所说内容的70%。这就是说，如果既能听到，又能看到，再通过讨论、交流，用自己的语言表达出来，知识的保持量将大大增加。这项研究表明，如果能把信息技术应用于课堂教学，用多种方式为学生呈现知识，将大大提高学生的学习效率。

由此可见，现代信息技术对教师的教学方式和学生的学习方式的变革具有重要的现实意义。由此，在新一轮的基础教育课程教学改革中，要大力推进现代信息技术在教学中的普遍应用，逐步实现教学内容的呈现方式、学生的学习方式以及教学过程中师生互动方式的变革，充分发挥信息技术的优势，为学生的学习和发展提供丰富多彩的教育环境和有力的学习工具。

复习与思考题

1. 如何认识现代教学技术在课堂教学中的作用？
2. 运用现代化教学手段有什么意义及要求？
3. 与传统教学方式相比，现代教学技术有没有不足之处？
4. 现代教学技术的应用使传统课堂教学形式发生了变化，作为教师，会面临哪些挑战？如何应对这些挑战？

第四节　课堂教学评价的理论和方法

一、教学评价概述

（一）教学评价的概念

教学评价是教育评价的一部分，是依据一定的教学目标，运用科学的评价技术对教学过程及结果进行价值判断并为教学决策服务的活动，它直接调节和控制着教学活动的各个方面，是教学工作的一个重要组成部分。教学评价的理论和方法对提高教学质量、促进教学改革起着日益显著的作用。

评价是对事物价值高低的判断，包括对事物的质与量所做的描述和在此基础上作出的价值判断。而对教学是否达到了一定质量要求的判断就是教学评价的实质，即从结果和影响两个方面对教学活动给予价值上的确认，并引导教学活动朝预定的目标发展。

教学评价的基本目的在于，使学生在课程的学习过程中不断体验进步与成功，认识自我、建立自信，促进学生综合语言运用能力的发展和综合素质的全面发展；使教师获取教学的反馈信息，判断教学疑难，对自己的教学行为进行反思和适当调整，不断提高教育教学水平；使学校和教育管理部门及时了解课程标准的执行情况，改进教学管理，促进教学过程的不断发展和完善。

（二）教学评价的功能

教学评价是教学活动中的反馈机制，不仅有鉴定选拔的作用，也具有改进和形成功能。运用教学评价可以探明、调节、改善和提高教学活动，创造适合学生个体差异的教学。

为了满足人们不同的需要，教学评价曾经而且正在发挥着种种不同的作用。考试曾经在很长一段时间内被当作选拔人才的工具，评价也曾被当成对儿童进行划分等级的手段，现今评价被认为是改进教学、提高教学效果的有力手段。

（1）检验教学效果。教学评价的一项重要职能就是检测并且评定教学效果，其中包括检测教师的教学水平，学生掌握预定的知识、技能的状况，教学目标和教学任务的实现程度等，都需要通过教学评价加以验证。检验和判定教学效果，也是了解教学状况、提高教学质量的重要途径。

（2）诊断教学问题。教学评价可以发现教师在教的方面及学生在学的方面存在的问题和不足。例如：通过教学评价，教师可以了解自己的教学目标确定得是否合理，检验教学方法、手段运用是否得当，确定教学的重点、难点是否清楚；也可以了解学生在知识、技能学习方面的状况和存在的问题，分析造成学生学习困难的原因，从而调整教学策略，改进教学措施，有针对性地解决教学存在的各种问题。

（3）提供反馈信息。在实际的教学中，教学评价的结果有两方面的作用：一是为教师评定教学状况提供反馈信息；二是为学生清楚了解自己的学习情况提供帮助。通过教学评价的结果，学生可以清楚了解自己学习的具体情况。肯定的评价可以进一步激发学生的学习积极性，提高学习兴趣。否定的评价往往会使学生看到自己的差距，找到错误及其原因，并在教师的帮助下及时改正。

(4) 引导教学方向。教学评价的导向作用在实践中是显而易见的。教学评价的内容和标准左右着学生学习的方向、学习的重点及学习时间的分配，制约着教师教学目标和教学重点的确定、教学策略和教学方法的选择。如果教学评价的标准和内容能全面反映教学计划和教学大纲对学生的要求，充分体现学生全面发展的方向，那么，教学评价所发挥的导向作用就是积极的、有益的，就会有利于学生的学习。否则，就有可能使教学偏离正确方向。① 这一点，需要引起教学评价工作者的高度审视。

(5) 调控教学进程。对教学活动基本进程的调控是教学评价多种功能起作用的综合表现，它建立在对教学效果的验证、教学问题的诊断、多种反馈信息的获得等基础上，具体表现为教学方向、目标的调整，教学速度、节奏的改变，教学方法、策略的更换，以及教学内容、教学环境的调整等。实际上，客观地判定教学的效果，合理地调节、控制教学过程，使之向着预定的教学目标前进，也正是教学评价追求的基本目的。②

二、教学评价的分类和原则

（一）教学评价的分类

从不同的角度可以把教学评价划分为不同的种类，目前，教学评价主要用以下两种方式进行分类：

1. 根据评价在教学活动中的作用，可分为诊断性评价、形成性评价和总结性评价三种类型。

诊断性评价，也称"教学前评价"，一般是指在某项教学活动开始之前对学生的学习准备情况及相应影响因素作出鉴定，以便采取相应措施使教学计划顺利、有效实施而进行的测定性评价。它的目的是弄清学生已有的知识和能力发展水平、学习状况，为制定教学措施做准备，为因材施教提供依据。诊断性评价具有确定学生的入学准备程度，决定对学生的适当安置，辨别造成学习困难的原因等方面的作用。诊断性评价的实施，一般在课程、学期、学年开始或教学过程中需要的时候。

形成性评价，又称"过程评价"，是在某项教学活动过程中，为了能使教学顺利进行，完善教学活动，取得更佳的效果而不断进行的评价。其主要目的是改进、完善教学过程，实施时间一般在教学过程当中。

总结性评价，又称"事后评价"，是在学完某门课程或某个重要部分之后进行的，旨在评价学生是否达到教学目标要求，是概括水平较高的测试和成绩评定。其目的是检验学生的学业是否最终达到了各科教学目标的要求。总结性评价注重考查学生掌握某门学科的整体程度，概括水平较高，测验内容范围较广，实施时间常在学期中或学期末进

① 夏瑞庆．教育学．合肥：安徽大学出版社，2003. 157

② 田慧生，李如密．教学论．石家庄：河北教育出版社，1996. 362

行，次数较少。学期末或学年末进行的各科考试、考核都属于这种评价。

2. 根据评价所运用的方法和标准不同，可分为相对性评价、绝对性评价和个体内差异评价。

相对性评价，是一种依据评价对象的集合来确定评价标准，然后用这个标准来评价每个评价对象在集合中的相对位置的评价。相对性评价由评价对象组成的群体的整体情况决定着每个成员的相对水平，评价标准依群体变化而变化。相对性评价只适用于选拔人才，不能明确显示学生的真正水平，不能表明学生在学业上是否达到了特定标准。

绝对性评价，是一种在评价对象群体之外，用目标参照性测验对学生进行成绩评定。它依据教学目标和教材编制试题，用以测验学生学业成绩，判断学生是否达到教学目标的要求，而不以评定学生之间的差别为目的，故绝对性评价也叫目标参照性评价。绝对性评价具有比较客观的标准，特别适用于以鉴定资格和水平为宗旨的教学评价活动，如升级考试或毕业考试、合格考试，而不适用于甄选人才。

个体内差异评价，是把评价对象个体的过去与现在进行比较，或把个人有关方面进行相互比较，从而得出评价结论的评价。它以评价对象的自身状况作为参照系。个体内差异评价是教育促进个体社会化的有效的导向性措施，不仅能有效促进形成个体社会化特性，而且更重要的是有利于形成人的个性，这是非常符合当前课程改革倡导教育以人的发展为本，促进人的发展的基本要求。个体内差异性评价照顾到学生的个体差异，不会造成竞争压力，可以综合地或动态地考察学生的发展变化，因而，常作为改变学习困难学生的措施被使用。其局限性是由于不存在客观和外在标准，很难确定评价对象在群体中所处的水平，提供给学生的有效反馈也很有限。

（二）教学评价的基本原则

为了做好各种教学评价工作，必须根据教学的规律和特点，确立一些基本的要求作为评价的指导思想和实施准则。具体来说，教学评价应贯彻以下几条原则：

1. 客观性原则

教学评价的目的在于给教师的教和学生的学以客观的价值判断，因此教学评价应该符合客观实际，不能主观臆断或掺入个人情感。贯彻客观性原则，应该做到评价标准、评价方法、评价态度以及评价技术的客观，以客观存在的事实为基础，实事求是，公正严肃地进行评定。

2. 整体性原则

贯彻整体性原则，首先要有全面的评价标准，尽可能包含教学目标的各项内容；其次要运用主次矛盾的方法区分轻重，抓好决定教学质量的主导因素和环节；再次要把定性评价和定量评价结合起来，使其相互参照，以求全面准确地判断评价客体的实际效果。

3. 指导性原则

在进行教学评价时应该把评价和指导结合起来，对评价的结果进行认真分析，不仅使被评价者了解自己的优缺点，而且为其以后的发展指明方向和增加动力。贯彻指导性原则，应该根据客观的评价结果进行及时、明确、有效的指导。

4. 科学性原则

只有科学合理的评价才能对教学发挥积极的指导作用。科学性原则不仅要求评价目标标准的科学化，而且要求评价程序和方法的科学化。贯彻科学性原则以教学目标为依据，确定科学的评价标准，运用先进的测量和统计方法对各种数据和资料进行严谨的处理。

三、教学评价的方法

教学评价既是对教师教的能力和效果作出的价值判断，也是对学生学习能力和成就上的变化作出的价值判断，因此教学评价由两部分构成，即教学工作的评价和学生学习结果的评价。

（一）教师教学工作的评价

教师教学工作的评价是指对教师的教学能力和教学效果的评价。对教师的教学工作进行评价，不仅可以调动教师的积极性，促进教师自身素质及学生学习质量的提高，而且还为奖优罚劣、教师职称的评定以及教师晋级提供了客观依据。

1. 教师教学工作综合评价方法

教师教学工作的评价方法有多种，一般包括教师自我评价、同行评价、学生评价和领导评价四种方法。通常采用四种方法相结合的方式对教师的教学工作进行评价，从而使教师获得更多的有关教学活动的信息，改进缺点与不足，不断提高自身教学水平。

（1）教师自我评价是教师本人依照教师评价的原则和标准，根据自己实际的教学工作表现，主动作出评价。相对而言，教师自我评价是一种比较有效的评价制度。它主要有以下几个优点：第一，可以提高教师的评价结果的可信性和有效性。很多时候，仅仅依据学生和家长的反映和认识来评定一位教师的工作表现，难免会缺乏公正性。根据课堂表现有可能比较片面，可能和实际情况有一定的差距。第二，教师自我评价需要教师全面地对自己的工作表现、工作心理和教学心得做出反思和提高。不仅让教师时刻铭记自己的教育职责，也让教师可以不断提升自己的职业素养和专业知识水平。第三，教师自我评价是一种能够鼓励教师积极参与教学评价的方式，增强教师在教学中的责任意识，提高了学校内部公平民主竞争意识。

（2）同行评价是学校其他教师对被评价教师的教学工作作出的评价。同行评价是总结性评价和形成性评价的结合，它建立在经常性的听课、课堂观察和分析反馈的基础上，是对教师的长期关注和监督，对教师的评价是动态的、客观的，增强了评价的有效性和权威性。

（3）学生评价是指学生对教师所做教学工作的评价。教师的授课对象是学生，学生能够对教师的授课工作作出比较客观和切合实际的评价。学生评价有利于了解和监督教师授课，帮助教师改进授课中存在的不足，有利于提高教学质量，同时为教师的业务考核提供依据，因此学生评价是一种非常重要的教学评价方法，研究和设计出适当的评价方法和评价工具是学生评价的关键。

（4）领导评价是指教师所在学校的领导对教师教学工作的评价。领导平时应该深入课堂，了解教学过程；检查教案，了解备课情况；听取学生和同行对教师的反映，从而对教师作出全面的、适当的评价。

2. 评价教师教学工作的指标体系

课堂教学是学校教育教学活动的中心环节，也是教师对学生进行教育和教学的基本途径和主要形式，因此课堂教学工作评价是教师教学工作评价的核心。

传统的课堂教学评价指标系统把教师教学工作分成教学目标、教学内容、教学方法、教学进程和教学效果五个部分。以教学目标是否明确、具体、切合实际；教学内容是否具有科学性和教育性；教学过程和方法是否合理，是否具有针对性、启发性；教学组织是否严密，纪律是否良好，教师有无应变能力；教学是否民主、语言是否精练；师生配合是否默契为评价标准。对以上评价分析后不难看出，教学过程是有目的、有计划、有严密组织的活动，它强调了教师在教学过程中的中心地位，即突出了一个“教”字，这种课堂教学评价的实施容易导致学生厌学、低效教学等一系列问题。

基础教育新课程改革对教师提出了新的、更高的要求，同时也使得对教师教学工作的评价内容和评价标准发生了根本性的改变。新的评价课堂教学质量的指标体系从教学目标、教学设计、管理学习环境、促进学习和对学习的评价五个方面对教师教学工作进行评价，具体内容为：

（1）教学目标：教师要把学生培养成推理缜密，思想方法、行为方式以及说话价值观念都有助于学习的学习者。

新的课堂教学评价指标就是要看教师是否对所有学生的各种不同见解、技能和经验都有所尊重；是否能够使学生自主地决定教师教什么和教师应该提供什么学习环境；是否能够培养学生的技能、思想方法和行为方式。

（2）教学设计：教师要为学生制定合理的教学方案。

新的课堂教学评价指标就是要看教师是否为学生制订合适的目标和计划；是否针对学习内容修改和设计课程，使之更适合于学生的知识水平、理解力和兴趣；是否选择教学和评价方案，以提高学生对知识的理解。

（3）管理学习环境：教师要营造和管理好学习环境，为学生学习提供必要的资源。

新的课堂教学评价指标就是要看教师是否安排了可以利用的时间，使学生有机会参加扩展性研究；是否创造了良好的学习环境；学校可利用的设备、学习教材、视听媒体是否为学生所利用。

（4）促进学习：教师要学会引导学习，将学习活动化难为易。

新的课堂教学评价指标要求看教师是否组织学生对学习问题进行讨论；是否使学生认识到自己在学习中应该担负的责任；是否认识到学生之间存在的巨大差异；是否采取相应的措施来鼓励所有学生积极参与到学习之中；是否总结和改进教学。

（5）对学习的评价：教师要对他们的教学和学生的学习不断地进行评价。

新的课堂教学评价指标要求教师使用多种方法系统地收集学生学习能力的数据；要分析评价数据，改进教学；要指导学生进行自我评价；要向学生、教师、家长报告学生学习效果。

此外，如课堂气氛、组织教材、教学环节、板书、教材等也是评价教师工作的指标。

（二）课堂教学质量指标的量化

可以通过把课堂教学质量的评价指标予以量化的方式来保证评价课堂教学工作质量的客观性和可靠性，降低主观随意性，从而使教师全面了解自身的优势与不足，进一步提高自身的教育水平。实施方法如下：根据各个指标在教学质量中所起作用的大小确定相应的分数，每个指标可以再根据教师的实施程度划分为几个等级（如优秀、良好、合格、不合格等），每个等级给予不同的分数值。要根据评价者以及教师的教学情况制订具体的相应的评价表，评价者不同则指标不同，从而评价表也不同。下面是一个教师教学质量评价表：

教师教学质量评价表

受评学科：　　　　教师姓名：　　　　评价时间：

等级 / 项目	非常满意 5	满意 4	一般 3	不满意 2	反对 1
1. 备课充分，授课认真，治学严谨					
2. 使用普通话，表述清楚，思路清晰，语言生动					
3. 教学内容有用、先进，系统性强，重点突出，难度适宜					
4. 能够调动学生的积极性，注重启发式教学，注重师生互动					
5. 注重学习方法、技能的指导，注重学生能力培养					
6. 教学方法先进，善于运用多媒体等现代化教学手段，课堂效率高					
7. 重视自学指导和课外训练，辅导及时，作业、实验报告批改认真					
8. 欢迎该教师给我们继续上课					

教师教学工作评价是对教师工作价值的判断，是教学评价的重要内容。对教师教学工作质量进行评价，可以使学校管理部门和教师本人了解教学情况、发现问题、总结经验并改进工作，以达到提高教学质量的目的。

（三）学生学业成绩的评价

学生学业成绩的评价是指依据一定的教学目标，运用科学的方法和技术对学生在学科学习过程中学科知识掌握程度、能力水平和心理素质等方面进行的评价。

学生的学业成绩直接体现学校教学工作的质量，因此有计划有目的地对学生所学知识和技能等的掌握程度进行评价是教学工作不可缺少的组成部分。通过评价，不仅可以使学生了解自己的学习进展和存在的问题，明确努力方向，也可使教师了解自己的教学效果，作为总结经验、改进教学的根据，同时也为检查、衡量、提高教学质量，保证教学效果，改进教学工作，进行教育决策提供了重要依据。

1. 学生学业成绩评价的方法

学生学业评价的方法有很多，要根据评价目标因素选择合适的评价方法。常用的评价方法有观察法、面谈法、调查法和测验法等。

我国中小学对学生学业评价的方式基本上分为两大类：

（1）平时考查。平时考查既是在教学活动过程中对学生的考核形式，是期末总评的重要组成部分，也是客观准确地评价学生学业的基础。主要包括课堂复习提问、作业的评改、课堂独立作业、小测验以及日常观察、谈话等。

（2）考试与测验。考试和测验是对学生知识、技能和能力以及学习态度进行总结性检查时采用的方法，包括各种期中、期末考试，毕业考试，升学考试等，有的学校还有学年考试。测验是使用最多、最经常和最便利的方式，相比其他方式其结果具有较强的客观性。以下将重点对测验进行介绍。

2. 学生学业成绩的测验过程

测验是一个系统连贯的过程，包括测验目标和对象的确定、测验内容和形式的确定、命题的设计、制定评分细则以及考试的组织与实施五个阶段。

（1）测验目标和对象的确定。

测验编制者首先要确定所编制的测验所要达到的具体目的，这是编制测验和编制试题的依据。目标不同，编制测验的技术也有所不同，在大规模考试中，为了体现客观、公正、公平的原则，要根据学科教学目标和大纲制定考试大纲；测验的对象也影响到测验的编制，根据对象的年龄、智力水平或受教育程度，测验的目标也应当有多样性和层次性。

（2）测验内容和形式的确定。

测验编制者还应确定测验的内容范围，这是保证测验有效的前提条件。另外还应确定测验的形式，包括两个方面：

一是题型的设计。包括客观性试题和主观性试题。客观性试题包括是非题、匹配题、选择题、判断题等，主观性试题包括填空题、简答题、论述题、改错题、名词解释、计算题等。每种题型各有优缺点，因此应当综合使用，合理搭配。

二是测试的形式。包括书面测试、操作测试、口头测试等。

（3）命题的设计。

确定了测验的目标与题型后，就要制订命题计划或命题蓝图，这就是命题设计。这一环节极为重要，关系到测验能否体现测验目标，是否有效。其具体方式就是把对知识的理解、掌握和运用程度渗透在各个章节，并和题型结合起来。在进行命题设计时应当注意命题是否符合测验的目的，各类项目的比例关系以及测验的时间和题量等因素是否合理。

（4）制定评分细则。

试卷编制完毕后应该制定详细的评分细则。命题者应该详尽地列出试卷的标准答案、评分原则和评分的具体要求，这些要求应该具有较强的规范性和可操作性，以便减少评分误差。

（5）考试的组织与实施。

要严格组织考试，但考试的形式是多种多样的，应该灵活运用。在考试结束以后，教师应该严格按照评分标准客观公正地评阅试卷。

3. 学生学业成绩测验结果的总结分析

测验结束后，应该根据测验结果对学生的学习效果作出价值判断，还要对测验的质量和效果进行分析。

评价人员对测验结果进行处理和统计形成成绩表（学生排名，班级排名，总评分，班级平均分等），并分析统计信息，进行综合判断，最后形成评价结果。评价的目的是为提高教学质量和督促学生学习。统计之后，评价人员要依据评定标准进行综合判断，写出评价意见，包括对学生表现的评价、劝告和指导性意见并对问题进行深入分析，找出问题的症结所在；写出对教师教学的评价、改进建议等。

在基础教育实践中，对学生学业成绩的评价还可以采用评价表、学习档案袋、答辩、集体评议等评价方式，评价表包括教师评价表、学生自我评价表、同学评价表和家长观察评价表等。

案例

从2002年秋季新学期开始，黑龙江大庆市二十八中采取了新的评价方式，这种方式使不同基础的学生都能得到鼓舞和激励。他们用标准分、趋向分取代了原始分，由静态评价到动态评价、由绝对到相对、由重结果到重过程。通过比较标准分使基础较好的同学，尤其是尖子生看到自己的学习优势，使其向更高的目标迈进。趋向分主要看一段时间内学生学习的变化趋势，承认差异，区别对待，在很大程度上保护了学生的自尊心，增强了教师与学生的自信心。

在课程改革推进的过程中，“评价”是课程改革的“瓶颈”，它在很多方面制约课程改革甚至影响改革的成败。要进行评价方式的改革，首先要理清有关评价的理念。

第一，在评价功能上，要由侧重甄别和选拔转向侧重发展。

第二，在评价对象上，要从过分关注对结果的评价逐步转向关注对过程的评价。

第三，在评价主体上，要强调评价主体多元化和评价信息多源化，重视自评、互评的作用。

第四，在评价结果上，不仅要关注评价结果的准确、公正，更强调评价结果的反馈以及被评价者对评价结果的认同和对原有状态的改进。

第五，在评价内容上，要强调对评价对象的各方面情况进行全面综合考察。

第六，在评价方法上，要强调评价方式多样化，尤其注重把质性评价与量化评价相结合。

第七，在评价者与评价对象的关系上，要强调平等、理解、互动，体现以人为本的主体性评价的价值取向。

分析

上述案例体现了基层学校和一线教师在改变原有的评价方式方面进行的积极探索。这些评价方式或许还有许多值得商榷和改进的地方，但是观念的改变才是最重要的。在教育一线的学校和教师只有按照新的课程理念来培养和评价学生，才能帮助学生认识自我、建立自信并激发其内驱力，促使学生在原有水平上获得发展，实现个体价值，而教师在这一过程中亦能发现教与学的不足，使自己的教学水平不断得到改进。

复习与思考题

1. 为什么要重视教学评价？它有什么功能？
2. 什么是教学评价？你认为我国教学评价存在什么问题？
3. 试述教学评价的原则。
4. 如何理解教学评价的内涵和意义？
5. 教学评价有几种类型，其联系和区别何在？
6. 如何实施教学评价？

第九章

德　育

知识结构图

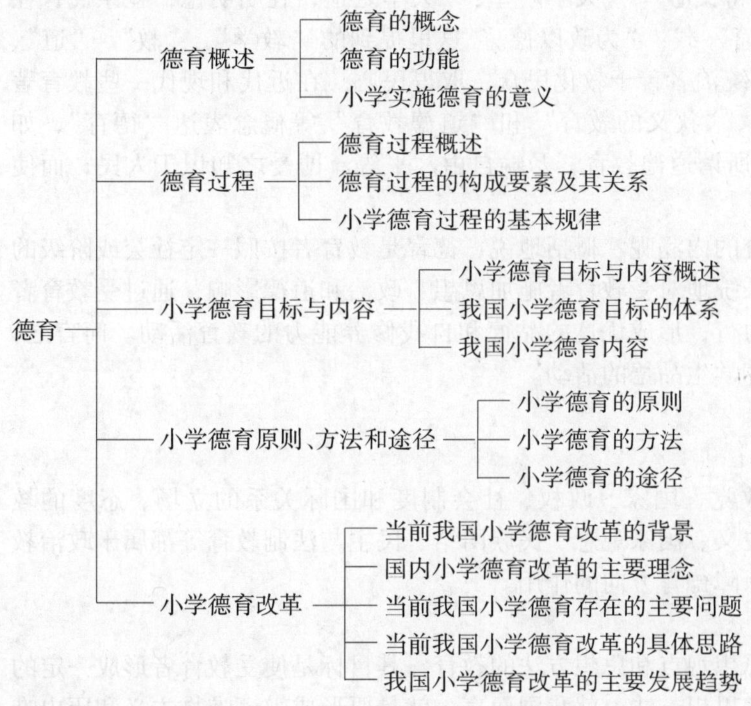

学习目标

1. 了解德育的功能和小学德育的意义。
2. 了解我国当前小学德育改革的背景、主要理念、存在的问题、思路及发展趋势。
3. 识记德育、德育过程、德育原则、德育方法等基础概念。
4. 掌握小学德育过程的基本规律。
5. 重点掌握小学德育的原则、途径和方法。

第一节　德育概述

一、德育的概念

（一）德育的概念和内涵

德育概念的形成是一个不断演进的过程。我国历来重视德育，有关德育的理论可谓层出不穷。不过，在我国古代并没有直接使用德育这个概念，往往用“教”、“教学”、“学”、“道”、“德”等来表达“德育”，如《学记》的“建国君民，教学为先”；《孟子》云：“善政不如善教之得民心。”《大学》里：“大学之道，在明明德，在亲民，在止于至善。”《论语·为政篇》载：“为政以德。”这里提到的“教学”、“教”、“道”、“德”都有教化之意，即要统治者善于教化民众，取得民心。在近代和现代一些教育著作中，我国也用过“训育”、“狭义的教育”和“道德教育”等概念表达“德育”，如大教育家蔡元培就认为：“所谓道德教育，乃输自由、平等、博爱之知识于人民，而使之生正确之观念也。”

那么，如何来界定德育的内涵呢？概括地说，德育是教育者按照一定社会或阶级的要求，有目的、有计划、系统地对受教育者施加思想、政治和道德影响，通过受教育者积极地认识、体验和身体力行，形成优良的品德和自我修养能力的教育活动。简言之，德育就是教师有目的地培养学生品德的活动。

（二）德育的组成部分

1. 政治教育

政治教育指对阶级、政党、国家、政权、社会制度和国际关系的立场、态度的教育。我国德育内容中社会主义、国家观念、民族团结、民主与法制教育等都属于政治教育的范畴。政治教育起到保障德育方向的作用。

2. 思想教育

思想教育指对事物的思想观点和思想方法的教育，其目标是使受教育者形成一定的世界观、人生观、价值观和思想方法，就我国而言，就是要形成辩证唯物主义和历史唯物主义的科学世界观、人生观、价值观和思想方法。思想教育是德育达成的方法。

3. 道德教育

道德教育指个体与他人、群体、社会、自然交往的行为准则和道德规范的教育。虽然有些内容与政治、思想教育关系密切，但由于道德规范的维护多靠内心的义务感和外在的舆论手段监督，因此道德教育是其他德育部分不能代替的。道德教育是德育的基础，在中小学阶段具有很重要的意义。

4. 心理品质教育

心理品质教育指以培养良好的心理品质和解决心理困惑为基本目标的教育。心理品质教育包括两种形式：一是积极的、占主导地位的教育形式，即着眼于学生发展、培养健康人格的心理健康教育活动；二是占辅助地位的教育形式，即侧重于帮助个别学生摆脱心理困扰、预防心理疾病的个别教育形式。心理品质教育是德育的前提。

（三）德育与道德、品德的关系

1. 道德

道德是一种社会意识，是一定社会调整个人和个人、个人和社会之间关系的行为规范的总和。它以善和恶、正义和非正义、公正和偏私、诚实和虚伪等道德概念标准来评价人们的各种行为，调整人们之间的关系，并通过各种形式的教育和社会舆论力量使人们逐渐形成一定的信念、行为习惯和传统等。

与法律、政治等其他社会意识形态相比，道德是一种特殊的规范体系，其特殊性在于：其基本作用是调整各种社会关系和矛盾，而这种调整又是通过一系列"应该"、"不应该"的规范引导和约束人们的行为来实现的，它的规范性是非制度化的，即使有的道德规范被明文规定，但也不同于政治规范和法律规范；与此同时，还在于道德规范虽然也是一种阶级意识的表现，但它是一种内在规范，它的实施不依靠强制手段，主要借助传统习惯、社会舆论和内心信念来实现。

2. 品德

品德即道德品质，也叫思想品德。它是指一个人依据社会思想观点、政治准则和道德规范在言行中表现出来的一些经常的、稳定的特征和倾向，是社会道德在个人身上的表现，是个人的道德。具体说，品德就是每一个具体的人在处理人与人之间、个人与社会之间关系的表现，不是一时的表现，而是经常的、稳定的表现，具有稳固性的特征。其外延包括道德品质、思想品质、政治品质。思想品德属于个体的素质，是个性的一部分。

二、德育的功能

德育的功能主要包括两个方面：首先，学校德育要反映社会发展的要求，为社会服务，具有社会功能；其次，学校德育也要反映人本身发展的需要，完善人的个性，具有个体功能。

（一）德育的社会功能

德育的社会功能体现在德育是传递社会意识形态的活动，属于上层建筑的范畴，它受到社会政治、经济、文化制度的制约。其具体表现为对德育的性质、目标、内容和方法体系等方面的制约。然而德育并不是被动地受社会的政治、经济、文化制度的制约，它也反作用于社会的政治、经济、文化制度，巩固、维护和促进社会政治、经济、文化制度的发展。

1. 德育的政治功能

政治功能是德育首要的社会功能。在学校教育的各种组成部分中，德育在维护和发展社会政治方面起着十分重要的作用。

学校德育的政治功能，首先是通过学生的政治社会化实现的。学校德育能让学生逐步认识到自己所处的政治地位，所应具有的政治形象以及与这种地位、形象相适应的政治权利、义务、行为规范等，并能据此采取各种政治行动。学校可以通过德育把既定的社会政治、经济关系再生产出来。与此同时，学校德育还可以通过培养学生自觉的阶级意识来实现政治关系的再生产。由于人自觉的阶级意识并不能自然、自发地形成，必须要通过教育才能形成，因此学校德育在这方面发挥着重要作用。

学校德育的政治功能具体体现为：

（1）社会政治意识的传播与生产。

（2）政治机构的充实与更新。

（3）政治行为的引导。

2. 德育的经济功能

改革开放以来，随着经济和生产力的发展，德育的经济功能日益为人们所认识，学校德育教育开始重视德育的经济功能，因为精神文明建设对物质文明建设和政治文明建设起着巨大的推动作用。

德育的经济功能主要表现在以下几个方面：

（1）通过学校德育形成一定社会的经济文化、思想和道德，促进或阻碍一定社会的经济发展。

学校德育通过一定社会意识形态的传播，形成相应的经济文化、经济思想和经济道德，影响各种经济的决策和运行，从而影响整个社会的经济生活。学校德育的这种经济性功能的发挥可能是维护性的、巩固性的，即维护和促进经济的健康发展；也可能是阻碍性的、消极性的，即阻碍一定社会的经济发展。

（2）通过学校德育，培养劳动者，直接作用于一定社会的经济发展。

首先，学校德育培养劳动者形成一定的思想品德，它对社会生产所起到的作用越来越为人们所瞩目；其次，通过学校德育培养科技人员的思想品德，对科技发展起着重要的作用。

3. 德育的文化功能

德育包含于文化之中，是社会文化的一个结构单位。德育的文化功能指的是它对社会文化结构中的其他结构单位，如各种意识形态、价值观念、行为规范、科学技术等，以及对整个社会文化结构所产生的客观结果（或称之为互动影响）的影响。德育的文化功能可以分为社会文化的维护性功能和变异性功能。

德育的文化维护功能，也就是德育具有使文化各要素发生协同作用，维持原有文化及结构，保持文化的相对稳定性的功能。这种功能特别表现在某些精神文化方面，如道德文化、政治文化、哲理性文化等。

德育的文化变异功能，即德育具有使社会文化改变其内容与结构，并不断发展的功能。人既是传统文化的承受者，又是新文化的创造者，一定的文化塑造了具有一定特征的人格，而一定的人格又形成一定的文化，在这种文化与人因果循环的链条中，教育是一个可以产生突破的环节。学校德育培养具有开拓精神、革新意识的人，它以新的价值观念影响新一代人的人格构成，使他们面向未来，乐于接受新事物，并开发出人的无穷的创造力。

（二）德育的个体功能

德育的个体功能主要表现为德育的个体品德发展功能、个体智能发展功能和个体享用性功能三个方面。

1. 德育的个体品德发展功能

首先，学校德育的开展有助于促进个体道德在“知、情、意、行”，即道德认识、情感、意志和行为等方面的形成与发展。

任何一种品德都要借助一定的形式而存在。这些要素的形成和发展，虽与个体的自然成熟和经验有关系，但绝不是自然而然形成的，而是有赖于后天教育和培养。通过学校德育能有效地形成和发展学生的道德认识、道德情感、道德意志和道德行为。

其次，有助于形成和发展个体的政治品质、思想品质、道德品质和个性心理品质。

品德内容包括政治品质、思想品质、道德品质和个性心理品质。其中，政治品质主要包括政治观念和政治态度，它在个体的品德结构中居核心地位；思想品质主要是指思想观点和思想方法；道德品质在人的品德内容结构中是基础；个性心理品质是品德结构的重要组成部分，在人的道德品质的形成和发展中起着重要作用。通过学校德育能够有效地形成和发展个体的政治品质、思想品质、道德品质和个性心理品质。

第三，有助于形成和发展品德的道德认识能力、控制能力和决策能力。

道德认识能力表现为对道德现象和知识的反映、理解、掌握的能力和运用道德知识去分析具体道德情境、道德问题，作出正确判断和评价的能力。

道德控制能力是个体处于复杂的外部与内部道德情境中，根据需要调节自己的道德需要与情感、控制自己的反应和行为的能力。

道德决策能力是个体所具备的一种确定道德行动策略的能力，它包括明确道德问题的能力，即通常所称分析问题的能力；确认道德途径的能力，即衡量何种道德途径最具有道德价值，以及分析采取某种途径的可能性及后果的能力。

学校德育可以根据学生的各种不同的发展水平，指定相应的对策，培养他们相应的道德需要、情感行为的选择与控制能力。与此同时，学校德育通过有目的地创设道德情境，有计划地引导学生在处理道德实际问题时取得切身经验，以培养学生的道德决策能力。

2. 德育的个体智力发展功能

苏格拉底有句名言：“美德即智慧。”任何一种美德总是蕴涵着人类智慧的火花，也是人类经验的结晶。可以说，个体的道德品质的形成也是对人生真谛的一种把握。

德育在个体的认知发展中起重要作用。首先，表现为在形成个体的世界观和道德观、对个体认知对象的选择、信息的整理以及对认知结果的解释方面起支配和控制作用；其次，表现为对个体认知能力具有强化或抑制作用；再次，表现为对个体认知的动力与激情具有激发作用；最后，表现为通过形成各种良好的人际关系和氛围，对个体的学习、认知的发展起重要的促进作用。

与此同时，个体智慧水平也制约着个体道德的发展。没有较高的智慧水平，就不可能出现较高的道德阶段的发展。因为个体的道德认识、道德情感、道德判断、道德选择等都需要有逻辑和理性的概括，都需要以一定的智慧为基础。

3. 个体享用性功能

德育形成个体的一定的思想品德。个体自身的品德，一方面使个体与他人、群体、社会的各种关系能得到协调发展，以满足社会、群体、他人发展的需要，另一方面，个体的各种德性本身具有满足个体需要的价值。随着社会的发展，人们对道德的需要开始从以生存价值、功利价值为主升华到以其所具有的精神价值为主，人们逐渐以道德完善作为追求的目标，把道德作为获得自我肯定、自我发展、自我完善、实现自我价值的重要途径，从中得到满足、快乐与幸福，获得精神上的享受。

可见，德育对于每一个个体来说，除具有发展的功能之外，还具有享用的功能。也就是说，德育可使每个个体满足自己的需要、愿望（主要是精神方面的），从中体验到满足、快乐、幸福，获得精神上的享受。

三、小学实施德育的意义

在小学阶段实施德育具有重要的意义，具体表现在：

（一）小学实施德育是当今时代发展的要求

当前，经济全球化和科学技术飞速发展，社会生活日趋信息化，国与国之间的距离逐步在缩短，但与此同时，以人的全面素质为决定因素的竞争也更加尖锐，在这个背景下，加强德育势在必行。党的十六大明确指出：加强青少年思想道德教育是关系国家命运的大事，要帮助青少年树立远大理想，培养优良品德。各级各类学校都要全面贯彻党的教育方针，坚持社会主义办学方向，加强德育工作，努力培养德、智、体等全面发展的社会主义建设者和接班人。由此可见，在小学阶段实施德育，进一步加强和改进未成年人思想道德建设，是为推进新世纪新阶段党和国家事业发展、实现党和国家长治久安作出的一项重大决策。

（二）小学实施德育是社会主义现代化建设的需要

社会主义现代化建设包括物质文明建设和精神文明建设两个方面，无论哪一方面的建设，都必须以加强思想品德教育为中心，而德育与精神文明建设的关系更为密切。一方面，德育就是精神文明建设的组成部分；另一方面，思想建设决定着精神文明的社会主义性质。在小学阶段加强德育建设是关系社会未来的大事，直接关系到党和国家的命运和前途。

（三）小学实施德育是实现教育目的的需要

“教育必须为社会主义现代化建设服务，必须同生产劳动相结合，培养德、智、体等全面发展的社会主义建设者和接班人。”这一表述被视为我国新时期教育目的的完整概括。要达到这一目的，德育工作至关重要，因此，我们要坚持德育为先，以理想信念教育为核心，以爱国主义教育为重点，以基本道德教育为基础，以学生的全面发展为目标，加强和改进学校德育工作。只有这样，学生的学习和教师的工作才有方向和动力，培养出来的人才才能适应社会主义建设的需要。

（四）小学实施德育是小学生健康成长的需要

实施德育工作，不但能体现一个学校的活力所在，还能培养学生健全的人格，对学生的个性发展及养成教育具有深远的意义。小学阶段的儿童处于身心高速发展时期，心理发展逐步成熟，表现为既独立又依赖、既成熟又幼稚，这时儿童的可塑性很大，是思想品德形成的关键时期。从儿童身体和心理两方面的健康发展考虑，小学德育的作用至关重要。在小学阶段实施德育，使学生学会学习、学会做事、学会生存、学会共存，从小培养学生具有健全的人格，以适应21世纪更加多元化的社会。这是我国小学德育当前的重要任务。

案例

实验班有一名学生，学习吃力，性格内向，自控能力不强，终日沉默寡言，处在被人遗忘的状态。在同学眼里，他是一只丑小鸭。为了唤起他的自信心，老师想了很多办法。

一次，王老师无意中发现，这位同学画的“小人儿”逼真有趣。于是，在班队课上举行了一次“画出最有智慧的人”的比赛，结果，该同学得了第一名。这下子，“丑小鸭”变成了同学心目中的“小天鹅”。随即，老师把布置“学习园地”的任务交给了他，大家欣喜地发现他变得活跃了，爱笑了，爱和同学一起玩了，随之而来的是他能按时交作业了，虽然准确率还不高，但毕竟他能按时自觉完成任务了。在学校首届科技周科幻画比赛中，他还获了奖。

（选自《迟雅青春热线》，http：//www. chiya. org）

分析

这个案例体现了小学德育在促进个体品德发展方面的重要作用，即德育的个体功能。在儿童的成长过程当中，德育工作对学生的个性发展及养成教育具有深远的意义。这种个体功能的具体表现为：

（1）对儿童的尊重。苏霍姆林斯基说：“只有教师关心人的尊严感，才能使学生通过学习而受到教育。教育的核心就其本质而言，就在于让儿童始终体验到自己的尊严感。”尊重不仅仅是一种态度，一种对人的看法，更是一种价值观。

（2）对儿童的信任。教师对学生的信任，是学生充分认识个体价值、树立自信心的关键，而自信心是创造的基础。教师要相信每一个学生都有创造的潜能，并要耐心地去挖掘。在教学过程中，当学生的学习出现困难无所适从时，当学生提出近乎荒谬的问题时，当学生的行为超出了教师的预料时，教师要给学生更多的真诚、更多的理解，用博大的宽容和接纳之心去温暖每一个孩子，让每一个学生昂起头来走自己的路，真正体现德育的功能。

第二节　德育过程

一、德育过程概述

（一）德育过程的概念

德育过程是以形成受教育者一定思想品德为目标，教育者与受教育者共同参与、双向互动的教育活动过程。这一概括包含以下几个要点：

（1）德育过程是一种育德活动过程，是教育者的组织、启发、引导与受教育者的认识、体验、践行相结合的文化—心理互动过程；是思想品德教育活动的展开、运行、延续、发展的过程。

（2）德育过程是有目的的活动过程。这里所说的目的是德育目标，即受教育者在思想品德规范、心理发展、品德能力等方面所要达到的规格要求。德育过程就是要借助一定的教育方式实现既定德育目标要求的过程。

（3）德育过程是教育者与受教育者共同参与的过程。这一过程不仅是教育者对受教育者施加影响的过程，也是教育者与受教育者文化—心理互动的过程，因此现代德育要充分发挥受教育者的能动性，重视教育者和受教育者的共同参与。

（二）德育过程与思想品德形成过程的联系与区别

德育过程与思想品德形成过程之间有内在的联系，这种联系主要是指两者都是在同一过程中实现的。同时两者又有很大的区别，表现在以下三个方面：

第一，德育是教育的组成部分，属于教育活动范畴，是社会现象，发生的基准是班级、群体、社会等；思想品德的形成是属于人的素质发展的范畴，是个体现象，发生的基准是个体。

第二，德育过程是从外部对受教育者施加影响的过程；受教育者思想品德形成过程是在外部影响作用下，个体内部运动或自主构建的过程。

第三，德育过程是受教育者与外界教育影响相互作用的过程。思想品德形成过程是道德主体与外界各种影响相互作用的过程。

二、德育过程的构成要素及其关系

德育过程是由教育者、受教育者和德育手段（包括德育内容和德育方法等）几个因素构成的。这些因素在德育过程中都有各自的特殊地位和作用，相互间存在着复杂的联系。

（一）教育者

教育者是德育过程的组织者、领导者和调控者，是一定社会德育要求和思想道德的体现者，是德育活动的设计者、领导者和德育影响的施加者、调控者，在德育活动过程中起主导作用。教育者包括直接的、间接的教育个体和群体。在德育过程中，直接的教育者主要是学校教师个体和群体。

（二）受教育者

受教育者是德育的对象。受教育者包括受教育个体和群体。在德育过程中，受教育者包括学生个体和学生群体。受教育者在德育过程中既是德育的客体，同时也是德育的主体。当他作为教育者教育的对象时，他是德育的客体；当他接受德育影响、进行自我品德教育和促进自我品德发展时，他便是德育的主体。

（三）德育手段

德育手段包括德育的内容和方法。德育内容是用以形成受教育者品德的社会思想政治准则和法纪道德规范的总和，是受教育者学习、修养和内在化的客体。德育内容不是由教育者随意确定的，而是教育者根据一定社会或阶级的要求和受教育者品德形成发展的规律与需要确定的，它并非任意为之，而是有一定范围和深浅层次的特定社会思想政治准则和法纪道德规范。

德育方法是教育者和受教育者相互作用的活动方式的总和，它是凭借一定的物质手段和精神手段进行的，这些物质和精神的手段是沟通教育者和受教育者双方并使之发生相互联系的媒体和中介。

从各自结构的组成和功能上看，这几个因素是相对独立的，它们各有其特定的内容、地位和作用，但与此同时，它们之间也并非相互割裂、彼此孤立的。教育者要按一定的目的要求去培养受教育者的品德，受教育者也有接受教育和发展品德的需要，教育者和受教育者之间相互联系与作用的统一活动又是凭借德育内容和方法的中介作用而发生的。

三、小学德育过程的基本规律

从小学生思想品德形成的内部结构、思想品德发展的内部动力、思想品德发展与外部环境的关系、发展历程等方面，我们可以认识到小学德育过程的一些基本规律。

（一）小学德育过程是教师教导下学生能动的道德活动过程

儿童的道德思想和道德行为不是与生俱来的。一个婴儿的遗传素质不可能自然地生成品德，他只有在与社会环境相互作用的过程中才能逐步发展自己的思想意识，形成自己的品德。社会活动，尤其是德育活动是小学生品德发展的源泉和基础。

1. 小学生品德的发展是在活动中能动地实现的

儿童吸取社会的影响形成自己的品德，主要通过两个方面的活动来完成：一方面是家庭和社会交往活动对儿童品德发展的潜移默化的影响；另一方面是学校教育有目的、有组织的德育活动施加的影响。

与此同时，小学生不仅是被影响、被教育的对象，而且是能动地吸收环境和教育影响的主体。外界影响只有通过学生内部的思想情感活动，才能被他们理解、选择和吸取，成为自己的观点、需要和追求，也只有这样，社会影响才能转化为小学生个人的品德。

2. 道德活动是促进外界的德育影响转化为小学生自身品德的基础

要使外部的德育影响在学生与社会相互作用的过程中顺利转化为小学生的内在品德，道德活动是必不可少的，它是促进德育影响转化为学生品德的基础。

3. 进行德育要善于组织、指导小学生的活动

学生的活动包括外显的学习、文娱等实际活动，也包括内部心理活动。在德育过程中，首先要组织好学生的实际活动，才能启迪、激发和引导他们积极开展内心活动，以促进思想认识的提高和品德的发展，而内部思想情感上的心理活动一经发动和开展起来，又会表现出巨大的能动力量，指导外部实际活动。

（二）小学德育过程是培养小学生“知、情、意、行”的过程

学生的品德是由道德的“知、情、意、行”几个因素所构成的。知指道德认识，是人们对道德规范及其意义的理解和掌握，也包括道德观念、信念和评价能力；情指道德情感，是人们在对客观事物的是非、善恶判断时引起的内心体验，是对客观事物爱憎、好恶的主观态度；意指道德意志，是为道德行为所作出的自觉顽强的努力，是调节行为的一种精神力量；行指道德行为，是人们在道德认识、情感、意志的支配下，对他人和社会作出的反应，也是衡量思想品德高低好坏的根本标志。

一般说来，人的品德是在活动和交往的基础上沿着知、情、意、行的顺序形成发展的。因此，培养小学生品德的一般顺序可以概括为提高品德认识、陶冶品德情感、锻炼品德意志和培养品德行为习惯，即所谓的“晓之以理、动之以情、持之以恒、导之以行”，这是符合德育过程规律的。

在品德形成和发展过程中，知、情、意、行几个因素既是相对独立的，又是相互联系、相互影响、相互渗透、相互促进的，其中知是基础，行是关键，而在从知到行的转化过程中，情、意起调节促进作用。因此，在德育过程中，应在知、情、意、行几个方面同时对学生进行培养教育，以促进学生品德认识、情感、意志和行为的全面发展。

（三）小学德育过程是促进小学生品德发展矛盾的积极转化过程

小学生的思想存在各种各样的矛盾，从反映内容上看，有正确思想与错误思想的矛盾，有先进思想与落后思想的矛盾；从认识过程上看，有从不知到知、从片面到全面的矛盾，这些矛盾可以总括为积极因素与消极因素的矛盾。积极因素是接受新教育的基础，消极因素是接受新教育的障碍。正是这些矛盾运动推动着学生个体思想品德的发展变化。

一个学生无论向哪个方向发展，都必须经过思想上的矛盾转化，或是由原来的比较无知、比较片面的认识转化为比较深入、比较全面的认识，积极因素处于思想矛盾的主要方面；或是认识没有提高，比较片面，消极因素处于思想矛盾的主要方面。这就要求在小学德育过程中，注意以下两个方面：

1. 促进小学生品德发展内部矛盾的积极转化

解决德育过程的主要矛盾落实在小学生品德上就是必须促进品德发展内部矛盾的积极转化，为此，需要解决三种性质不同的矛盾：一种是认识性质的矛盾；另一种是能力性质的矛盾；第三种是思想性质的矛盾。

2. 调节小学生品德发展的外部矛盾

学生品德发展的外部矛盾主要是指学校德育的要求与社会、家庭等方面对学生的影响不一致而产生的矛盾。要解决这些矛盾，必须充分发挥学校教育的主导作用，与家庭、社会有关机构取得联系，互相协作，有目的、有计划地控制和调节环境的影响；同时还要提高小学生识别善恶是非的能力和抗腐蚀能力，自觉抵制各种错误思想的影响。

（四）小学德育过程是提高小学生自我教育能力的过程

在德育过程中，要引导学生能动地进行道德活动，培养他们的知、情、意、行和促进他们品德发展的内部矛盾转化，这些都有赖于培养和发挥学生个体的自觉能动性和自我教育能力。

1. 自我教育能力在小学德育过程中的作用

随着小学生年龄和才智的增长，他们的自觉能动性在品德上主要体现为自我教育能力在品德发展与提高过程中起着愈来愈重要的作用。一方面自我教育能力是德育的重要条件，只有重视培养与提高小学生的这种能力，学生品德内部矛盾才能转化，德育才能进行得更顺利、更有效。另一方面，小学生的自我教育能力是其品德发展程度的一个重要标志，德育的任务就是把小学生从缺乏道德经验与能力、依赖性较强的孩子逐步培养成为具有自我教育能力的、能独立自主地待人接物的社会成员。所以说，德育过程也是提高小学生自我教育能力的过程。

2. 自我教育能力的主要特点与构成因素

自我教育能力与自我教育联系密切。自我教育能力产生并发展于自我教育活动过程中，同时它又是自我教育活动的条件，两者互相依赖，彼此促进，是同时发展起来的。虽然在教育过程中，小学生的自我教育是在教师的教育下进行的，但自我教育与教育不同，它是小学生个人自己教育自己的活动。所以，小学生的自我教育能力，也就是个人提高自身道德修养的能力。

自我教育能力主要由自我评价能力和自我调控能力构成。自我评价能力是自我教育的认识基础，没有自我评价能力就不可能有自我教育，一个人只有能够认识和评价自己的思想和行为，他才能进行自我教育，他愈能正确评价自己，分析自己的优点与缺点、进步与不足，就愈能明确自我教育的目标与要求，有效地进行自我教育。自我调控能力是在自我评价的基础上建立起来的自觉调节控制自己思想与行为的能力，它是进行自我教育的重要机制。

3. 德育要促进自我教育能力的发展

儿童自我教育能力的发展是有规律的，它和儿童的认识能力、自我意识的发展，和儿童的社会交往、道德实践活动的扩大，和儿童道德经验的积累与道德能力的提高都是分不开的。德育要促进自我教育能力的发展，就是要在德育过程中充分发挥受教育者的主观能动性，提高他们的自我教育能力，把教育与学生的自我教育结合起来。

案例

王道林，男，家庭贫困，家长教育方式粗暴；自卑；学习成绩较差。

案例方法：

①仔细观察，寻找解决问题的突破口。

②从心理入手，以书信的方式进行师生对话交流，就这样，我与他保持了一段时间的书信来往。通过书信交流，在不伤害他自尊的情况下，随时掌握他的思想动态，随时解决他所提出的问题。

③运用激励和表扬方式重建自信心。在班主任和任课老师以及同学的表扬鼓励下，他的自信心得到很大提升。

④利用集体的力量进行帮扶。

⑤与家长取得沟通，形成家校合力。

⑥跟踪转化效果，抓反复，防反复。

经过一个多学期的努力，王道林的改变有目共睹。原来在班级里默默无闻，如今经常能看到他活跃的身影。运动会上，他主动报名参加比赛，为班级争光；课堂上，也时常能看到他的发言，原本自卑的他变得开朗；学习上，他主动向老师同学求助，成绩有了很大提高。在日记里，他写到：我觉得以前总是想当然，没有也不敢尝试。是老师和同学让我学会了尝试，从尝试中我找到了自信，在自信中，我不断进步，我为自己能在这样的集体里感到自豪，我爱这个集体。

（改编合肥市行知学校案例，http：//old. hfyhjy. net. cn/students/ArticleShow. asp?ArticleID =646）

分析

本案例是一个充满爱心的班主任对一个后进生的教育转化过程。案例中的老师就是从改变学生的处境入手，了解学生的个性心理特征，掌握学生的心境和处境，领悟学生思想、动机乃至生活需要，在教学过程中，表现出对学生的充分尊重和信任，以此来激发学生的积极性。从实践看，这种方法对差生特别实用，效果明显。因为学生的品德是由道德的“知、情、意、行”几个因素所构成的，所以培养小学生品德的一般顺序可以概括为提高品德认识、陶冶品德情感、锻炼品德意志和培养品德行为习惯，即“晓之以理、动之以情、持之以恒、导之以行”，这是符合德育过程规律的。同时该老师还注意到了德育形成的过程是一个反复的过程，强调反复抓，抓反复，最终成功转化后进生。

第三节　小学德育目标与内容

一、小学德育目标与内容概述

（一）德育目标、德育内容的定义

德育目标就是指一定社会对教育所要培养的人在品德方面的质量和规格的总的设想

或规定，是教育目标的组成部分。它是教育目标在德育方面的要求，是教育目标对人的政治、思想、道德、个性心理素质发展的规划，是培养人总体规划的一部分。教育目标是制定德育目标的依据，德育目标是教育目标的具体化，它是实现教育目标的保证。

德育内容是德育目标的体现，是按照德育目标的要求教育学生思想、政治、道德方面的知识、理论、思想、观点、准则、规范等，它最直接地体现了德育目标，并为实现德育目标服务。

德育目标的确立是德育的首要问题。它是德育的出发点和归宿，它决定了德育内容的确定、德育方法和形式的选择和运用、德育效果的检测与评定，对整个德育过程具有导向、选择、协调、激励的作用。

（二）确定德育目标与内容的依据

确定德育目标、内容的依据主要有以下几个条件：

1. 国家对培养人的需要是确定德育目标、内容的根本依据

国家对培养人的需要一般包括政治需要和经济需要两个方面，这两个方面随着国家发展的形势不同，侧重点也有所不同，也就是说，随着国家在不同历史时期中心任务的不同，德育的培养目标与内容也就发生相应的变化。

2. 德育目标、内容的确定要适应受教育者思想品德的发展

德育目标、内容与受教育者的思想道德发展是直接相关联的。小学德育面对的对象是现代的小学生，他们的心理发展和思想品德、价值观都具有时代的特征。从社会方面看，人的需要是社会需要的主观形式；从人的发展方面看，人的需要具有客观的社会内容，因而德育不能离开社会需要来讲人的需要，也不能离开人的需要讲社会需要。在制定德育目标、内容时，应该考虑受教育者的思想品德现状，以他们的现有发展状况为基础设定，并通过德育促进其进一步的发展。

3. 德育目标、内容的确定要考虑受教育者身心发展的要求

小学阶段是品德发展协调时期，在确定德育目标、内容时，必须考虑到小学生年龄阶段的特点和水平，然后确定德育目标、内容的重点和要求。如果德育目标、内容一般化，会使德育工作流于形式。如何使德育工作落在实处呢？这要求德育目标、内容的确定要有较强的针对性，除总体性的、一般性的目标和内容要求外，要有层次目标和内容的序列。

4. 确定德育目标、内容要有科学理论提供的依据

德育目标、内容是由人来制定、设计的，不同的人有不同的理论认识，也就有不同的教育价值观和教育世界观，于是也就有不同的德育目标、内容的设计。所以，德育目标、内容的确定要以正确的理论为指导。

二、我国小学德育目标的体系

小学德育是社会主义精神文明建设的奠基工程，是我国学校社会主义性质的一个重要标志，它贯穿于学校教育教学工作的全过程和学生日常生活的各个方面。《小学德育纲要》规定的培养目标是：培养学生具有爱祖国、爱人民、爱劳动、爱科学、爱社会

主义的思想感情和良好品德；遵守社会公德的意识和文明行为习惯；良好的意志、品格和活泼开朗的性格；自己管理自己、帮助别人、为集体服务和辨别是非的能力，为使他们形成德、智、体全面发展的社会主义的建设者和接班人，打下初步的良好的思想品德基础。

具体说，小学德育目标体系应包括以下五个方面：

（一）道德教育素质目标

即培养学生遵守社会公德的意识和文明行为习惯，形成良好的意志、品格。小学生的道德素质应包括：

第一，自尊自爱，注重仪表。要教育学生尊重自己的人格，爱惜自己的名誉，热爱生活，初步养成健康的生活方式。

第二，真诚友爱，礼貌待人。要教育学生树立心中有他人的观念，初步掌握在家庭、学校、社会上待人接物的日常生活礼节。

第三，勤奋学习，热爱科学。要培养学生勤奋好学，认真仔细的学习态度，掌握良好的学习方法和形成良好的学习习惯。

第四，勤劳俭朴，孝敬父母。要教育学生自觉地积极地参加力所能及的劳动，在劳动中形成劳动观点和养成劳动习惯；珍惜劳动成果；在生活上力求节俭朴素，不盲目消费；在家庭中要尊敬、热爱、关心父母，听从他们正确的教导和指点。

第五，遵守公德，严于律己。要教育学生自觉地遵守和维护公共场所秩序和社会公德，爱护公用设施、文物古迹，爱护花草树木，逐步树立环保意识，在社会实践中增强文明意识和社会责任感，使他们成为社会的小主人。

（二）法纪素质目标

要教育学生懂得国家法律有关中小学生的法律法规，如《宪法》、《刑法》、《未成年人保护法》等，初步了解一些基本的法律常识，并遵守这些法律法规要求。通过教育使学生理解，纪律是维护学校教学秩序的保证；公共场所需要有良好的秩序；交通规则是政府制定的法规，要自觉遵守学校纪律、公共秩序和交通规则，从小培养成遵纪守法的品质，使他们成为遵纪守法的小公民。教育学生学习运用法律进行自我保护，使他们逐步树立遵纪守法观念，懂得知法和护法的关系，提高学习法律知识的自觉性。

（三）心理素质目标

一是要教育学生诚实、守信、正直、宽厚、有同情心，使他们懂得做人要言行一致，实事求是。要讲信用，守信用是尊重他人的表现；知道为人要正直、宽厚的道理；有同情心是良好的心理品质之一。

二是要教育学生勇敢、坚强、有毅力、不怕困难，使他们知道这些良好的意志和品质是学习进步、事业成功不可缺少的条件。

三是要教育学生自尊、自信、自主，自立是现代人必备的心理素质；知道生活自理、自觉学习、不依赖他人是自强独立的表现。

四是要教育学生确立时效观念，要培养学生珍惜时间、遵守时间的好习惯。

（四）思想素质目标

要培养学生热爱集体、关心集体、热爱劳动、艰苦奋斗、热爱科学、勇于创新的品质，培养学生具有初步的辩证唯物主义观点。

第一，教育学生知道自己是集体中的一员，要热爱和关心集体，培养集体意识和为集体服务的能力，有集体荣誉感和责任感。在集体中能互帮互助，努力完成集体交给的任务，积极参加集体的活动，学习做集体的小主人。

第二，教育学生懂得劳动光荣、懒惰可耻，知道幸福生活要靠劳动来创造的道理，要热爱劳动，初步培养吃苦耐劳、艰苦奋斗的精神。

第三，要引导学生正确看待周围的事物和现象，初步学习全面发展地认识和处理问题的能力。

（五）政治素质目标

培养学生热爱祖国、热爱社会主义、热爱中国共产党、热爱人民的品质。

第一，要教育小学生知道自己是中国人，尊敬国旗、国徽，认识祖国的版图，会唱国歌，初步了解家乡的物产、名胜古迹、著名人物，了解祖国的壮丽山河、悠久历史、灿烂文化和社会主义建设的伟大成就以及改革开放带来的巨大变化，使他们具有热爱家乡、热爱祖国、热爱社会主义的感情。

第二，要教育学生知道中国共产党领导人民进行革命斗争，建立新中国的光荣历史，教育学生深刻认识到没有共产党就没有新中国，没有共产党就没有今天改革开放的大好形势和社会主义现代化建设取得的伟大成果；知道中国共产党是中国少年先锋队的创建者和领导者，少先队员要接受党的教育，做党的好孩子。

第三，要教育学生知道人民是国家的主人，各族人民共同建设我们的家园，培养学生热爱劳动人民的感情，初步培养为人民服务的意识。

三、我国小学德育内容

我国小学德育的基本内容规定了应当培养学生具有哪些品德，具体规定了学生发展的政治方向和应掌握的思想与道德规范等。它是进行德育的依据，是完成德育任务、实现德育目标的重要条件。

目前，我国小学德育内容主要包括下述几个方面：

（一）文明礼貌、遵守纪律的教育

文明礼貌、遵守纪律教育的要点是：

第一，对小学生提出适当的要求，训练他们的行为举止。

第二，遵守社会公德。

第三，自觉遵守纪律。

（二）道德教育

对小学生进行道德教育、打好做人的基础不仅是青少年自身成长的需要，也是现代社会发展的迫切需要。

道德教育的要点是：

第一，个人品德教育。教育学生正直，善良，宽容，勤奋学习和努力工作。

第二，家庭美德教育。主要包括对学生进行珍爱家庭、孝敬父母、勤劳俭朴及文明礼貌的教育。

第三，社会公德教育。教育学生注重仪表，维护尊严；遵守公德，严于律己；真诚友爱，礼貌待人。

第四，环境道德教育。主要包括对学生进行环境道德知识、环境道德情感、环境道德行为的教育，培养学生环境道德意识和保护环境的道德技能。

（三）心理素质教育

良好的心理素质教育包括以下主要内容：

第一，交往心理，即培养学生的人际交往和合作能力。现代社会需要学会处理各种人际关系，故要教育学生建立良好的同学关系、亲子关系、师生关系及与他人的关系，培养人与人之间完全平等和相互依存的观念。

第二，学习心理。主要是培养学生学习的热忱，并掌握有效学习和思考的技能。这包括学习动力激励、学习环节指导、学习方法指导、学习习惯指导、学习中的心理卫生指导等。

第三，个性心理。主要包括自尊自爱、独立自主、开拓进取教育，健康生活情趣和健全人格的培养教育，青春期教育及坚强意志、受挫折能力、适应能力的培养训练等。

（四）爱国主义教育

爱国主义是一个国家、一个民族千百年来形成的对故土、对祖国和人民的深厚感情，是一个国家和民族永恒无价的精神财富。爱国主义教育是小学德育的基本内容。

新时期我国小学爱国主义教育的要点是：

第一，对小学生进行祖国常识的教育，增强国家和民族意识。

第二，加强历史和国情教育，培养和激发他们的爱国之情，增强他们的自豪感、责任感。

第三，要按照学生的认识规律、情感培养规律和教学规律，对学生进行爱国主义教育。

（五）集体主义教育

在我国现阶段，对学生加强集体主义教育是非常必要的，集体主义教育是小学德育不可缺少的基本内容之一。

集体主义教育的要点是：

第一，培养学生集体主义观念和价值观。

第二，培养学生的集体主义情感和团结协作的精神。

第三，引导学生正确处理国家、集体与个人利益的关系。

（六）革命思想和革命传统教育

对青少年进行革命理想和革命传统的教育是社会主义事业对培养接班人的要求，是德育的重要内容。

我国对小学生进行革命理想和革命传统教育的内容包括：

第一，教育学生树立共产主义的远大理想。

第二，教育学生继承和发扬革命传统。

第三，教育学生把远大理想与个人当前的学习实践活动联系起来。

（七）马克思主义基本观点教育

青少年是祖国的未来、民族的希望、社会主义建设事业的接班人。要从小对他们进行马克思主义的基本观点教育，为他们逐步树立正确的政治方向和远大的人生理想打下良好的基础。

马克思主义基本观点教育的要点是：

第一，对中国共产党的正确认识和党的路线、方针、政策和形势的教育。

第二，政治基本常识教育。

（八）民主与法制教育

社会主义现代化建设需要高度的民主，需要人民积极参与和发挥创造性。没有民主就没有社会主义现代化。然而民主与法制是密不可分的，只有用法制来调节人们的行为，才能保障民主，保护人民的合法权利，才能维护国家的长治久安。加强对小学生的民主与法制教育，就是要教育好每个学生，使他们长大以后都能成为一个合格的社会主义公民。

民主与法制教育的要点是：

第一，培养学生的民主思想和参与意识。

第二，加强法律常识教育，培养学生遵纪守法的行为习惯。

（九）劳动创造的教育

劳动是人类最基本的实践活动，是人类社会赖以生存和发展的基础。劳动创造了人类的物质文明、精神文明和政治文明，促进了社会的发展，是人类幸福生活之源。因此，必须加强对学生劳动观点的教育，要培养他们热爱劳动的习惯，参加力所能及的自我服务的劳动、家务劳动、公益劳动和简单的生产劳动，掌握一些必要的劳动技能。

劳动创造教育的要点是：

第一，培养他们树立正确的劳动观点和态度。

第二，教育学生爱护公共财物和劳动成果。

第三，勤奋学习，树立爱科学、学科学、用科学的新观念。

第四节　小学德育原则、方法和途径

一、小学德育的原则

（一）小学德育原则概述

1. 德育原则的定义

德育原则是教育者进行思想品德教育时必须遵循的基本要求，它是根据德育过程规律和德育任务制定的，是处理德育过程中一些基本矛盾和关系的基本准则，是广大教育工作者实践经验的高度概括和总结。

德育是培养人的德性的活动。每一个学生都是有思想、有感情、有个性的活生生的个体，培养学生应有的思想品德是一项复杂而又细致的长期性工作，要想使德育取得预期的效果，就必须科学地认识和正确地处理德育过程中普遍存在的关系和矛盾，如教育者与受教育者、德育要求与教育者、德育要求与受教育者、受教育者思想品德形成过程中的知与行、内因与外因、个体与集体之间的关系与矛盾。德育原则就是教育工作者根据德育过程的客观规律，正确处理这些矛盾和关系，选择适当的德育途径，采用有效的德育方法，科学地组织德育过程，以实现预定的德育目标。

2. 德育原则与德育实践的关系

德育原则来源于德育实践，是对德育实践经验的高度概括，它随着社会生活的发展、德育经验的积累和对德育过程规律的认识深化而发展、充实。人们在长期从事德育实践活动中不断总结出一些成功的经验或失败的教训，对这些经验或教训反复认识，不断深化，由感性认识上升为理性认识，经过概括抽象，得出规律性的东西，这既是对德育规律的认识，也是确定和提出德育原则的过程。德育原则来自德育实践，又指导德育实践，没有对德育实践活动经验的概括和总结，也就没有德育原则产生的可能。

我国社会主义小学德育原则的确立应以马克思主义为指导，依据我国的教育目标，批判继承古今中外宝贵的历史文化遗产，及时总结小学德育实践经验，并运用现代心理学、教育学、社会学和马克思主义伦理学知识作出理论概括。只有形成了独具特色的小学德育原则体系，才能更好地指导社会主义小学德育实践。

3. 德育原则与德育规律的关系

德育原则是德育实践经验的概括和总结，科学的总结必然是客观规律的反映。德育规律是制定德育原则的客观依据，而德育规律受社会发展和受教育者身心发展所制约，因此，以德育规律为客观依据，反映和体现德育规律的德育原则，也必然要满足社会发展规律和受教育者身心发展规律的要求。

在社会主义政治制度下，小学德育必须首先解决学生思想政治方向问题，因而必然要以共产主义的世界观和道德规范教育青少年，从而保证他们沿着共产主义方向顺利发展，保证学校的社会主义性质，保证培养出社会主义现代化建设所需要的人才。而这种教育又必须从现实出发，因此，小学德育要把坚持正确的政治方向和反映建设有中国特色的社会主义的现实要求有机结合起来。小学德育是根据社会的要求，对青少年进行有计划、有目的、有组织的思想品德教育，因而德育原则不仅要反映社会发展的规律，同时也要反映青少年身心发展规律。小学生思想品德的形成是知、情、意、行的培养，要正确处理它们之间的关系，尤其是知与行的关系，从而把提高道德认识和训练道德行为能力有机统一起来。

人们根据德育过程的客观规律来阐述德育原则，但德育原则与德育规律的关系是复杂的，一条德育规律可以提出好几条德育原则，同一个德育原则又能反映几条德育规律的要求。不管怎样，不同的德育原则都是从不同的侧面来反映德育的客观规律，并且不同的德育原则彼此依存，相互制约，共同构成了一套完整的德育原则体系。因此，要求广大的德育工作者自觉运用德育规律，熟练掌握德育原则，科学有效地对学生进行思想品德教育。

（二）我国小学德育的原则

我国小学德育原则主要有：知与行统一原则；生活的原则；爱和民主的原则；主体

性原则；体验的原则；言传身教、为人师表的原则；集体教育与个别教育相结合的原则。

1. 知与行统一原则

知与行统一原则是指教育者在进行思想品德教育时，既要重视对学生进行思想政治观念和道德规范的课堂教育，又要注重对学生进行实践教育、体验教育、养成教育，注重自觉实践、自主参与，引导学生在学习道德知识的同时，自觉遵循道德规范，使学生做到理论联系实际、表里如一、言行一致。

知行统一、言行一致是社会主义教育目标的客观要求，是社会主义道德的基本特征之一。社会主义社会培养的小学生应该具有一定的思想觉悟和良好的道德行为习惯。如果在小学德育中，单纯重视理论知识的灌输，就会造成只讲空洞大道理的后果；不要求小学生把道德认识付诸行动，则可能会养成他们言行脱节、言行不一的恶习。

对小学生来说，尤其要注重知与行统一。因为他们的认识是行动的先导，没有正确的认识作指导，行动就会是盲目的、不自觉的，也是不牢固的。但是认识的目的在于指导行动，只有在行动中体现出来和巩固起来的认识，才能更深刻持久。

贯彻这一原则的基本要求：

一是理论学习要结合实际，切实提高小学生的思想水平。

二是引导小学生参加一定的实践活动，并提出适当的道德行为要求，进行行为训练。

2. 生活的原则

生活的原则是指在进行德育活动时，要面向丰富多彩的社会生活，依据学生已有的生活经验，选取学生关注的话题，围绕学生在生活实际中存在的问题，开发和利用生活的各种资源，引导和帮助学生获得对生活意义的领悟，获得对生活、对世界、对人生的反思和感受，获得对现实生活中人性的丰富性和复杂性的认识，开拓学生独特的精神世界和形成正确的人生观、价值观和世界观。因此，品德教育既要遵循思想道德建设的普遍规律，又要适应小学生身心成长的特点和接受能力，从他们的思想实际和生活实际出发，深入浅出，通俗易懂，循序渐进。

社会生活的道德教育是人的道德教育最基本的部分。一方面，社会生活中的道德教育是人之为人所不可或缺的道德教育，人一来到这个世界，就面对和经历着家庭和社会生活直接给予的道德教育；另一方面，一个人只有受到了生活世界的道德教育，才能够适应最基本的正常道德生活。

学生的生活是科学世界的基础，是思想品德知识的意义之源。学校道德教育从根本上说是通过学生日常生活及其体验而产生作用的。因为道德是表现在日常生活当中的，它本质上是实践的，是人的具体生活所包含的，也是指向具体生活的。道德的学习与发展也是在生活中进行的，离开了生活，道德教育是无意义的，也是无效果的，我们的学校德育必须要密切联系学生的生活世界才有生命力。因此，德育要从纯粹的理性世界和理想世界中走出来，回归丰富多彩的日常生活世界，构建生活化德育。

贯彻这一原则的基本要求：

一是德育内容要突出生活性。

二是了解学生的生活现实，提出“适当”、“明确”、“有序”、“有恒”的要求。

3. 爱和民主的原则

爱和民主的原则是指在进行德育活动时，教师要关心学生、尊重学生、相信学生、理解学生、宽容学生，通过爱与民主感染学生、教育学生，促进学生身心的全面发展。

小学生单纯、幼稚、积极向上，他们同所有社会成员一样，有很强的自尊心和荣誉感，希望得到老师、父母和他人的尊重、信任和关心。对学生的爱和尊重是进行德育的前提、基础和动力；是否热爱自己的学生，实际上决定了一个教师教育工作的成败，“爱是鉴别教育的尺度”；爱与民主是分不开的，爱是基础，民主是爱的前提，没有爱就没有民主，而民主则是爱的体现。爱是永恒的主题，也是德育的基本原则。

贯彻这一原则的基本要求：

一是教师要热爱教育事业，热爱学生，尊重和信赖学生。

二是教师要实行民主化教学。

4. 主体性原则

教学是教与学双向互动的活动，是师生交往、信息相互反馈的教学相长的过程。教师在教的过程中的引导作用只有在学生主动学习的过程中才能体现和落实；学生学习水平的提高取决于学生能动性作用的发挥，因为，学生是学习活动的主体。主体性原则就是指教师在教学中要让作为学习主体的学生发挥其能动性、自主性和创造性，让学生在自主和主动建构中学习，做自己学习和行动的主人。

现代德育要求教师要注重启发、点拨、诱导，道德知识不是教师强加给学生的，而是根据学生的兴趣需要不断生成的，因此，在道德教育过程中，教师要不断创设道德教育情境，让学生作为一个具有道德主体性的个体不断探索解决道德问题，在这个过程中培养起学生的道德品质。

贯彻这一原则的基本要求：

一是启发学生参与课堂讨论，鼓励学生参与社会实践。

二是发挥学生的道德主体性。

5. 体验的原则

学生对品德知识的掌握是一个从道德体验上的“认同”向道德观念上的“应当”过渡的过程，所以，在学生的德性生成过程中，如果没有学生的情绪体验，那么道德知识对他们来说只是外在的东西，或仅仅是考试时的答案。只有当学生产生了相应的情绪体验，他们才能理解和感悟这些知识的价值和意义，并将之内化为自己的行为准则。没有体验就没有内化，体验的原则就是让学生在学校、家庭、社区、社会生活和自然环境中去感受，以激发学生的情感，形成他们自己的认知、感悟，进而把道德要求内化为品质，外显为行为。

贯彻这一原则的基本要求：

一是体验教育突出学生的主体性，强调以人为本。

二是体验教育强调受教育者的自主建构。

6. 言传身教、为人师表的原则

言传身教、为人师表的原则是指在德育过程中，教师不仅仅要通过教学指导学生获得正确的思想道德认识，而且要以自身的道德品质、模范行为和知识技能去教育学生，做学生的好榜样。言传身教、为人师表是社会主义教育工作者的职业道德的主要内容，也是对每一个教育工作者的基本要求。教师只有热爱教育事业，热爱学生，加强自身的道德修养，才能有效地感染学生，教育学生，实现社会主义的教育目的。

言传身教、为人师表的原则符合小学生身心发展的年龄特点。小学生是未成年人，他们的心理尚未成熟，独立意识尚差，但模仿意识强，凡是他们感兴趣的，包括听到、看到、接触到的许许多多的人和事，他们都想去注意，去模仿。教师与学生长期相处，教师在学生心目中占据十分重要的位置，教师的一言一行、一举一动、精神面貌、道德修养、工作态度等，都会为学生所仿效。

贯彻这一原则的基本要求：

一是教师要自觉加强自身的道德修养。

二是以身作则、表里如一。

三是协调统一学校内部各方面的教育力量，充分发挥教书育人、管理育人的整体效应。

7. 集体教育与个别教育相结合

集体教育与个别教育相结合的原则是指在德育过程中要注意依靠学生集体，通过集体教育个人，又通过教育个人影响集体的形成和发展，把教育集体和教育个人辩证地结合起来。

学生集体不仅是教育的对象，也是教育的主体，具有巨大的教育力量。苏联教育家马卡连柯非常重视集体教育原则，他认为教师要教育影响个别学生，首先要去教育影响这个学生所在的集体，然后通过学生集体和教师一起影响这个学生，就会产生巨大的教育力量。

集体教育与个别教育相结合的原则符合小学生思想品德形成和发展的规律。每一个学生都生活在一定的集体中，他们的活动和交往都是在集体中进行的，在集体中，集体关心、尊重、要求个人，激励个人为集体的共同理想和目标而奋斗，促进个人的自我教育；同时，个人关心、尊重、维护集体，成为集体的积极力量，因此学生集体对学生的思想品德的形成有特殊的作用。

贯彻这一原则要特别重视学生的个别差异。每一个学生都是独特的个体，存在着差异性，具有不同的思想品德和个性特征。我们要重视这种差异性，在注重集体教育的同时，从学生的实际出发，深入了解学生的心理发展水平和个别差异，有的放矢，因材施教，做好个别教育工作。

贯彻这一原则的基本要求：

一是培养良好的学生集体。

二是充分发挥学生集体的教育功能。

三是要加强个别教育，把集体教育和个别教育结合起来。

二、小学德育的方法

德育方法是为达到德育目的，实现德育内容，在德育原则指导下，运用德育手段进行的教育者和受教育者相互作用的活动方式的总和，它受德育任务、内容和德育对象的特点所制约。德育过程的规律和原则为德育方法的正确运用提供了理论根据。

由于德育过程具有复杂性，因而决定了德育方法的多样性，既包括教育者施教的方法，也包括受教育者形成品德的方法；既有侧重于提高学生思想认识的方法，也有侧重于培养学生情感、意志和行为习惯的方法。我国小学常用的德育方法主要有以下几个：

（一）说理教育法

说理教育法是借助语言和事实，通过摆事实、讲道理影响受教育者的思想意识，提高其思想道德认识，它是我国小学对学生进行思想品德教育的基本方法，主要包括讲授法、谈话法以及讨论法等形式。

1. 讲授法

讲授法是以教师的语言作为主要媒介，连贯地向学生传授知识、表达情感和价值观念的教育方法。讲授法的主要形式有三种，即讲述、讲解和讲演。“讲述”主要是客观描述事实，呈现知识、材料和观点，主要解决的是“是什么”的问题；“讲解”是进一步分析、论证和说明问题，主要解决“为什么”的问题；“讲演”则是综合运用讲述、讲解等方法，采取演说或报告的形式，完整、深入地论证或说明某一问题。

运用讲授法的基本要求有：

一是注意内容的组织。由于讲授法是以教师“讲”为基本方式进行的，所以必须对所讲授的内容做较周密的安排，使之具有科学性、系统性和逻辑性，做到知识性、思想性与趣味性的统一，系统全面和重点突出的统一。

二是注意启发引导学生。由于讲授法以教师的活动为主导，所以要特别注意启发式教学原则的运用。应当适时提出问题，引发学生思考，并努力使教师的解释、分析和推论成为学生接受、分析与推演的同步过程。

三是注意语言艺术。讲授以语言为主要媒介，所以教师应特别注意语言美的创造，力求清晰、准确、简练、形象生动、条理清楚；讲授的声音在音高、音调与语速上都应注意合理设计，抑扬顿挫，有一定的节奏和旋律感；讲授还应注意发挥肢体语言的潜能，使之与口头语言相配合，提高讲授的感染力；也可以灵活运用其他的教育手段，如多媒体教学等方式。

2. 谈话法

谈话法是以师生交谈的方式进行知识教学和价值辅导的教育方法，包括提问和对话两种基本类型。

提问法的要义在于通过有启发性的问题，引导学生通过自己的思考和逻辑推演得出结论，或者通过提问使学生通过逻辑推理发现不合理处，从而修正自己的看法。

对话法是直接来源于人文主义心理学、教育学思想的一种较为现代的教育方法，在对话法中，师生双方应当建立一种相互尊重和信任的人际关系。这一方法的核心是将真诚、信赖、尊重等观念引入辅导者和被辅导者的关系中，是一种新型师生伦理关系的表现。对话法要求教师做学生的伙伴、朋友，平等地讨论而不是居高临下地进行价值说教，它在道德教育、心理教育等领域是最为有效的教育方法之一。

道德教育过程中谈话法除了在课堂教学上使用之外，还在对学生的个别教育中被广泛采用。谈话法的优点是能够充分调动学生的思维，激发其学习动机和潜能，具有较高的启发性。但它也有耗费时间较多、对教师的谈话技巧要求较高等局限性。

3. 讨论法

讨论法是在教师指导下，学生用讨论与辩论等方式就某一道德问题各抒己见、澄清思想、寻求结论的教育方法，适合较高年级的小学生。

运用讨论法的基本要求是：

讨论的主题要切合学生道德发展和实际生活，具有智力上的挑战性；除了指导学生做好思维和材料上的准备之外，还需要启发和鼓励学生解放思想、畅所欲言；讨论法作为一种训练道德思维的方法，其目标主要在于通过论辩或思考的过程求得问题的澄清与解决，教师的注意力应当放在过程而不是结论上。

（二）情感陶冶法

情感陶冶法是指通过设置一定的情境让学生自然而然地得到道德情感与心灵的熏陶、教育的一种教育方法。如果说讲授、谈话、讨论等是一种明示的德育方法的话，陶冶则是一种暗示的德育方法。陶冶法的基本理论基础是环境与人的发展的相互作用。一般说来，陶冶法有“陶情”和“冶性”两方面的作用机制，陶情是一种与认知活动相互联系的情感和情趣的化育过程；冶性则指与情感联系的认知上的进步乃至人格上的提升。陶冶的过程是陶情与冶性两个过程的统一，所以在道德教育过程中陶冶的方法主要侧重于情感的陶冶，但其作用并不限于情感的培育。

情感陶冶法包括教育者的情感陶冶、环境陶冶、文学艺术陶冶。教育者的情感陶冶是指教师对学生真挚的热爱。没有爱就没有教育。教师对学生的热爱和期待这种感情力量能转化为推动学生前进的心理动力，激发热情，增强信心，积极向上，教师热爱学生必然会得到爱的反馈，形成尊师爱生的风气。师生间的情感交流有利于使教师的要求转化为学生的行动。因此，教师爱学生能起到陶冶情感、培养良好品德的作用。环境陶冶是教师利用环境中的教育因素，创设一种教育情景来对学生的思想道德情感进行陶冶。学生主要生活在学校、班级、家庭中，因此美化这些环境，使学生在良好的环境中受到陶冶是非常重要的。文学艺术陶冶是指通过音乐、美术、舞蹈、雕塑、诗歌、文学、影视等艺术活动，使学生潜移默化地接受影响。教师可以组织学生阅读文学作品、朗诵诗歌、聆听音乐、欣赏画展、观看影视等，进而组织学生自己去创作、表现、演出，使学生从中受到熏陶、感染。

在若干种陶冶法尝试中，英国教育家威尔逊的“家庭化模式”是一个可以借鉴的典型。其具体做法是：由 30 ~ 80 名不同年龄和性别的学生组成一个“家庭”，有自己的家长、男女舍监和自己的房子，成员共同参与一些仪式和日常生活，其中家长既是保证规则实施的监督者和主持者，也是一位与儿童平等的角色，他的主要任务是使学生意识到自己的情感，并正确处理好自己与他人的情感问题；男女舍监分别代表男女主人，管理家庭生活。由于家庭既可以提供归属、安全、交流与合作的机会，又可以促使儿童独立思考和承担责任，促进情感生活与道德生活统一，应该说家庭化模式是一种较好的德育方式。

情感陶冶法广泛应用于德育过程之中。其长处是将教育意向和教育内容寓于生动形象、趣味盎然的环境与活动之中，教育过程具有情感与认知高度统一的特点，易于发动和培养学生的学习动机、想象和理解能力等，短处是它不能在短时间内传授明确和大量的知识信息，所以，陶冶法有时须与其他教育方法结合起来才能发挥最大的教育功效。

（三）榜样示范法

榜样示范法是用榜样人物的优秀品德来影响学生的思想、情感和行为的方法。榜样的力量是无穷的。因为榜样能把社会真实的思想、政治、法纪、道德关系表现得更直接、更亲切、更典型，因此，这种有血有肉、有情有理的活生生的榜样能给人以极大的影响、感染和激励，带动和鼓舞人们前进。

小学生善于模仿，因此，为学生提供学习模仿的榜样，可以有效激发他们的上进心，教育、引导、激励他们前进；从他们的思维特征看，其思维是具体的，榜样具有具体形象性，用这种具体生动的形象教育感染学生，易于为他们接受，利于他们把思想政治准则及法纪道德规范与现实生活结合起来，具体地体验和理解怎样对待国家、集体和个人，以及怎样对待自然和进行学习及生活等。

可供小学生学习的榜样是很多的，一般有以下几种：革命领袖和英雄模范人物；家长和教师；“三好”学生；伟大历史人物和文艺典型形象。

运用榜样示范方法的注意事项是：

1. 要注意榜样的方向性

由于小学生年龄较小，模仿力强而分辨力不强，接触的人或事都会对孩子产生影响，特别是随着年龄的增长，活动范围越来越广（先是突破家庭，后是突破学校），社会上纷纭复杂的生活、各式各样的现象都会吸引他们，他们往往凭一时兴趣，见什么模仿什么。因此教师要善于引导孩子进行分析，提高学生的鉴别能力、分辨能力、抵制能力，防止消极影响；要多给学生提供正面形象，让学生模仿先进，让学生生活在良好的氛围之中，形成良好人格。

2. 要实事求是地宣传榜样

任何榜样都是社会集体中的成员，不可能尽善尽美。我们在宣传榜样的事迹时，不能把一个人说成一切都好，要如实地反映其真正具有的高尚的思想品德，只有这样才能比较客观地树立起让学生心悦诚服的榜样，也不会使学生感到高不可攀。对待先进人物也要给学生做出实事求是的分析，告诉学生任何先进人物都有时代局限性，任何人都有优缺点，我们要看他们的主流，要学习他们的本质，不要在枝节问题上纠缠不休。

3. 要注意榜样的时代性、层次性

为学生树立榜样要注意时代性，学生是新时代的主人，为他们树立榜样要有时代感，才有利于学生的成长。虽然历史上的先进人物都有一定的超前性、社会继承性，他们的先进思想、模范行为可以永照千秋，但我们不能不看到他们的历史局限性，在为学生树立这些榜样时要尽量挖掘他们的性格中与时代合拍的品质，使学生能从旧人物中学到新东西。

在为学生选择榜样时还要尽量注意层次性，根据学生的年龄特点和思想水平，介绍的榜样要由低到高，由近及远。一下子拔得太高，学生就会敬而远之，望而生畏；反之，越贴近学生的实际，教育效果越大。当然这不是说年龄小的就不能学高大的形象，而是要结合学生年龄特点，介绍高大形象中贴近学生生活的具体事迹，使学生便于理解、便于模仿，而对大学生来说则需要学习高层次的，带有人生观、价值观的、富有哲理的、本质的事迹。

4. 教师要提高自身的修养

在学生们的眼里，教师就是完美无缺的榜样，享有绝对的权威，教师的言谈举止、行动坐卧都对学生起着潜移默化、耳濡目染的作用，这不以人的意志为转移。“正人先正己”，教师必须提高自身素质，做到以德育德，以才培才，以情动情，以行导行，以自己良好的道德素质为学生树立榜样。

（四）自我教育法

自我教育法是指在教育者的指导下，受教育者在自我意识基础上产生积极进取心，为形成良好思想品德而向自己提出任务，进行自觉的思想转化和行为控制的方法。学生的自我教育包括自我评价、自我体验、自我约束、自我锻炼等。

自我评价。对学生的思想言行对错、优缺点的正确判断是自我教育的前提，因此指导学生进行自我评价是自我教育的重要方式，学生如果能正确地评价自己，就能确定正确的方向。这种方法可以促使学生不断强化自身积极的方面，抑制自身消极的方面，从而提高学生的是非观、善恶观；这种方法还具有较强的约束作用，它通过对学生行为的反思，迫使学生不断调整自己的行动，以达到自我约束、自我监督的作用；这种方法能调动学生内部的积极因素，有意识地克服和抵制不良行为，主动地按正确要求去做。

自我体验。道德情感是学生形成思想品德的重要因素，也是学生进行个人修养的重要方面。只有当他们的道德认识渗透了深厚的情感因素时，他们对事物的认识才更深刻，行动起来才会做到持之以恒。在自我教育中，教师要指导学生伴随自我认识、自我评价产生情感体验；要引导学生在道德实践中检验自己的道德情感；要通过道德认识升华道德情感；要注意通过情境的创设让学生获得直接的情感体验；要引导学生体验错误行为后产生的痛苦及战胜缺点、取得成绩的愉悦；注意培养学生的自尊心、羞耻心、同情心等，促使学生自觉地进行道德修养。

自我约束。所谓自我约束是学生根据道德要求自我控制的过程。自我控制、自我约束是自我教育的重要环节，它是指学生运用意志力自觉掌握和支配自己行为、感情和活动，是一种很重要的调节机制。有没有自我约束力、自我调控能力是自我教育成败的关键，也是一个学生成熟与否的标志。

自我锻炼。学生的个人修养要用行为举止来表现，也要靠行为实践来实现。学生只有在社会实践中才能锻炼成长，所以自我教育不能脱离社会实际，要引导学生在社会实践中修养自己，锻炼自己。因此教师要教育学生参加社会实践，增强自我修养，在实践中主动进行自我教育。

运用自我教育方法的注意事项有以下几点：

1. 要把自我教育的钥匙交给学生

学生自我教育的前提是有一定的道德标准，教师把这个标准告诉学生，使其在自我教育时有独立思考的依据。知道了这个标准，学生才能自我判断、自我评价、自我约束。交给学生"钥匙"还包括教给学生自我教育的具体方法，如格言激励、语言文字提示、自立守则、良心监督、自我检查以及仿效榜样等。

2. 要把自我教育贯穿于教育的全过程

自我教育是一种自觉的思想转化和行为控制的活动，它贯穿于教育的整个过程，思想品德形成的每一个心理过程都离不开自我教育，而每一个品德心理因素的形成又促进自我教育的实现。学生在一定教育条件的影响下自觉地提高思想认识，在正确认识的基础上评价自己、分析自己、确定自己努力的方向，积极体验和掌握正确的道德行为标准，以深化认识并指导行动。在这个过程中，道德认识的提高、道德情感的升华、道德意志的锻炼、道德行为的矫正都需要自我教育，因此教师要注意把自我教育贯穿于教育的全过程。

3. 要尽量发挥学生自我教育的潜能

进行自我教育是学生的主体性的表现，而自我教育水平的高低，自我教育能力的强弱取决于学生主动精神和创造精神发挥的程度。学生身上自我教育的"潜能"是很大的，这种"潜能"是否能充分被挖掘出来，要看教师能否以高超的教育艺术调动学生的积极性。这就需要教师树立正确的学生观。学生既是教育的客体，又是教育的主体，他们有着很强的自我意识和自主意识，教师必须根据他们的特点，尊重他们的人格，采取有效的途径和方法使他们的能量向正确的方向释放出来。

4. 教师要发挥主导作用

由于学生年龄小，自我教育必须在教师指导下进行。教师要激发和调动学生主动参与自我教育的积极性，同时还要给予必要的指导。自我教育是学生自己去实践、去体验、去认识，但不是放任自流，必须在教师的指导下进行。

5. 要把教育与自我教育结合起来

学生完全靠自我教育还不行，应该把教育与自我教育有机地结合起来。例如，进行道德评价时要把教师评价与自我评价结合起来。自我评价虽有许多优点，但是只有自我评价还不够，还要发挥外部监督的作用，这个外部监督就是教师评价，它对学生起到督促作用。集体的评价是一种舆论，既包括对正确的、良好的行为的赞扬，也包括对错误的、不良的行为的谴责，它能督促学生按正确的要求去做，逐步形成良好的道德。

（五）品德评价法

品德评价法是根据一定的要求和标准，对学生的思想言行作出判断，是品德发展的强化手段。品德评价要师生共同参与，包括教师评价、学生自评与互评等。

品德评价法通常包括奖励和惩罚等方式。这里的奖励既包括一般的赞许、表扬，也包括专门形式（狭义的）的奖励；惩罚既包括一般的批评，也包括较严重的处分。奖惩法是通过奖励与惩罚这两种积极或消极的强化方式来影响学生道德行为的教育方法，它也可分解为奖励和惩罚两种方法。

1. 奖励

奖励作为一种积极强化的教育方法在教育活动中被广泛接受和使用。奖励意味着对学生正确的认识、行为的肯定或较高的评价。适当的奖励可使学生得到精神上的满足和愉悦，增强其学习的动机，改善教育活动的氛围。在学校教育中，我们常常可以看到这样的成功范例，一些成绩一般或有某些缺点的学生，因为得到表扬等积极强化从而增强自信，因“皮格马利翁效应”而最终成为优等生。

奖励的基本要求可以归纳为这样几点：

（1）奖励指向的不仅是成功的结果，而且是获得成就的过程，即过程中表现的动机、态度、学习方式、意志力等。

（2）奖励的频率和程度恰当。频率指当奖则奖，不能无原则地滥用奖励，使之成为一种效应低下的手段。表扬太频繁，孩子对表扬觉得无所谓，就失去了表扬、奖赏这种方式应产生的功效。程度是指奖励的级别应与成就的高低相当，过高和过低的奖励都会降低奖励的功效。表扬调子太低了，学生会认为你是敷衍他，评价过高易使学生骄傲自满、沾沾自喜，故步自封，停滞不前。总之，要尽可能地做到恰如其分。

（3）注意奖励的灵活运用。要研究学生的年龄特点、个性特征，有针对性地开展表扬奖励。在奖励对象上，对那些自满的学生表扬、奖励要慎重，不要过分表扬，以免骄傲情绪抬头；对自卑感强的学生就要适当加重表扬，以激发他的自尊心和自信心；对比较敏感的学生要注意尺度，以防他猜疑你的用心；对比较拖沓的孩子就要加重语气，给予强烈刺激，引起他的兴奋。总之，奖励既要有统一和公平的标准，又要有一定的灵活性。此外，奖励的形式应当是多种多样的，从点头赞许到口头表扬，再到用特定形式（奖状、奖品、奖金等）进行的奖励都应当恰当和灵活运用。

（4）奖赏时要以精神奖励为主，无论何种形式的奖励，本质上都应是精神上的鼓励。作为鼓励的外在象征，可以用文具、图书、文体用品等作为奖品或奖金，但在学校教育中，要特别注意不要单纯利用物质刺激，以免使学生产生为了满足物欲而去“努力”的思想，应引导学生将奖励的象征意义而不是象征形式看成第一位。

（5）表扬、奖励要注意时间。表扬、奖励要及时，及时评价印象深刻，在大脑中建立的兴奋区比较牢固，起到的强化作用大。如果延误时间太长，学生对所做的事已淡忘，大脑中的兴奋中心已转移，就会降低表扬、奖励的效果。学生的成绩没能得到及时强化，学生的上进愿望没得到及时肯定，这对学生的进步是不利的。

（6）奖励应当尽可能面向全体学生。奖励应面向全体学生以形成集体道德舆论，获得学生群体的支持，也能起到教育全体学生的功效。特别要注意的是，奖励不是目的，只是一种手段，因此在奖励的同时要使学生明确为什么会获得奖励，使奖励的指向性更强。也就是说要让学生充分认识到自己进步的具体表现是什么，进步的原因是什么，今后如何更好地努力，这样才能真正起到激励的作用。

2. 惩罚

惩罚作为一种消极的强化方式，在教育活动中使人们产生一种十分矛盾的心态，一方面体罚等惩罚方式被广泛否定和禁止，因为它不符合现代教育尊重学生的民主精神；另一方面，许多教育理论和实践工作者也都认识到了惩罚所具有的教育性。我们不赞成传统的棍棒教育，但惩罚的方法也不是完全不需要的，问题的关键在于我们如何使用惩罚手段。

正确运用惩罚手段应当注意的基本问题有：

（1）要有明确的目的。批评、惩罚学生时教师头脑一定要清醒，要记住批评、惩罚不是目的，是手段；批评、惩罚的目的绝不是使学生心灰意冷、垂头丧气，而是帮助学生认识错误，丢掉缺点，大踏步地前进；必须让学生认识到问题所在，认识到惩罚手段所实际寄寓的教师的爱心、善意与尊重；在学生已经认识到错误所在并决心不再重犯时应免以处罚。

（2）要注意态度。要取得批评、惩罚的效果，教师一定要注意态度，不少教师失败的原因不是因自己的动机而是因自己的态度。负强化并非是横眉立目、训斥、挖苦，也不是以威压人，而是以理服人。学生看到教师的态度是真诚善意的，就容易接受批评教育，这才有利于学生改正缺点错误。反之，就难以收到应有的效果。在批评、惩罚时要让学生感到人格上的平等，批评、惩罚也要体现尊重、爱护、信任和关怀，因此要从爱护出发，着重于提高认识，在尊重人格的基础上进行，不能损害学生的身心健康。

（3）要公正合理、恰如其分。批评、惩罚既要慎重，更要讲究方法。应该做到既严肃又耐心，使学生心服口服。要根据学生所犯错误的程度，合理、公正、适度地批评与惩罚。所谓“度”就是质与量的界限，超过了“度”就会走向反面。我们的批评一定不要夸大其词，要实事求是，恰如其分，此外，对学生的缺点错误要一分为二地客观分析，有错误的行为不等于动机是坏的，有时学生犯错误是好心办了坏事，有的是经验不足，有的是能力不佳。要用发展眼光看他们，相信他们会有变化，这样才有利于学生的进步。

（4）要抓好时机和场合。一般来说教师都是在学生犯了错误时立即就批评，但应该考虑到学生的气质、性格、当时的情绪等因素，有的可以当时就批评，有的可以过段时间，让他思考一下再批评。学生在不同时期心理状态不同，对批评的态度也不同，抓准时机可以事半功倍，时机抓不准往往事倍功半，甚至劳而无功。一般来说，学生心情不佳时，不利于他认识自己的问题；心情平静时，有利于认识错误。同时要选择批评的场合和地点，适当的场合既能保护学生的自尊心，又有利于学生接受意见。一般不要当着学生的朋友、同学、邻居、亲戚的面批评学生，最好与学生私下单独谈。

（5）要注意批评的次数。对学生的错误不要翻来覆去批评个没完，对一次错误批评一两回就可以了。连续的负强化会使学生心理长期处于紧张状态，感到这也不行，那也不是，从而无所适从，严重的会产生自卑感，甚至破罐破摔。

（6）要善于等待，允许学生有一个认识过程。学生对错误的认识快慢不一。有的学生经过批评、惩罚得到猛醒，可有的认识需要一个过程，对教师的批评需要有个消化的过程。教师应允许学生逐渐加深认识，善于等待，不要心急。即使学生当时认识到错误了，行动上也还有个转化过程，出现反复时教师要有耐心，学生的进步不可能是一帆风顺的，特别是已形成坏习惯的学生，要纠正他们的不良习惯更不能操之过急。

（7）要有针对性、讲究方式方法。世界上的人是千差万别的，每一个学生的性格、气质、思想基础、心理活动都不完全相同，因此，采取的方式、方法也要有一定的区别，不能千篇一律。

（8）惩罚的灵活性，即不能刻板地使用惩罚手段。这一是指惩罚的形式多样化，二是指因人而异地使用惩罚。比如对于感受性较强、自信心不足的学生，少用或减轻惩罚的强度，相反，则应当适当增强惩罚的力度。适合公开处罚的惩罚应当充分发扬民主作风，获得学生群体的道德支持，也扩大惩罚的教育面。总而言之，奖励和惩罚如果应用得当，都可以成为很好的教育方法。

德育方法需要灵活运用，但是灵活运用并不是无章可循。由于教育方法本身会直接构成德育的隐性课程，所以我们必须十分慎重地选择德育方法。

三、小学德育的途径

小学德育的途径主要有思想品德课和其他各门文化课教学、班主任工作、校会和班会、少先队活动、各种课外校外活动等。

（一）思想品德课

这是一门向小学生开设的比较系统地进行德育的课程，是学校教育具有社会主义性质的一个重要标志，也是小学进行思想品德教育的重要形式。在一些地方，小学思想品德课的内容已经组合进了社会课，但是它的任务仍然是使小学生初步具有社会主义道德品质和良好的行为习惯，立志做有理想、有道德、有文化、有纪律的劳动者，为使他们成为德、智、体等全面发展的社会主义事业的建设者和接班人打下初步的良好的思想品德基础。在对学生进行思想品德教育时，思想品德课有着其他途径所不能代替的独特作用。

小学的思想品德课，不同于中学或大学的政治课，要结合小学生的年龄特点，用小学生容易懂的语言，结合具体实例讲清道理；也可以让学生讨论分析某些现象和行为，明辨是非，掌握正确的价值观念。要上好小学的思想品德课，应注意下列几点：

1. 目的要求要切合学生实际

这是教育能否成功的前提之一。要做到这一点，就必须在确定教学目的之前从调查研究入手，分析本年级、本班学生的情况和特点，然后依据《小学德育纲要》的精神，确定学年的教学计划和每个单元、每一堂课的具体目的和要求。

2. 每堂课的课题要小一些，灵活一些

学生的道德认识、道德观念，应当通过一个个小而具体的概念逐步积累、形成，从认识无数小道理到认识大道理。教学要由近及远，由浅入深，从具体到抽象，从现象到本质。如果课题太大，内涵太深，教师不容易讲透彻，学生的印象不深刻，就达不到教育的目的。所以，课题既要易于引起学生的兴趣，又要便于记忆、理解和在实践中应用。

3. 教学要点要简单明了，要有针对性，讲究实效

教学要点是为了达到一堂课的教育目标所必须讲清的几个最主要命题，它是教师的教学提纲，也是学生领会某个道理的要领。教师讲课时要把学生的注意力引导到最主要的、本质的东西上去。

4. 材料要生动形象，做到思想性、知识性、趣味性和实践性相结合

思想品德课上运用的材料是帮助学生形成道德认识、启发道德实践的基础。因此，要重视选材。材料要立意深刻，有感染力，紧扣中心。材料可以是书本上的，也可以是学生生活中的；可以是故事、童话、寓言，也可以选用一些诗歌、图画以及谚语、格言等。

5. 坚持启发式教学

能否发挥学生道德学习的主体性是小学德育能否成功的关键。教师要运用灵活多样、生动活泼的教学方法，充分调动学生的积极性和主动性，引导学生独立思考，形成自己教育自己的机制。

（二）其他各科教学

德育还应渗透于思想品德课之外的其他学科教学，这也是向学生进行思想品德教育最常用的、最基本的途径。

教学本身具有教育性。小学各科教材都是根据教育方针和培养目标编写的，包含了丰富的思想教育的内容。小学各科教学是为学生学习系统的科学文化知识打基础的，只有掌握了基础知识才能逐步形成科学的世界观和良好的道德品质。所以，学科教学和思想品德教育是紧密相关的，但是由于各科教学内容不同，因而它们在思想品德教育中的意义和作用也就不同。

课堂教学的组织形式本身也具有教育意义，但对教学具有教育性的理解不需要牵强附会，在教学之外另加上什么思想道德教育的东西，使各科教学都变成思想品德课。其他学科教学与德育之间不是纯粹自发的结合，需要教育者自觉地有意识地掌握和发掘教材中的教育因素，在组织教学中注意思想品德教育的任务。

（三）班主任工作

班级是德育的主要阵地，而班主任作为一个班级的组织者、管理者、教育者和指导者，作为学校对学生进行教育工作和管理工作的重要助手和骨干力量，自然而然地就成了德育的主要实施者。因此，如何带好班级，教好学生以及如何对学生进行德育一直是众多班主任所探讨和研究的课题。对于班主任来说，其在德育工作上的职责主要如下：

1. 营造正确的舆论

舆论影响着班集体的面貌。一个良好的班集体必须要有正确的舆论，班风正，学风正，方能出成效。正确的舆论来自于明确的是非判断能力，班主任有责任就重大的、基本的人生价值观、社会观念、道德观念等方面对学生进行明确的教育，以科学的理论来指导学生，培养学生实事求是、扬善疾恶的精神。

对于不良的舆论，班主任应该及时教导学生明辨是非，让学生从认识上提高，从而伸张正确的舆论。班主任可以根据实际情况，找准培养学生道德素质的“启发点”来进行教育，贴近学生实际、贴近生活，激发学生的集体意识和主人翁意识，并提高他们的道德素质。

2. 营造良好的学习氛围

小学学校的生活是集体生活，班级就是一个大家庭，营造良好的学习氛围，对提高小学生的德育素质起到很重要的作用。良好的环境可以促进后进生的转化，这种转化是

通过“内因”发生的，效果自然很好。因而，学习氛围强烈的班级后进生就少。

在实际工作中，班主任从接手一个班级开始就要尽力去营造一个良好的学习氛围，这就需要给学生们提出明确的、具体的要求，比如说上课就应该专心听讲，不能随便说话，做小动作，这是对教师的尊重，是对其他同学的尊重，也是对自己的尊重，从而培养他们尊重他人的好品质。

3. 实行规范化的管理

俗话说：“不以规矩，不能成方圆。”班级管理除了以《小学生守则》和《小学生日常行为规范》为准则外，还要做到从整体着眼，从细处入手，这就要求班级制度的规范管理。学生是教育的客体，同时又是认识的主体，具有一定的自制能力。规范化管理以学生的自我管理和教育为出发点，提高学生自我管理和自我教育的能力，培养学生良好的行为习惯，提高他们的德育素质和其他各方面的素质。

4. 做道德楷模和表率

由于青少年学生正处于世界观、人生观逐渐形成的阶段，具有向师性、模仿能力强的特点，班主任的模范作用在德育中也有着举足轻重的作用。这就要求班主任率先示范，言行一致，正所谓“身教重于说教”。如果班主任在任何时刻都能以身作则，无形之中就能达到润物细无声的教育效果。

（四）校会、班会和少先队活动

校会是指全校性的大会，是对全体学生进行教育的一种途径，有定期和不定期之分，如开学典礼，在开学初举行，一般是向全校师生报告本学期的工作计划，对学生提出要求，使学生明确本学期的任务，激励他们在思想和学业上努力上进；又如结业典礼，在期末进行，欢送毕业同学，总结这学期的工作，表彰“三好”学生，号召同学向“三好”学生学习；还有国庆节、六一儿童节等重大节日，也是通过校会向学生进行思想品德教育的重要途径。班会则是比校会更经常和更有针对性的集体教育形式，德育活动应当成为班会的核心组成部分。

少先队组织是少年儿童自己的组织。少先队的队会是小学生自我教育的重要形式。学生在少先队及其活动中，根据民主集中制的原则，推选出自己的领导人，并在辅导员的指导下，学习自己管理自己，并组织各种有教育意义的活动。由于少先队活动是学生自己组织的，符合学生的年龄特点和要求，所以受到学生的欢迎，可以吸引更多学生参加。学校德育应当重视发挥少先队的德育作用，使学生在自己组织的实际活动中受到各方面的教育。

（五）各种课外校外活动

课外校外活动是整个教育体系中的一个组成部分，也是学校实施德育的一个重要途径。小学可以选择适宜时机，经常组织学生参加各种形式的社会实践活动，如参加劳动、开展勤工俭学活动、参加社会政治活动等。经常性的丰富多彩的课外校外活动既能开拓学生视野，增长知识才干，又可陶冶学生的情操，培养学生的集体主义思想、助人为乐的作风和英勇果敢、不怕困难的顽强意志，也是对学生进行思想品德教育不可忽视的途径。

案例

我是一位班主任，在做班主任工作中总结出一条经验：遇事，先走进学生的心灵世界看看。你或许会认为这不是什么经验，没关系，我只是想给大家讲个故事听听，如果你有时间，就麻烦你帮我总结一下。

事情的经过是这样的。那是一个艳阳天，生物老师到我班来上课，刚走进教室，全班学生顿时哄堂大笑起来，原来生物老师身上穿着厚厚的棉袄，头上戴着厚厚的棉帽，学生们认为肯定是生物老师故意出洋相，都忍不住捧腹大笑起来。上课了，生物老师那声音真不敢恭维，听起来吃力，还有些娘娘腔，学生们忍不住又大笑起来。几个班干部有些明智，慌忙要求同学们不准笑，可班干部偏偏也管不住自己，用他们自己的话说："不想笑，又真好笑，我们是跟着大伙笑了。"这堂课，生物老师上得很吃力，学生们却乐颠颠的。

第二堂课是语文课，我要求学生用"奇怪"造句时，一位学生居然这样造句："我们的生物老师很奇怪。"我当时真想直接批评这位学生，可又觉得不对，于是忍了下去。

下午有节班会课，我借此机会组织学生展开了讨论。

学生们都喜欢参加讨论活动，每个人都跃跃欲试，纷纷发表了自己的看法。大家普遍认为，事情是老师引起的，肯定是老师的不对。于是，我要求学生换位思考，假设自己是老师，面对学生的哄笑，你会有什么感受。学习委员王晓萍立刻有反应，她满脸涨得通红，不好意思地说："我们错了，这样做不尊重他人，何况我们不尊重的是自己的老师。"班长接着继续补充："老师心里肯定有些难受，说不定下课后会悄悄流泪呢！"一席话下来，教室里突然安静极了。学生们从生活中学会了遇事先替别人着想，我的心开始愉悦起来。接下来，我告诉学生们一个消息："生物老师患有多种疾病，学校已安排她休息，可她还是坚持来上课了。"顿时，教室里又像炸开了锅，大家对生物老师赞叹不已。中队长陈娜说："生物老师是我们学习的楷模。""我们应该向生物老师道歉。"小组长陈曾洁唯恐没机会发言，从座位上站了起来，抢着回答。

放学时，我看见我班的学生带着一束鲜花悄悄溜进了生物老师的寝室。

分析

这个案例中的班主任老师"我"的教育活动是很成功的，他的成功在于：

（1）运用了德育的讨论法，以启发学生的主体性，这符合小学德育原则中的主体性原则。在教师启发和指导下，学生用讨论与辩论等方式就某一道德问题各抒己见、澄清思想、寻求结论。案例中的老师没有直接对学生的行为进行评价，而是通过引导让学生进行自我教育，这里体现了道德教育中学生的主体性。自我教育在德育工作中具有十分重要的作用，因为任何道德思想和认识如果没有学生的主观认同，都无法真正发挥作用，更不要说形成适当的道德行为了。

（2）运用了德育的讨论法，以引起学生的自主体验，这符合小学德育原则中的体验原则。

第五节 小学德育改革

一、当前我国小学德育改革的背景

当前，我国小学德育改革有特定的时代精神背景和社会经济文化背景，只有认清其背景，才能认识其意义，明确其方向。

（一）时代精神背景

在世纪之交，教育界掀起了科学教育与人文教育融合的大讨论，这一个讨论是以人类试图纠正科学主义教育对人的感情的漠视，倡导人性化的教育为背景。19 世纪欧洲启蒙运动以来，自然科学取得了长足进步，人类逐渐对科技产生了崇拜心理，科技理性占据了主导地位，逐渐向人文社会科学领域渗透并日益工具化，进而扩张为一种“工具理性”。学校教育成为科学教育的王国，人文教育相对缺失，学校教育与儿童生动活泼的日常生活相隔离，结果导致人格发展的苍白与道德教化功能的隐退，引发了人的价值信仰危机和道德滑坡，由此启发了学校教育关注生命、关注人格、关注尊严、回归生活的深思与探讨。因此，当前学校德育改革要求在尊重儿童现实存在的前提下，关注儿童主体和生活的经验与体验。

（二）社会经济文化背景

知识经济时代的到来，必然带给人们观念上的相应变化，创新精神、合作精神、环境意识、心理承受力等的培养必然被提到德育工作日程上来；还有适用于市场经济的价值观念，如改革开放观念、民主法制观念、权利义务观念、公平竞争观念、互利互惠观念、公关信息观念、商品市场观念、文明消费观念、照章纳税观念等也要被引入到新的德育课程中。

同时，外来文化带来的冲击和影响将更为直接并进一步扩大，我国学校德育改革环境变得日趋复杂，道德失范、享乐主义、拜金主义、片面强调个人利益和个性特征等都会从不同的侧面影响学生思想和习惯的形成。因此，我们又需要不断提出或强调一些新的德育内容和要求，如美德教育、爱国主义教育、国防教育、民族教育、环境教育、法制教育等。

二、国内小学德育改革的主要理念

德育理念是德育改革的指导思想，树立新的德育理念是进行德育改革的起点和关键，是德育改革最终结果的评判依据。随着我国德育改革的推进，近年来关于德育理念的研究日益高涨，成果也异常丰富。下面简要介绍几种主要的德育理念：

（一）生活德育论

生活德育强调德育与生活是一体的。德育要从生活出发，以学生的生活经验为起点，关照学生的整体生活；要在生活中进行，以生活世界为依托，引导学生在生活情境中直观地面对道德问题、解决道德问题、体验道德生活；要回到生活，以生活为目的，引导学生学会过有道德的生活，并创造有道德的生活，提升生活的意义和价值。

（二）人性化德育论

人性化德育要求：在对待人的态度上，从物化走向人化，承认学生是具有独立人格的完整的人，是能动的、创造性的人，要尊重学生的人格和兴趣、需要，关怀学生的整体生命；在方式上，从灌输走向对话，从教师对学生的单向影响转为师生的双向互动；在德育目的上，从对学生行为的限制、规训走向对学生的解放，促进学生道德生命的自由成长；在德育与人、教育、生活的关系上，从分离走向融合，实现德育回归人的生命整体，回归教育整体，回归人的整体生活。

（三）主体性德育论

主体性道德人格的培育是该德育理念的核心。主体性道德人格是独立、理性、自为、自由的道德人格。其强调两方面内容：一是提升学生的需要层次；二是培养学生理性的和自主性的道德判断和道德选择能力。因此，主体性德育重视对个体的自主、独立和人格尊严的尊重，对学生自主的道德判断和道德选择能力的珍视，对民主、平等的师生关系的建构，拒斥灌输，坚持价值引导与自主建构的统一。

（四）德育美学论

该理念认为德育中包含可以被学生欣赏的审美对象——“德育美”。通过对德育过程诸要素的审美化改造，包括对德育活动形式美、作品美和师表美的审美化改造，使德育成为一幅美丽的画、一首动听的歌，学生在欣赏中获得道德的成长，实现在欣赏中完成道德学习的目标。

（五）制度德育论

该理念强调解决当前社会道德失范的问题，除了要靠学校德育的自身改进，还需要靠制度的完善。完善的制度建设将为学校德育的改善提供支撑，因此制度必须合乎道德性，必须体现社会公平与正义。学校德育应该正视并弥补制度的缺陷，倡导通过道德制度来教育人，通过制度德育达到培养个人德性的目的。

（六）生命德育论

生命德育主张道德教育要关注人的生命存在和意义获得。因此，德育要尊重学生个体的生命需要，要以学生的生命为出发点，要顾及个体生命的多样性、独特性和能动性，重视学生对生命的感知、体验和领悟。通过德育内容和方式进行生命意识的改造，以及通过生命故事的叙述和倾听，使学生在获得道德发展的同时感悟生命的意义。

（七）体验德育论

该理念强调在德育回归生活世界的前提下，体验是道德教育的本体。学生只有通过自己的体验才能获得对道德规范的理解，才能获得对人生的意义、价值和幸福的体悟。体验德育悉心引导学生成为真正的体验者，关注体验者的体验过程；重视关系互动和情绪、情感的作用机制；强调道德教育的情景性、建构性、生成性和创造性，最终实现道德发展的知情行的合一。

（八）活动德育论

活动德育指在活动中通过活动而且为了活动的道德教育，它是在反对单纯的道德认知主义教育，尤其是在反对道德灌输的基础上提出来的。它强调道德教育的根本目的是道德行为的改善，道德行为的改善必须在实践中通过活动发展展示出来。活动本身具有道德发展和道德教育的意义，活动不但是道德发展的手段，也是道德生活的目的。所以，通过活动进行德育是必需的。这里的活动包括具有道德教育意义或功能的个人外部活动和影响个人道德意识、道德行为、调节人际关系的外部活动。

这八种德育理念是我国近年来德育理念研究中较为普遍和影响较大的几种。总体而言，它们体现了我国德育理念研究的主流取向和主要进展，极大丰富了我国德育改革的思路，对推动德育改革的深入进行起到了重要的作用。

三、当前我国小学德育存在的主要问题

（一）“德育首位”与“德育无位”的矛盾

从党和国家领导人的讲话与党中央和国务院的文件精神来看，学校德育的地位很高，甚至被提到了“为首”的高度，但在教育实践中，德育却处于“说起来重要，干起来次要，忙起来不要”的尴尬地位。“德育首位”与“德育无位”反映出我们需要深入探讨的理论问题：何为首位？如何理解？为什么是首位？“德育首位”与“教学中心”关系是怎样的？如何处理？

（二）德育政治化与德育生活化的矛盾

德育政治化是一个反思性的概念，指的是文化大革命期间把德育窄化成政治教育，以政治教育代替道德教育的极端做法。时至今日，德育政治化作为一种国家制度性的追求虽然在理论上受到批判，但其实际影响并未根本消除。我国世纪之交的基础教育改革明确提出了道德教育生活化的主张，指出德育要为学生的生活服务，德育要联系学生的生活，引导学生的生活。但考虑到我国两千多年的历史传统与现实国情，如何从指导思想到德育实践，彻底抛弃德育政治化，实现德育生活化，是德育改革的一大难题，也是德育取得实效的关键。

（三）德育万能与德育无能的矛盾

长期以来，人们有一种较为普遍的社会心理，即期望学校德育无论对个人还是对社会都能起到重要的作用，另外，在德育理论研究中，学者也认为德育有很多功能，这两方面很容易造成德育多能甚至万能的印象。但在小学的实际教学中，德育的实效性偏低，甚至德育无能。主观上和“应然”状态的德育万能，与实际德育低效、德育无能构成了我国德育的矛盾和问题之一。

（四）“大德育”与“小德育”的矛盾

我国的德育观是一种“大德育观”，包括了政治教育、思想教育、道德教育、法制教育和心理品质教育等几个大的方面。这种大德育虽然有管理体制和工作上的方便，但它所包含的方面较多，且功能划分含糊不清，存在许多弊端。依据国外的经验，德育就是道德教育，现在国内越来越多的人赞成这种“小德育”的提法。“小德育”和“大德

育”的冲突如何解决?

当前小学德育面临的矛盾还有传统德育与现代德育的矛盾、规范化德育与主体性德育的矛盾、德育工作者队伍数量大与专业化程度低之间的矛盾、德育高要求与德育低投入之间的矛盾、学校“主渠道”与校外影响之间的矛盾、本土的道德价值与西方文化价值认同的矛盾、学校道德教育与学校道德存在之间的矛盾,等等。

四、当前我国小学德育改革的具体思路

(一)实现由约束性德育向发展性德育转变

德育的本质在哲学的视觉审视方面表现为规范人的工具性和促进人的发展性。规范人是为了满足社会的需要,以保持社会的稳定和发展,而重视社会及其发展的最终目的还是为了人本身的发展。因此,德育的工具性只是其本质不断生成、展开、演进的过程和表现,人本身的发展应该成为德育根本的追求。德育作为一定社会客观需要的反映,常常表现出对特定对象的约束。德育对人的发展作用主要是指教人如何在有限的人生中追求人格的完善、人生的意义和价值,以促进生命主体在精神方面的积极变化。规范人和发展人是德育同时具有的两种本质或功能,两种功能都不应偏废,偏废社会的需要,德育将是抽象化、理想化的;偏废个人的需要,德育将是非人道、压抑人性的,因为人有追求自身完美性的精神特质。

(二)实现由单向灌输教育向双向互动教育转变

现在的青少年儿童生长在一个社会经济、科技文化飞速发展的时代,他们乐于接受新事物,主体意识、平等意识增强,在价值观的选择上,已经不受以往传统的、封闭的一元价值观的左右,他们有自己的独立意识,时常在自己的行为中实现一种新的价值追求。事实上青少年儿童有许多值得成人学习的地方,“向孩子学习,两代人共同成长”在今天看来,应是值得大力提倡的德育方式或教育的新观念。

信息社会化决定了两代人的双向社会化,德育的过程实质是互动的过程,双方在互动中才可能促进情感意识与尊重意识的成长,促进相互理解与价值观的认同和包容。双向互动德育的要旨就是创造丰富多彩、能够真正调动学生主体性的活动,在这样的活动中,学生才会有真正的感动、理解和体悟。实现双向互动的前提是师生地位平等、相互尊重,通过双向互动实现双方道德的共同进步,具体可以采取民主对话、主题辩论、质疑答疑、师生研讨、情感沟通等方法。

(三)实现由单一德育模式向多样化和个性化德育模式转变

德育模式的构建是现代德育理论研究和德育实践探索所共同关心的核心问题之一。学校德育模式构建得如何,不仅从根本上反映出德育理论和德育形式的成熟度,而且也直接决定了学校德育的实际效果。以往,我们把德育模式理解为一成不变的固定格式,德育理论模式和实践模式比较单一,而且在实际操作上把德育模式应用程式化,影响了德育的成效。当前全球对多样化和个性化要求空前增长,我国德育应根据本国、本地、本校实际及世界德育改革与创新的基本精神,创造出有鲜明个性特征的德育模式。当前我国本土化、个性化鲜明的德育模式主要有情感教育模式、德育体验模式、活动德育模

式、主体参与模式四种基本模式。

（四）实现由封闭式德育向开放式德育转变

在长期的计划经济的模式下，学校德育一直处于封闭的状态，这种封闭性的德育方法，不利于学生形成科学的世界观、人生观、价值观，不利于学生的品德成长和人格成熟。在我国改革开放和实行社会主义市场经济体制的背景下，学校应从现实出发，让学生走进大千世界，融入社会，去亲历、观察和思考现实问题，在开放的德育环境中产生免疫力，培养辨别真善美与假丑恶的能力。

五、我国小学德育改革的主要发展趋势

（一）生活化：小学德育改革与发展的价值取向

德育要关注和指导学生的学习生活、交往生活以及日常生活方式与习惯。从某种意义上讲，德育既是有形的，又是无形的，在知识教学、日常生活和各种社会活动中都大量地渗透着德育的因素。一方面，贴近生活的德育容易引起德育对象的关注；另一方面，人的品德主要是在社会实践中形成的，人在作用于客观世界的同时，客观世界才会作用于人的主观意识。通过环境对人的多方面影响，包括动态的、静态的、被动的、主动的、人为的、个体的、集体的、下意识的和无意识的，德育对象将会得到多方面的启示、约束、规范和帮助，使之逐渐学会和适应在社会中生存所必须遵守的社会道德规范。

（二）个性化：小学德育模式建构的基本特征

几千年的封建社会铸造了我国一向只注重社会共性而轻视人的独立个性的民族文化特征。封建主义的教育束缚了人们的思想，要求人们循规蹈矩、因循守旧，压制任何离经叛道、标新立异。改革开放后，我们已经意识到个人价值和权利的重要性，从而关注和鼓励人的个性发展。实践告诉我们，个性是滋生创造力的土壤。没有个性，创造性也就无从谈起，社会也不会有活力。

（三）科学化：小学德育方法改造的方向

关于德育工作，人们已经积累了很多被实践证明行之有效的方法，但仍十分有限。现代德育要求用科学的方法论作指导。科学的方法论是与培养自主人格、独立思维能力、批判意识联系在一起的，它提倡小学德育方法必须多种多样并各具特色，而且应增强直观性和可操作性。

（四）一体化：小学德育实践改革的方向

德育一体化的育人格局是现代大德育观念和全员德育机制的具体体现，是全方位育人格局的具体实施。它主要指德育决策、管理、运作、实施一体化，德育评估制度、有效激励机制、效果机制一体化，德育队伍、内容、渠道一体化。

案例

张老师每周的周会都用十分钟时间让同学们谈谈一周来自己观察的感触最深的事情。王怡说："老师，昨天我和妈妈去秦龙商店买衣服，发现商店旁边的玉河真臭，真是名副其实的臭水沟。河的两边垃圾成堆，河水脏得像墨水一样，我从旁边走过都要捂着鼻子。"王怡的话引起了很多同学的反应，大家议论纷纷："老师，玉河以前是怎么样的？"张老师说："我也不清楚，这样吧，既然大家对这件事这么感兴趣，第三节政治课我们来讨论这个问题好不好？"张老师决定趁热打铁，改变原来的教学计划，以玉河问题为课题对学生进行生态环境教育。上课时，同学们纷纷讨论该怎样保护玉河。李晨说："我要在玉河边上插上一个警告牌'请不要往玉河倒垃圾'。"田园说："我们应对玉河的污染情况进行调查，然后给市长写一封信，建议市政府对玉河环境进行整治。"李明说："我们应该组建一个宣传队，对玉河边的居民进行宣传教育。"同学们一个接着一个发言，提了很多建议。

张老师说："同学们的意见很好，我看这样吧，同学们分成五六个小组，每个小组负责某一项的调查，有的调查玉河从过去到现在的演变情况，有的调查玉河污染造成的危害，有的调查造成玉河污染的原因。"

到了下周一，调查玉河历史小组的同学拿来了许多相片，同学们看到了玉河过去清清的流水，小孩儿在河中游戏的情景，也看到了现在的玉河如墨般的浊流，感触很大。调查玉河污染源小组的同学也列出了以下几条：河边居民、商店往河中乱倒垃圾；河边工厂直接往河中排放废液、废渣；环保部门监管不力等。调查玉河污染危害小组的同学也列出以下几条：危害市民健康；污染地下水；有损本市形象等。

吴霞说："老师，玉河的污染这么严重，仅仅我们班同学知道还不够，应该让更多的人知道。"张老师说："你的意见很好，大家准备怎么做好呢？"班长王浩说："我们写一封信给电视台，让电视台对玉河情况作一个报道，让更多的人知道。"吴佩芳说："我们在学校办一个玉河情况展览，让全校师生知道，了解玉河的现状，让更多的人行动起来保护玉河。"

（改编吴一凡《思想品德新课程教学法》，首都师范大学出版社2004年版）

分析

我国传统的德育重视书本内容，脱离实际，当前我国德育改革的一个主要内容即为生活德育论与体验德育论。该案例即运用了这种理念，让学生到现实生活中去亲自体验和调查，使德育课堂回归生活世界，打破书本世界与生活世界的界限，使学生摆脱从书本到书本，从知识到知识的状态。教师要把教学的内容融入学生的生活世界，使教学内容具有丰富的情境性和生活性，也只有这样，才能激发学生的学习热情，促使学生积极主动地参与教学过程。教师可以从生活中获取和积累具有时代特色的丰富多彩的素材，并恰当地引入课堂，启发学生的思维，引导学生关注并适当参与社会生活，同时还可以设计专题活动，让学生参与相应的社会生活，使学生在实际中得到锻炼和提高。

复习与思考题

1. 简述德育的概念及其功能。
2. 我国小学德育的基本内容是什么？
3. 试述小学德育过程的基本规律。
4. 什么是德育原则？小学德育原则有哪些？如何理解？
5. 什么是德育方法？我国小学常用的德育方法有哪些？如何理解？
6. 简述我国小学德育的基本途径。
7. 简述我国小学德育改革的主要发展趋势。

第十章

班级管理

知识结构图

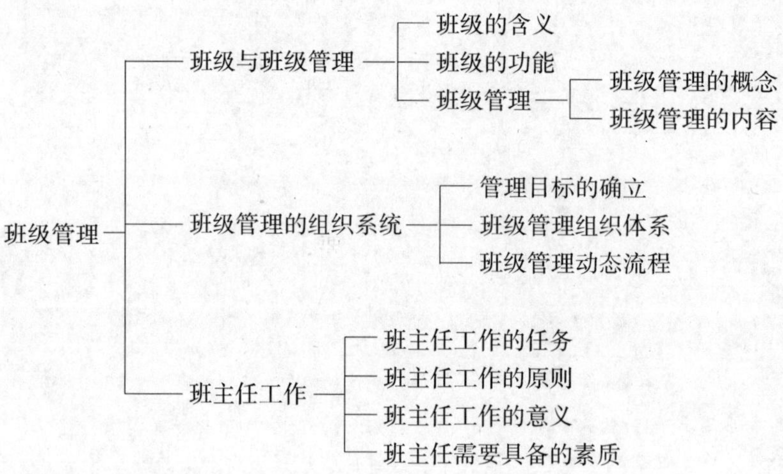

学习目标

1. 掌握班级的含义、班级管理的概念、班主任的工作内容与方法。

2. 理解班级的功能、管理目标的确立、班主任的工作原则、班主任需要具备的素质。

3. 了解班级管理的内容、组织体系和动态流程、班主任的任务、班主任工作的意义。

第一节　班级与班级管理

一、班级的含义

班级是由年龄相近，学业水平大致相同，为实现特定目标的学生所组成的小型的、正式的、凝聚式的群体，是学校结构系统中最基本的单位，是学生接受学校教育的最基本的组织形式，是学生健康成长的摇篮，同时也是教育者实施管理的手段。法国著名历史学家阿里埃斯（Aries. P）把班级比作“组成学校结构的细胞”，他认为，班级应该拥有一定年龄的学生、固定的大纲、固定的教室、固定的班主任，从而勾画出“班级固定的面貌”。

二、班级的功能

1. 满足个体需要

马斯洛的需要层次理论认为人的需要由低级到高级分为生理需要、安全的需要、社交的需要、尊重的需要和自我实现的需要。一般每个班级成员的这些需要是可以部分或全部被满足的：每个身在班级当中的成员因为被这个大家庭所庇护、所容纳，所以安全的需要就满足了；身在这个家庭当中不可避免地会和同学们一起游戏、一起聊天甚至一起上学、一起放学回家，那么社交的需要也得到了满足；对于那些多才多艺，有一技之长的同学来说，他们的尊重的需要和自我实现的需要也会得到满足。

2. 激发个体动机

上面说到了每个人都会有五种从低级到高级的不同的需要，而且当低级的需要得到满足的时候，就会产生新的高级的需要。在班级当中，个体的低级需要是很容易得到满足的，这就使得每个人又会不断地产生新的需要。比如，有的人也许不满足于只是班级普通一员的现状，想要被同学尊重，这就会激发个体的外在动机，使其不断努力，直至需要得到满足为止；每个人都会渴望得到老师的表扬与肯定，那么以获得知识、解决问题和提高能力等为目的的动机就会不断被强化。

3. 社会化

所谓社会化功能是指通过班级各方面的影响让班级成员接受社会政治、经济、文化制度，获得社会生活基本的知识和技能，学会遵守社会规范，协调社会角色，简而言之就是使每个成员从“自然人”变为“社会人”。班级可以看成是整个大社会的一个小的缩影，有社会的基本结构，如长幼关系、上下级关系、同辈关系、两性关系等，同时也有严密的组织制度、明确的行为规范，因此班级可以说是实现其成员初步社会化最理想的场所和组织结构。

4. 整合目标

目标是人的行为所要达到的预期结果或标准，可以对人起到导向、激励的作用。每个班级都有目标，共同的目标是构成班级的基础。同样，班级中的每个成员都有各自的目标。这些目标有的是相似的，有的是不同的，甚至是相反的，然而班级成员的这些目标通过班集体的整合作用最终会和整个班级的目标趋向一致，从而让劲往一处使，把整个班级拧成一股绳，达到共同进步的目的。

三、班级管理

1. 班级管理的概念

上面已经介绍了班级的概念和功能，那么，什么是班级管理呢？所谓班级管理是班主任有目的、有计划地通过各种教育途径，运用一定的原理和科学的方法，对班级内部和外部的各种关系和因素进行规范、组织、指导和控制，从而实现班级共同目标的过程。

2. 班级管理的内容

（1）学生管理。学生是组成班级的重要成分，对班级的管理主要是对学生的管理。在对学生进行管理的时候要做到“有管无类”，无论是成绩优异的还是成绩差的，无论是家境优越的还是家境差的，无论是顽皮捣蛋的还是文静听话的，都要进行管理；主要管理他们对时间的利用，不能让学生浪费时间，虚度光阴；还要管理他们的思想品德状况，特别是对思想品德较差的学生要进行加强管理与教育；同时还要管理他们的美育与体育，让他们养成锻炼身体的好习惯，培养健康的审美观，掌握感受美和创造美的知识和技能；再有就是鼓励学生多参加校内外的活动，使各方面的能力协调发展。

（2）财物管理。在班级生活当中，不可避免地要买一些物品，如教师节时给老师买的礼物、元旦联欢晚会需要装饰教室的物品和娱乐设施等，买这些东西都要用到钱，而每次收的钱不可能刚好用完，肯定会有剩余，而且买回来的这些公物也都要妥善保管。要做到记账、报账的透明化，让学生了解每笔支出用在什么地方，买回来的东西存放在哪，由谁保管等。如果对财物处理不当很可能会影响到班主任的威信和教育效果。

（3）教育目标管理。教育目标是指教育所要达到的预期效果或程度，它能使教育行为更有目的性和计划性，所以目标管理也是班级管理不可缺少的部分。教育目标包括学校的教育目标、班级的教育目标、学生个人的教育目标，班主任要和学生一起将这三个目标进行整合，再制定出详细的短期目标和长期目标，这样不仅有利于对教育行为进行管理，也有利于对教育效果进行评估。同时教师不仅要注重目标的制定，还要督促目标的实现。

（4）班级环境管理。每个班级都有自己固定的教室，老师和同学每天从早到晚都要在其中学习、休息。对于这样一个每天长时间置身其中的场所，其环境的好恶会直接影响到同学和老师的身心健康，所以要管理好班级的环境，保证卫生整洁，物品摆放整齐，使同学和老师每天能在一个整洁、优雅、舒适的环境当中学习和生活，这样也有助于学生身心健康发展。

（5）班级文化管理。如果说教学环境是班级的硬环境的话，那么班级文化就是班级的软环境了。班级文化就是我们平时所说的班风，班风对整个班级的影响是非常大的，积极、民主、开放的班风有利于促进学生身心健康发展，而消极、专制的班风会对学生的学习和人格的成长产生非常不利的影响。所以说班风的建设对一个班级的发展是非常重要的，而且一旦形成就很难改变。

（6）班级制度管理。没有规矩不成方圆，一个健全的班集体必须具备一套完备的班级管理制度来规范学生的日常生活和学习。以上五点提到的对班级的管理都可以通过对班级制度的管理来实现。班级制度的管理包括制度的制定和制度的执行。首先，班主任要和学生一起制定一套完备的大家都认可的班级制度，规定好奖惩措施；其次，要按制度的规定去规范全体成员的行为。这里需要注意的是，由于管理的对象是学生，而每个学生都是有着独立意识的个体，所以在管理过程当中要做到灵活应对，不能教条管理。

除以上六点外，对班级的管理还要做到四个结合：一是常规管理与特殊管理相结合，所谓常规管理是指平常稳定时期的管理，而特殊管理是指遇到一些特殊事件时的管理，如开学时，由于学生的心比较散，就要注意尽快让学生进入学习状态等；二是集体管理与个别管理相结合，就是要贯彻马卡连柯的"平行影响教育原则"，即管理首先面向集体，教育集体，然后教育者与集体共同影响每个学生，通过教育管理集体来影响个别，再通过对个别的教育来巩固、发展对集体的管理；三是教师管理与学生自我管理相结合，由于教师不能时刻与学生一起待在教室里，所以就要培养学生自我管理的能力与意识，做到无论教师在不在都一样，保证班级秩序；四是硬性管理与弹性管理相结合，就是不能一切都按照规章、原理管理教育学生，有时也要用灵活、有弹性的方法来教育学生，晓之以理、动之以情才能获得更好的教育效果。

案例

（一）

某校初三学生丁某平时学习不认真，经常调皮捣蛋，是班主任老师刘某的重点教育对象。一天下午自习课前，刘某来到教室，发现丁某不在，他走到丁某课桌旁，打开抽屉检查丁某复习题的完成情况，结果发现了一封尚未寄出的信。刘某拆开信一看，是丁某写给另一所学校一位女生的情书。这时丁某回到教室，看见刘某在拆看他的信，就向刘某索要，刘某不给，并说："不好好学习，竟然在谈恋爱！我看不好好教育教育你，你是不知道改正的。"于是刘某在自习课上向全体同学读了丁某的信，并对他奚落嘲讽，以其为典型警诫全班学生，还告诉了办公室的其他老师，给丁某造成了很大的压力，本来就不好的学习成绩更加一落千丈。

（二）

一名女孩曾经伤心地回忆说：从小我的学习成绩就不好，记得上小学时，一次我们全年级同学在操场做操，我们的班主任老师指着我对别的班的老师说："这就是我们班的那个最笨的学生，就冲她那股笨劲，我看她连小学三四年级都读不下来。"班主任老师的这句话我一直记到今天。从那时起到小学毕业，我的学习真的再也没好过，小学勉强毕业，因为我怎么读也是最差的。

（三）

某小学五年级学生张某上语文课时没有好好听课，在下面玩起了电子游戏机，被老师李某发现并将游戏机没收。下课后，张某向李某索要游戏机，李某不给。放学后，李某将游戏机放在办公室抽屉里就回家了。没想到当晚学校办公室被盗，游戏机也丢了。

张某父母得知后，要求学校赔偿损失。学校认为，张某上课玩游戏机是错误的，李某没收行为是正确的。至于游戏机被盗，完全属于意外事件，学校不应承担赔偿责任。

（选自《中国教师》）

分析

根据联合国《儿童权利公约》和我国相关的法律法规，少年儿童在学校享有下列权利：受教育权、生命权、身体权、健康权、休息娱乐权、名誉权、隐私权、独立财产权等18项共涉及21种权利。在一个健康的法制社会里，不论教师与学生、父母与子女，人与人之间一律是平等的，儿女不是父母的私有财产，教师也没有惩罚、侮辱学生的权利。每位教师都应当充分认识到：只有尊重学生的权利，依法治教、依法行使教育权，才能真正培养起学生对法律的信仰和尊重，才能培养出符合法治社会要求的时代新人。

当代少年儿童大部分时间都在学校里度过，在学校他们作为学习者、被管理者与教师处于不对称的地位，相对来说是一个弱势群体，因而他们的权利往往容易被忽视。比如案例（一）中，刘某的行为就侵害了学生的隐私权。班主任对学生的违规违纪行为享有批评教育的权利，但批评教育应该讲究方式方法，而不应侵犯学生的合法权益。刘某本应对丁某进行耐心的说服教育，对其进行正确引导，帮助他正确认识早恋问题，使他明白利害关系从而及时改正错误，但刘某却在未征得学生同意的情况下擅自拆开了情书并当众宣读，在侵犯学生通信自由和通信秘密权利的同时也侵犯了学生的隐私权。财产不被没收是少年儿童对财产享有独立所有权的基本内容，学校无权没收丁某的财产。有的教师在学生上课看课外书或玩弄其他物品时，采取了没收的做法，实际上侵害了学生对财产的所有权；当学校没有尽到保护职责致使丁某的财产受到侵害时，学校应承担相应的民事责任。在那位女孩的回忆中，老师的一句话让学生感受到了人的尊严和自信心的丧失，使她的自卑感达到了极点。教师的侮辱性言语，对学生进行的体罚或变相体罚都是对学生名誉权的侵害。少年儿童的心灵本来就比较脆弱，并且自尊心强，“笨得像猪”，在脸上刺上“贼”字等岂是他们弱小心灵所能承受得了的？在“教师、教育等都是为了你好”的光环下，无视学生权利、忽视对学生生命关爱的种种做法似乎有了存在的理由，于是才有了那么多可怕的教育悲剧。

每一个做教师的都应该审问自己，你尊重学生的权利了吗？你关爱你的学生了吗？

（参见魏微，路书红，王红艳，张苹《中外教育经典案例评析》第373～374页）

复习与思考题

1. 班级和班级管理的含义是什么？
2. 简述班级的功能。
3. 班级管理都有哪些内容。

第二节 班级管理的组织系统

一、管理目标的确立

众所周知，班主任的主要工作是进行班级管理，要进行管理就要有一定的管理目标，这样班主任的管理工作才能有章可循，才能达到预期目的。所谓班级管理目标是班级组织系统为完成一定时期内学校的教育任务，从本校和本班的实际情况出发所确定的，一定时期内的教育教学目的和各种组织活动的质量规格与标准。班级管理目标可分为班级总目标、各小组目标和学生个体目标三种。各类目标又可细化为长期目标、阶段目标和单项目标。

班级管理目标的内容一般有以下三部分：

1. 目标方针

目标方针是班级管理的主题，贯穿班级管理过程始终，是对班级管理目标的总概括。目标方针必须正确，表达清晰、明确，易于操作和评价，且具有可操作性和激励性。

2. 目标项目

目标项目是目标方针的具体化，包括品德、学习、劳动、体育、卫生等方面。目标项目要针对本班的实际情况，从师生两方面考虑，且要顾及学生全面、和谐、健康地发展；目标的难度要适宜，是学生经过努力可以达到的。

3. 目标值

这是目标项目的预期成果，可从定性和定量两方面分析。在确立目标时，要确保目标值实事求是、明确具体，具有可操作性且易于评估。

班级管理目标的制定可以分为以下三步：

①选择正确的目标值。根据社会要求、学校的实际情况、班级的实际情况和教育原理确立明确具体且可行的目标。

②明确问题。问题是指选定的一定时期内的社会参照标准与班级现状之间的差距。明确问题包括两方面：一是查明问题。在了解班级现状和预测其发展趋势的基础上，查明问题的范围、程度和特点。二是梳理问题，梳理班级的共性问题，研究其相互关系，并作必要的归类；从中筛选出需要特别关注的影响全局的问题；综合考虑班集体建设的需要和实际可能性，统筹安排解决问题的序列。

③设计目标。将解决前述的在一定时间内可解决的须特别关注的影响全局的问题作为备选目标进行设计。设计时特别注意三个问题：

一是目标的整合。班级有多重目标，都是有方向、有作用点和有强度的，必须形成整合一致的目标系统。目标的整合主要指个体目标与集体目标、学生目标与教师目标在方向和作用点方面一致，形成高度整合的状态，以利于师生形成共向合力。

实现目标的整合首先要在思想上认识整合的可能性。班集体建设需要有共同的目标，集体目标强调统一性、标准化和规范化。每个成员作为独特的人，又有其各自的目标，个体目标表现为多样性、差异性和独特性。因而，集体目标与个体目标具有矛盾的一面。但是，集体目标是以提高学生的素质，发展学生的个性为出发点和归宿的，正确的集体目标与合理的个体目标在方向和作用点上应是一致的，因而两者又有统一的一面，整合也是完全可能的。同理，学生目标与教师目标的整合也是完全可能的。

要想达到个体目标与集体目标、学生目标与教师目标较好的整合，在做法上可求同存异，把集体目标假设为个体目标的最优整合。制定者一方面要研究如何引导学生接受集体目标，把方向各异的个体目标引导到与集体目标相一致的方向，促进学生的个性社会化；另一方面又要研究如何在集体目标中包容师生合理的个体目标，并为其实现创造条件，而不是简单地强制“个人服从集体”。

二是目标的分解。班集体的总体目标带有原则性、抽象性和笼统性等特点，制定者必须在整体思想指导下，从实际出发，将其分解为若干主要的指标。指标是目标的本质体现，精选指标有利于增强工作的针对性，集中精力，更好地实现集体目标；指标应尽可能做到可观察、可测量，使总体目标具有清晰、具体的显示点，从而具有实际意义；明确各自的责任，把责任分解到小组和个人；明确目标达成的时间，按时间确定分阶段达标的要求。

三是目标的体现，即用一定的形式把目标表现出来，如数量形式的体现（要达到全校前10名）、文字形式的体现（班级行为规范）和基准比较法（成为本校三好班级）等。

二、班级管理组织体系

一般来说，班主任除了繁杂的事务性工作外，其主要工作还包括班集体的建设、学生的思想教育和心理疏导及教育教学活动的开展。一个刚刚组成的班集体首先应该进行的是班集体的建设，即班级的组织管理和制度的建设，这是因为不管是新建一个小小的班级，还是创建一个泱泱大国，头等大事莫过于建立其管理的制度、体系及管理模式，这是开展其他一切工作的前提和基础。

作为一个国家，其立国之本首先应该是要确定社会制度和管理模式，班级当然不能和国家同日而语，但麻雀虽小，五脏俱全，再小的集体也一定有自己的管理体系，而且集体的成员不同，管理的体系也会有所不同。实践证明：科学的管理体系可以让每一个学生成为管理者和教育者，成为制度的监督者和实施者。这样不仅可以避免班级工作过分依赖班主任的组织和管理，减轻班主任老师的工作负担，减少工作失误，而且还可以调动全体同学的积极性，增强班级的凝聚力，更有利于班级工作的开展。一套科学合理的班级管理体系可以使班级管理不留空白，力求时时、处处、事事都有人管，同时能使干部职责明确，分工协作，能齐心协力地搞好工作。

一套科学的班级管理体系应分为以下三部分：

1．班主任与科任教师协同管理

在学生平时的学习生活中，班主任虽然是其最直接的管理者和主要负责人，但由于班主任一般只担任其班级学生一门课程的教学活动，对学生其他课程的学习情况便不能直接了解了。因此班主任如果想做到对自己学生全面的管理，就要与这个班级的科任教师进行协同合作。班主任要定期及时地与科任教师进行了解和沟通，询问学生在每一门课程中的学习和听课状况以及科任教师所掌握的学生方面的基本情况，比如学生的兴趣爱好、学习成绩、能力表现、心理健康状况等。这样才能根据学生的身心发展水平对教学计划和教学方案进行有针对性的调整，从而达到更好的教育教学效果。

2．学生自我管理

应该说教师只是班级管理的一种力量，正所谓“师傅领进门，修行在个人”。无论班主任的工作做得怎样细致入微，也不可能做到无时无刻都使学生在自己的观察范围内。因此学生积极地自我管理在班级管理过程当中也起着非常重要的作用，这种自我管理有时甚至比班主任的管理更能达到预期的效果。班主任完全可以在班级建立起一种以小组为单位的互动管理机制，在机制形成之后进行恰当引导，让学生自主地进行互动式的自我管理，从小培养他们的民主精神，让他们真正地成为班级的主人，让他们真正地意识到“班级兴亡，匹夫有责”。

3．家庭与社会的积极参与

学生在校期间，会受到校园文化的熏染，这固然是很重要的。但是，家庭和社会在孩子的教育过程中也扮演着不可替代的角色。孩子从出生到进入学校之前，主要接受的是家庭教育，家长是孩子的第一任教师。正所谓知子莫若父母，父母对孩子在家庭生活中的了解是最全面、最细致、最入微的，有很多孩子在家庭当中的表现与在学校当中的表现是差别很大的，因此，家长应该与孩子的班主任以及科任教师积极地进行沟通，彼此进行信息互换，家长将孩子在家里的生活、学习表现透露给教师，而教师则将孩子在学校的生活学习表现告知家长，这样才能做到对孩子更加全面的了解。在对孩子全面了解之后才能更有针对性地对其进行教育，也只有这样才能达到更好的教育效果。而社会作为学生学习成长的大环境，也应该进到自己应尽的义务，为孩子的健康成长提供一个良好的氛围和优越的条件，比如公共场所的环境建设，各种具有教育意义的公共设施免费开放，各种媒体对好人好事的宣传、对恶人坏事的惩罚，整个社会价值观的引导等都会对孩子的身心发展起到非常重要的作用。因此只有家庭、学校、社会这三大主体都尽到自己的责任、履行自己的义务才能使孩子接受全方位、立体化的教育，使其身心同步健康发展。

三、班级管理动态流程

（一）计划

教师的任务主要是上课和带班，这都需要按计划办事。计划是班级教育和管理的开端和其他后继环节的依据，能防患于未然，提高工作效益，推动班级和学生最优最快地发展。制订班级管理计划必须遵循下列要求：以社会主义教育目的和学校当前的中心任务为指导，从班级学生的实际出发，以教育科学和管理科学理论为基础。

班级计划一般分为三种：学期计划、月计划、周计划。学期计划是全学期班级工作的总纲，它要求把本学期准备实现的目标，以及为实现目标所要努力的主要方面和要组织的较大活动按照时间顺序作出排列。月计划和周计划是根据学期计划和某一阶段学校的任务，在本月或本周开始时制订的工作计划，这种计划要制定出具体内容、时间、地点、方式和措施。

制订班级计划要遵循计划工作的一般步骤和方法：首先要广泛获取信息，如上级下派的任务、班级实际情况、阅读理论材料和借鉴他人经验；其次要发动整个班级进行讨论，依据上述信息制订出一份老师和学生都认可的具体可行的计划。

（二）执行

执行就是老师和学生共同努力落实计划。执行是管理的主要环节。在执行阶段，班主任要做好组织、指导、激励的工作。组织是指班主任合理调配人力、物力、财力，使“人尽其才，物尽其用”；指导是指班主任对学生在执行阶段所遇到的问题进行解释与帮助，使其形成正确的思想和行为；激励是执行环节的重要一环，在执行过程中只有少部分人有热情是很难完成计划的，所以班主任要对整个班级进行动员，尊重信任学生，凡事与学生一起商量解决，还要对学生进行理想教育，把班级的蓝图与学生个人的理想结合起来，使全体学生树立起主人翁责任感。总之，组织、指导和激励的工作在执行计划当中都非常重要，只有处理好这些问题才能保证计划顺利实施。

（三）检查

检查是班级管理过程的中间环节。检查可以确保正确的计划顺利进行和错误的计划得到修正。检查可以有平时检查、阶段检查、上级检查和学生间的互查。班主任应重视平时检查和学生间的互查，这两者的有机结合会起到很好的效果。老师的平时检查要像习惯一样，每天按时查看学生的学习生活情况，再加上学生间的互查，相互学习，取长补短，共同勉励才能对计划进行及时的评价以促进计划顺利完成。

（四）总结

总结是班级管理的最终环节。总结可以回顾过去，把过去的经历加以提炼、概括，从中总结出规律以指导以后的管理活动。好的总结应与计划严格对应，在计划中提出的任务和要求在总结中都应给出实事求是的答案，切勿敷衍了事，弄虚作假，否则不仅失去了总结的意义，也浪费了宝贵的时间。

计划、执行、检查、总结四个环节共同构成了班级管理的动态流程。这些环节的前后实施不是简单的重复，而是要在过程当中及时总结经验与不足，使管理质量有所提高，以便以后更有效率地对班级进行管理。

案例

有人说班主任是世界上“最小的主任”，而这“最小的主任”管的事情特别多、特别细，大至教育教学，小至扫把、粉笔之类鸡毛蒜皮，样样少不了班主任。作为班主任，年轻的寒某每天早晨都会亲临教室，查看学生的值日情况。如往常一样的一个早晨，她早早来到学校，亲自监督值日生把卫生工作做好，心想今天的值日工作真不错，晨会要好好表扬一下。不料刚进办公室就有学生向她汇报，卫生检查又被扣分了。

“怎么可能呢？肯定是检查的同学从中挑刺。”她心里暗暗想道。

在她赶回教室的途中正巧碰到检查的学生，她朝着他们大声地嚷道：“你们会不会检查，我刚刚检查过我们班的卫生，为什么你们每天都要扣分，公平吗?”

几个值日员小心翼翼地回答道：“老师，真的还有纸屑的……”

“你们跟我一起去看看，我就不信我们班会有垃圾!”

她气冲冲地朝教室走去，可是意想不到的事情发生了——教室的地面上真的又静静地躺着几张纸屑。哑口无言的她脸上一阵阵火辣辣。“是谁丢的垃圾?”教室里鸦雀无声，没有人站起来，也没有人能勇敢地承认错误。

愤怒的寒某继而又变成了无奈、愧疚，面对值日的同学羞愧难当。

事后寒某反思自己的管理，究竟是哪里出了问题?

首先她召开主题班会，让每个学生都明确作为一个班级成员的责任与义务。同时在班中设立了卫生、纪律、集队、午餐、图书管理、公物报修、节能员等多个岗位，力争给每个学生创设一个工作岗位，让每个学生都有一个锻炼的机会、都有服务意识、都能在实践中学会与人沟通，有效地培养自主管理能力。学生的兴趣是波动的，有的时候想做这个岗位，有的时候想做别的岗位，因此在实践中应采用自愿报名，按月轮岗的方式保持并提高学生的新鲜感，同时将自己与其他人竞争，在竞争中提高学生的积极主动性，引导学生养成责任意识，要勇敢面对困难，尽心尽力地做好岗位工作。

在实行自主管理中，她还在班级中积极推行班级“管理之星”评比，促进班级管理文化的建设，培养学生荣誉感。组织学生每天自己对自己的行为进行评价，表现好的打星，不合格的画圈，每周值岗管理也要接受全班同学的评价。同学的眼睛是雪亮的，他们会真实地指出管理中的优点以及存在的缺点，评出最优秀的“管理之星”及不合格的管理者，“管理之星”介绍自己的优点，对不合格岗位，大家一起出谋划策，说说如何改进。通过这种方式，学生在管理中感受到了怎样的管理是有效的，谁的管理工作是认真负责的，怎样的工作表现应予以纠正等。

通过自主管理，班级的吵闹声少了，更多的是互相帮助。学生的集体荣誉感越来越强，班级取得了成绩，他们会很喜悦；如果出现问题，他们都能出谋划策，共同去改进。从自主管理中，学生认识了自己的不足，在管理中学生体验到了成就感。实践证明，自主管理的班集体能更有效地激励学生不断进取，有利于学生个性的完善、能力的提高。班级日常规范、班风、学风焕然一新。

分析

这一节我们可以学到，一套科学的班级管理组织体系应该包括任课老师和班主任的协同管理、家庭和社会的积极参与、学生的自主管理三个部分。无疑，其中的学生自主管理应该是最为根本的解决问题的方法。

班级管理工作的对象是成长中的学生，实际工作中班主任要管的事情很多。如果班主任事必躬亲，早晚跟班，无所不管，就只能充当着“管家”、“警察”、“保姆”的角色。这种管理容易造成学生的依赖心理，创造性、独立性差，缺乏自我教育与自我管理能力，也使教师自己陷于杂务中，疲惫不堪。

在这个案例中，我们可以清醒地意识到如果只重视值日生工作，那只能是一时的干净，只有班级中人人做到不乱扔垃圾，教室才会保持干净。如果学生只有在教师的监督下才能养成良好的习惯，那就等于没有养成习惯。真正有效的教育应该是浸润学生心田的，应该是内化为学生自觉的行为。

叶圣陶先生有句名言："教是为了不教。"我们今天对学生的教育就是要培养学生良好的道德品质和行为习惯，培养学生的自律自控能力，从而使学生离开老师，自己教育自己。所以，如何让学生从被动受管走向自律、自治、自我管理是解决问题的关键。如果一个班级学生能做到人人管理自己，那么这样的集体必将是一个自主、自立的集体。

复习与思考题

1. 简述班级管理目标的内容和制定步骤。
2. 简述班级管理组织体系的三部分。
3. 简述班级管理动态流程。

第三节　班主任工作

一、班主任工作的任务

在学校教育中，班主任与班集体的形成和发展关系密切。班主任主要负责一个班的教育管理工作，要按照学校的教育要求和班级教育目的，充分利用和调动班级内外教育力量对班级进行教育管理工作。班主任是一个班集体的灵魂，班主任的工作方法、工作水平、工作作风直接决定了一个集体的走向。

教育部1998年8月20日印发的《中小学班主任工作规定》第三章"职责与任务"规定，班主任要"全面了解班级内每一个学生，深入分析学生思想、心理、学习、生活状况。关心爱护全体学生，平等对待每一个学生，尊重学生人格。采取多种方式与学生沟通，有针对性地进行思想道德教育，促进学生德智体美全面发展。认真做好班级的日常管理工作，维护班级良好秩序，培养学生的规则意识、责任意识和集体荣誉感，营造民主和谐、团结互助、健康向上的集体氛围。指导班委会和团队工作。组织、指导开展班会、团队会、文体娱乐、社会实践、春（秋）游等形式多样的班级活动，注重调动学生的积极性和主动性，并做好安全防护工作。组织做好学生的综合素质评价工作，指导学生认真记载成长记录，实事求是地评定学生操行，向学校提出奖惩建议。经常与任课教师和其他教职员工沟通，主动与学生家长、学生所在社区联系，努力形成教育合力"。

从以上规定中我们可以归纳出班主任工作的主要任务是：①向学生进行思想政治教育和道德教育，保护学生身心健康；②教育学生努力完成学习任务；③教育、指导学生参加学校规定的各种劳动和体育锻炼；④关心学生课外生活；⑤进行班级的日常管理；⑥负责联系和组织科任教师商讨本班的教育工作；⑦做好本班学生思想品德评定和有关奖惩的工作；⑧联系本班学生家长，争取社会有关方面配合，共同做好学生的教育工作；⑨经常对学生进行安全保卫和财物保护的教育，要求学生掌握必要的安全自卫手段；⑩注意培养学生知法懂法的意识，做文明守法的学生；⑪努力学习教育学和心理学的前沿理论并用于指导自己的工作。

根据以上班主任的职责和所担任的任务，班主任工作的主要内容和方法概括如下：

（一）全面了解学生

俄国教育家乌申斯基说："如果教育家希望从一切方面去教育人，那么就必须首先从一切方面去了解人。"从这个角度来看，班主任如果想要管理教育学生，首先必须要全面地了解学生，这是做好班级工作的先决条件。

要做到对学生的全面了解，首先必须从整体上把握班级学生的情况：总人数、性别比例、家庭情况、年龄情况、成绩分布情况等；其次必须了解每个学生的姓名、性别、年龄、学习状况、心理健康状况、疾病史、性格特点、兴趣爱好等。班主任要把了解和研究学生作为日常工作的一部分，同时要用全面的发展的眼光去对待学生，既要看到学生的优点，也看到不足；既看到校内的表现，也要看到校外的表现；要将学生过去的表现、当前的状态以及未来的发展可能有机地联系起来。

1. 观察法

观察法是班主任在自然情况下，有目的、有计划地对学生进行了解和研究的方法。观察法是班主任工作中最常用、最基本的方法。

在观察的过程中要做到目的明确、客观真实，要用联系和发展的眼光对待观察到的现象。观察法的优点是在自然状态下进行，真实性强，操作简单。但观察法难以对观察对象进行控制，有时可能观察不到全面、整体的现象，而且容易受观察者主观因素的干扰。

2. 谈话法

谈话法是班主任有目的、有准备地通过与学生面对面的谈话、交流而了解学生情况的一种方法。班主任通过与学生的谈话可以及时了解学生的思想动态，还可以沟通情感，增进感情。

谈话法是班主任工作中简单易行的一种常用方法。为了保证谈话取得好的效果，无论是结构式谈话还是非结构式谈话都应注意以下几点：①在谈话前做好准备，明确目的与内容；②谈话过程中要积极思考，主动记忆；③谈话态度要亲切、和蔼、诚恳，尽量不使学生感到紧张，更不能造成对立情绪；④要根据学生的不同个性特点，采用灵活多样的谈话技巧，善于启发、引导学生说出真心话；⑤和学生谈话时，耐心听取学生的意见，不要轻易打断学生的话；⑥谈话后写出谈话记录，记下自己的看法和感受。

3. 资料分析法

资料分析法是指班主任通过查看记录学生情况的一切资料而了解、研究学生的方法，这里的资料可以包括学籍表、体检表、成绩单、思想品德评定、各科作业、入团或入党志愿书、图书馆借阅情况等信用记录、心理测量结果等。通过对这些资料的统计分析，可以清楚地了解学生平时的学习生活工作情况，但在操作的过程中一定要做到保密。

4. 调查法

调查法是通过调查与学生有关系的其他人，包括科任老师、家长、邻居、同学等从而间接了解学生情况的一种方法。在调查的过程当中要善于分析、勤加思考，综合各方面信息对学生进行深入了解。

（二）组织和培养班集体

全国优秀班主任魏书生老师在《班主任工作漫谈》一书中写道："班级像一座长长的桥，通过它，人们跨向理想的彼岸。班级像一条船，乘着它，人们越过江河湖海，奔向可以施展自己才能的高山、平原、乡村、城镇。班级像一个大家庭，同学们如兄弟姐妹般互相关心着、帮助着；互相鼓舞着、照顾着，一起长大了，成熟了，便离开了这个家庭，走向了社会。"以上对班集体生动形象的比喻深刻说明了班集体对学生的成长和教育具有十分重要的作用。组织和培养班集体是班主任工作的主要内容，也是其最基本的任务。

1. 班集体的形成和发展

班集体不是自发形成的，它有一个发展过程。一般认为，班级经过班主任长期系统的组织培养，加上同学们的相互磨合，由松散的学生群体转变为组织有序的班集体，大致要经过三个阶段。

（1）磨合阶段。在新组建的班级中，由于同学间彼此不了解，相互陌生，还都在一个适应阶段。在这个时期同学们都持着一种观望的态度，群体松散，班级吸引力差，共同目标、行为规范还有班风尚未形成，班级活动都依赖班主任直接组织和指挥。因此，有经验的班主任都十分重视这一阶段，因为好的开始就是成功的一半。在这一阶段，班主任要注重班风的培养，因为班风一旦形成就很难改变，所以应抓紧时间全面了解学生，尽快掌握熟悉班级和学生的整体情况，注意发现、选择和培养积极分子，以形成核心集体；初步建立班级规章制度，对学生的学习、生活提出切实可行的要求；组织和开展班级活动，促进同学之间的交流，增进了解，提高班级的凝聚力，形成团结的风气；还应注意对好的现象及时进行表扬与鼓励，以形成班级积极乐观的风气。

（2）班集体初步形成阶段。随着时间的推移，同学们已经互相熟悉了，而且随着平时生活和各种活动的交流，彼此也都有了一定的了解，再加上班主任的引导和培养，班级内的积极分子已涌现出来，在进行班级的民主选举后，班级核心就初步形成了。这时班主任应由最初的事事亲临逐渐向引导学生自主管理的方向发展，但还要不定时检查、监督班级的状况，以便进行及时的指导与纠正，以巩固班级刚刚形成的班风与舆论。

（3）班集体的成熟发展阶段。通过前两个阶段班主任的工作，成熟、稳定的班集体已经形成。在这一阶段，班主任应该处于辅助地位，让学生自主管理处于核心地位。但这并不意味着班主任的工作结束了，班集体还要继续向前发展，所以班主任应该巩固之前的成绩并设定更高的目标，使班集体更加和谐上进。同时这一阶段班主任的主要目标应从宏观的班集体转移到班级个别成员上，以对班级个别成员的培养教育促进班级更好地发展。

2. 组织和培养班集体的要求及方法

优秀班集体的组织培养，虽然会因学校、教师、学生等条件不同而方法各异，但是，根据优秀班集体的形成条件和发展特点，可以将其培养方法总结为以下四点：

（1）班级奋斗目标是形成优秀班集体的强大动力。马卡连柯说过："集体并不等于一群人，而是一个有目的组织起来进行活动的机构，是一个有活动能力的机构。"共同的奋斗目标是班集体形成的基本条件。班集体的奋斗目标是指全班同学共同具有的期望和追求，是班级各项活动所要达到的预期目的的总概括。确立班集体奋斗目标，就是要让班级全体学生明确班集体的发展前景，知道共同的努力方向，并为实现目标统一行动。班集体的奋斗目标可以增强班级凝聚力，为班级发展提供动力。与学生一起制定班级目标是班主任创建班集体的首要工作。

班集体目标可分为远期、中期、近期三种。远期目标是指需要全班同学经过较长时间的共同努力而达到的目标，它是中期、近期目标提出和设计的重要依据；中期目标是指阶段性的或者专项性的奋斗目标，是实现远期目标的条件和保证；近期目标是指当前的奋斗目标，它是远期、中期目标的具体化。三种目标构成了一个完整的教育目标系统，它们之间相互衔接、相互影响。

在建立班级奋斗目标时应遵循以下基本要求：第一，体现时代精神。班集体目标既要符合教育方针和教育的培养目标要求，体现社会发展的时代特征，又要符合班集体两个基础文明建设的需要以及新时期社会主义现代化建设人才素质的新要求。第二，有明确的方向性。班级奋斗目标是全班师生共同努力的方向，是全班统一的行动纲领，是国家教育方针及培养目标在班级中的体现。正确的奋斗目标能指引班级活动和个体行为沿着正确的轨道前进。第三，目标要有层次性。一般来说，远期目标要"高而可攀，望而可及"，有鼓动性和号召力；中期目标既要反映阶段性或者专题性的要求，又要发挥承上启下、远近衔接的作用；近期目标则要明确具体，又要与长、中期目标保持一致。第四，目标要有可行性。目标的设立必须实事求是，既要照顾学生年龄特点和接受水平，又要掌握好目标水平高于现实水平的差距，合理适当的差距才有吸引力，才能激发学生奋发向上的斗志，挖掘学生发展的潜能。

在确立班级目标时，班主任要首先调动同学们的积极性，讲清共同制定目标的原则和要求，让大家积极参与，踊跃表现，集思广益。这样提出的目标才能更合乎实际，更具有可行性，更能满足学生的情感需要，更易内化为学生的自觉需求，并主动为之奋斗，增强目标的吸引力与激励性，还可以增进师生感情，加强班级凝聚力。

（2）健全的规章制度是完成教育教学任务的保证。无规矩不成方圆，规章制度是维持班级内部团结，协调人际关系，指导每个集体成员行为的根本准则。一个班集体为了满足管理的需要、教育的需要、形成良好班风的需要、促进班集体的形成与发展的需要，必须从本班的实际出发，结合校规校纪制定与班级目标相适应的规章制度。在建立规章制度的过程中，班主任和学生要反复酝酿、认真研究，使规章制度内容明确、具体、科学、简单易懂。建立规章制度时，要严肃慎重，不能朝令夕改，班级制度一经建立要组织学习，坚决贯彻执行，使其成为学生的行动指南。在执行规章制度的过程中，要坚持思想教育为主，绝不以规章制度代替班主任应做的思想品德工作。

(3) 选拔与培养班级干部以形成班级建设的核心力量。在班级目标和规章制度确立后，要保证目标得到全体同学的认同和拥护，规章制度被每个班级成员严格地贯彻执行，就要建立一支能够独立工作、各司其职且处于班级核心地位的班级干部队伍。班干部是班主任做好各项工作的有力助手。建立一个勤奋学习、团结友爱的班集体，必须组建好班级的领导核心，挑选能团结同学、办事认真、关心集体、乐意为班级服务的积极分子来参与班级领导工作。

班级在建立之初，由于师生之间和同学之间不太了解，班主任可以根据学生的档案和表现的积极性来确定临时班干部的人选。班主任在选择临时班干部时应遵循以下三条标准：第一，性格开朗、乐于助人、有为班集体服务的热情；第二，明辨是非、严格要求自己、能够以身作则；第三，在某方面有一定特长，能够起到模范带头作用。在这一阶段，班主任还应该继续观察物色人选，如有更好的人选，可以在说明原因后立即更换。过了一段时间后，因为同学间以及师生间的了解程度增加了，同学们对班委会的成员及任职情况都已心中有数。这时，班主任就应该召开班委会选举大会，通过民主的选举，确定班干部的人选。只有民主选举产生的班委会才能信服于人，成为班级领导的核心力量。为了实现教育资源的公平，班干部不能搞"终身制"，每一届班干部都有一定的任期，在任期满后，再由班级召开大会评议选取新一届的班委会成员。这样可以尽可能多地为学生提供为班级服务的机会，帮助他们得到多方面的锻炼，学会自我管理；同时也避免了长期担任班干部的同学滋生骄傲情绪，也防止暂时没有担任班干部的同学产生自卑心理，能够调动每个人的积极性。

不管是开学初由班主任委派的班干部，还是在后期由民主选举产生的班干部，班主任都应该注重对他们的培养，既不能万事亲历，事事指导，也不能完全放手，要在指导监督的基础上培养班干部自主管理的能力，坚持用人不疑，疑人不用的原则，支持他们独立开展工作，充分调动他们的主观能动性和积极性。同时在工作过程中要体贴、理解、爱护他们，不能求全责备，要教给他们工作方法，让他们培养团结协作的精神，鼓励他们创造性地完成任务。

(4) 形成正确的舆论和培养良好的班风。正确舆论就是根据是非标准所作出的符合客观事实的意愿和态度，它是衡量集体觉悟水平的重要标准。形成正确的集体舆论，有利于增强班级凝聚力、提高学生明辨是非的能力、净化学生心灵、激发学生责任心和荣誉感，有利于班级良好人际关系的建设和组织机构的健全与完善。正确的集体舆论是学生自我教育的重要手段，也是班集体形成的重要标志。

班风是班级每个成员的行为特点和个性特点的集体表现，是班级舆论长期作用形成的。良好班风主要以舆论或规范的形式体现，并且有很强的制约功能和教育功能，可以对学生产生"久熏幽兰人自香"的陶冶、强化效应，主要表现为：学生进取心强，学习热情高，人人勤奋好学，班级凝聚力强，人人守纪，事事有人管，同学间团结友爱，互相帮助，积极向上等。良好班风是班集体构成要素长期相互作用、不断发展的结果，是班集体形成的综合标志。

正确舆论和良好班风是相互联系、相辅相成、相互促进的。良好班风的形成需要正确舆论的支持，而良好班风一旦建立，又会促成良好的集体舆论。班主任培养正确的集体舆论和良好班风，需要做好以下几项工作：

第一，加强思想政治教育，提高认识。要形成正确的集体舆论和良好班风，首先要使学生掌握正确的价值观念和判断标准，树立起正确的是非观、荣辱观和美丑观。班主任应组织学生听取先进人物的报告、开主题班会、办板报、举办演讲比赛等，为学生打下良好的道德规范理论基础，提高学生分析问题的能力，使学生能够自觉识别和抵制各种错误思想。

第二，注重日常锻炼。班级舆论和风气不是一朝一夕便可形成的，而是需要一定的时间和过程，班主任应把认识和行为统一起来，有意识地、持之以恒地以班风标准训练学生的行为，并辅以舆论的导向作用和骨干的示范带头作用。

第三，培养集体荣誉感和责任感。集体荣誉感和责任感对班级良好舆论和风气的形成起着非常重要的作用，因此班主任一定要在平时注重对学生集体荣誉感和责任感的培养，要使学生切实地体会到集体的荣誉与个人荣誉之间的关系，也要让学生知道，自己身为班集体的一员，有责任也有义务为这个班级的荣誉而奋斗。

第四，正确引导。正确的舆论和良好的班风的形成需要对学生进行正确的引导，正确引导的方法很重要，要做到正确的引导就必须在班级中做到奖惩分明，奖励为主，惩罚为辅。所谓无规矩不成方圆，在班级成立之初，一定要首先采用民主的方式制定一套严明的班级制度，之后严格地按照班级制度去操作，这样就为正确舆论和良好班风的形成提供了一套制度保障。

（5）组织开展丰富多彩的班级活动。班集体的活动是班集体得以生存和发展的活力所在。没有班集体的活动，班集体就犹如一潭死水；丰富多彩的活动可以使班集体充满生机和活力，始终保持旺盛的生命力。班级的活动有利于集体的形成，因为班集体的形成总是以协调一致的集体工作和有益的班级活动为基础的，班集体的活动有助于集体目标的实现，有助于学生的组织和培养，有利于学生形成正确的人生观和价值观，有利于增强学生的责任感，促进班级团结。所以开展形式多样、丰富多彩的班级活动是建设优秀班集体的有效途径。

班级活动在时间、形式、内容上都可以灵活变化、不拘一格。但在组织和开展班级活动的过程中应注意以下几点：①班级活动的目标明确、主题鲜明。在活动前，班主任要考虑好活动的目的，提出诱人的、令人振奋的目标，形象地描述即将开展的活动的乐趣，设置问题情境，激发学生的思考，把学生对其他活动的兴趣迁移过来。②要尊重学生的自主性，不搞强迫命令。班主任在开展班级活动前要做好调查工作，了解学生的意愿，给学生选择权，让学生自愿参加，这样才能达到班级活动的目的。如果强迫学生参加，他们就会产生消极情绪，久而久之，班级活动就会流于表面化、形式化，也就失去了原来的教育意义。③在活动过程中充分发挥学生的主动性，教师起辅助作用。学生是集体活动的主角，班主任在组织集体活动时要激发学生的主人翁意识，充分发挥学生的主动性和创造性，使集体活动成为展现他们的舞台。班主任在旁要进行监督与指导，特别对那些不合群的学生，要充分激励他们，调动他们的积极性，让他们参与进来，融入集体这个温暖的大家庭中，同时要让同学们体验到合作的快乐，在活动中缔结深厚的友谊，从而增加班级的凝聚力。再者，班主任还应该实施有效的激励，促进学生德智体全面发展，促使其将外界的刺激内化为个人的自觉行动。通过活动使学生在原有水平的基础上，积极地追求较高层次的需要。④从实际出发，因地制宜地开展集体活动。我国幅员辽阔，地大物博，城市与乡村之间、南方与北方之间地区的差异比较大，班主任在组织班级活动时应根据实际情况，从资源、经济，特别是安全等角度考虑，发挥自身优势，搞出特色，使大多数学生可以感受到快乐并从中受到教育。

（三）做好个别教育工作

苏联教育家苏霍姆林斯基曾经说过：“每一个学生都各自是一个完全特殊的、独一无二的世界。”每个学生都有自己的特点、兴趣、情感和需要，具有不同的发展水平，要让不同的学生都有所提高、有所发展，班主任必须根据学生的个体差异，采用不同的方法去做好学生的个别教育，即所谓的因材施教。

1. 优秀生的教育工作

优秀生一般指在班级中德、智、体、美诸方面发展比较好的学生。这类学生在班集体中是骨干，是班主任和教师的得力助手，在同学中有威信、有影响。因此，优秀生的培养和教育与班集体建设关系重大。

优秀生是一个相对的概念，他们不是完人，同样有在其优点和长处掩盖下的缺陷。班主任在对他们的教育过程中往往表扬多批评少，发现问题也只是轻描淡写地说几句，不忍严教，而且总是注重他们校内的表现忽视校外表现。班主任对他们的教育偏差很可能会导致他们优越感强、自高自大。因此班主任在对优秀生进行教育时应注意：

（1）加强理想教育。优秀生一般都具有言行一致的健康人格，有积极向上的生活态度，有强烈的求知欲和创新精神。但是，班主任仍不能忽视对他们进行学习目的的教育，端正学习动机，树立为祖国、为人民发奋学习的志向，不断向他们提出新要求，引导他们向更高的目标奋斗。

（2）客观评价。优秀生不是完人，也需要一分为二地看待。班主任要看到他们优秀的主流，肯定成绩，创造条件扬其所长；对优秀生的缺点及不良倾向，班主任也不能袒护、迁就，应及时教育引导。特别是优秀生优越感强，容易骄傲自满，处理不好与一般学生的关系，班主任要经常教育他们在成绩面前看到不足，在表扬中看到差距，能够正确地评价自己和他人，协调好同学间的人际关系。

（3）提高集体意识，走出自我。优秀生一般都有较强的自尊心、自信心、荣誉感、优越感、超群愿望和竞争心理，而且重智轻德、孤高自傲、不合群。班主任针对这些特点，要加强教育，提高其集体意识，增强其合作精神，以促进其更好地发展。

（4）提出更高更严的要求。为了更好地帮助优秀生，班主任必须克服“好马不用鞭子催，响鼓不用重锤敲”的观念。常言道：“严是爱，松是害，不严不教要变坏。”针对优秀生，必须对其提出更高更严的要求才能保持其先进性。

2. 后进生的教育

同优等生一样，后进生占整个班级的比例是很小的，但不可否认的是其对班级的影响却是非常巨大的。由于后进生形成的原因错综复杂，而且一般很难改变，因此，对后进生的转化教育工作是对班主任工作能力的一次大考验。

要管理后进生首先要对后进生进行细致入微的了解，这个了解包括方方面面，比如家庭背景、生活环境、心理健康状况、脾气秉性、生活习惯、理想志气、人生观、世界观、价值观、兴趣爱好等。在充分了解这些基本情况的基础上才能有针对性地对其进行教育与管理，分析其学习成绩较差的原因，根据原因想出有针对性的解决措施。对后进生的教育与管理是一个漫长而艰苦的过程，尽管在这个过程中会遇到很多困难，但身为班主任一定要顶住压力，用一颗友爱的心去应对一切。

3. 中等生的教育工作

中等生是介于优秀生与后进生中间的一段学生层，这层的学生人数是最多的，常被称作后进生的“预备队”和优秀生的“后备军”。很多优秀班主任的工作经验是“抓中间，带两头”，用中等生的精神面貌带动整个班集体蓬勃向上。因此，认真研究中等生的心理状况和发展轨迹，对其进行强化教育是每个老师不容忽视的责任。中等生往往渴望进步，学习刻苦，自尊心强。他们羡慕优秀生，希望得到老师和同学的信赖与关注，有表现自己才能和智慧的愿望，但同时他们又欲进畏难，缺乏必胜的心理和克服困难的毅力，想努力学习又懒于钻研。久而久之，他们很可能就会满足现状，失去了远大的理想和进取心。针对这些特点，班主任在平时工作中要对中等生多加鼓励，激励他们的进取心和竞争性，发现他们的进步后就要及时进行表扬，以对他们的积极行为及时强化。

4. 对特长生的教育管理

特长生是指具有某种特殊才能的学生。智力的二因素说认为，人的智力分为一般因素和特殊因素。一般因素指从事一般活动所必要的能力，即平时所说的智力，而特殊因素是指从事某种专业活动的能力，如运动能力、机械能力、音乐能力、美术能力等。从人的心理发展来说，每个人的智力因素中都有一般因素和特殊因素，只是发展程度和水平不同而已。在对智力的特殊因素发展水平较高的学生，也就是所谓的特长生的教育过程中，班主任要因势利导，因材施教，既注重他们特殊能力的加强与锻炼，也要注重他们其他能力的培养，不能让他们在智力发育上有“瘸脚”的现象。同时还要创造机会让他们的特殊才能充分展示出来，以便他们进一步认识自己，获得更好更快的发展。

（四）营造优雅的班级环境

班集体是学生在学校生活中的“小社会”，是影响学生、帮助学生进入社会的通道之一。在依靠集体教育学生的诸因素里，班级环境建设仍然是一个重要的育人因素。班主任作为班集体的总设计师和管理者，如何与学生联手创造性地构建富有个性且生动活泼的班级环境，是其一项重要工作。

班级环境的营造一定要以简洁适度为原则，既不能什么也不布置，使教室没有任何特点和文化底蕴，也不能过于夸张，以致费人费力。可以在教室中适当地摆放花草使教室充满生机，也可以悬挂名言警句、名人字画提升文化底蕴，从而起到一定的教育作用，可置办自己的班报使校园生活更加丰富多彩，也可设置读书角、英语角，以便增强同学们的经验交流，使他们共同进步。

（五）协调好各方面的教育力量

学生在学习和生活中必然会受到学校、家庭和社会各方面的影响，因此班主任要善于调动各种教育力量，协调学校教育、家庭教育及社会影响，使班级工作渗透到学生身心发展的各个方面，提高班级教导工作的效率和效果。对这些方面的工作，班主任要予以足够的重视，要充分利用这些有利条件教育学生。

1. 加强与任课教师的团结合作

班级任课教师是学生知识的传授者，也是学生健康和谐发展的教育者，更是班集体的重要组成部分。班主任要密切联系各科任课教师，争取他们的支持和配合。在与任课教师的合作当中，要充分认识到任课教师对班级详细情况的知情权与参与权，使他们及时、全面地了解班级发展情况和动态；对任课教师反映的有关班集体的一些情况要深入分析、了解原因、及时解决；在平时，班主任要帮助任课教师树立在班级中的威信，以方便他们参与班级的管理，还要请求任课教师参加班级组织的各项活动，加深师生之间的认识与感情。

2. 做好团队组织工作

班主任要依靠学生团队组织的力量，主动与他们联系，并指导鼓励他们开展各种有益的活动。在他们工作的过程中，班主任要给予充分的信任，培养他们自己管理自己、自己教育自己的习惯，借助他们的力量共同管理好班集体，提高班级工作的效率。

3. 做好家长工作

班主任是学校教育与学生家庭联系的纽带。家庭教育对学生有特殊的不可取代的重要作用。英国著名的《曼彻斯特调查报告》指出："教育成功的主要因素在于家庭环境，家庭因素的重要性几乎两倍于社区和学校两项因素的总和。"由此可见，做好家长工作，争取家长对学校教育的支持配合也是班主任的一项重要工作。

班主任进行家长工作的内容主要有三项：一是向家长宣传国家的教育方针、教育法规以及学校的培养目标；二是向家长介绍学校和班级以及学生的情况，争取家长的支持配合，同时也了解学生在家庭的表现，相互沟通，使学校教育与家庭教育协调统一；三是向家长宣传家庭教育的理论和经验，帮助家长掌握科学教育子女的方法，特别是关于独生子女的教育方法。

班主任进行家长工作的形式和方法很多，如家访，这是班主任联系家长、了解学生最常用的方法。家访前要做好充分的准备，在进行家访时要让学生在场，谈话时要尊重家长，正确地反映学生实际，同时了解学生在家的各项表现，共同研究教育学生的对策，明确教师和家长各自的职责；要做到重点突出，方法巧妙，切忌不能搞"告状式"家访。当前，由于通讯条件好，有的班主任用电话联系的方式代替家访，这是不恰当的。再如，召开家长会也是联系家长互通信息的好方法。开好家长会要求班主任精心准备，中心要突出，时间要恰当，形式要合理，会场要得体。在开会时，班主任要向家长通报学校工作要求、班级工作计划、班级工作成绩和困难以及学生各方面的表现等，同时还要广泛听取家长意见并向家长提出要求，提出协调家庭教育的意见，鼓励家长交流教育子女的经验；要防止将家长会开成训话会，也不能指责某些或某个学生，同样不能公布学生考试成绩与排名情况。此外，建立书信联络制，成立家长委员会，举办家长接待日等，也是目前班主任联系家长经常使用的方法。

4. 学校其他部门的协调

学校各个部门都对学生负有教育、服务的责任，这些部门从不同的角度与学生发生关系，并对学生形成教育影响。如何使这些部门更好地发挥教书育人、服务育人、管理育人的作用，就需要班主任加以协调。班主任是学校各项教育指标在班级工作中的落实者、执行者。身为班主任，须明确与学校其他部门的关系，保证学校计划、决策的贯彻执行；为了完成教书育人的任务，班主任要大力支持学校领导的工作，处理好大集体与小集体、小集体与小集体之间的关系；要认真完成学校各部门布置的工作，在自己的班级内把这些工作做好；也要争取校内各部门的支持，力求校内各部门为班级工作创造有利条件；同时，班主任也要教育学生与其他班级搞好关系，做到既是竞争对手，又是共同进步的伙伴。

（六）制订班主任工作计划，撰写班主任工作总结

班主任工作计划的制订和总结是班主任工作重要的环节，是班主任工作达到预定目的的重要保证。

班主任工作计划是提高班主任工作质量的前提和保证，它能使班级师生明确班级管理的方针，增强班级管理的连贯性，使班级管理有条不紊，提高班级管理的效率。班主任工作计划的制订要根据教育方针、教育政策和法规，要与学校工作计划和本班实际相联系，计划要全面，目的要明确，条理要清楚，阐述要简练，操作要可行。计划一般分为学期和月（周）计划。学期计划的内容包括班级学生基本情况分析（如学业情况、学生掌握各科知识中存在的问题、班纪班风有哪些不足等），班级工作的指导思想和班级共同奋斗的目标，教育工作的内容（如学生的思想品德教育、培养学生能力、开发学生智力、加强与任课老师的联系、组织班级文娱体育活动、团队工作、进行家访和召开家长会等）、主要措施及时间安排等。月（周）计划是学期计划的细化，主要包括具体活动的内容、基本要求、组织措施和完成期限等。

班主任工作总结是班级工作过程的最后一个环节，它既是对工作计划执行情况的检查，也是对工作质量的全面评估，从而总结经验教训，不断改进工作方法，提高工作效率，是班主任的工作结晶；它既能为系统地研究班主任工作提供理论与实践素材，又为教育行政部门加强教育管理提供依据，同时也为班主任加强自身队伍建设创造了条件。要使总结客观真实，班主任应注意日常班级管理和活动资料的积累，总结不是平时工作的简单复述，而是要将总结的资料进行加工整理，选择的对象要有代表性和典型性，要有事实、有分析，综合研究，善于把感性经验上升为理论，不断探索班级教育的规律，同时也要大胆创新，为今后进一步做好班主任工作打下良好基础。

二、班主任工作的原则

教师被誉为人类灵魂的工程师，根本原因在于其工作的对象是人和人的心灵。育人，这是一项最有意义而责任也最为重大的工作，在一定意义上可以说一个人的命运取决于他所受的教育。而战斗在育人第一线的是广大的班主任，他们“官”小事大，肩上有千斤重任，脚下是万里征程，可谓任重道远。班主任作为全面负责班级教育工作的教师，处于学校、家庭和社会的中心，是联结三方面教育力量的核心。班主任工作是一项十分复杂的工作，在工作中会遇到各种矛盾，要处理各种关系，就必须遵循一些基本原则。班主任工作的原则是班主任对班级学生进行教育管理时必须遵循的基本准则或要求，它是班主任实践经验的概括与总结，是班主任工作规律和特点的反映，它给班主任开展各项工作提供了某种规范或准则，对班主任工作具有极大的指导意义。

(一) 尊重信任与严格要求相结合原则

尊重信任与严格要求相结合原则是指班主任在教育过程中，要充分尊重、信任学生，发挥学生的主观能动性，同时又要对学生的思想和行为提出严格要求，通过两者相互结合促进学生全面健康发展。不论家庭怎样，学习成绩怎样，每个学生都有被尊重的需要。尊重是相互的，只有你尊重学生，学生才能尊重你。班主任要与学生形成和谐的关系，必须以充分的尊重为前提，而在给予学生尊重的同时，也不能忽略对学生的严格要求，即不能溺爱学生。这里需要明确的是，严格的要求与苛刻的态度是不同的，即使对学生进行严格的要求也可以使用很和蔼的方式进行，严格的要求并不代表态度的强硬。

(二) 以身作则，言传身教

俗话说："正人先正己。"在班级工作中凡要求学生做到的自己首先要做到，并能主动要求听取学生意见改进工作。孔子云："其身正，不令而行；其身不正，虽令不止。"班主任在与学生接触的过程中，其一言一行都会对学生形成潜移默化的影响。如果教师在平时对自己的言行进行严格要求，甚至成为某些学生心目中的榜样的话，学生会自然而然地以教师的行为标准去要求自己和周围的同学。相反，如果班主任要求学生做到的事情自己没有做到的话，就会降低对学生的说服力度，达不到预期的效果。

(三) 集体教育与个别教育相结合原则

集体教育与个别教育相结合原则是指班主任在教育过程中既要注意教育班集体，培养班集体，依靠并通过班集体的活动、舆论、优良风气和传统教育个人，同时又要针对学生的个性特点和差异进行个别教育，以个人的成长和进步促进班集体的形成和发展。

学生集体与学生个人是密不可分的，它们之间相互依存，相互促进。集体由个人组成，个人在集体中生活，集体铸造个人，个人的发展进步也会给集体带来勃勃生机，如此良性循环，使集体和个人的文明程度日趋提高。由于集体中的学生都存在个别差异，他们的长处与不足各不相同，其发展水平也各自不一，班主任要想使每个学生在原有基础上获得最大限度的发展进而促进集体的发展，就必须从每个学生的实际出发，做好个别教育工作，通过个别教育影响和带动集体。

(四) 民主管理

所谓民主即人民主权，国家权力归人民所有，人民有知情与参与的权利。对国家的管理是如此，对班级的管理就更是如此了。班主任在进行对班级管理的过程当中要充分尊重学生的知情权与参与权，让学生主动参与班级的管理。这样不仅可以节省班主任自己的精力，也能使管理达到更好的效果。

三、班主任工作的意义

班级是学校管理的基本单位。班主任是全面负责班级管理的直接责任者，又是联络各种教育渠道的“纽带”和“桥梁”。班主任工作在学校管理当中具有以下意义：

1. 班主任是班级的组织者、管理者，是学生健康成长的引路人

当学校把几十名家庭背景不同、生活经历不同、兴趣爱好不同，但年龄相仿、身心发展水平相近的学生编成一个班级的时候，还不能说这样的班级就是一个集体。是班主任通过大量的工作，有目的、有计划地把他们组织起来，从而使他们在良好的集体中学习和生活，才形成了班集体。学生与老师相比，知识经验相对较少，自律能力差，心智发展不成熟。这使得他们在成长过程中特别需要一个指导者与引路人，使他们在成长的过程中少走弯路。

2. 班主任是学校教育计划的贯彻者和执行者

班级是学校教育教学的基本单位。学校教育总是根据一定社会或者一定阶级的需要，确定明确的教育目的和具体的培养目标，使受教育者获得系统的科学文化知识和技能，发展智力和体力，形成一定的世界观和道德品质以及审美观，在把年青一代培养成为一定阶级需要的人才时提高受教育者的生活质量。为了达到教育目的和培养目标的要求，学校都会制订系统而周密的教育教学计划，而工作计划中有关对学生进行思想品德教育和管理等方面的要求则需要通过班主任的具体工作才能对学生产生深刻的影响。

3. 班主任是班级各方面教育力量的组织者和协调者

在一个班级里，对学生进行教育不仅靠班主任，还要靠本班的教师集体、学生家长和社会环境的密切配合。要更好地发挥各方面教育力量的作用，就需要班主任的组织协调，一方面，班主任要把本班的任课老师组织起来，形成一个团结合作的教育集体，使之共同教育影响学生；另一方面，还要与家庭和社会取得密切联系，争取他们的支持和配合。也就是说，班主任的作用就是促进各科任课教师互相配合，在沟通学校、家庭和社会教育的过程中起着桥梁作用，促进家庭教育与学校教育步调一致，促进学校、家庭和社会等方面教育影响互相补充、相得益彰，以增强教育的整体效应。

四、班主任需要具备的素质

如果把班集体比作一个交响乐团，那么班主任就是交响乐团的指挥，一个技艺高超的指挥才能最大限度地调动每一个乐手的激情、技巧，协调好相互间的关系，共同演奏出和谐美妙的乐曲。同样，只有具备了高超的领导艺术的班主任，才能最大限度发挥每一位学生的潜能，并围绕某一中心目标共创良好班集体。在新时期班集体创建过程中，班主任应具备哪些素质要求呢？

1. 班主任要有良好的职业道德

教师是学生成长的引路人，是人类灵魂的工程师。这要求教师必须要有良好的职业道德，爱岗敬业，责任感强，最重要的是对学生要有爱。热爱学生是教师的天职。班主任要“以爱为本”，凭着这种无私的、不求回报的爱，与学生建立和谐融洽的师生关系，当学生的知心人，做他们的良师益友。再者，班主任要为人师表。身教重于言传，用自己的模范行动感染学生，影响学生，教育学生，使学生的道德情感得到进一步升华。

2. 班主任要具有扎实的专业基础

现代科学技术日新月异，社会实践知识丰富多彩。在成为教师之前，都要首先取得教师资格，而教师资格的取得首先要通过心理学、教育学和说课的考试。这三个专业基础对班主任来说是非常重要的。在管理学生的过程中，首先要对学生进行了解，这就需要心理学的知识，了解之后还要对其进行教育，这需要教育学的知识，而班主任还有讲课的责任，这就需要讲课实践能力。因此，扎实的专业基础对于班主任来说是必不可少的一种素质。

3. 班主任要掌握现代教育辅助技术

21世纪的教育必须改变“一支粉笔一本书，一间教室一班娃”的教育模式。科技的发展对教育的影响是非常巨大的。以前教师要花费很多时间在写板书上，还要等着学生记笔记。现在随着计算机技术的发展，每个学生家中基本都有一台电脑，教师可以提前做好上课的幻灯片，在上课的时候只要打在投影仪上便可让学生看到了，这可以节省很多时间来让教师将重点放在对这些知识的讲解上，而不是书写和学生的记录上，应该说这种技术是非常必要的。今后很可能出现更加高级、复杂的教育辅助技术，身为班主任，当然要掌握这些技术才能更有效地提高教学效果与效率。

案例

上海市崇明实验小学的施老师是五年级（5）班的班主任。她刚接手这个班的时候，班里的卫生问题很严重，垃圾桶里外总是堆满了垃圾。几天以后，这位有着强烈责任心的老师感到自己不能对此无动于衷：班级中有卫生委员，也有劳动委员，但班级卫生仍旧这么糟，这班干部怎么当的？小干部不行，只得靠我班主任管了。于是，第二天的午会课上，施老师问学生：“我们的班级卫生怎么样？”“不好。”学生异口同声地回答。“为什么会这样？”她接着又问。“我们把垃圾随地乱扔。”几个学生窃窃地说。这时，施老师仔细观察了一下，垃圾中最多的是食品袋。她的第一反应就是应该马上遏止贪吃、乱扔的陋习。于是，她严肃地说：“你瞧瞧，你们都吃了些什么？可乐、冷饮，还有些我叫都叫不出名字的零食！吃这些有什么好？从明天开始，不许吃零食！不许乱扔垃圾！被我发现就不客气了！”

第二天，教室里的垃圾果然明显减少。一天、两天、一个星期过去了，施老师暗自高兴：这一招可真灵，班级卫生面貌简直有了焕然一新的改变。可是，到了第二个星期，教室又回到了满地垃圾的老样子。尽管施老师又是调查又是开导，但仍没有彻底解决问题。直到半年后一个学生才吐露了事情的真相：部分学生一下子受不了施老师的“酷刑”，在一个学生的鼓动下进行了集体造反！听到这里，施老师才意识到她这招是彻底失败了。

但是，施老师并没有因此而放弃。经过反思，她认识到僵硬的管理方式是行不通的，应该放下班主任的架子，和学生一起商量班级管理的新策略。于是，她开展了一系列的工作。首先，让学生了解班级的现状。施老师组织学生开展有关班级建设的主题班会活动，让学生了解到班级的不足和自己的责任。其次，组织学生开展小组竞争。施老师把作业、劳动等需要完成的任务按小组分配给同学们，大家都不愿意拖自己小组的后腿，因此，各小组成员在每项工作上都很努力。再次，班级所有成员商议决定，每个星期三为“师生共同反思日”，全班同学一起为班级建设提建议。同时，开展不定期的师生非正式对话，增强双方的沟通。逐渐地，班级呈现出一派自主管理、自主发展的新气象，随地乱扔垃圾的行为也消失得无影无踪。

分析

现代教育理念认为，班级的管理角色应该是多样化的。班级管理并不是把学生看住，而是要形成全班学生达成共识的目标和行之有效的运行机制，进而顺利完成教育工作。随着学生自主意识逐步提高，班级应建立起在班主任组织领导下的“网络化”的管理制度，而绝非班主任一个人说了算的直线管理模式。只有把班级管理的权力还给学生，让学生成为管理的主人，管理才更人性化，才容易被学生所接受。

案例中施老师刚接管这个班级的时候，采取了强硬的态度去制止学生随地扔垃圾的行为，但一个星期的“风平浪静”是学生的屈服，而不是心服口服，而且，以命令的形式让学生把保持了好几年的陋习一下子改掉，学生没有一个缓冲的坡度，自然难以接受。这时，在班级中，老师与学生成了对立的双方，她和学生之间产生了隔阂、距离。

作为班主任，施老师有个很大的优点，即她能主动跟学生沟通，并进行换位思考。在反思之后，施老师采取新招——让学生自主管理，发挥集体的教育作用。施老师还发现，本班学生的荣誉感很强，便开展了小组竞争活动，这个方法恰到好处地激发和提升了学生的责任心，因此很快取得了明显的效果。

（参见傅维利主编《教育问题案例研究》第 330 页）

复习与思考题

1. 简述班主任工作的内容和相关方法。
2. 简述班主任工作的原则。
3. 简述班主任工作的意义。
4. 简述班主任需要具备的素质。

第十一章

学校管理

知识结构图

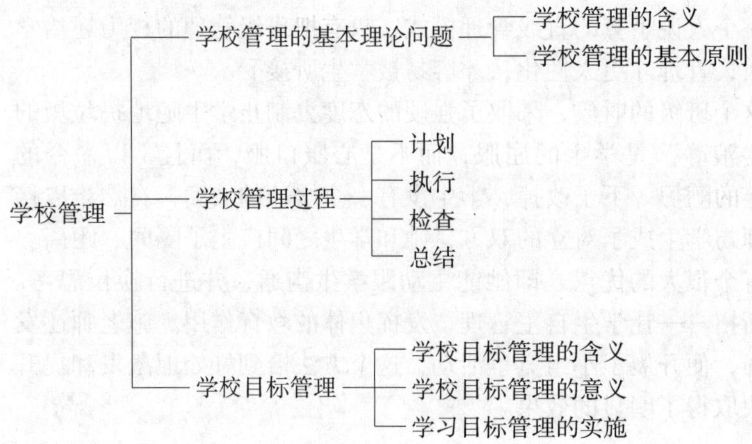

学习目标

1. 掌握学校管理的含义、学校目标管理的含义和实施方法。
2. 理解学校管理过程。
3. 了解学校管理和学校目标管理的原则。

第一节 学校管理的基本理论问题

一、学校管理的含义

既然谈到学校管理，就不能不提到学校管理的基本理论依据——管理学，因为学校管理是管理科学在学校这一特定领域的具体应用，是管理的一般本质在学校领域中的特殊表现，其有效性依赖于一般管理理论与学校活动的科学结合。管理活动虽然古已有之，但不同学派对管理的概念却有着不同的认识。

过程管理学派认为："管理就是实行计划、组织、指挥、协调和控制"，它是"一种分配于领导人与整个组织成员之间的职能"[①]，是为了达到同一目标协调集体所作努力的过程。

行为科学学派认为：管理就是协调人际关系，激发人的积极性，以达到共同目标的一种活动。它包括三层意思：第一，管理的核心是协调人际关系；第二，管理者应当根据人的行为规律去激发人的积极性；第三，在一个组织中的人们，具有共同的目标，管理的任务就是要使人们相互沟通和理解，为完成共同的目标而努力。[②]

决策理论学派认为："管理就是决策"，可以把"决策的制定当作管理工作的同义语"，决策制定贯穿管理的全过程，它包括确定目标和实现目标的手段两方面。

系统理论学派认为：管理就是使组织在与环境进行物质、能量和信息的交换中，在组织内部构成要素与组织整体的相互作用中，达到生存和发展的复杂过程。[③]

正如人们对管理概念的认识一样，对学校管理这一概念，到现在为止也没有形成统一的理解，但目前被广大学者接受的学校管理的概念是：学校组织的管理者为了实现学校工作目标，依据一定的机构和制度，采用一定的手段和措施，积极发挥管理职能，带领和引导师生员工充分利用校内外各种资源和条件，有效地完成学校工作任务的组织活动。以管理的主体分，学校管理可分为外控管理和内控管理（校本管理）；以管理对象划分，可分为学校人员管理（如对教师的管理、对校长的管理、对学生的管理）、德育管理、教学管理、科研管理、后勤管理等；以管理方式划分，可分为目标管理、民主管理、法规管理、全面质量管理、战略管理等；以管理职能划分，可分为学校计划、学校组织、学习领导、学校控制等。

二、学校管理的基本原则

学校管理原则是对学校管理人员为实现预期目标而从事的活动所提出的基本要求和行动准则，它是意识的产物，是学校管理的客观规律的反映，并用来指导学校管理工作。学校领导要有效地管理学校，必须研究学校管理的基本原则。

1. 社会主义方向性原则

坚持学校管理的社会主义方向是对学校进行管理的基本前提和条件，因此学校领导要坚决执行党和国家关于教育工作的方针和政策。同时在进行学校管理时也要与时俱进，遵循科学的发展观，顺应历史发展的潮流，剔除与当前形势不符的陈旧观念和思想，重视教育与社会、经济、科技发展之间的匹配关系，并且建立反馈渠道，促使学校教育结构不断得到调整，使学校培养人的工作与社会需求之间保持动态平衡。

2. 以教学为主，全面安排的原则

为了确保学校整体目标的实现，学校领导要对各项工作进行合理安排，有主有次，

① 张济正．学校管理学导论．上海：华东师范大学出版社，1990. 19

② 李铁君，孙玉洁．中小学管理理论与实务．哈尔滨：黑龙江人民出版社，2002. 3

③ 李铁君，孙玉洁．中小学管理理论与实务．哈尔滨：黑龙江人民出版社，2002. 3

有先有后。教学是实现学校目标的主要手段，学校工作必须坚持以教学为主，在抓好教学工作的基础上对思想工作、生产劳动、体育卫生保健工作等统筹兼顾。只有这些工作都做好了，才能保证教学工作顺利进行。

3. 民主管理原则

学校领导要树立民主管理的思想，依靠教师，充分发挥学校全体人员的积极性，同心协力办好学校；还要认真落实党的知识分子政策，对于全体教师，在政治上要信任，在思想上要帮助，在业务上要依靠，在生活上要照顾。

4. 效益原则

效益就是指劳动消耗、资金占用与劳动成果之比，或者叫投入与产出之比。劳动的消耗和资金的占用越少，取得的劳动成果越大，经济效益和社会效益也就越高。每一个学校领导都要努力提高办学的经济效益和社会效益，为此，要努力提高教学质量，提高用人效率，做到不用多余的人，知人善任，使事得其人，人得其所，用人所长，人尽其才，物尽其用。

5. 科学化原则

科学化原则要求在对学校进行管理时要充分利用各种管理理论和管理技术，借鉴相关的管理经验和行之有效的管理方法，以达到对学校的科学管理。

6. 责任制原则

责任制原则就是学校各项工作要有专人负责，并明确规定责任范围的管理制度，做到谁管理谁负责。在具体操作的时候要把学校整个管理工作划分到各个部门去，并且要求分工合理；各部门明确职责后，还要从定性和定量两方面对各项工作提出规范要求；之后要对全体人员的工作成绩给予认真的评定和全面的考核，做到赏罚分明，以此来充分调动他们的积极性。

案例

2001 年，中国人民大学校园环境发生了翻天覆地的变化。在校园改建之前，人大校园曾经十分混乱，这里不仅没有美丽的景致，校内连几个像样的雕塑都找不到；连接学校东、西门的校园主路坑坑洼洼，被学生们戏称为“断肠路”；座位不到 800 个的“八百人大”竟是人大最大的礼堂，内部设施也很落后，让一些到校演讲的社会名流很惊讶；一些破旧的平房、危房也仍作为教学用房使用。不仅如此，人大校园的西区进驻了空军营建大队、二炮、北京造纸六厂等多家单位，还形成了一个远近有名的便民集贸市场。随着时间的推移，居住人员日益复杂，私搭乱建现象十分严重，对营造良好的学术氛围影响极大。

拆除校内的危楼旧房、整治校园环境一直是人大各届领导班子的梦想，但由于这项非常棘手的工作不仅牵涉到部队与地方、学校和外单位的关系，还要花费许多资金，改造工作只好一拖再拖。2000 年人大新的领导班子上任后，一致认为要改变人大的面貌，把校园建设列为学校的两大重要任务之一。

2001 年 2 月，一场以校园环境整治为主要内容的校园建设攻坚战正式打响。首先是取缔校内凌乱的小商点。这些分布在教学楼、宿舍楼和家属区的几十个小商点，有的是学校有关部门开的，有的是教工个人开的，取缔会牵涉到方方面面的利益，但学校还是采取了坚决的取缔措施。随后，影响校容的矮墙、公共厕所、仓库、市场等建筑也相继被拆除。最后要拆除的是旧危房，人大校园里有很多平房和简易楼房，居住其中的人员情况十分复杂，既有校内的正式住户，也有外单位人员，还有一些承租户，其中许多是"文革"停办期间的历史遗留问题，是扯皮扯了几十年也扯不清的老大难问题。针对这些情况，学校有关部门精心研究了各种应对方案，既要照顾到这些拆迁户的利益，又要避免学校宝贵的拆迁资金流失，更重要的是要做好拆迁户的思想工作，避免一些影响到学校教学、科研秩序稳定的事件发生。而对于二炮原住户的拆迁问题，校长和书记亲自给二炮负责同志写信，二炮有关部门给予了积极配合，双方相关部门做了大量艰苦细致的调查工作。

去旧貌，换新颜。2001 年 8 月，人大校园开始重建了。人大这次重建的目的是要勾画出一个世界一流大学的宏伟蓝图，营造出一个充满浓郁人文氛围的新校园。为此，他们请来了建筑设计教授和园林专家对校园进行了重新规划，还充分听取广大师生员工的意见，调动大家重建校园的积极性。2001 年 9 月 10 日，人大老校长吴玉章"和学生们在一起"的大型塑像出现在行政楼前的苍松翠林之中；9 天之后，由香港礼教学院院长捐赠的一座高 3.3 米、重约 1 吨的孔子像又在新图书馆南坪落成；在过去便民市场的原址上，一座寓意深刻、文化气息浓郁的"百家园"展现在全校师生的面前，过去近两万多平方米危旧楼房所在之处，在不到一年时间里新建了汇贤园、宜园、凝园、雅园等绿地。见到全新的人大校园，一位大三的学生不无激动地说："我们不会忘记小饭馆、便民市场给我们带来的极大方便，但我们更喜欢一个有着宁静和肃穆，充满人文气息的校园。"

（选自储召生《中国人民大学校园环境建设纪实——大学不能只有大师》，《中国教育报》2002 年 2 月 18 日）

分析

本案例反映了中国人民大学发展中遇到的一个难题：校园物质环境的结构不合理和陈旧不堪，破坏了人大的学术气氛和整体面貌。但是，由于规范和改造校园环境受到诸多因素的制约，人大迟迟没有解决这个问题。

从人大改造校园环境的过程来看，它经历了拆迁和重建两个阶段。在每个阶段中，校领导都有计划地采取了措施。他们始终坚持为师生建设一个良好的教学、生活空间，将人大的优秀治学传统融入新校园环境中的原则，把校园环境改造与学校的人文特色紧密联系起来，这也是合乎规律的做法。

其实，以人民大学的名气，就算是拥挤、破旧的校园环境也不会磨灭人大师生内在的自豪感。既然如此，学校为什么还要大动干戈，将校园环境进行重新整修呢？学校是修身治学的地方，它需要有适宜的环境给予生活在其中的人们以滋养。静谧、和谐的学校氛围自然比杂乱无序的校园环境更有利于师生的健康发展。

学校的物质环境建设与精神环境发展是相辅相成的。人民大学在不到一年的时间建成了新校园的确令人赞叹，但如果没有浓厚的人文精神，这里也许不会显出其特别的魅力。只有把物质环境和精神环境合而为一，使之相互促进，协调发展，才能使学校真正焕然一新。

（参见傅维利主编《教育问题案例研究》第 301 页）

复习与思考题

1. 什么是学校管理？
2. 学校管理的原则是什么？

第二节　学校管理过程

学校管理过程是学校管理者根据教育原理及管理规律，组织和指挥学校内部成员，为达到学校预定的总体目标（教育目标和管理目标）而进行共同活动的过程。只有通过科学的学校管理过程才能逐渐实现学校的总体目标。美国著名管理学家戴明提出，学校管理过程是由 PDCA 即计划（Plan）、执行（Do）、检查（Check）、总结（Action）四个环节组成。

（一）计划

学校工作计划是指导学校工作的基本文件，它是在一定的观念和政策指导下，为实现学校工作的任务和目标而对学校工作的内容、规则、步骤、资源分配以及方式方法的通盘预先安排①，是全校师生员工行动的纲领。有人说，计划是组织实施的“向导”、检查的“裁判”、总结评估的“镜子”。这是很有道理的，如果没有计划，学校工作及其管理将是盲目的。学校管理由计划开端，进而对学校管理活动实行有效控制，所以计划是管理工作科学化的重要标志，没有计划，就不能实行科学的管理。

学校计划按层次分可分为总体计划、中间计划、具体工作计划。总体计划是学校决策层所做的全校性的工作计划，它规定一段时间内学校总目标、总任务、总政策、总体的活动项目和措施；中间计划是落实总体计划的协调计划，是由学校的职能部门内部所制订的；具体计划是学校基层单位的活动计划，如教研组或年级组计划。

按时间分可分为长期计划、中期计划、短期计划。一届校长的任期一般是 5 年，那么长期计划至少是 5 年以上的，而短期计划一般是 3 年以下的，中期计划则是介于 5 年与 3 年之间的。

按管理内容的复杂程度分为综合计划和单项计划。综合计划是指关于学校全面工作总的设计和安排计划，它需要各部门之间协调完成；单项计划指学校某一管理部门为完

① 陈孝彬. 教育管理学. 北京：北京师范大学出版社，1999. 339

成某一项具体工作而制订的工作计划。

制订学校管理工作计划的步骤是：

1. 搜集信息，提出目标

在制订计划之前，学校先要搜集一些重要的信息作为提出目标、制订计划的依据。学校首先要获取的信息就是党的方针政策和上级的指示；其次学校要找到有关的教育管理理论作为理论依据；然后学校可以了解一下其他学校的相关经验，作为借鉴；最后学校要掌握自己的人力、物力、财力的实际情况，通过分析综合以上的信息提出一个切实可行且科学的目标。

2. 群众参与，拟定方案

制订学校工作计划不仅是学校管理者个人的事，也是全校师生员工的事。所谓众人拾柴火焰高，制订学校的工作计划必须有群众的广泛参与。学校管理者应欢迎大家畅所欲言，提出各种不同的见解，制定出几套不同的方案来。

3. 民主讨论，果断决策

在制定出不同的方案后，管理者还要发动全校的师生员工进行广泛的民主讨论，权衡分析，从几套方案中选出最好的一套，之后管理者应该果断作出决策，使孕育成熟的计划浮出水面，这样产生的计划，是集体智慧的结晶，也是管理者创造性的表现。

（二）执行

执行是学校管理过程的重要阶段，也是达成学校目标的基本手段，学校管理者应花极大的精力抓好计划的执行。执行可以把计划变成行动，使设想成为现实，没有严格的执行，即使是再好的计划也只是一纸空文。马克思说过："一个实际行动比一打纲领重要。"由此可见，不论是多么科学、多么完善的学校管理计划，若要成为现实，关键在于执行，学校管理工作的宏伟蓝图的实现要靠脚踏实地地干。执行是学校管理工作的核心环节，起着承上启下的作用，对于检查、总结来说，执行是先导环节，提供检查的对象和总结的内容。在执行阶段，管理者要实行有效的控制，并随时获得反馈信息，根据反馈信息进行组织、指导、协调、激励等一系列管理活动。

组织：建立、健全组织机构，发挥组织作用，建立必要的规章制度，以确保目标的实现；要把学校中的人力、物力、财力进行合理地分配和妥善安排，尽力做到事得其人，人尽其才，才尽其用，物尽其用。

指导：在学校工作过程中，难免会出现一些人对工作任务不够明确、工作方向发生偏离、工作方法不当等问题，这就要求管理者细心指导，帮助下级部门和负责人员出主意想办法，明确方向，改进方法，克服缺点，改正错误，从而促使各类人员正常工作，遵循计划目标，争取工作效果的优化。

协调：学校的各项工作虽然都经过精心的计划和合理的安排，但由于各部门及其工作人员的任务、利益、工作环境和能力、性格、认识等条件的差异，在工作中难免出现一些冲突和矛盾，这就出现效率下降甚至破坏目标的事件。所以，当实际工作进程或上级要求与计划要求不一致时，应修正计划，调整工作要求；各部门或各项活动间步伐不齐时，应适当调整进度，调配力量；部门间或人与人之间产生矛盾时，应进行思想教育，处理矛盾，乃至重新组合。

激励：为了保持和提高学校成员按计划进行工作的积极性，除了规章制度外，还要运用激励的手段。平时要多进行思想宣传工作，对表现好的要及时进行物质或精神表扬，而对表现差的要及时处分或批评，还要多搞竞赛，广泛调动每个人员的积极性。

（三）检查

检查是对计划执行情况的监督和控制，使管理者全面了解一定阶段计划的执行情况，以此作为调整全局部署、指导今后工作的依据。同时，检查既是对各项工作及其工作人员的监督和考核，又是对领导者管理水平的一种检测。通过自下而上的民主检查可以有效地保证计划的实施。

检查可以在日常工作中进行，也可以抽样进行，还可以组织会议检查，同时也要有阶段性的定期检查。在检查时，应注意有明确的检查目标，要将计划中的目标与规定作为评估标准，分析计划要求与实际结果间的偏差值，查找原因，纠正错误，及时改正，以指导下一阶段的工作。

（四）总结

总结是对上一阶段的计划、组织、检查等管理活动的总分析和评价，是检查的继续，起着承上启下的作用，是学校管理过程的终结环节，标志着一个管理周期的完成，又预示着下一管理周期即将开始。总结的目的在于对整个管理工作进行实事求是的评价，总结成功的经验、吸取失败的教训，寻求有益的启示，探讨管理学校的客观规律，提高自觉性，减少盲目性。

为了使总结真正起到积累经验、探索规律的积极作用，促进学校管理科学化，提高学校管理者的领导水平，在总结阶段的管理活动中应注意：总结要以前一阶段的检查环节为依据，要与计划工作相对应，把计划与最后的结果作比较，从中肯定成绩，寻找问题，通过深入分析，寻找经验教训。在这个过程中应做到实事求是地分析，真实可靠地评价。总结要以奖励为主，因为总结是回顾和评价过去、展望和推动未来的活动，应该成为大家前进过程中的“加油站”。总结过程当然要对消极、落后的人员进行批评教育，但更重要的是对上进、积极的人员进行奖励，这样能够更好地提高士气，调动大家的积极性，使人们在下一轮的工作当中能够继续前进。

案例

2002 年 3 月 25 日晚上 9 时 45 分左右，北京现代音乐学院 14 岁的女生珍珍被同学颖帆叫到了一楼的一间寝室，进去以后发现里面还有 10 个女生，其中一个叫黄越的女同学说珍珍不和她们在外租房，就会向老师泄露她们租房的秘密，接着就打了珍珍两个耳光，还没等珍珍缓过神来，其他 10 个人也都围过来对珍珍拳打脚踢。由于势单力薄，珍珍被剪乱了头发、扒光了衣服，还被迫跳裸体艳舞。黄越觉得这样还不够解气，就给男生打电话，让他们到一楼窗台来看，然后继续殴打珍珍。虐待从晚上 10 时一直持续到凌晨 1 时，直到珍珍被折磨得瘫倒在地，女同学们才罢休。后来珍珍被送进医院。

珍珍的母亲得到女儿受伤的消息，马上赶往医院，并向派出所报了案。当珍珍的母亲找到学校的时候，校方希望珍珍的母亲不要把事情弄大，最好能够压下来。因为类似的事件从去年9月份起，学校已发生过多次，结果都是校方让打人的学生赔礼道歉。珍珍的老师于女士说："珍珍之所以被打是由于此前她也曾用同样的手段打过别的女生，她也逼着对方脱光衣服，撅着屁股唱国歌。"另一老师也提示，以前珍珍打别的女生时，对方愤怒的家长都被他们给劝住了。

该校郑副校长解释此事时称，校方已经大范围调查了此事，28日晚调查了这次打人的学生，珍珍所说的事情得到证实，但部分细节有出入。这位校长称要解决此事，得首先解决珍珍打人的事情。最后，校方要求一定要充分相信学校，他们会给家属一个交代。

（选自杨文学《某音乐学院女生遭凌辱　扒光衣服被逼跳艳舞》，《京华时报》2002年3月30日）

分析

北京现代音乐学院出现的事件无疑是一件十分严重的事件，但更令人担忧的是，类似事件已经发生了多次。这说明，学校在教育和管理上存在着许多问题，在学生中已经形成了不良的风气。

从该校副校长的解释看，此类情况已出现过多次，包括受害者本人都曾经是施暴者。这告诉我们这样一个道理：学校良好风气的形成需要校长、教师、学生多年的不懈努力；一个不良苗头，不加以有力制止，很容易很快蔓延成一种不良的风气。如果北京现代音乐学院从一开始就对打人事件采取有力的管理和教育措施，那么，类似事件发生概率一定会大大降低。

还应看到，校风是一种无形的教育资源，一旦形成，就会带来持久、稳定和有效的教育价值。每一个追求成功、有效教育的校长和教师都应长期关注校风建设。

（参见傅维利主编《教育问题案例研究》）

复习与思考题

1. 简述学校管理的过程。

第三节　学校目标管理

一、学校目标管理的含义

学校目标管理是学校管理对企业管理思想的引进和应用，是一种现代的、科学的教育管理手段。通过对目标管理内涵的分析与归纳，可以将学校目标管理定义为：学校管理者和成员共同确定学校的整体目标，然后把整体目标转化为部门目标和个人目标，并建立岗位责任制，对所属部门和每个成员进行管理，再通过对实施过程的管理和成就进行评估，促使各部门、各个成员自觉地朝着预定目标努力工作，以实现组织的整体目标。这种通过确定目标、系统实施、严格检查、评估效果、决定奖惩的方法对学校进行的管理称之为学校目标管理。

二、学校目标管理的意义

（1）学校目标管理可以对学校师生员工起到很强的激励作用，从而促使他们进行自我管理、自我控制。

在学校管理过程中，目标具有特殊的意义。目标对于人的现实行为来说，不是既成的东西，而是一种期望值，因为目标具有未来的属性，目标管理可以促使管理者和员工面向未来，努力奋进。因此，在学校目标管理过程中，可以用目标把学校全体人员的管理统合起来，将学校的发展与个人的自我发展结合起来，用这种具有挑战性且经过努力可以实现的目标体系，可以对学校全体员工产生强大的激励作用。学校目标管理通过一个具有挑战性的，经过努力可以达成的学校目标体系对学校全体成员产生巨大的动员和激励作用。通过以上的激励作用，可以促进学校全体师生员工独立自主地完成任务以及在完成任务的过程中进行自我管理与自我评价。

（2）学校目标管理强调成果，重视对成果的评估。

目标管理要求组织成员把自己在规定时间内应该完成的工作成果定为目标，最终的考评不仅要以成果的形式出现，而且要以成果的多少评价优劣，对取得成果的具体方法不做硬性要求。形象地说就是在目标管理中，管理者只是规定你要朝着罗马前进，至于你选择哪条大路则完全由你自己发挥，这样可以充分地调动成员的主观能动性和创造性，有利于形成和谐的上下级关系，营造出良好的学校心理环境。

（3）学校目标管理是系统的、整体的管理，具有整合效应。

目标管理具有系统性、层次性、整体性的特征。系统性要求管理者必须以共同的目标来统一全体人员的思想和行为，抓住了目标也就抓住了系统整体，管理就能卓有成效；层次性要求组织建立起合理的目标体系，并明确和统一每一层次的责、权、利，使管理活动层次分明，井然有序。这样一来可以使每个人都参与了学校的全局性管理，从而纠正了学校部门、领导个人之间各自为政的弊端，形成了一个整体的合力，真正产生“1 +1 >2”的整合效应。

三、学校目标管理的实施

（一）科学确立管理目标体系

实行学校的目标管理，首先要制定学校成员都认可的总体目标，然后动员各个部门和成员制定与学校总体目标相一致的各个部门和成员的目标，实现目标的整合，形成学校目标体系。这样既使总目标得以分解和落实，又使部门和个人的目标有了总体的指向，并以此统一思想和行动，共同追求目标的成果。

学校在制定、确立办学目标，实施目标管理过程中必须注意：

（1）保证学校的办学目标方向正确。目标能指引方向，它是个体和群体形成整个系统的纽带，所以必须保证目标方向的正确性，应当遵循国家要求和教育、管理的规律，通过调查研究，结合学校实际确定目标，否则使的劲越大，就越偏离正确的轨道，反而适得其反。

（2）学校目标不能只是空洞的、口号式的，要作具体描述。目标不仅有方向，还要有描述其大小的具体数值。如：把“南有某某学校，北有某某学校”作为办学目标就不妥，因为没有目标的达到程度和标准，是无法对其进行考核、评价的。在对目标进行具体规定时还要考虑其可行性，既不能脱离实际，要求过高，也不能等同于现实甚至落后于现实，落后于现实的目标会使人怠惰而不能奋进。在制定具体目标时必须正确掌握其难易度，要让目标像跳一跳就能摘到的果子一样，既非轻而易举，也非可望而不可即。

（3）正确确定学校目标的作用点位置。从现阶段的情况看，学校确定的总体目标方向并不存在问题，然而对于实现这个目标的作用点的确定却存在问题，这就使得学校的工作偏离了原有的目标方向。如：从理念上讲，学校对实施素质教育的认识是清楚的，但在实践中由于过于看重考试排名，往往把学生的考试分数放在第一位，不少学校不惜采取各种手段和措施提高学生成绩，使全面实施素质教育成了一句空话，严重违背了国家的教育方针；有的学校在提高办学硬件水平方面做了大量工作，而对教育思想观念的更新、学校教育教学的管理却重视不够，结果使大量的现代化的教学设备闲置或者利用率不高，造成严重浪费；有的学校则只注重形象工程的建设，将大量的人力、物力都投入到表面工程的建设上，而对于学生的温饱问题、教育质量问题却不闻不问，从而使得自身的教学质量一直跟不上。以上事例充分体现了正确选择学校目标作用点对于实现学校既定目标的重要作用。

（4）目标具有层次性。一个科学的目标要形成一个具有层次性的目标体系。首先在纵向上要制定总的工作目标，再根据这个总的目标进一步制定下一级的工作目标，以此类推。纵向目标要做到下级的目标比上级目标具体，最下级的目标要求具有最强的可操作性。其次，在横向上，每一级工作单位都要有自己的一套纵向目标体系，比如这个学校有总目标和以下各级目标，各个行政部门要有总目标和以下各级目标，每个班级也要有自己的总目标和以下各级目标。这些目标都有着内在清晰的逻辑关系，即都是为了实现各自的总目标，从而实现整个学校的总目标。这样便形成了一个层层递进、纵横交错、具有层次性的目标体系。

（二）管理目标的实施与控制

学校目标管理是一个过程，是围绕着学校总体目标而进行的一系列管理活动的过程。在这个过程中，学校管理人员的责任就在于科学地实施目标。在实施目标的过程中，上级与下级的工作目标是一致的，只有各级各部门高度达成目标，管理组织的整体目标才能实现。因此，管理者要抓好目标实施过程的控制和调节，进行科学管理，保证下级实现目标并最终得高分。

第一，制订与管理目标高度一致的工作计划，加强计划管理，管理目标就能实现。

第二，制订阶段工作计划，保证一步一个脚印，扎扎实实地实现工作目标。

第三，重视反馈信息的及时性、准确性和完整性，一是要建立信息反馈系统，二是要建立信息反馈制度，三是要及时处理信息。

第四，管理规章制度化。无规矩不成方圆，规章制度是实现目标管理的重要保证，这里需要解决两个问题：一是建立和完善规章制度，做到有章可循；二是管理者敢于严明执法，照章办事。否则，规章制度将成为一纸空文，被束之高阁，目标管理也成为一句空话。

第五，在机构的设置与权责的分配中，避免职能的重叠交叉和管理的“真空”，要建立健全岗位责任制，理顺管理关系，做到职、责、权、利的统一。

第六，调节目标行为，减小目标偏差。不正确的目标行为会直接影响目标的实现，上级应对下级的目标行为进行有效的控制、调节和引导，并指导下级进行自我调节、自我控制，及时纠正不合理的目标行为，使下级和个人目标与学校总目标一致，确保学校管理机器的正常运行。

（三）管理结果考评

结果考评是在目标管理的过程中，根据目标的阶段性和层次性，就行为与目标的达成情况进行分析和评估。结果考评必须在正确评估原则的指导下进行，努力做到客观、公正。

1. 工作评估要以目标要求为依据

实施工作评估的唯一依据是管理的目标要求，要防止和克服评估中偏离管理目标的随意性，在终结性评估时不能提出超出目标的评估项目和要求，也不能减少既定目标的项目或降低目标要求，如果在评估时发现既定目标的要求过高或过低，那只能留待今后制定管理目标时纠正，这样才能使目标管理取信于人。但如果是在过程评估中发现管理目标不够正确，则可以对其进行调查、调整。

2. 评估的类型及其在目标管理各阶段的运用

评估分为论断性评估、形成性评估和终结性评估。论断性评估运用于为确立目标而实施的预测；形成性评估运用于为实现目标而实施的检查，便于及时反馈，控制调节，防止和纠正目标偏离；形成性评估属于阶段评估，可结合阶段工作计划进行；终结性评估运用于判定目标的最终达成度，为学校工作总结、表彰先进和制定新目标提供依据，使达到或超过目标的实施者得到工作上的满足感和向更高目标前进的信心。

因此我们可以看出，教育评估贯穿于目标管理的全过程，三者各有特点，相辅相成，我们应当抓“事前”而求“事后”，争取目标管理的最佳效果；要结合评估做好宣传、教育、引导工作，发挥评估手段的导向功能。

3. 评估成果的科学性

采用科学的方法，正确、公正地实施评估，一方面可提高评估成果的被认可程度，另一方面使人们认识到只有通过自己的努力才能获得成绩，打消“机会”思想，促进目标管理的持久性。

（1）科学地制定管理考评细则。考评细则是打分的规范，细则要细，要能告诉考评者哪一“点”工作可记多少分，这样才能使目标考评的随意性降到最低。

（2）全面正确地获取情况和数据。管理人员都应按规定要求记好管理台账，加强平时检查，严格控制，杜绝作假，照章办事，不徇私情。

（3）科学地计算分数。计分方法既要考虑精确性，又要注意操作性。

定量目标可用“精确计分法”计分，其计分方式一般为“基本分+递增分”，即达成目标，得该项应得分的60%～80%（基本分），其余20%～40%的分数依超标的多少按比例记分（递增分）。定性目标可用“二次量化计分法”计分，如先评等级，再评分。

综合评价主要采用“各项指标加权求和型”，在某些大项中可以适当应用“因素指标得分连成法”，以利于实施全面的目标管理。

（四）目标管理的奖惩

妥善处理考评结果，做好年度总结，既是上一个管理周期的结束，也是下一个管理周期的开始，同时也是将目标管理导向深化、引向更高阶段的重要环节。“分数”代表了管理的严肃与科学，揭示了工作的成败得失，也凝聚着员工的汗水和忧乐。适当利用枯燥的数字，将其变成一个个跳动的音符，奏出科学管理的交响曲。

依工作绩效高低论奖惩是目标管理最有力的措施。奖惩的兑现是目标管理的生命力所在，奖惩的项目设置应以需要和激励理论为指导，以提高积极性，最大限度地发挥工作潜能为宗旨。必须坚持两个原则：一是以目标考评结果（分数）来定奖惩，二是以精神奖励为主，物质奖励为辅，通过精神激励，强化教师的荣誉感、成就感，促使他们追求高层次的精神需要。

一个学校的辉煌取决于她的教职工的成绩，奖惩仅是一种管理手段，要本着对教师爱护、信任、培养的宗旨，恰当运用奖惩手段，不断健全奖惩制度，发挥调动其积极性和主动性，提高管理活力。

案例

深圳市松坪小学于1995年8月开办，经过全校教职员工的共同奋斗，逐步发展成为有一定规模的先进学校，而且先后荣获了区、市的多项荣誉称号，学校名声也与日俱增。2001年初，学校领导在总结了过去经验的基础上，制定出松坪小学2001—2005年的发展目标。

1. 总体目标

到2005年，松坪小学成为特色鲜明、管理高效、质量优秀的学校并步入全国先进学校行列；有三门以上学科（其中至少包括数学、语文）处于全国一流水平，建立起充满活力的课程体系；创造学习化、网络化、开放式的教育环境，建构起完善的具有松小特色的主体教育模式。以上目标分三步实施。

2. 阶段性目标

第一步（2001年），通过市一级学校评估；完善学校校园网络建设并初步发挥其作用；校本课程改革进入实质性阶段，并取得阶段性成果；办公大楼主体基本完善；数学学科继续保持领先优势，科技教育取得省级成果。

第二步（2002—2003 年），通过省一级学校评估；网络教育成为南山区的对外窗口；课程改革取得突破性成果；学校硬件建设达到深圳市标准化水平；数学学科继续保持全国领先优势；科技教育处于全国领先水平；语文、美术学科教学改革呈现特色。

第三步（2004—2005 年），松坪小学步入全国先进学校行列，其内涵是：学校具有最前沿的教育思想和观念；具有一支年龄、知识、能力结构合理的科研队伍；具有促进学生素质全面和谐发展的教育教学课程体系；具有适应市场经济的精简、高效的管理体制；学生具有高素质的发展水平；具有社区共同关心参与的大教育网络。

（选自深圳市松坪小学《松坪小学 2001—2005 年发展规划》，www.spxx.com/licheng2－5.htm，2001 年 2 月 28 日）

分析

学校发展目标是预先设想的教育结果。它使学校的管理更规范，更有方向性和自觉性。学校目标定位要考虑到：特色，即学校的发展方向；程度，即学校的发展水平；时间，即年限。

在本案例中，深圳市松坪小学用现代化的教育理论作为指导，探索一条快速成功的道路。它表现出以下几个特征：第一，以先进的理念为指导。主体教育、网络教育、大教育观等理论反映了当今世界教育的发展趋势。因此，用它们来指导学校的发展，符合社会发展的需要。第二，用优质的资源作保障。由于该学校地处深圳市南山区，当地的具体发展规划也制约着学校的发展。利用窗口城市的优势，松坪小学能够接触和运用到全新的教育理念以及相当充分的物质资源，这为松坪小学发展学校特色提供了有利的条件。第三，瞄准硬件水平的提高。在继承已有成绩的基础上，松坪小学把基础设施、学科、教师队伍等方面的建设都指向非常高的标准，力图在几年内达到全国先进小学水平。但是，学科教育是一个逐步发展的过程，它很难通过教师的科研成果和学生的考试成绩来衡量，因此，将学科教育发展水平作为短期目标进行定位稍欠妥当。第四，分阶段稳步推进。该校的五年计划分为三步来实现，看起来是合乎规律的。但是，一所学校的发展不能只看硬环境，最重要的是校园文化的长期积淀和学生的身心发展，用三到五年的时间使学校各个方面都发生突破性进展，显得有一些急躁。

（参见傅维利主编《教育问题案例研究》第 297 页）

复习与思考题

1. 什么是学校目标管理？
2. 简述学校目标管理的意义。
3. 简述学校目标管理的实施过程。

主要参考文献

1. 体育院校成人教育协作组《教育学》教材编写组. 教育学. 北京：人民体育出版社，1999

2. 郑金洲. 教育通论. 上海：华东师范大学出版社，1999

3. 孙玉洁. 中学班级管理理论与实务. 哈尔滨：黑龙江人民出版社，2002

4. 韩延明. 新编教育学. 北京：人民教育出版社，2006

5. 陈桂生. 教育原理. 上海：华东师范大学出版社，1999

6. 谢景隆. 普通教育学. 西安：陕西人民教育出版社，1987

7. 富维岳，唱印余. 教育学. 长春：东北师范大学出版社，1998

8. 冯建军. 现代教育学基础. 南京：南京师范大学出版社，2003

9. 胡中锋. 现代教育学. 广州：广东高等教育出版社，2007

10. 裴文敏，詹振权，方善森. 教育学. 杭州：浙江大学出版社，1994

11. 张君，吴文菊，杨光辉. 高中班主任工作精彩案例. 北京：开明出版社，2006

12. 孙灿成. 学校管理学概论. 北京：人民教育出版社，1999

13. 孙玉洁. 给班主任100条新建议. 北京：开明出版社，2006

14. 魏微，路书红，王红艳，张萍. 中外教育经典案例评析. 济南：山东人民出版社，2005

15. 李铁君，孙玉洁. 中小学管理理论与实务. 哈尔滨：黑龙江人民出版社，2002

16. 薛忠英，马凌涛. 小学班主任工作. 北京：开明出版社，2006

17. 劳凯声. 教育学. 天津：南开大学出版社，2001

18. 全国十二所重点师范大学联合编写组. 教育学. 北京：教育科学出版社，2002

19. 袁振国. 当代教育学. 北京：教育科学出版社，2004

20. 项贤明. 泛教育论——广义教育学的初步探索. 太原：山西教育出版社，2004

21. 吴康宁. 教育社会学. 北京：人民教育出版社，1999

22. 石中英. 教育哲学导论. 北京：北京师范大学出版社，2004

23. 叶澜等. 教师角色与教师发展新探. 北京：教育科学出版社，2001

24. 钟启泉. 现代课程论. 上海：上海教育出版社，1989

25. 朱慕菊. 走进新课程——与课程实施者对话. 北京：北京师范大学出版社，2002

26. 张华. 课程与教学论. 上海：上海教育出版社，2000

27. 王斌华. 校本课程论. 上海：上海教育出版社，2000

28. 熊川武. 反思性教学. 上海：华东师范大学出版社，1999

29. 钟启泉. 班级管理引论. 上海：上海教育出版社，2001

30. 曹长德. 当代班级管理引论. 北京：中国科学技术出版社，2005

31．魏书生．班主任工作漫谈．桂林：漓江出版社，1993
32．林崇德．教育的智慧．北京：开明出版社，1999
33．王汉澜．教育评价学．开封：河南大学出版社，1995
34．陈向明．教师如何做质的研究．北京：教育科学出版社，2001
35．郑金洲．教师如何做研究．上海：华东师范大学出版社，2005
36．裴娣娜．教育研究方法导论．合肥：安徽教育出版社，1995
37．［美］Sandra Hollingsworth．国际视野中的行动研究：不同的教育变革实例．黄宇等译．北京：中国轻工业出版社，2002